《列国志》编辑委员会

主　　任　陈佳贵
副主任　　黄浩涛　武　寅
委　　员　（以姓氏笔画为序）
　　　　　于　沛　王立强　王延中　王缉思
　　　　　邢广程　江时学　孙士海　李正乐
　　　　　李向阳　李静杰　杨　光　张　森
　　　　　张蕴岭　周　弘　赵国忠　蒋立峰
　　　　　温伯友　谢寿光
秘书长　　王延中（兼）　谢寿光（兼）

中国社会科学院重大课题
国家"十五"重点出版项目

列国志

GUIDE TO THE WORLD STATES

中国社会科学院《列国志》编辑委员会

斯洛伐克

姜琍 编著

社会科学文献出版社
SOCIAL SCIENCES ACADEMIC PRESS (CHINA)

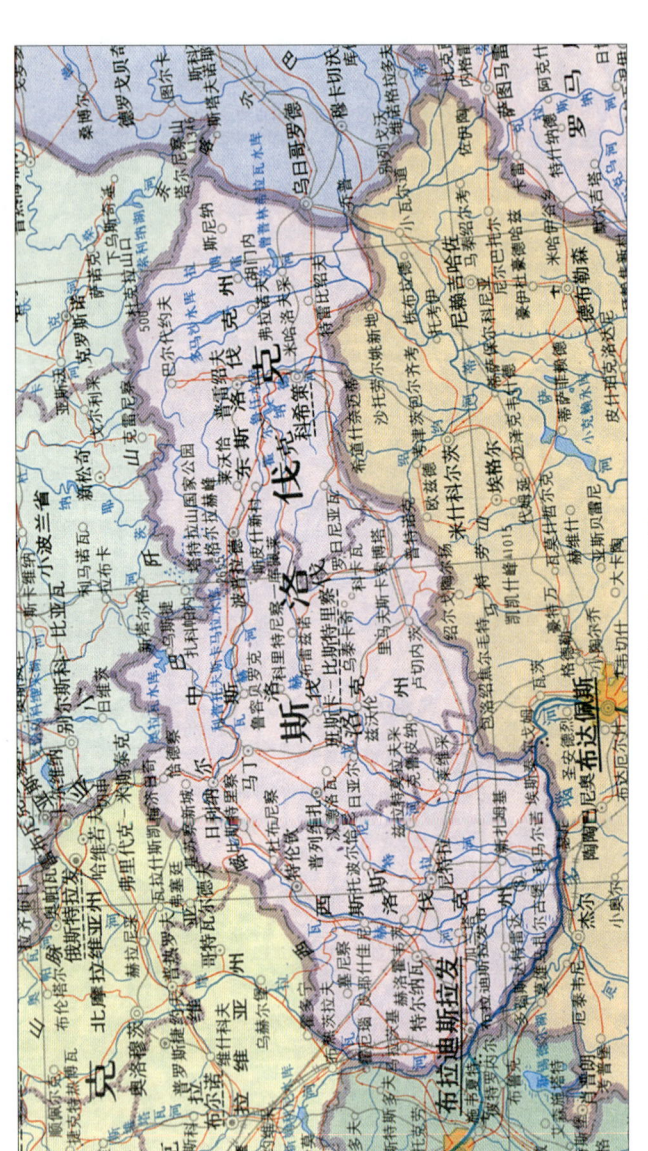

斯洛伐克行政区划图

斯洛伐克国旗

斯洛伐克国徽

布拉迪斯拉发

总统府

斯洛伐克民族剧院

科希策的圣伊丽莎白教堂

尼特拉

斯皮什城堡遗址

布拉迪斯拉发大主教宫内17世纪的壁毯

班斯卡·比斯特里察

巴尔杰尤夫

16世纪的木教堂

欢快的民间舞蹈

波伊尼策宫殿

民间陶瓷工艺品

日贾尔地区的民宅

多瑙河上的卡布奇克水电站

塔特拉山上的什特尔巴天池

高塔特拉山

前　言

自 1840 年前后中国被迫开关、步入世界以来，对外国舆地政情的了解即应时而起。还在第一次鸦片战争期间，受林则徐之托，1842 年魏源编辑刊刻了近代中国首部介绍当时世界主要国家舆地政情的大型志书《海国图志》。林、魏之目的是为长期生活在闭关锁国之中、对外部世界知之甚少的国人"睁眼看世界"，提供一部基本的参考资料，尤其是让当时中国的各级统治者知道"天朝上国"之外的天地，学习西方的科学技术，"师夷之长技以制夷"。这部著作，在当时乃至其后相当长一段时间内，产生过巨大影响，对国人了解外部世界起到了积极的作用。

自那时起中国认识世界、融入世界的步伐就再也没有停止过。中华人民共和国成立以后，尤其是 1978 年改革开放以来，中国更以主动的自信自强的积极姿态，加速融入世界的步伐。与之相适应，不同时期先后出版过相当数量的不同层次的有关国际问题、列国政情、异域风俗等方面的著作，数量之多，可谓汗牛充栋。它们

对时人了解外部世界起到了积极的作用。

当今世界,资本与现代科技正以前所未有的速度与广度在国际间流动和传播,"全球化"浪潮席卷世界各地,极大地影响着世界历史进程,对中国的发展也产生极其深刻的影响。面临不同以往的"大变局",中国已经并将继续以更开放的姿态、更快的步伐全面步入世界,迎接时代的挑战。不同的是,我们所面临的已不是林则徐、魏源时代要不要"睁眼看世界"、要不要"开放"问题,而是在新的历史条件下,在新的世界发展大势下,如何更好地步入世界,如何在融入世界的进程中更好地维护民族国家的主权与独立,积极参与国际事务,为维护世界和平,促进世界与人类共同发展做出贡献。这就要求我们对外部世界有比以往更深切、全面的了解,我们只有更全面、更深入地了解世界,才能在更高的层次上融入世界,也才能在融入世界的进程中不迷失方向,保持自我。

与此时代要求相比,已有的种种有关介绍、论述各国史地政情的著述,无论就规模还是内容来看,已远远不能适应我们了解外部世界的要求。人们期盼有更新、更系统、更权威的著作问世。

中国社会科学院作为国家哲学社会科学的最高研究机构和国际问题综合研究中心,有11个专门研究国际问题和外国问题的研究所,学科门类齐全,研究力量雄

前言

厚,有能力也有责任担当这一重任。早在20世纪90年代初,中国社会科学院的领导和中国社会科学出版社就提出编撰"简明国际百科全书"的设想。1993年3月11日,时任中国社会科学院院长的胡绳先生在科研局的一份报告上批示:"我想,国际片各所可考虑出一套列国志,体例类似几年前出的《简明中国百科全书》,以一国(美、日、英、法等)或几个国家(北欧各国、印支各国)为一册,请考虑可行否。"

中国社会科学院科研局根据胡绳院长的批示,在调查研究的基础上,于1994年2月28日发出《关于编纂〈简明国际百科全书〉和〈列国志〉立项的通报》。《列国志》和《简明国际百科全书》一起被列为中国社会科学院重点项目。按照当时的计划,首先编写《简明国际百科全书》,待这一项目完成后,再着手编写《列国志》。

1998年,率先完成《简明国际百科全书》有关卷编写任务的研究所开始了《列国志》的编写工作。随后,其他研究所也陆续启动这一项目。为了保证《列国志》这套大型丛书的高质量,科研局和社会科学文献出版社于1999年1月27日召开国际学科片各研究所及世界历史研究所负责人会议,讨论了这套大型丛书的编写大纲及基本要求。根据会议精神,科研局随后印发了《关于〈列国志〉编写工作有关事项的通知》,陆续为启动项目

拨付研究经费。

为了加强对《列国志》项目编撰出版工作的组织协调，根据时任中国社会科学院院长的李铁映同志的提议，2002年8月，成立了由分管国际学科片的陈佳贵副院长为主任的《列国志》编辑委员会。编委会成员包括国际片各研究所、科研局、研究生院及社会科学文献出版社等部门的主要领导及有关同志。科研局和社会科学文献出版社组成《列国志》项目工作组，社会科学文献出版社成立了《列国志》工作室。同年，《列国志》项目被批准为中国社会科学院重大课题，国家新闻出版总署将《列国志》项目列入国家重点图书出版计划。

在《列国志》编辑委员会的领导下，《列国志》各承担单位尤其是各位学者加快了编撰进度。作为一项大型研究项目和大型丛书，编委会对《列国志》提出的基本要求是：资料详实、准确、最新，文笔流畅，学术性和可读性兼备。《列国志》之所以强调学术性，是因为这套丛书不是一般的"手册"、"概览"，而是在尽可能吸收前人成果的基础上，体现专家学者们的研究所得和个人见解。正因为如此，《列国志》在强调基本要求的同时，本着文责自负的原则，没有对各卷的具体内容及学术观点强行统一。应当指出，参加这一浩繁工程的，除了中国社会科学院的专业科研人员以外，还有院外的一些在该领域颇有研究的专家学者。

现在凝聚着数百位专家学者心血、约计200卷的《列国志》丛书，将陆续出版与广大读者见面。我们希望这样一套大型丛书，能为各级干部了解、认识当代世界各国及主要国际组织的情况，了解世界发展趋势，把握时代发展脉络，提供有益的帮助；希望它能成为我国外交外事工作者、国际经贸企业及日渐增多的广大出国公民和旅游者走向世界的忠实"向导"，引领其步入更广阔的世界；希望它在帮助中国人民认识世界的同时，也能够架起世界各国人民认识中国的一座"桥梁"，一座中国走向世界、世界走向中国的"桥梁"。

《列国志》编辑委员会
2003年6月

CONTENTS

目 录

自　　序 / 1

第一章　国土与人民 / 1

第一节　自然地理 / 1

一　地理位置 / 1

二　行政区划 / 2

三　地形特点 / 12

四　河流、湖泊、水库、矿泉和温泉 / 16

五　气候 / 20

第二节　自然资源 / 22

一　矿产资源 / 22

二　植物 / 24

三　动物 / 25

第三节　居民与宗教 / 26

一　人口 / 26

二　民族 / 28

三　语言 / 33

四　宗教信仰 / 36

第四节　民俗与节日 / 40

一　民俗 / 40

CONTENTS

目 录

二 主要节日 / 47

第五节 国徽、国旗、国玺和国歌 / 53

一 国徽 / 53

二 国旗 / 54

三 国玺 / 54

四 国歌 / 54

第二章 历 史 / 56

第一节 上古简史 / 56

第二节 中古简史 / 58

一 斯拉夫人的到来以及国家的建立 / 58

二 11~14世纪初匈牙利阿尔帕德王朝统治下的斯洛伐克 / 61

三 1301~1526年斯洛伐克的政治生活状况 / 63

四 斯洛伐克封建社会繁荣时期的经济和文化生活状况 / 63

第三节 近代简史 / 65

一 哈布斯堡王朝的开始和宗教改革运动的兴起 / 65

二 具开明意义的18世纪 / 67

三 民族复兴运动 / 68

四 1848~1849年革命 / 69

CONTENTS
目 录

　　　　五　1849～1867年：革命失败后至奥匈帝国
　　　　　　二元制的形成 / 70
　　　　六　19世纪末20世纪初的斯洛伐克社会 / 72
　　　　七　斯洛伐克的抵抗运动和捷克斯洛伐克的诞生 / 76
　　第四节　现代简史 / 79
　　　　一　斯洛伐克在两次世界大战期间 / 79
　　　　二　斯洛伐克在第二次世界大战中 / 85
　　第五节　当代简史 / 90
　　　　一　二战结束后至1989年剧变期间的斯洛伐克 / 90
　　　　二　1989年政局剧变后至捷克斯洛伐克联邦解体前的
　　　　　　斯洛伐克 / 100
　　　　三　独立后的斯洛伐克共和国 / 105
　　第六节　著名历史人物 / 108

第三章　政　　治 / 119

　　第一节　国体与政体 / 119
　　第二节　议会与全民公决 / 125
　　　　一　议会制的历史沿革 / 125
　　　　二　议会的地位与构成 / 126
　　　　三　议会的活动 / 128

CONTENTS

目 录

  四 议会的职能 / 128

  五 议会代表 / 129

  六 议长的职权 / 130

  七 全民公决 / 130

第三节 总统 / 131

  一 总统的选举 / 131

  二 总统的职权 / 132

  三 总统的解职或罢免 / 134

  四 现任总统简历 / 134

第四节 政府 / 136

  一 政府职能和构成 / 136

  二 现任政府总理简历 / 139

第五节 司法机构 / 140

  一 法院 / 140

  二 检察院 / 142

第六节 政党 / 143

  一 方向—社会民主党 / 143

  二 斯洛伐克民主基督教联盟—民主党 / 145

  三 人民党—争取民主斯洛伐克运动 / 146

  四 匈牙利族联盟党 / 148

CONTENTS
目 录

　　五　基督教民主运动 / 149

　　六　斯洛伐克民族党 / 151

　　七　斯洛伐克共产党 / 153

　　八　民主左派党 / 154

第四章　经　　济 / 157

第一节　经济发展概述 / 157

第二节　经济体制改革 / 164

第三节　农林牧副渔业 / 170

　　一　概况 / 170

　　二　种植业 / 175

　　三　畜牧业 / 177

　　四　林业 / 179

　　五　渔业 / 181

第四节　工业 / 182

　　一　概况 / 182

　　二　机械制造业 / 185

　　三　电机工程工业 / 188

　　四　燃料和能源工业 / 190

　　五　化工、橡胶和制药业 / 193

CONTENTS

目 录

　　六　冶金工业／194

　　七　木材加工工业／195

　　八　建筑材料工业／197

　　九　纺织和服装业／198

　　十　制革和制鞋业／199

　　十一　食品工业／199

第五节　商业和服务业／201

第六节　交通与通信／205

　　一　交通运输／205

　　二　电信／211

第七节　财政与金融／212

　　一　公共财政／212

　　二　税收／214

　　三　银行／216

　　四　货币／224

　　五　资本市场／225

第八节　对外经济关系／227

　　一　对外贸易／227

　　二　外国援助／233

　　三　外国资本／235

CONTENTS

目 录

第九节 旅游业 / 237
    一 概况 / 237
    二 主要旅游城市和名胜 / 242
第十节 国民生活 / 251
第十一节 社会保障 / 255
    一 改革进程 / 255
    二 保障体系 / 258

第五章 军 事 / 261

第一节 概述 / 261
    一 建军简史 / 261
    二 安全和国防体制 / 266
    三 国防预算 / 268
第二节 军种与兵种 / 269
    一 陆军 / 269
    二 空军 / 270
    三 训练和支援军 / 272
第三节 兵役制度、军衔制度和军事院校 / 274
    一 兵役制度 / 274
    二 军衔制度 / 275

CONTENTS

目 录

　　三　军事院校 / 275
第四节　国防工业和武器出口 / 277
　　一　国防工业的发展 / 277
　　二　武器出口 / 279
第五节　对外军事关系 / 280
　　一　实现了成为北约全权成员国的梦想 / 280
　　二　不断加强与北约主要成员国的军事合作 / 282
　　三　积极参与联合国、经济合作与发展组织和
　　　　欧盟框架内的维和行动 / 283
　　四　积极开展与邻国的军事合作，尤其是与
　　　　捷克的军事合作 / 284
　　五　重视发展与俄罗斯的传统军事关系 / 286

第六章　教育、科学、文艺、卫生 / 287

第一节　教育 / 287
　　一　简史 / 287
　　二　教育原则 / 289
　　三　教育体制 / 290
　　四　教育水平和国际交流 / 295
第二节　科学技术 / 296

CONTENTS

目 录

　　一　著名科学家和科研成就／296

　　二　科技体系的发展／299

　　三　科技方针和政策／302

　　四　国际合作／303

第三节　文学艺术／304

　　一　文学／304

　　二　戏剧电影／311

　　三　音乐舞蹈／316

　　四　美术／321

　　五　文化设施／326

第四节　医药卫生／328

　　一　公民的健康状况／328

　　二　医疗保健制度／329

　　三　医疗保健水平／331

第五节　体育／332

　　一　体育制度／332

　　二　体育组织和机构／333

　　三　体育水平和国际交流／335

　　四　体育设施／338

第六节　新闻出版／338

　　一　通讯社／338

CONTENTS
目 录

二 广播、电视 / 340
三 报纸和图书期刊 / 344

第七章 外　　交 / 347

第一节 外交政策 / 347
　　一 第二次世界大战期间斯洛伐克的外交政策 / 347
　　二 独立后斯洛伐克共和国的外交政策 / 349
第二节 同美国的关系 / 353
　　一 政治关系 / 353
　　二 经济关系 / 358
第三节 同欧洲国家的关系 / 359
　　一 同德国的关系 / 359
　　二 同法国的关系 / 362
　　三 同英国的关系 / 365
　　四 同荷兰的关系 / 367
　　五 同意大利的关系 / 369
第四节 同邻国的关系 / 371
　　一 同捷克的关系 / 371
　　二 同匈牙利的关系 / 376
　　三 同波兰的关系 / 382
　　四 同奥地利的关系 / 385

CONTENTS
目 录

　　　五　同乌克兰的关系 / 389
　第五节　同亚洲国家的关系 / 393
　　　一　同日本的关系 / 393
　　　二　同韩国的关系 / 394
　第六节　同中国的关系 / 396
　　　一　政治往来 / 397
　　　二　经贸关系 / 398
　　　三　双边文化、科技与教育等领域的交往与合作 / 400
　第七节　同俄罗斯的关系 / 402

附　录

　　一　政府管理机构 / 408
　　二　新闻媒体 / 413

　主要参考文献 / 414

自 序

也许有一些读者还不了解这样一个事实,即斯洛伐克共和国在原捷克斯洛伐克联邦共和国解体后于1993年1月1日成为一个独立的主权国家,并于1993年1月19日被联合国接纳为第180名成员国。斯洛伐克面积较小,为49 035平方公里,在欧洲43个国家中居第27位;人口也不多,为538万人,在欧洲名列第22位。

斯洛伐克是一个位于欧洲心脏地带的内陆国家,战略地位极其重要。境内的地形发育呈现多样化态势,平原、盆地、丘陵、高地和山区一应俱全。这里不仅自然风光迷人、山川和湖泊众多、温泉和矿泉资源丰富和丛林密布,而且历史文化遗产丰厚和民俗多姿多彩。

斯洛伐克民族历尽沧桑、饱经磨难,却是一个自强不息的民族。从公元1018年起直至1918年,斯洛伐克一直是匈牙利的组成部分,长期处于被统治的地位。从18世纪末期起,斯洛伐克民族志士掀起了民族复兴运动。第一次世界大战结束后,斯洛伐克人与捷克人在奥匈帝国的废墟上建立了共同的国家。在与捷克民族共处的70多年间,斯洛伐克民族继续为保持民族特性和争取民族平等地位而抗争。在1989年政局剧变后开始的全面而深刻的社会转型中,斯洛伐克付出了巨大的代价。20世纪90年代中期,斯洛伐克曾一度被排除在中东欧国家加盟入约(加入欧

盟和北约)的潮流之外,落后于波兰、捷克和匈牙利等邻国。但从20世纪90年代末期起,斯洛伐克开始奋起直追,最终于2004年3月29日和5月1日先后成为北约和欧盟的成员国,从而实现了"回归欧洲"的梦想。

第二次世界大战爆发前,斯洛伐克居民以农耕生活为主。1945~1989年间,斯洛伐克的工业化和城市化取得显著成效,但也出现经济结构发展不平衡的后果。目前,斯洛伐克经过锐意革新已融入了西方的经济体系,并不断向现代化国家迈进。

斯中友谊源远流长。1949年10月6日,原捷克斯洛伐克与中华人民共和国建交。1993年1月1日,斯洛伐克共和国独立,中国及时予以承认并与其建立大使级外交关系。此后,双方高层互访不断,政治互信加深,经贸合作扩大,在国际事务中相互配合。2005年12月,中国总理温家宝对斯洛伐克进行了友好访问,两国在各个领域的合作有望得到进一步加强。

笔者曾因工作关系与斯洛伐克人朝夕相处了3年多,喜爱斯洛伐克人的热情奔放、幽默智慧、淳朴善良和勤劳敬业。2003年9月,笔者访问斯洛伐克,亲眼目睹了这个国家的美丽,再次感受了斯洛伐克人的真情,并深深地为它的民风民俗所吸引。

迄今为止,我国尚无一部比较全面、系统和客观介绍斯洛伐克的专著。笔者有幸承担了列国志《斯洛伐克》卷的写作任务。早在几年前,笔者就开始了资料的收集工作,利用在斯洛伐克驻华使馆工作之便积攒相关资料,利用斯洛伐克政府官员、学者来中国访问的机会收集资料,利用访问斯洛伐克的机会流连于图书馆和各大书店,利用国内外网站尤其是斯洛伐克各政府机构网站上提供的大量信息。笔者力争在翔实资料的基础上根据厚今薄古的原则全面、准确和客观地介绍斯洛伐克,但由于本人才疏学浅和时间仓促,疏漏和错误之处在所难免,恳请读者指正。

在本书的写作过程中,笔者得到中国社会科学院有关领导、科研局、俄罗斯东欧中亚研究所有关领导和同仁，特别是张森研究员、朱晓中研究员和孔田平研究员的热心指导和帮助，感谢他们对本书做了审定并提出了宝贵意见。

衷心感谢本书主要参考文献中所涉及的著作和有关网站，它们使我获益匪浅。

我要特别感谢原斯洛伐克驻华使馆领事维洛尼卡·比迪霍娃女士教会我斯洛伐克语并亲自为我整理了大量有关斯洛伐克历史的材料；感谢斯洛伐克科学院东方学所汉学家黑山女士通过各种渠道为我收集资料并想方设法为我捎带资料；感谢斯洛伐克驻华使馆一秘马丁·波兹塔维克先生在百忙之中关心、帮助我的写作；感谢斯洛伐克考门斯基大学政治和社会学系教师卡布里耶娜·格雷古肖娃女士、感谢斯洛伐克科学院东方学所亨丽耶达·哈达洛娃女士、斯洛伐克教育部卡特林娜·恰姆波洛娃女士、斯洛伐克科学院经济学所达尼什·布尔兹察先生和其他斯洛伐克朋友对我工作的大力支持。

最后感谢斯洛伐克科学院、斯洛伐克外交部和斯洛伐克驻华使馆为赠送给中国社会科学院一批斯文书籍付出的努力，这批书籍的到来进一步丰富了本书的资料来源。

姜 琍
2006 年 4 月于北京

第一章

国土与人民

第一节 自然地理

一 地理位置

斯洛伐克共和国（以下简称斯洛伐克）地处欧洲中部（古欧洲大陆的地理中心就在斯洛伐克境内），位于北纬47°44′~49°35′、东经16°50′~22°34′之间，战略位置非常重要。境内最西端是马拉茨基县的扎霍尔斯卡村（Záhorská Ves），最东端是斯尼那县的诺瓦塞得利察（Nová Sedlica），东西两端的经度相差5°44′，距离达428.9公里，时差为21分钟。最北端是纳美斯托沃县的奥拉夫斯卡波尔霍拉（Oravská Polhora），最南端是科马尔诺县的帕津策（Patince），南北向最宽处196.7公里，最窄处77.6公里。

斯洛伐克是一个内陆国家，是欧洲所有国家中距离海洋最远的国家。距离亚得里亚海、波罗的海、黑海和北海的距离分别是350公里、520公里、678公里和791公里。斯洛伐克位于亚得里亚海和波罗的海之间以及黑海和北海之间交通要道的交叉口，多瑙河将斯洛伐克与黑海联结起来。

斯洛伐克地处喀尔巴阡山脉的圆弧部分，周围重要的山脉和

低地是：西南部与阿尔卑斯山相连，西部和西北部紧邻捷克高地，北部是中欧低地，南部是巴侬盆地。欧洲主要的分水岭经过斯洛伐克，大部分河流仅仅在斯洛伐克发源，然后流出国境。

斯洛伐克与5个欧洲国家接壤：南接匈牙利，北邻波兰，西部与西北部和捷克相连，西南部与奥地利毗连，东部同乌克兰为邻。与匈牙利和波兰的边境线最长，分别为679公里和597.5公里；与乌克兰和奥地利的边境线最短，分别为98公里和127.2公里；而与捷克的边境线（265公里）尤其重要，几乎所有通向西欧的主要公路和铁路均经过斯捷边境线。斯洛伐克与奥地利的边界以及与匈牙利的大部分边界是天然形成的，沿着摩拉瓦河、多瑙河和伊佩尔河延伸，与捷克和波兰的边界大部分是山地，只有在斯洛伐克东部与匈牙利和乌克兰之间的边界是人为划定的。

斯洛伐克首都布拉迪斯拉发与欧洲一些大城市的距离分别是：距维也纳65公里，距布达佩斯193公里，距布拉格323公里，距华沙625公里，距柏林671公里，距巴黎1361公里，距伦敦1571公里，距莫斯科1891公里。

斯洛伐克的面积为49035平方公里，与丹麦、瑞士和荷兰的面积相当，在欧洲43个国家中位居第27。

二 行政区划

从公元9世纪直至1993年，斯洛伐克曾先后是大摩拉维亚帝国、奥匈帝国和捷克斯洛伐克的组成部分。1993年斯洛伐克独立后沿用1990年捷克斯洛伐克联邦共和国开始实行的行政区划，全国分为38个县和121个区。1996年7月，斯洛伐克国民议会通过了关于行政区划的新法律，全国分为8个州：布拉迪斯拉发州、特尔纳瓦州、特伦钦州、尼特拉州、日利纳州、班斯卡·比斯特里察州、普雷肖夫州和科希策州。州下面设有79个县，这一新举措的实施综合了经济、政治、地理、种

第一章 国土与人民

族和历史等诸多方面的因素。每个州在面积、经济发展、生态环境、人口数量、人口密度等方面都各有特色。

从 2004 年 1 月 1 日起，斯洛伐克形成了新的国家行政管理结构，国家管理机构的职能明显地向地方自治机构转移。县级机关被撤销，其小部分职能转移到州，大部分职能则转移到新设立的机构——职权范围扩大的乡镇集合体（比县小，比乡镇大），而县作为区域单位并没有被取消，它将为统计目的而继续存在下去。根据斯洛伐克宪法，地方自治的基础是城镇，城镇与在区域范围上与州一致的较高一级区域单位构成地方自治机构。至 2002 年 12 月 31 日，斯洛伐克有 2891 个乡镇。

为了与欧盟的地区政策相一致，斯洛伐克分为 4 个地区，即布拉迪斯拉发、西斯洛伐克、中斯洛伐克和东斯洛伐克。

布拉迪斯拉发州 位于斯洛伐克的西部和西南部，下设 8 个县，73 个城镇（其中 7 个城市）。重要城市有布拉迪斯拉发、贝兹诺克（Pezinok）和马拉茨基（Malacky）。历史名城有摩得拉（Modra）和圣俞尔（Svätý Jur）。在布拉迪斯拉发和贝兹诺克集中了全州 75% 的人口。该州在斯洛伐克 8 个州中面积最小（占全国总面积的 4.2%），但人口最密集（人口密度高达 292 人/平方公里，是全国平均数的 2.7 倍）。在西部，摩拉瓦河将该州与奥地利连接起来。在西南部，多瑙河成为它与匈牙利之间的界河。

该州位于多瑙河流域平原和扎霍斯卡平原，小喀尔巴阡山脉将这两个平原分开。在气候上该州是斯洛伐克最暖和的地区之一，多瑙河是境内最重要的河流。州内有 3 个自然风景保护区，它们是小喀尔巴阡山脉、扎霍里和多瑙河泛滥地林以及许多小面积的保护区。在马拉茨基县蕴藏有石油、天然气等矿物原料，在平原地区盛产建筑原料，在小喀尔巴阡山脉有优质木材和金、银、锰、锑等矿藏。

斯洛伐克

首都布拉迪斯拉发基础设施发达，是全国政治、经济、文化中心和国际交通枢纽，不仅是总统官邸、政府、议会和外交机构所在地，还设有国家银行、国家剧院、保险机构、有价证券交易所和贸易公司等，该州的就业率和月平均工资全国最高。2001年该州人均国民生产总值达到欧盟15国平均值的101.8%。该州是全国重要的工业地区，石油和天然气的开采、化学工业尤其是石化、农业化学药品的生产和橡胶工业在全国处于主导地位。食品工业是传统工业部门，汽车制造业则是有发展前景的部门。集约化的农业生产活动仅仅在该州边沿地带进行，主要侧重于葡萄和蔬菜的种植。这里交通发达，与国际和国内的公路、铁路线连接起来，什特凡尼克机场保障了国际航空运输，多瑙河上的水路运输有着特殊的地位。

该州集中了全国最多的高等院校，在布拉迪斯拉发有5所高等院校：考门斯基大学、斯洛伐克技术大学、经济大学、音乐艺术大学和造型艺术大学，2002年在上述大学就读的学生人数占全国所有大学生人数的1/3强，该州居民接受高等教育的比例为17%。

特尔纳瓦州 位于斯洛伐克的西部，环抱布拉迪斯拉发州，北部与捷克接壤，南部与奥地利和匈牙利交界，占全国总面积的8.5%，占全国总人口的10.2%，下设7个县，251个城镇（其中16个城市）。该州主要坐落在多瑙河流域平原，气候比较温暖。多瑙河、瓦赫河、小多瑙河和摩拉瓦河等大河流经该州。一些著名的水利工程，如卡布奇克（Gabčíkovo）、斯尔纳瓦（Sl'ňava）和科拉罗瓦（Král'ová）位于该州，温泉水也很丰富，有4个自然风景保护区和许多被保护的古迹及地区。自然资源有石油、天然气、建筑石料、玻璃砂和优质木材等。

该州的工农业都很发达，第三产业的就业比例高，基础设施发达。几乎拥有所有的工业部门，最重要的是能源、机械、化学、制药和食品工业，纺织、印刷和玻璃制造则起着补充作用。石油、天然气、褐煤、石灰岩和沙子的开采在全国一直占有重要地位。农业发展潜力大，农业用地占全州总面积的 71.2%，其中可耕地达到 89.9%，主要的农作物有玉米、小麦、大麦、烟草、蔬菜和甜菜，在一些地区还有大面积的葡萄种植园。畜产方面主要是养殖猪、牛和家禽。交通在该州经济中占有重要地位，公路、铁路、水路、管道运输以及能源输送网络具有跨地区和国际意义，通向捷克、波兰和匈牙利的铁路都经过境内，特尔纳瓦（Trnava）、雷奥波尔多夫（Leopoldov）和古提（Kúty）是重要的铁路枢纽，在皮耶什贾尼（Piešťany）还有机场。

温暖的气候、丰富的温泉和药泉、广阔的水域为该州旅游业的发展提供了便利的自然条件，皮耶什贾尼和斯莫尔达科（Smrdáky）是著名的矿泉疗养地，德里尼（Driny）溶洞、卡布奇克水库和斯莫雷尼采宫殿（Smolenický Zámok）也吸引了不少旅游者。

州府特尔纳瓦是传统的高等教育中心，不仅有特尔纳瓦大学和斯洛伐克技术大学的物资—科技学院，1996 年还成立了圣西里尔和麦多德大学。此外，特尔纳瓦还是历史文化名城，这里有中世纪的宗教建筑群和大学建筑群。

特伦钦州 位于斯洛伐克西部，西北部与捷克接壤。该州面积占全国总面积的 9.2%，人口占全国总人口的 11.2%。该州下辖 9 个县，276 个城镇（其中 18 个城市）。

该州地形明显高低起伏，山脉众多，气温随海拔高度的变化而不同。在特伦钦—杰普利策、波伊尼策和诺斯策的温泉水丰富，温泉疗养业发达。州内有 5 个自然保护区，面积最大的是白喀尔巴阡山和斯特拉若夫山。最丰富的矿物原料是褐煤，还有一定数量的白云石、石灰岩和砖土。

在经济上，该州明显地分为两大不同的地区，尼特拉河上游

斯洛伐克

地区是全国最著名的矿业区,而瓦赫河流域则以机械制造业和纺织工业为主。该州其他有代表性的工业部门有化学、橡胶、建筑材料、皮革、制鞋、玻璃制造和食品工业。丰富的褐煤保障了热电厂和化工厂(在诺瓦奇)所需的燃料。

该州是重要的农业地区,主要农作物包括谷物、豆类作物、油料作物、玉米、甜菜和啤酒花。水果栽培以苹果、李子、葡萄、樱桃和杏为主。

该州交通便利,通往奥地利、波兰的铁路和公路线经过该州,最大的交通枢纽是特伦钦、普里埃维扎(Prievidza)和瓦赫河畔新城(Nové mesto nad Váhom)。特伦钦的军用机场有时也用作民用交通。

在州府特伦钦有特伦钦大学和斯洛伐克第一所非国立大学——经济管理大学。特伦钦还是文化中心,经常举办大型展览和博览会,特伦钦城堡吸引了众多游人。其他旅游胜地有贝茨科夫、恰赫吉策、特马丁和博伊尼策城堡等。

尼特拉州 位于斯洛伐克的西南部,南部与匈牙利交界。该州面积占全国总面积的12.9%,人口占全国人口的13.4%,境内居住的匈牙利族人是各州中最多的。该州下设7个县,354个城镇(其中15个城市)。

该州以平原和低地为主,北部有一些山脉,是斯洛伐克气候最温暖的地区之一。斯洛伐克最大的一些河流,如赫龙河、瓦赫河、多瑙河和伊佩尔河都流经于此,尼特拉河及其支流日达瓦河是该州的轴心。自然资源有建筑和装饰石料、石灰岩、砖土和陶土等。

该州工业和农业都比较发达。工业部门多种多样,突出的是食品、机械、电机、化学、木材加工、造纸、纺织、开采和能源工业,其中食品工业历史最为悠久,主要包括啤酒酿造(在胡尔巴诺沃、托波利恰尼和尼特拉)、葡萄酒加工(在尼特拉)、乳制品加工（在尼特拉）、肉制品加工（在诺维扎姆基）和制糖工业（在舒拉尼和波赫龙斯基鲁斯科夫）。机械工业中最著名的是生产河运、海运货轮和客轮的斯洛伐克科尔马诺船厂。新兴的工业部门是能源（瓦赫河畔克拉辽瓦的水电厂和莫霍夫尼策的核电厂）。该州土壤肥沃，玉米、甜菜、小麦和黑麦的产量高，还种植啤酒花、烟草、向日葵和蔬菜。牛、猪和家禽的养殖呈下降趋势，鱼的养殖则呈上升趋势。该州的农业劳动生产率在全国最高。

通向捷克、匈牙利的公路和通向匈牙利的铁路经过该州，重要的交通枢纽是州府尼特拉，最大的铁路枢纽是诺维扎姆基。水路交通也很便利，斯最大的港口——科马尔诺就在该州。但州境内高速公路有待发展。

这里旅游资源丰富，什图洛沃、帕津策、科瓦丘夫、波特哈依斯卡、科马尔诺、舒拉尼和诺维扎姆基是著名的温泉疗养和休闲中心。著名的历史文化古迹有尼特拉城堡、科马尔诺抵御土耳其入侵的堡垒和托波尔恰尼庄园等，此外，该州还有很多画廊、博物馆等文化设施。

尼特拉是斯拉夫教育、文化和基督教生活的最重要中心之一，设有斯洛伐克农业大学和康斯坦丁大学。

日利纳州 位于斯洛伐克西北部，北部与波兰交界，西北部与捷克接壤，占全国总面积的13.8%和全国人口的12.8%，下设11个县，315个城镇（其中18个城市）。

该州自然环境多样化，地形以高山为主，其中，亚沃尔尼克山、西贝斯基迪山、中贝斯基迪山、大发特拉山、小发特拉山、低塔特拉山和西塔特拉山等最为著名。大部分地区气候较为寒冷。斯洛伐克最长的河流瓦赫河及其他的一些支流构成该州的地理轴心。矿泉水和温泉水丰富，有多个疗养中心。该州的森林覆盖率在全国最高，达到54.9%。有4个国家公园，它们是：大

斯洛伐克

发特拉山、小发特拉山、低塔特拉山和塔特拉山国家公园,还有3个自然风景保护区。自然资源主要有石灰岩、木材和泥煤等。

该州属于斯洛伐克重要的经济地区,工业发达,机械工业在全国处于领先地位,大型的机械工厂已从军工转变为生产民用拖拉机、摩托车、建筑和林业机械、测量仪器和机床,马丁(Martin)是机械工业中心。能源、电机和造纸工业也很重要,化学和印刷工业集中在日利纳(Žilina),木材加工业遍布全州,纺织和服装工业有悠久的传统,食品工业中以啤酒生产(在马丁和比特恰)和烈性酒(在利普托夫斯基·米古拉什)最为有名。

境内山地居多,农业用地仅占36.8%,而牧场和草地占据了大部分农业用地,畜产品的生产超过农作物的栽培,土豆和黑麦是主要的农作物。

该州交通发达,通向捷克、波兰和乌克兰的铁路、公路经过境内,日利纳是全国重要的交通枢纽。

该州是斯洛伐克著名的文化地区,州府日利纳(有木偶剧院、博物馆和美术馆)、马丁(有著名的"斯洛伐克协会"和斯洛伐克民族起义剧院)、鲁若姆贝洛克(Ružomberok)和利普托夫斯基·米古拉什(Liptovský Mikuláš)是主要的文化中心。

该州旅游业发达,闻名全国乃至世界的旅游胜地是低塔特拉山(以亚斯尼谷地和德马诺夫谷地为中心)、小发特拉山(以夫拉特谷地为中心)和西塔特拉山(斯科鲁新山地和洛哈切)。文化历史古迹有斯特雷奇涅城堡、奥拉瓦城堡、斯克拉宾城堡和布拉特尼城堡。境内许多地方保存古老的民间建筑,弗尔科利涅茨(Vlkolínec)作为民间建筑的文物保护区已被载入联合国教科文组织世界文化遗产名录。

在日利纳有日利纳大学,在利普托夫斯基·米古拉什有军事学院,在马丁有考门斯基大学的耶森尼亚医学院。

班斯卡·比斯特里察州 位于斯洛伐克中南部,与匈牙利接壤,是全国面积最大的州(占全国总面积的 19.28%),人口密度仅为 70 人/平方公里,为全国最低。下设 13 个县,516 个城镇(其中 24 座城市)。

该州地形多种多样,北部是高山,南部为平原和盆地。矿泉水和温泉水资源丰富,森林覆盖率为 48%。有 5 个国家公园坐落于此,它们是:低塔特拉山、斯洛伐克天堂(Slovenský raj)、木兰平地(Muránska planina)、斯洛伐克喀斯特(Slovenský kras)和大发特拉山。

该州是重要的矿产原料基地,蕴藏有菱镁矿、高岭土、石英岩、石灰岩、滑石和膨润土等。过去,该州是世界闻名的铅、锌和铜开采地,目前,只有在部分地区开采的金银矿能获利。该州的经济发展潜力大,北部是工业区,南部是农业区。工业是该州国民经济中最重要的部门,35% 的劳动力就业于工业部门。在全国范围内,有色冶金、木材加工、玻璃制造和造纸工业占领先地位,建筑材料的生产、制药、石化、冶炼和电机工业也起着重要作用。南部农业生产区从事葡萄种植和酿造,水果、蔬菜栽培和加工的前景较好。

该州位于斯洛伐克中心地带,东西方向和南北方向的铁路干线都通过该州,另外,还有两条重要的国际铁路线穿越该州:布拉迪斯拉发——兹沃伦——科希策——乌克兰和日利纳——兹沃伦——鲁切涅茨——匈牙利。斯利阿齐机场军民混用。

该州文化设施众多,拥有全国最多的专业性博物馆。文化中心是州府班斯卡·比斯特里察(Banská Bystrica)和兹沃伦(Zvolen),在兹沃伦有话剧院,在班斯卡·比斯特里察有歌剧院和芭蕾舞剧院。

该州是斯洛伐克最重要的旅游地区,著名的旅游去处有低塔特拉山、波兰斯卡地区和什贾夫尼察—克雷姆尼察地区。温泉和

斯洛伐克

矿泉疗养业在全国闻名，知名的疗养地有斯利阿奇、杜津策、斯克雷内、杰普利策、科瓦措娃、布鲁斯诺和齐日等。

在班斯卡·比斯特里察有马提亚·贝尔大学和艺术学院，在兹沃伦有技术大学。

科希策州 位于斯洛伐克东南部，南部与匈牙利交界，东部与乌克兰接壤。面积在全国各州中占第4位，人口占第2位。下设11个县，440个城镇（其中17座城市）。

该州坐落于东斯洛伐克平原和科希策盆地，南部是喀斯特地形，西部有一些山脉。境内河网密集，主要河流有博得罗格河、霍尔纳得河、斯拉那河与博得瓦河。

该州是工业—农业地区，工业远比农业发达，冶金业和机械制造业有悠久的传统。工业集中在科希策县、罗日亚瓦县和斯皮什新村县。菱镁矿、盐矿、石灰岩、瓷土和铁矿的开采由来已久，东斯洛伐克钢铁厂对斯洛伐克经济具有战略意义。化学工业、建筑材料的生产、木材加工也具有一定的水平。食品加工业集中在农业生产发达的地区——科希策（Košice）、米哈洛夫策和特雷比肖夫，以生产罐头、糖果、巧克力、啤酒和葡萄酒而著称。

农作物主要有谷物、甜菜、油料作物、蔬菜、水果，托卡依地区跨越斯、匈两国，是世界闻名的葡萄种植区。畜产品生产多种多样，养殖牛、羊、猪和家禽等。

交通位置重要，公路和铁路将该州与匈牙利和乌克兰连接起来，通向乌克兰的石油管道和天然气管道途经该州。州府科希策是重要的交通枢纽和国内、国际公路的交叉口，所有的公路和铁路线汇集于此，将该州与国内其他部分连接在一起。科希策机场既用于客运又用于货运。

该州自然景色宜人，文化历史财富丰厚，旅游业较为发达。科希策是文化中心，这里有戏剧和音乐舞台以及众多的博物馆和美术馆,老城区是古迹保护区。最吸引游客的去处是斯洛伐克天堂、多布新冰川溶洞和斯洛伐克喀斯特、斯皮什城堡(被载入联合国教科文组织世界文化遗产名录)等。

科希策是全国第二大高等教育中心,有4所大学:P.J.夏发里克大学、技术大学、兽医大学和米·拉·什杰凡尼克飞行大学,这里还有其他一些大学的分部。斯洛伐克宪法法院和斯洛伐克总统地区办公室也设在科希策。

普雷肖夫州 位于斯洛伐克东北部,东部与乌克兰相邻,北部与波兰相连。面积居全国第二,人口数量居全国第一,但人口密度低。下设13个县,666个城镇(其中23座城市)。

该州大部分地区属于外喀尔巴阡山,境内的格尔拉霍夫峰是全国最高点。重要的河流有多波拉河、拉波勒茨河、多利萨河、波普拉得河、翁达瓦河与杜纳耶茨河。有5个国家公园、2个自然保护区和180多个小面积的保护区。矿产资源丰富,主要有石盐、石灰岩、建筑石料和砖土等。

经济效益较低,国内生产总值约占全国的9%。工业活动在全州的分布很不均衡,较发达的工业部门是机械、电机、化学、纺织、服装和食品工业。冶金、建筑材料生产、制鞋和烟草工业也具有一定水平。能源是最薄弱的环节,电能从其他州甚至于从捷克、波兰和乌克兰输入。

农业生产的集约化程度落后于其他州,但农业仍是该州重要部门之一。农作物主要有小麦、黑麦、大麦、番油菜和土豆,在山麓地带和山区普遍饲养绵羊。森林覆盖率高达48.8%,波普拉得县和斯尼纳县更高,分别为68%和62%,森林以阔叶林为主,榉木最多。

境内交通网分布不均衡,从捷克通向乌克兰以及从匈牙利通向波兰的铁路经过该州,但高速公路路程很短,铁路网也不发达,有两个县完全没有铁路,汽车运输占主导地位。州府普雷肖

夫（Prešov）和波普拉得（Poprad）是最重要的交通枢纽,波普拉得—塔特拉国际机场是欧洲地势最高的机场。

该州是全国旅游业最发达的地区,温泉疗养、文化古迹、自然风光一应俱全。著名的旅游胜地是高塔特拉山、波洛尼尼国家公园、斯兰斯山、布拉尼斯科、切尔科夫山脉等。斯皮什历史中心部分集中了各种建筑古迹,斯尼纳县的木建筑值得一看。

普雷肖夫是高等教育、文化和社会生活中心,设有普雷肖夫大学和科希策技术大学的生产工艺系,还有一些剧院、美术馆和天文馆,有7个城市古迹保护区。

表1-1 斯洛伐克各州面积、人口和人均国内生产总值（2002年）

州 名	面 积 （平方公里）	人 口	人口密度 （人/平方公里）	人均GDP （按购买力标准 计算,2000年）
布拉迪斯拉发州	2052	599736	292	22708
特尔纳瓦州	4147	282654	133	10822
特伦钦州	4502	603494	134	9888
尼特拉州	6344	711002	112	9392
日利纳州	6801	693041	102	9104
班斯卡·比斯特里察州	9455	660110	70	9008
普雷肖夫州	8981	793182	88	6632
科希策州	6752	767685	114	10053
斯洛伐克共和国	49034	5379161	110	10724

资料来源:Štatistická ročenka Slovenskej republiky 2003, ss. s80~s81。

三 地形特点

斯洛伐克属于喀尔巴阡山脉和巴侬盆地这两个迥然不同的地形区。地势最低处是博得罗格河的出口（海拔

94米），最高处是塔特拉山的格尔拉霍夫峰（Gerlachovský štít, 海拔2655米）。全国海拔300米以下的平原地区面积为20000平方公里，约占国土总面积的40%，海拔300～750米的山地也占40%左右，海拔750米以上的山区占20%左右。全境的地形像金字塔一样逐级递升，从平原（山外低地、多瑙河流域低地、东斯洛伐克低地）和盆地（南斯洛伐克盆地、科希策盆地等）、丘陵（多瑙河流域丘陵、东斯洛伐克丘陵等）、高地（什贾夫尼察山地、斯洛伐克鲁多霍日山地等）、山区（低塔特拉山，小发特拉山和大发特拉山）至高山区（塔特拉山）。

喀尔巴阡山脉 斯洛伐克所有的山脉都属于西喀尔巴阡山脉和东喀尔巴阡山脉，西喀尔巴阡山脉占据了斯洛伐克最多的一部分地区，它又可分为外西喀尔巴阡山脉和内西喀尔巴阡山脉。

外西喀尔巴阡山脉从布拉迪斯拉发开始呈大圆弧状沿着斯洛伐克与捷克和波兰的边界，一直延伸到与乌克兰的边界。外西喀尔巴阡山的山脉和盆地都排列成带状，有许多逐渐过渡的地带，地形比较单一，不是块状的砂岩山，就是页岩盆地。主要的山脉和盆地有：白喀尔巴阡山脉、瓦赫河畔谷地、亚沃尔尼克山地、贝斯基迪山、奥拉瓦盆地、斯皮什·马古拉山地、雷沃恰山地、皮耶尼尼山地、鲁博夫尼亚高地和切尔格山地。

白喀尔巴阡山脉绵亘于斯洛伐克和捷克的交界线上，其中部抗蚀的砂岩山形体高大，两侧的山麓呈丘陵状。奥拉瓦盆地位于白奥拉瓦河与黑奥拉瓦河汇流处，盆地表面平坦潮湿，河流沿岸为沼泽。斯皮什·马古拉山地位于塔特拉山的东北端，地形自西向东徐缓倾斜。雷沃恰山地是块状复合山体，四周都是洼地，山脉中部高，东部呈辐射状，西部和南部地势较低。皮耶尼尼山地和鲁博夫尼亚高地呈波状起伏，地面强烈切割，地形多样。

内西喀尔巴阡山占据斯洛伐克的整个中部，由38个形态各异的地形区组成，根据形态、地质构造和起源分为四大地貌区：

斯洛伐克

中心山脉、火山山脉、斯洛伐克鲁多霍日山地和喀尔巴阡盆地和谷地。中心山脉是旅游胜地,火山山脉是最大的稀有金属蕴藏地,斯洛伐克鲁多霍日山的森林植被最好,喀尔巴阡盆地和谷地是人活动比较集中的地方。

中心山脉的面积最大,构成地形区最多,它由下列地形区构成:小喀尔巴阡山地、瓦赫河畔伊诺维茨山地、斯特拉若夫山地、苏洛夫山地、小发特拉山地、日阿尔山地、大发特拉山地、霍奇山地、特里贝奇山地、低塔特拉山、塔特拉山、布拉尼斯科山等。

塔特拉山脉不仅属中心山脉地区,而且是整个喀尔巴阡山系最高的山脉,同时也是西喀尔巴阡山唯一真正具有高山地形的山脉,面积达700多平方公里,其中550平方公里位于斯洛伐克境内(其余部分在波兰境内)。塔特拉山脉除有典型的冰川地形外,还有复杂的构造地形和高山岩溶地形。

低塔特拉山面积最广(长约100公里,宽30公里),最高峰为琼别尔峰(2043米)。低塔特拉山核心是结晶岩,两侧是中生代褶皱层,它主要分为两个部分:西部的琼别尔山和东部的克拉尔霍拉山。低塔特拉山的顶部曾受冰川侵蚀,有17条冰川。

大发特拉山呈长方形,长约40公里,宽20公里,山脉分为三种不同地形:东南部以页岩为基底,中央山脊呈平坦的高山地形;西部的石灰岩与白云岩构成形状古怪的山崖和岩溶谷;北部的花岗岩地带呈宽阔浑圆的地形。

小喀尔巴阡山地的地形狭窄高峻,山脉长180多公里,宽仅6~7公里,是维也纳盆地和多瑙河低地之间的分界线,虽然最高峰只有762米,但在相邻低地的衬托下显得高峻。

火山山脉位于中心山脉以南,是最年轻的山脉,虽然高度比中心山脉低(最高峰海拔1458米),但以陡峭的山坡和狭窄的谷地而著称。火山山脉根据外貌可分为三部分:东部的高山带、

第一章 国土与人民

西部的维索卡山群和南部松软的低高地（500~600米）。下列山地都属于火山山脉：赫龙河畔伊诺维茨山地、什贾夫尼察山地、克鲁皮纳平地、亚沃列山地、策罗瓦盆地、斯拉纳山地和泽姆普林山地等。

斯洛伐克鲁多霍日山地是位于斯洛伐克中心位置的坚硬山体，呈块状，是一列中部为古生代岩石，南北两侧为褶皱中生代岩石的大穹状山，西斯洛伐克的石灰岩山脉，如斯洛伐克岩溶区、斯洛伐克天堂和木兰平地也属于斯洛伐克鲁多霍日山地。斯洛伐克岩溶区是中欧面积最大的岩溶区，是典型的岩溶高原复合体，中间被一些河流的河谷切入，分成几个高原，地上和地下都发育着岩溶地形，最著名的溶洞有多米察洞、贡巴塞克洞和亚索夫洞等。

在斯洛伐克鲁多霍日山地的南部边缘是南斯洛伐克盆地，其他位于内西喀尔巴阡山的盆地有上尼特拉盆地、日利纳盆地、图尔恰尼盆地、塔特拉山麓盆地、日阿尔盆地、普雷肖夫盆地、兹沃伦盆地、霍尔纳得盆地、科希策盆地和上赫龙盆地等。

日利纳盆地位于三条河会合口地带，呈不规则三角形，表面起伏如丘陵，海拔高度为330~550米。日阿尔盆地底部是松软的火山沉积物和河流堆积物，盆地呈三角形，海拔高度为220~400米。兹沃伦盆地地势北高南低，是一个底部高低不平的大洼地，沿着赫龙河延伸。

东喀尔巴阡山脉绵亘于斯洛伐克的东北角，其外部的低贝斯基迪山地和布科夫山地外表上与外西喀尔巴阡山脉相似，只是海拔高度比较低。低贝斯基迪山地包括拉博雷茨和奥达夫高地。东喀尔巴阡山脉的内部是维霍尔拉特山地，顶部由火山活动发育形成，最高峰1074米。

巴侬盆地 巴侬盆地幅员辽阔，绝大部分在匈牙利，它延伸至斯洛伐克境内后分为三个组成部分：山外低地、多瑙河流域低

地和东斯洛伐克低地。

山外低地的大部分地区覆盖着沙丘,那里生长着松林,海拔高度自南向北不断上升。山外低地由平坦的波尔低地和被切割成若干段的赫沃伊涅低地构成。

多瑙河流域低地是斯洛伐克最富饶的地区,也是斯洛伐克最辽阔的低地地区,几乎占据了斯洛伐克的整个南部地区,它清晰地划分为两个不同的地貌区:多瑙河及其支流沿岸的多瑙河流域平原和山脉边缘的多瑙河流域丘陵(自西向东有特尔纳瓦丘陵、日塔瓦丘陵、赫龙丘陵和伊佩利丘陵)。多瑙河流域平原主要是由多瑙河、瓦赫河、尼特拉河和赫龙河在沉降地带堆积而成的,平原的中心是多瑙河及其支流所环抱的日特尼岛。多瑙河及其支流还在这里沉积沙洲,到处可见砂盖层和沙丘。

东斯洛伐克低地位于多瑙河流域低地的北端,它分为东斯洛伐克平原和东斯洛伐克丘陵。

东斯洛伐克平原是指蒂萨河、奥拉瓦河、拉博雷茨河和多利萨河等流域辽阔的泛滥平原,沙洲及其沼泽洼地比比皆是,境内地势最低处就位于此。

东斯洛伐克丘陵位于低地的边缘部分,地面起伏平缓[①]。

四 河流、湖泊、水库、矿泉和温泉

河流 斯洛伐克位于黑海和波罗的海之间的分水岭上,其境内的大部分河流发源于此,随后很快流向周边国家,大河中只有多瑙河(Dunaj)和摩拉瓦河(Morava)从邻国流入斯洛伐克。发源于斯洛伐克境内的所有河流的总流量是400立方米/秒,加上多瑙河、摩拉瓦河、杜纳耶茨河(Dunajec)和

---

① 本节上述内容参见亚罗米尔·德麦克、米罗斯拉夫·斯特日达著《捷克斯洛伐克地理》,吉林人民出版社,1978,第31~48页。

蒂萨河（Tisa）后的总流量是3300立方米/秒。在西喀尔巴阡山脉地区，斯洛伐克的河网（瓦赫河流域）呈羽毛状，在东喀尔巴阡山脉地区（博得罗格河流域）则主要呈扇形。

多瑙河是斯洛伐克主要的大河，它从奥地利流入斯洛伐克，将斯洛伐克与黑海连接起来。多瑙河流经布拉迪斯拉发后形成河岔，其中最大的是小多瑙河。多瑙河在斯洛伐克境内的长度为172公里（占其总长度的6%），几乎灌溉了斯洛伐克全境（47087平方公里），在布拉迪斯拉发测得它的主要指标是：平均流量2045立方米/秒，流速10公里/小时，平均水面高度8米，河床宽度200~300米。多瑙河与其左岸的分支——小多瑙河以及瓦赫河的下游围成欧洲最大的河上岛屿——日特尼岛（1600平方公里），这里是斯洛伐克地下水资源最丰富的地方。

多瑙河在斯洛伐克境内最长的支流是瓦赫河（Váh），它全长390公里，流域面积将近20000平方公里，流量达152立方米/秒。瓦赫河有两个源头，白瓦赫发源于高塔特拉山，黑瓦赫发源于低塔特拉山，黑、白瓦赫在克拉洛维雷霍达会合，瓦赫河上游的最主要支流是奥拉瓦河（Orava），它具有山溪的特征。其他支流图里埃茨河（Turiec）和基苏查河（Kysuca）随后也加入进来，在瓦赫河汇入多瑙河之前，有尼特拉河（Nitra，全长197公里，流域面积4150平方公里）、日达瓦河（Žitava）和小多瑙河汇入。

赫龙河（Hron）是仅次于瓦赫河的另一大河流，全长284公里，流域面积5465平方公里，流量为56立方米/秒，它几乎与瓦赫河平行，最终也汇入多瑙河。赫龙河谷地是中斯洛伐克的经济中心地区。

伊佩尔河（Ipel'）发源于斯洛伐克鲁多霍日山区，流向南斯洛伐克盆地，它全长254公里，其中143公里构成斯洛伐克与匈牙利的边境线。

斯拉那河（Slaná）与其支流日马瓦河（Rimava）、博得瓦河

斯洛伐克

(Bodva)形成扇形的河网，霍尔纳得河（Hornád，186公里）接纳了赫尼雷茨河（Hnilec）和多利萨河（Torysa）。

博得罗格河（长度220公里，流域面积11356平方公里，流量110立方米/秒）灌溉斯洛伐克的最东部，斯拉那河与博得瓦河、霍尔纳得河和博得罗格河在匈牙利汇入蒂萨河，蒂萨河有5公里长的河段构成斯洛伐克与匈牙利的边界。

斯洛伐克大部分河流都发源于山区，湍急的水流有利于进行发电，至1998年，斯洛伐克河流的电力潜能只被利用了45%，预计在未来利用率将达到70%~75%。河网的总长度达到44666公里，比较重要的河流长度只占不到1/5（8437公里），小型河流与农业用水渠的长度则达到15700公里，而全国用于航行的河段只有170公里（多瑙河）。

斯洛伐克大部分河流的水量随降雨量的多少而变化，通常河流的水量在春季冰雪融化时最充足（多瑙河除外，它发源自阿尔卑斯山，那里的积雪和冰川直至夏初才消融），博得罗格河在8~9月水量最少，瓦赫河在10月，多瑙河在11月。一些河流在旱季和雨季时水量悬殊，如伊佩利河、东斯洛伐克地区的河流；瓦赫河和赫龙河的流量比较稳定；多瑙河、摩拉瓦河、东斯洛伐克地区的河流和伊佩尔河发生过水灾。

斯洛伐克的大部分河流最终流入黑海，小部分汇入波罗的海，黑海水系流域在斯洛伐克境内分成两个主要的流域——多瑙河流域（由摩拉瓦河、瓦赫河、尼特拉河、赫龙河和伊佩尔河流域组成）和蒂萨河流域（整个东斯洛伐克地区），斯洛伐克国土面积的96%属于黑海水系流域。只有波普拉得河（Poprad）与杜纳耶茨河流入波罗的海，杜纳耶茨河有一小段构成斯洛伐克与波兰的边界，波普拉得河在波兰境内汇入杜纳耶茨河，它在斯洛伐克境内长107公里，其中31公里构成斯洛伐克与波兰的边界。

湖泊 湖泊在斯洛伐克分布不广泛，共有约计175个具有不

第一章 国土与人民 **S**lovakia

同成因的湖泊，总面积达 300 公顷。在塔特拉山分布的湖泊最多（165 个），都是冰川活动的产物，其中最深和最大的湖泊是横措沃天池（Hincovo pleso），其海拔高度为 1946 米，深度为 53 米，面积为 20 公顷，一年中有 9～10 个月湖面被冰层覆盖，湖面温度保持在 8℃以下，湖水澄澈，可望到 12.5 米深，是旅游胜地。什特尔巴天池（Štrbské pleso）是塔特拉山南部最著名的天池，其海拔高度为 1346 米，面积为 19.76 平方公里，深度为 20 米，是最大的冰碛湖。"海之眼"（Morské oko）是最大的火山湖，其面积为 13 公顷，最宽处为 312 米，长 775 米，深 26 米。其他著名的湖泊有波普拉得天池和最大的岩溶湖——亚什杰尔湖泊（Jašteričie jazierko）。

水库 在斯洛伐克，水库的数量众多，第二次世界大战后在瓦赫河上就已建成 19 个水库。在 20 世纪，斯洛伐克建造了 30 个用于能源开发的大型水库，其中最大的是 1941～1952 年建于奥拉瓦河上游的奥拉瓦水库，它的面积为 35.4 平方公里，储水量为 3.46 亿立方米。卡布奇克水利工程是最新建成的，也是多瑙河在斯洛伐克区段上唯一的水利工程。其他著名的水库有瓦赫河上的利普多夫斯卡马拉和多瑙河上的泽姆普林斯卡什拉瓦。

矿泉和温泉 在欧洲，斯洛伐克的矿泉和温泉资源异常丰富，有 1200 多个矿泉水源，最著名的是斯拉基纳（Slatina）、法特拉（Fatra）、萨尔瓦多（Salvator）、科里特尼察（Korytnica）及桑多夫卡（Santovka）和巴尔多夫斯卡（Baltovská）等，矿泉水可作为医疗和提神效用的饮料。在温泉水源头出现了世界著名的浴场，如皮耶什贾尼（Piešťany）、波伊尼策（Bojnice）、斯克雷内（Sklené）、图尔阡温泉（Turčianské Teplice）、杜津策（Dudince）、弗尔波夫（Vrbov，）、贝谢纽瓦（Bešeňová）和巴尔杰尤夫浴场（Bardejovské kúpele）等。

19

五 气候

斯洛伐克地处北温带，加之受到地理位置、海拔高度和地形等因素的影响，四季交替明显，少严寒和酷暑；位于大陆性和海洋性气候的过渡区域上，既受到欧亚大陆干燥空气的影响，导致它夏天炎热和冬季严寒，又受到来自大西洋湿润空气的影响，它带来降水并使温度和缓；随着海拔高度的上升，温度下降，降水有所增加，此外，地形和国土东西向延伸的形状也对气候产生了一定程度的影响。

日照和云量 低地和高山顶部的日照天数最多，如多瑙河流域平原（胡尔巴诺沃，布拉迪斯拉发）每年日照时数为2200小时，高塔特拉山（洛姆尼茨山峰）的年日照时数为2000小时左右；奥拉瓦盆地的日照天数最少，年日照时数只为1100小时左右。

冬季云量最大，夏季和初秋最小。在盆地和低地经常被雾气笼罩（尤其在冬季）。

温度和降水 斯洛伐克的年平均气温从 -3.7℃（高塔特拉山顶部）到10.4℃（多瑙河流域平原），最寒冷的地方在山区，1月平均气温下降到 -10℃，7月平均气温只有4℃。最暖和的地方在多瑙河流域平原和东斯洛伐克平原，那里的年温差大于山区（从1月的 -1℃~3℃直至7月的20℃~21℃）。随着海拔高度的上升，气温不断下降（每上升100米，气温下降0.4℃）。山区逆温现象明显，尤其是在春季和夏季。斯洛伐克历史上测得的最低气温是 -41℃（1929年2月11日在兹沃伦盆地），最高气温是39.8℃（1950年7月5日在科马尔诺）。

最炎热的月份是7月，最寒冷的月份是1月。夏季，经常出现一段宛如热带的天气，白天气温超过30℃，夜间气温不低于20℃。在冬季，低地地区的气温有时还会下降到 -20℃。

低地地区降水量最少，山区雨量充沛，如果不计向风和背风对雨量的影响，随着海拔高度的上升，雨量不断增加。最干燥的地区是多瑙河流域平原，年降水量只有500~600毫米。最湿润的地区是塔特拉山，尤其是塔特拉山谷地，那里的年降水量超过了2000毫米。在地势较高的山脉地区，大部分降水以降雪的形式出现，高山地区从11月一直到5月都有积雪，在塔特拉山地区，夏季中期也可以滑雪。一年中，降水最多的月份是6月和7月，秋季降水量最少。

天气 斯洛伐克全年的天气状况变化不定，主要是因为受到干燥的大陆性空气和湿润的海洋性空气的交替影响（平均每三天就有一次变化），当大陆性空气势力较强时，斯洛伐克受到高气压的控制，夏秋季节通常出现晴朗的天气，如初秋的高温天气，冬春季节则出现非常寒冷和干燥的天气；在海洋性空气的影响下，斯洛伐克受到低压的控制，夏秋季节通常出现多雨和凉爽的天气，如6月和7月初的连续降雨天气，冬季主要产生降雪，气温也比较暖和（0℃左右）。此外，夏季多暴雨天气；在冬季和秋季晴朗和无风的天气里，盆地还会出现"逆温"现象，即盆地底部充满着较重、较冷的空气，在盆地顶部和周围山脉的坡地上则出现较暖的空气。

气候区 尽管斯洛伐克的面积不大，但由于地形复杂多样，起伏大，不同地区的气候有明显的差异，全国分为三个气候区：暖区、温和区和冷区。

暖区为斯洛伐克地势最低的部分（山外低地、多瑙河流域低地、东斯洛伐克低地、南斯洛伐克盆地和科希策盆地），最典型的气候特征是年平均温度最高，为8℃~10℃。此外，月平均温度的差距最大，从1月份的−1℃~−3℃直至7月份的20℃~21℃，差距达到21~24℃；日温差也很明显，可达到15℃；降水量最少，为550~750毫米。斯洛伐克最富饶的地区就在暖区。

斯洛伐克

温和区占据着斯洛伐克面积最大的一部分,所有较低的山脉(小喀尔巴阡山地、泽姆普林山地等)、较高山脉的山坡(低塔特拉山和大法特拉山等)和盆地的底部(塔特拉山麓盆地、奥拉瓦盆地和霍尔纳得盆地)。温和区位于海拔高度800米以下的地区,年平均温度为4℃~8℃,年降水量为800~1200毫米。

冷区占据海拔高度800米以上的地区(高塔特拉山,低塔特拉山,小发特拉山,大发特拉山)。年平均温度接近0℃;月平均温度的差距最小,从1月份的-10℃到7月份的4℃,差距只有14℃;年降水量为1300~2000毫米,大部分为降雪,积雪在那里可保持6个月,在塔特拉山顶的一些地区,终年都有积雪。

第二节 自然资源

一 矿产资源

斯洛伐克矿产资源品种多,但储量各有不同。矿产资源中储量最多的是陶瓷和耐火原料以及石灰岩,石盐的藏量也比较丰富。金属矿的储量少,只有金矿的开采前景好。燃料几乎完全依赖进口。矿产资源分为燃料、金属矿和非金属矿三种。

燃料 斯洛伐克的燃料储量普遍小。斯最重要的煤炭蕴藏区是位于上尼特拉的汗德洛夫斯科—诺瓦茨盆地,它们在地质构造上形成一个整体,但煤炭的性质和质量有所不同,诺瓦茨的煤炭是褐煤,汗德洛夫斯科的煤适合化学加工,且是泽缅斯基科斯多兰电厂的主要燃料,整个蕴藏量估计为1.5亿吨。目前,煤炭和褐煤的开采有所减弱,大约为400万吨。另外,在多利纳矿区还有大约1亿吨质量稍差一些的煤炭。

泥煤田没有能源意义，但用于农业。泥煤田的面积有 5000 公顷，最大的泥煤田位于奥拉瓦。

油田都是小型的，在喀尔巴阡山脉有一些面积较小的石油层，在东部地区也探明了一些石油的矿床，但经济意义都比较小。主要的石油产区在扎霍里，油田主要在戈贝里和马拉茨基附近，油田中还伴有天然气。石油的开采量每年大约为 10 万吨。

铀矿蕴藏在斯东部的斯皮什新村，但藏量越来越少，几乎没有开采价值。

金属矿 铁矿的开采只能满足斯国内需求的 1/10，在斯皮什一格美尔地区开采，主要的铁矿床在鲁德那尼。

铅一锌矿和银矿常出现在多种金属合成矿中，班斯卡·什贾夫尼察和霍德鲁夏是主要的矿藏地。

铜矿的铜含量低，多数只达到 1%，在鲁德那尼、斯洛文基、格尔尼察、洛日亚瓦、班斯卡·什贾夫尼察和霍德鲁夏开采铜矿。锑矿的开采已经长期处于削减状态，在低塔特拉山区和贝兹诺克的最后一批锑矿床也已停止开采。

金矿的开采在斯有古老的历史，在克雷姆尼察至今保留露天开采金矿的传统，在霍德鲁夏开采的金矿金子含量较高。

非金属矿 斯非金属矿的蕴藏量在欧洲名列前茅，首先是陶瓷、耐火和建筑原料。

在米哈洛夫策附近有欧洲最大的用于电陶瓷和建筑陶瓷生产的矿床。膨润土的开采主要集中在克雷姆尼察附近。

重要的耐火原料菱镁矿蕴藏在斯洛伐克鲁多霍里山脉的南侧从卢切涅茨直到科希策长达 120 公里的长条带上。耐火的黏土矿位于卢切涅茨以北地区。

白云岩砂是斯用于制造玻璃的原料，蕴藏在帕尔迪章县。全国唯一的石棉矿床在多布新那，几乎被开采尽。此外，还有滑石矿和石英矿。

石盐是重要的化学原料,唯一被开采的石盐矿位于斯洛伐克东部地区。

建筑原料主要是生产水泥用的石灰岩,分布较广。

二　植物

斯洛伐克生长着3000多种植物,其中不少是稀有品种。斯植物经历了漫长的发展过程。在新生代晚期,斯境内的气候比较温和,生长的植物与如今的类似。在冰川时期,气候转冷,一些喜温的植物逐渐消亡,而北极植物在此扎下根来。在灵生纪晚期气候转暖后,喜寒的植物群在海拔高度超过1800米或者寒冷的背阴地带保留下来,喜温的植物又重新返回。

斯洛伐克位于混合林的植被带上,全国的森林覆盖率达到40%,在欧洲仅次于芬兰和瑞士而位居第3。榉树林的分布面积最广,占1/3的比重。其他主要的树种是云杉、橡树、松树和冷杉。根据海拔高度的不同,斯植被分为5级,此外,还有与海拔高度关系不大的河漫滩林。

橡树级植被　分布在平原和山脉中地势低的部分(海拔550米以下),这里最温暖、最干旱,除了橡树,主要还有鹅耳枥。在沙质土壤地带,尤其是在扎霍里平原分布着人工栽培的松树、刺槐。橡树级植被中还有多种多样的草本植物。

榉树级植被　分布在海拔550~1100米的地带,占据了斯山岳的大部分地区(塔特拉山区除外)。这里生长着榉树、枫树和冷杉,一些地方还保留有原始森林。在大发特拉山,自然生长的紫杉数量最多。在背阴地带生长着喜阴和喜湿的草本植物。

云杉级植被　分布于海拔1100~1600米,除了云杉,还生长着红杉、花楸、瑞士五针松。在明亮地带还生长着灌木丛。

第一章 国土与人民

高山针叶林级植被 分布于海拔 1600～1800 米，主要在塔特拉山、低塔特拉山和小、大发特拉山的顶部。这里还生长着灌木和红豆科植物等。

高山草地级植被 位于海拔 1800 米以上，只分布在塔特拉山和低塔特拉山。这里只生长着喜寒的草类和草本植物，一些植物是珍稀保护植物。

河漫滩林 斯平原的大部分地区是农田、居民区和交通网，森林的面积很小。大片的河漫滩林主要分布在摩拉瓦河畔、多瑙河畔和拉多里察河畔，生长着白杨、柳树、橡树和榆树等。

此外，斯还生长着睡莲、萍蓬草、蓼、芦苇等水生植物。在草场和牧场生长着车前子、紫苜蓿、蒲公英和春白菊等植物。

1994 年，斯国民议会通过了第 287/1994 号关于自然保护的法律，稀有、特有和残余的植物种类、有药用价值或芳香作用的植物种类以及濒危且有装饰作用的植物种类被列为受保护的对象，最主要的有苦龙胆、斯洛伐克白头翁、双色鸢尾、圆叶茅蒿菜、瑞香、山松、秃黄花九轮草等。

三　动　物

斯洛伐克境内动物的分布和组成是多年历史长期发展的结果。在新生代，斯境内生活着来自地中海的动物。冰川时期到来后，随着北极植物的来临，北极动物群也迁徙到斯境内，如猛犸象、驯鹿和北极狐等。冰川退却后，一些草原动物从东部扩展到斯，尤其是啮齿动物。在森林中生活着鹿、狼、欧洲野牛和熊等。

根据生活地的不同，斯动物分为 4 级：草原动物、阔叶林动物、针叶林动物和高山动物。

草原动物 生活在斯最南部海拔 200 米以下地区，年平均温度为9℃~10℃,年降水量为600毫米以下。这里昆虫最多,其他有家兔、野兔、黄鼠、田鼠和草原黄鼠狼。鸟类有鹌鹑、灰鹫、山鹑、野鸡、云雀和麻雀。稀有动物是大鸨、隼和白眉雕。爬行动物有壁虎和青蜥蜴。

阔叶林动物 占据着斯大部分地区,在阔叶林生活着斯70%的动物。主要有野猪、山狍、鹿、野猫和林鹫等,人为引进的品种有黇鹿和卷角野羊。还有饲养的野牛。爬行动物有黄颌蛇和蜥蜴。

针叶林动物 主要有狼、狐狸、褐熊、猞猁、山貂和松鼠。鸟类有松鸦、松鸡和星鸦等。

高山动物 生活在斯最高的山脉(高塔特拉山和低塔特拉山),大部分是冰川时期从北部来到斯的残余品种,如金雕、岩羚羊和旱獭。

此外,水生动物主要有鱼类(鲤鱼、冬穴鱼、鳊鱼、鲈鱼、狗鱼、鲑鱼、鲇鱼和鳗鱼)、

蛙类、瘰螈、哺乳类(水獭)和鸟类(野鸭、鹅、鹭和天鹅等)。在人类居住地附近的常见鸟类有麻雀、鸫、山雀、燕子、鸽子和斑鸠。

如今,斯有一些动物属于保护对象,如地熊蜂、河虾、黑鹳、灰鹭、金雕、旱獭、猞猁、岩羚羊、水獭和褐熊等。

第三节 居民与宗教

一 人口

1869年,斯洛伐克进行了第一次人口普查,此后几乎每10年进行一次人口普查,人口总数和人口密度都呈上升趋势。

表 1-2 斯洛伐克 1869~2001 年人口普查情况

人口普查日期	人口总数	人口密度(单位:人/平方公里)	人口增长率
1869 年 12 月 31 日	2481811	51	—
1880 年 12 月 31 日	2477521	51	-0.2%
1890 年 12 月 31 日	2595180	53	4.7%
1900 年 12 月 31 日	2782925	57	7.2%
1910 年 12 月 31 日	2916657	60	4.8%
1921 年 2 月 15 日	2993859	61	2.6%
1930 年 12 月 1 日	3324111	68	11.3%
1946 年 10 月 4 日	3327803	68	0%
1950 年 3 月 1 日	3442317	70	1.8%
1961 年 3 月 1 日	4174046	85	15.9%
1970 年 12 月 1 日	4537290	93	8.7%
1980 年 11 月 1 日	4991168	102	10%
1991 年 3 月 3 日	5274335	108	5.7%
2001 年 5 月 26 日	5379455	110	2%

资料来源:Štatistická ročenka Slovenskej republiky 2003, s.191。

根据 2001 年的人口普查结果,斯人口总数在欧洲名列第 22 位,与丹麦、芬兰的人口相当;男性公民占 48.6%,女性公民占 51.4%;0~14 岁公民占 18.9%,15~64 岁公民占 62.3%,65 岁以上公民占 18.8%;能从事经济活动的公民占 49.6%。

过去,斯洛伐克居民主要生活在农村,随着城市化的发展,如今 57% 的居民生活在城市中,乡村居民占 43%。全国最大的城市——首都布拉迪斯拉发有居民 448000 人,人口密度为 1220 人/平方公里。其他 5 万名以上居民的城市依次是:科希策(241606 人)、普雷肖夫(93147 人)、尼特拉(87569 人)、日利纳(86811 人)、班斯卡·比斯特里察(85052 人)、特尔纳瓦

（70202人）、马丁（60055人）、特伦钦（58872人）、波普拉得（56241人）和普里埃维扎（52947人）。全国人口的平均寿命是74.2岁（男性70.19岁，女性78.41岁）。

在历史上，斯洛伐克经历了几次移民潮，在不同的历史时期导致公民移居国外的原因不同。在19世纪到20世纪上半叶，斯洛伐克公民主要因经济原因外移，主要移居地是美国。第二次世界大战后出现了3次移民潮（1945年、1948年和1968年），主要原因是国内的政治形势发生变化。目前，大约有270万斯洛伐克人生活在国外，其中为美国最多，约180万人左右，其余主要分布在匈牙利、罗马尼亚、塞尔维亚、捷克、加拿大、澳大利亚和阿根廷等国。1989年政局剧变后，也有许多斯洛伐克人走向世界各地，但大多数人不是移民国外，而是去国外学习和工作。

二 民族

鉴于历史发展和地理位置，斯洛伐克是民族混居地。根据考古发现，早在公元前20万年~10万年期间，如今的斯洛伐克境内就有尼安德特人定居。从公元前5世纪起，凯尔特人开始在此生活，他们属于最先掌握生产铁器技术的民族，也是目前能说得上名称的最早生活在斯洛伐克境内的民族。公元前后，进犯至此的日耳曼人取代了凯尔特人。由于日耳曼部落与罗马帝国间的冲突不断，在一次又一次入侵中，罗马帝国的战士沿着瓦赫河和赫龙河一直到达如今的斯洛伐克境内，在罗马军团中，不仅有罗马人还有犹太人等其他民族。公元5世纪，斯拉夫人迁移到如今的斯洛伐克境内，他们取代了日耳曼人的统治。斯拉夫人在此定居一开始就受到来自亚洲的一些民族的威胁，匈奴人是其中之一。567年，斯拉夫人又受到阿瓦尔人的威胁。斯拉夫人和阿瓦尔人被迫共处了一段时间，只是斯拉夫人处于被统治

第一章 国土与人民

的地位。在法兰克商人萨莫的领导下，斯拉夫人与阿瓦尔人进行了坚决的斗争，并且在斯领土上建立了第一个斯拉夫人的部落联盟——萨莫帝国（623~658年）。9世纪初，第一个斯洛伐克人的国家机构——尼特拉公国形成。公元833年，尼特拉公国与摩拉维亚公国合并后产生了斯洛伐克人、捷克人和摩拉维亚人的共同国家——大摩拉维亚帝国，它一直受到周围其他民族的侵袭，尤其是日耳曼法兰克人和后来的古匈牙利人。907年，大摩拉维亚帝国崩溃。不久，斯洛伐克人被并入新成立的匈牙利国家，斯洛伐克人与匈牙利人在一起共处了几乎1000年。12世纪中叶，鉴于斯洛伐克境内丰富的矿产资源，匈牙利国王邀请熟知矿业和冶金业的德意志人来到斯洛伐克，此举促进了中斯洛伐克城市的发展。1241~1242年，亚洲的游牧民族——鞑靼人侵入斯洛伐克，他们的疯狂劫掠导致斯洛伐克许多地区荒无人烟。1322年，茨冈人首次在斯洛伐克的斯皮什生活下来，逐渐分布到斯洛伐克全境，但大部分集中在斯洛伐克东部地区。1428~1433年，捷克的胡斯宗教运动成员侵入。15~17世纪，一些以放牧为业的人，主要是罗马尼亚人和罗塞尼亚人，定居在斯洛伐克北部和中部的山区。16世纪末，由于斯洛伐克的宗教信仰环境较为宽松，一些来自莱茵兰、瑞士、巴伐利亚和奥地利等地的哈班人（Haban）——宗教改革运动卡尔文派成员来到斯洛伐克，他们主要定居在斯洛伐克西部的扎霍里。与此同时，一些克罗地亚人为躲避土耳其人的侵袭也来到斯洛伐克西部。19世纪末，保加利亚商人和蔬菜种植者来到斯洛伐克，他们主要居住在城市里。1918年捷克斯洛伐克共和国成立后，捷克人和乌克兰人进入斯境内，捷克人分散在斯各地，乌克兰人则主要聚集在斯东部。如今，在斯洛伐克还有其他民族的后代，如波兰人、意大利人和立陶宛人、塞尔维亚人和俄罗斯人等。

根据2001年的人口普查结果，斯洛伐克族有4614854人，

斯洛伐克

占全国人口总数的 85.8%；匈牙利族是斯最大的少数民族，有 520528 人，占全国人口总数的 9.7%；罗姆族申报的人数是 89920 人，占全国人口总数的 1.7%；捷克族有 44620 人，占全国人口总数的 0.8%；罗塞尼亚族有 24201 人，占全国人口总数的 0.4%；乌克兰族有 10814 人，占全国人口总数的 0.2%。

斯洛伐克现行法律规定，如果少数民族在居住地的比例超过 20%，当地的标志牌就用斯洛伐克语和该少数民族的语言同时标明。斯洛伐克的少数民族不仅有自己的语言，还有自己的风俗习惯、民族服装和民谣，在与斯洛伐克民族共处的过程中，他们的文化受到一定的影响，因而他们如今的文化有独特之处，有别于原民族的文化。

匈牙利族 最早的匈族人祖先来到如今的斯境内是于 9、10 世纪之交，10 世纪时，他们在喀尔巴阡盆地的中心部分定居下来，在那里逐渐建立了匈牙利国家，斯是它的一个组成部分。1918 年捷克斯洛伐克国家成立后，一部分匈牙利族人沦为该新国家的少数民族。根据统计资料，1910 年有 885397 名匈族人生活在斯境内，1930 年有 571952 人，1991 年有 567296 人，2001 年有 520528 人。匈族人聚居在斯南部与匈牙利交界的地区，主要是在日特尼岛、小多瑙河和瓦赫河之间、尼特拉附近、赫龙河与伊佩尔河下游和科希策以南博得罗格河和蒂萨河谷地，这里是富饶的平原地区，农业发达，可以捕鱼，但工业不发达。斯境内的匈族人仍保留本族的一些传统文化，尤其是在服饰和建筑方面，他们还保留了一些在匈牙利境内早就灭绝的风俗习惯。目前，斯匈两个民族互相影响、融合，民族关系趋向缓和。

罗姆族 自 1322 年首批罗姆人来到斯洛伐克斯皮什地区后直至 20 世纪中叶，罗姆族人一直生活在居住地中心地带的独立定居点中，保留了古老的居住习惯，而游牧的罗姆族人则生活在帐篷里和帆布遮盖的马车上。罗姆族的确切人数不得而知，他们

第一章 国土与人民

中大多数人称自己为斯洛伐克族或匈牙利族。根据统计,1921年斯境内申报为罗姆族的人有7284名,1931年有26956名,1980年(在捷克斯洛伐克全国)有199853名,1991年有75802名,2001年有89920名(人口统计学家估计,在斯实际生活着380000名罗姆族人)。过去,罗姆族人主要从事打铁,还有许多是音乐人、小商贩、短工、捡拾垃圾者和懒散的无业游民。罗姆族人保留了一些古老的习惯,如父权制家庭、首领领导群体和买卖新娘等。他们爱好音乐舞蹈,有自己独特的谜语、俗语和传说。

捷克族 他们散居在斯全国各地,主要集中在首都布拉迪斯拉发。1991年斯洛伐克境内有52884名捷克人,2001年减少为44620名。1993年1月1日捷克斯洛伐克联邦解体后,生活在斯境内的捷克人因选择了斯洛伐克国籍而失去了捷克国籍,但根据捷克现行法律,他们的捷克国籍也可得到恢复。

犹太人 主要集中在斯洛伐克东部和西部地区。根据记载,犹太商人早在10世纪时就出现在斯洛伐克。最古老的犹太人定居点在尼特拉、特尔纳瓦和布拉迪斯拉发。犹太人从一开始就受到社会和政治歧视,国家和教会向他们颁布了专门的法规,如不允许拥有田地。对犹太人的迷信看法和犹太人独特的语言和节日引起反犹太主义的社会情绪,且在第二次世界大战期间达到顶峰,犹太人的财产被没收,许多犹太人还被驱逐出境。1921年有135918名犹太人生活在斯洛伐克境内,1950年只剩下7476人,目前根据估计大约有3000人信仰犹太教。犹太人主要从事贸易、金融业、医疗、法律和手工业。犹太人的饮食、服装与其他民族有很大的差异,他们也保留了自己民族的传统习惯,在布拉迪斯拉发有介绍犹太文化的博物馆。

德意志族 12世纪下半叶,应匈牙利国王的邀请,最初的德意志殖民者来到斯洛伐克,在布拉迪斯拉发、特尔纳瓦和班

斯洛伐克

斯卡·比斯特里察定居下来。在13世纪，德意志族人向斯皮什和其他地区迁移。中世纪时，德意志族人成为市民中最为富裕的群体。第二次世界大战后，德意志族人的数量大幅下降，根据时任捷克斯洛伐克总统爱德华·贝奈斯的法令，德意志族人被遣返到德国。1910年有198755名德意志族人生活在斯境内，1930年为148214人，1991年只有5629人。在19世纪末期矿业衰落后，一部分德族人开始转向农业，另一部分转向铁路和工业。

克罗地亚族 从16世纪起就生活在布拉迪斯拉发周围3个小飞地上，鉴于语言和种族的相近性，克罗地亚人在很大程度上与斯洛伐克人融合在一起。在克罗地亚人的传统文化中保留了民间歌曲和俗语。只有在布拉迪斯拉发的杰温新村、亚洛夫策和秋诺瓦3个城区有人正式承认自己是克罗地亚族人。

罗塞尼亚族 绝大部分生活在斯洛伐克的东北部地区。罗塞尼亚族人从11世纪起开始到斯境内定居直至17世纪以畜牧业为主的山区殖民地化结束，他们中的大部分是处于从属地位的农民，原先信仰东正教，后来许多人改信希腊天主教。在社会主义时期曾努力将罗塞尼亚族人改变成乌克兰人，但大部分罗塞尼亚族人保留了自己的民族意识。1910年斯境内有96528名罗塞尼亚族人，1930年为90824人，2001年减少为24201人。罗塞尼亚族文化最重要的表现形式是圣像和木制教堂（它们中许多被宣布为国家文化古迹）。民俗的独特之处主要是复活节仪式舞、圣诞节舞蹈、婚礼歌曲、催眠曲、叙事诗和民间故事。罗塞尼亚族的语言和传统文化接近乌克兰族和东斯洛伐克人。

乌克兰族 主要生活在斯洛伐克的东北部地区，形成于该地区原先的居民——罗塞尼亚族人（第二次世界大战后受到所谓的"乌克兰化"的影响）。1961年斯境内有35411名乌克兰人，

第一章 国土与人民

1991年为13281人，2001年则为10814人。

科拉尔人（Gorali） 生活在斯、波边境——基苏察北部、上奥拉瓦和上斯皮什地区。科拉尔人的语言接近波兰小波兰省的方言，民间文化则更接近斯洛伐克人。科拉尔人的舞蹈最具民俗特色，它由一男两女三人一起跳。

保加利亚族 19世纪末主要出于经济原因来到斯洛伐克，他们以种植和出售蔬菜而著称，曾经在季节性或者短期留驻斯过程中保留了自己的语言、东正教信仰、穿着方式和习俗。在长期的生活中，保加利亚族人与斯洛伐克居民融合在一起，逐渐丧失了自己的民族特征。

三　语言

斯洛伐克语与捷克语、波兰语、塞尔维亚语、索布语等同属于斯拉夫语系的西支，它从古斯拉夫语变化到目前的状态经历了复杂的发展过程。

公元5～9世纪，斯洛伐克语的基础逐渐形成。9世纪，来自拜占庭的传教士君士坦丁（西里尔）和美多德兄弟俩到达大摩拉维亚帝国，他们在保加利亚—马其顿方言的基础上创造了古斯拉夫语，且将古斯拉夫语提升为做礼拜的语言。10世纪时，斯洛伐克语作为一种独特的斯拉夫语言形成，且已分为东、中、西斯洛伐克3个方言群。10～13世纪是斯洛伐克语语音学领域发展的重要时期。从10世纪直至19世纪早期，拉丁语是匈牙利（包括斯洛伐克）的行政、礼拜和文学用语，平民说斯洛伐克方言。13～14世纪，斯洛伐克的自由民开始将斯洛伐克语与拉丁语一起用作行政语言。14世纪，书面捷克语开始通过在教会学校授课的捷克教士渗入斯洛伐克。15～16世纪，斯洛伐克语继续被用作行政语言，而书面捷克语被一些斯洛伐克人用于一些特定的方面，如通信、契约和致平民的宗教性文本等，但常常包含

斯洛伐克

许多斯洛伐克语的成分，教育水平不高的斯洛伐克人通常用斯洛伐克语来书写。17~18世纪，天主教徒将西斯洛伐克语用作礼拜语言，而在世俗范围内，受到捷克语影响的斯洛伐克语还被用于书面文件中，只是正字法混乱。18~19世纪，斯洛伐克语的语法固定下来，这对斯洛伐克语言体系的形成意义重大。1783年，第一篇用西斯洛伐克语写成的探险小说发表。1787年，神学家安东尼·贝尔诺拉克在西斯洛伐克方言的基础上进行了规范斯洛伐克标准语的尝试，他出版了最初的斯洛伐克语法教材，编写了《斯洛伐克词源学》和《斯洛伐克语—捷克语—拉丁语—德语—匈牙利语字典》。贝尔诺拉克的正字法是表音的正字法。19世纪40年代，斯洛伐克民族复兴运动的先驱卢多维特·什图尔及其合作者以中斯洛伐克方言为基础规范了斯洛伐克语，既继承了贝尔诺拉克的正字法，又尊重词语的起源和构成，因而称作形态学正字法。1851年，什图尔语言和贝尔诺拉克语言的拥护者共同就斯洛伐克语言标准达成一致意见，基本上与什图尔语言一致，只是添加了两个字母。1852年，斯洛伐克语言学家马丁·哈达拉在此基础上编写的《简明斯洛伐克语法》一书出版，该书的正字法至今没有实质上的变化（1902年、1931年、1940年、1953年和1991年，斯进行了细小的语言改革）。1870年，匈牙利政府下令关闭了仅有的3所斯洛伐克中学，匈牙利化政策不断升级。1907年，匈牙利颁布法律，正式将斯洛伐克小学变为匈牙利小学，斯洛伐克语言仅被允许作为外语每周教授1小时。

随着1918年捷克斯洛伐克共和国的成立，斯洛伐克语在历史上第一次成为官方语言（与捷克语一起），在斯洛伐克地区的学校、社会生活、法院和文化领域，斯洛伐克语占主导地位。与此同时，斯洛伐克语尤其是词汇受到捷克语的强烈影响，起初是因为许多捷克教师和教士积极到斯洛伐克帮助开展教育活动，且

第一章 国土与人民

斯洛伐克语缺少一些专业术语，第二次世界大战后则是因为大多数电视节目用捷克语来播送。1959～1968年，6卷本的《斯洛伐克语词典》出版发行，收集词条12万个。1993年斯洛伐克共和国独立后，斯洛伐克语成为斯洛伐克的官方语言。

1995年11月16日斯洛伐克国民议会通过的《斯洛伐克语言法》规定，每个斯洛伐克公民必须掌握斯洛伐克语，在官方往来中必须以斯洛伐克语为官方语言。语言法还对播放外国电视节目实行限制，要求播放外国电视节目时使用斯洛伐克语。该法律从1996年1月1日起生效，斯洛伐克文化部有权对破坏语言法者处以5万～50万斯克朗的罚款。但根据目前实行的语言法，凡某一少数民族的居民在其所在的城镇中比率达到20%，他们就可以在官方联系中使用本民族语言。

中世纪的斯洛伐克语主要从匈牙利语和捷克语吸收借词。文艺复兴以后，斯洛伐克语从西欧各种语言，特别是从德语和法语中吸收借词。第二次世界大战后，斯洛伐克语又从俄语中借词。1989年剧变后，斯洛伐克语开始从英语中借词。如今，在斯洛伐克英语和德语是主要外语，捷克语也能使用，捷斯两国密切的文化和教育联系以及经济原因导致目前在斯洛伐克市场上出现的捷克语书籍比1990年以前还多。

斯洛伐克语有47个字母，有短元音7个，长元音6个，双元音5个，清辅音10个，浊辅音19个。斯洛伐克语的词汇分为10大类：名词、形容词、代词、数词、副词、动词、前置词、连接词、语气词和感叹词等。

斯洛伐克语有3个方言群：西斯洛伐克方言（特尔纳瓦方言、扎霍里方言和摩拉维亚—斯洛伐克方言）、中斯洛伐克方言（班斯卡·比斯特里察方言、洪达方言和杰特瓦方言、奥拉瓦方言和利普托夫斯基·米古拉什方言）和东斯洛伐克方言（斯皮什方言、泽姆普林方言和科拉尔方言）。西斯洛伐克方言与捷克

语中的摩拉维亚方言相近,中斯洛伐克方言含有斯拉夫语南支语言的特点,东斯洛伐克方言与波兰语和乌克兰语相似。此外,斯洛伐克南部位于与匈牙利方言混合地区,斯洛伐克东北部位于与罗塞尼亚—乌克兰方言混合地区。

目前,在全世界大约有600多万人口说斯洛伐克语,除了斯洛伐克本国居民以外,还有在美国(50万)、捷克(32万)、匈牙利(11万)、塞尔维亚(8万)、罗马尼亚(2.2万)、波兰(2万)、加拿大(2万)和澳大利亚、乌克兰、保加利亚、克罗地亚和俄罗斯等国家的斯族人讲斯语。

四 宗教信仰

斯洛伐克是一个宗教氛围很浓厚的国家,居民的宗教意识日渐强烈。国家宪法保障居民宗教信仰自由,尊重这一权利并在实际中认真贯彻执行,政府各级机构,包括法院以保护宗教信仰自由的方式来阐释法律。国家不禁止非传统宗教的存在,根据法律政府还可以与教区签订协定。2001年,斯洛伐克政府与梵蒂冈签订了国际条约,它为斯洛伐克天主教会、政府和梵蒂冈的关系制定了法律框架。2002年,斯洛伐克政府与其他11个已注册登记的教会和宗教团体签订了类似的协定,以保障它们获得平等的地位。2004年5月,斯洛伐克总统签署了一个关于教授宗教课程的条约,它规定国有小学的学生有义务在伦理和宗教之间选择课程(在这以前,只有5~9年级的学生才有此义务)。宗教课程由教会领导人或宗教组织派遣的教师来教授。一些宗教节日在斯洛伐克被规定为全民庆祝的节日,如主显节、圣母玛丽亚苦难日、万圣节、圣史特凡节、圣诞节和复活节等。

根据1989年剧变后分别于1991年和2001年进行的两次人口普查结果,一方面,斯洛伐克信仰宗教的居民比例上升了

第一章 国土与人民

11.3%，从 72.8% 上升到 84.1%，信徒人数从 3840949 人增加到 4521549 人；另一方面，不信仰任何宗教的居民的比例也在增加，从 9.8% 增加到 13%，从 515511 人增加到 697308。另外，未确切表明自己宗教信仰的居民比例从 17.4% 下降到 3% 的。至 2004 年 1 月，在斯洛伐克注册登记的教会和宗教团体有 16 个，它们是：罗马天主教会（Rímskokatolícka cirkev）、希腊天主教会（Gréckokatolícka cirkev）、福音派新教教会（Evanjelícka cirkev）、加尔文宗（Reformovaná kresťanská cirkev）、东正教会（Pravoslávna cirkev）、基督教卫理公会（Evanjelícka cirkev metodistická）、耶和华见证会（Náboženská spoločnosť Jehovovi svedkovia）、浸礼教徒兄弟会（Bratská jednota baptistov）、新教兄弟会（Cirkev bratská）、七日斋戒教会（Cirkev adventistov siedmeho dňa）、使徒教会（Apoštolská cirkev）、犹太教区（Židovské náboženské obce）、老天主教会（Starokatolícka cirkev）、基督使团（Kresťanské zbory）、捷克斯洛伐克胡斯教会（Cirkev Československá husitská）和新使徒教会（Novoapoštolská cirkev）。此外，斯洛伐克还存在约 30 个未经注册的宗教团体。斯洛伐克文化部是负责宗教事务的中央管理机构，它不仅负责教会和宗教团体的注册登记，还负责将政府补助资金分发到已注册登记的教会中去。

在前斯洛伐克执政联盟中（2002 年 10 月至 2006 年 7 月）的四大政党中就有三个与宗教有关，"基督教民主运动"的起点是天主教信仰，它是斯洛伐克唯一的在政治纲领中体现基督教动机的政党；"斯洛伐克民主基督教联盟"是基督教—民主党；"匈牙利族联盟党"也有基督教派别。

1948 年"二月事件"后，原捷克斯洛伐克政府与教会的关系紧张起来，争议点很多，双方曾进行了多次谈判，但收效甚微。1949 年，政府决定与教会进行斗争：号召开展反对主

斯洛伐克

教的"信徒运动";成立国家宗教事务局;通过法律加强国家对教会和宗教团体的经济保障;加强了对教会活动的监督;清除修道院并将修士、修女集中起来,部分修士被遣送到工业、农业部门;将希腊天主教会并入东正教。1949年7月,教皇签发命令,让所有的共产党员退出教会。1954年7月,政府取消了宗教信仰的登记,"宗教信仰"这一栏从各种表格中消失了,但国家安全部门对所有教会"积极分子"的监督一直没有停止。政府没收了所有教会的财产,神职人员由国家发放薪水。

1960年7月11日,国民议会通过的新宪法中规定:公民有宗教信仰的自由,宗教活动的进行以不违反法律为基础。政府有权监督宗教团体及宗教活动,有权干涉教会的人事安排,神职人员凭许可证进行传教。政府为宗教保留了一定的活动空间,教会可以出版自己的报纸和其他出版物。剧变后,国家取消了对宗教情绪表达的限制,开始承认宗教的社会存在价值,并归还教会被没收的财产。

与剧变前相比,如今斯洛伐克的教会和宗教团体的生活发生了下列变化:①可以行使基本人权和自由,包括对每个斯洛伐克公民适用的宗教信仰自由;②可以自由开展活动;③恢复了天主教教团、结社的活动;④国家和地方自治机构支持教会和宗教团体的公益、宗教和文化活动;⑤国家和教会、宗教团体积极寻求新型的对双方有利的关系模式;⑥在公共学校中教授宗教课程;⑦出现(或恢复)和快速发展教会教育网(小学、中学、鲁若姆贝尔克天主教大学和一些神学院);⑧教会的数量急剧增加;⑨广泛恢复教会和宗教团体的文化—宗教活动,如社团活动、出版刊物和书籍和音乐活动等;⑩建造新的教堂、祈祷室和一些其他宗教建筑物;⑪恢复教会—宗教传统;⑫恢复教会和宗教团体的国际联系;⑬教会为深受经济转型之苦的民众开展慈

第一章 国土与人民

善活动。

罗马天主教会 是斯洛伐克信徒数量最庞大的教会，2001年有3708120名信徒，占斯人口的68.9%。共有2000名牧师，17名主教，4名名誉主教，1名军事教区主教。此外，斯还有两名红衣主教。全国分为两个教会省，其中心分别是布拉迪斯拉发—特尔纳瓦大主教区（下辖尼特拉主教区、班斯卡·比斯特里察主教区）和科希策大主教区（下辖罗日亚瓦主教区和斯皮什波得赫拉杰主教区）。主教大会是斯洛伐克天主教会的最高机构，设在布拉迪斯拉发。

1948年以后，天主教会的活动受到限制，1950年，捷克斯洛伐克外交部照会梵蒂冈，要求梵蒂冈撤回驻捷克斯洛伐克的使节，从此中断了与梵蒂冈的外交关系。1960年，斯洛伐克有200名牧师和6名主教被投入监狱。1968年以后形势有所缓和。1977年教皇帕沃尔四世宣布斯洛伐克为独立教会省。1989年剧变时，天主教会公开支持变革。剧变后，斯信仰天主教的人数和被教皇任命的主教数目逐渐增多。虽然斯洛伐克不存在国教，但天主教已成为占主导地位的宗教。由于天主教会的神职人员最多，它得到政府的资助也最多。

历任教皇对斯洛伐克都怀有深厚的感情，多次访问这个天主教气息很浓的国家。教皇约翰·保罗二世在剧变后三访斯洛伐克，第一次是在1990年4月，他访问布拉迪斯拉发；第二次是在1995年6月，他表彰了科希策的三名殉道者，在尼特拉和沙什基那举行了大型群众性弥撒；第三次是在2003年9月，他在身体健康状况极为不佳的情况下访问了布拉迪斯拉发—特尔纳瓦大主教区、班斯卡·比斯特里察主教区和罗日亚瓦主教区。

福音派新教教会 2001年有信徒372858人，占人口的6.9%，是斯第二大教会，分为东、西两个教区。

希腊天主教会 2001年有信徒219831人，占人口的4.1%，主要集中在斯洛伐克东部地区。有普雷肖夫主教区、科希策主教区和各个基层教区。

加尔文宗 2001年有信徒109735人，占人口的2%，主要集中在斯洛伐克南部匈牙利少数民族聚居地。

东正教会 2001年有信徒50363人，占人口的0.9%，主要集中在斯洛伐克东部和东北部地区，那里距离斯乌边境不远。罗塞尼亚少数民族通常也与东正教联系在一起。

耶和华见证会 2001年有信徒20630人，占人口的0.4%，分布于全国各地。

第四节 民俗与节日

一 民俗

服饰 如今，斯洛伐克人的穿着打扮与欧洲其他国家的人相似，人们根据年龄、职业和场合的不同而选择休闲装或正装。

在日常生活中，年轻人喜欢穿牛仔装和其他休闲服，女士根据自己的喜好或流行趋势选择裙装或裤装，男士普遍穿西服或夹克。

斯洛伐克人看戏、听音乐会时，穿着非常正式，穿牛仔装和后背旅行包会被认为是无礼行为，在一些音乐厅或剧院甚至会被拒绝入内。如果参加晚上的社交活动，女士通常穿长款的晚礼服，颜色以深色为主，还会化素雅的淡妆和佩带一些首饰，如果参加白天的社交活动，则通常穿裙子，优雅的衬衣配裙子或裙式、裤式套装，颜色较为明快。男士参加社交活动时，一般着西服，系领带或领结，衬衣是一色的。上衣和裤子的颜色、衣料一样。黑色和深蓝色是男女都适合的显示庄重的颜色。

饮食 在历史上，斯洛伐克的饮食习惯受到匈牙利、奥地利和德国饮食文化的影响。斯洛伐克的饮食建立在种类繁多的汤、粥、煮或炖的蔬菜、烤或熏的肉食以及奶制品的基础之上，传统菜肴主要使用土豆、面粉、奶制品、甘蓝、洋葱和大蒜等材料。斯洛伐克每个地区的烹调习惯都不同。尽管斯洛伐克不种植水稻，但在现代烹调方法中大米被广泛使用。豆类、谷物和其他一些蔬菜也经常出现在菜肴中，肉类以猪肉、牛肉、鸡肉和鱼肉为主，有时也会食用羊肉、鸭肉、鹅肉、火鸡和鹿肉。斯的特色菜肴是绵羊奶酪面疙瘩（Bryndzové halušky），用土豆、绵羊奶酪、面粉、盐、熏制咸肉、酸奶油和奶豆腐等制成，此道菜对于斯洛伐克人来说就相当于寿司对于日本人和比萨饼对于意大利人。绵羊奶酪是斯洛伐克人的专利发明，1787年在杰特瓦建立了第一家生产绵羊奶酪的工厂。斯洛伐克人还习惯用绵羊奶酪、土豆和酸白菜制成其他许多菜肴。

面包是斯洛伐克人一日三餐都经常食用的。在布拉迪斯拉发地区和其他一些地区流行一种称作"特雷斯卡"（treska）的小吃，是用冷的鱼肉、香料和一些蔬菜制成。

斯洛伐克人喜爱的饮料有啤酒、葡萄酒和矿泉水。斯洛伐克的啤酒质量高，最知名的品牌有"金色野鸡"（Zlatý bažant）、"口渴的和尚"（Smädný mních）和"托普瓦尔"（Topvar），它们的口味可与世界闻名的捷克啤酒相媲美。斯洛伐克生产的松子酒、李子酒，位于斯洛伐克和匈牙利边境的托卡依地区生产的葡萄酒和布拉迪斯拉发生产的香槟酒也很受欢迎。

斯洛伐克人通常是一日三餐：简单的早餐、丰盛的午餐和凉热皆可的晚餐。早餐既简单又清淡，通常是面包加黄油、奶酪、果酱或香肠，大多数人早晨喝茶或咖啡，还有些人习惯喝可可或

牛奶、酸奶。一些崇尚健康饮食的人士喜好麦片和水果。午餐是一天中最重要的,一般在12~14点之间用餐,有汤、主菜、配菜和甜点。常见的汤是土豆加蘑菇汤、豌豆汤、白菜汤和鱼汤。主菜一般是肉菜,鸡肉、猪肉或牛肉,有时也可是面食,米饭,土豆、蔬菜、馒头片和调味汁作配菜。好的午餐不可缺少酸白菜汤加烤鹅、豌豆汤加熏肉或牛肉、鸡肉汤加面条。上班族一般都在单位吃午餐。由于斯洛伐克人更习惯于中午在外就餐,一些餐馆只在中午营业,还有一些餐馆中午提供特价菜。晚上,全家人聚在一起共进晚餐,通常在18点以后才开始。有时是热的主菜加配菜,有时只是一份凉菜,沙拉有土豆沙拉、蔬菜沙拉。此外,一些人在上午10点左右和下午16点左右还要喝点咖啡,吃些点心。

适逢庆祝生日、大学毕业、举行婚礼或与亲朋好友相聚时,斯洛伐克人会邀请客人到餐馆就餐。庆祝性的午宴和晚宴比较丰盛,首先,宾主举杯共饮开胃酒,然后是餐前小吃——火腿、奶酪、蔬菜,接着是汤,再接着是主菜和配菜,再下一道菜是甜点(蛋糕、冰激凌或布丁),最后是咖啡。常喝的饮料是啤酒、葡萄酒、矿泉水、可乐和果汁。

当斯洛伐克人请客人到家中小坐时,通常款待客人的是咖啡、茶或者酒(葡萄酒、啤酒、白酒)以及一些甜的或咸的点心,女主人经常在家中亲自烤制这些点心。偶尔也会请客人到家中吃午饭或晚饭,一般招待客人汤、主菜、点心和咖啡。

居住 根据斯洛伐克一市场调查机构2005年4月所做的调查结果,有一半居民居住在自家建造的平房或楼房内,34%的居民居住在自家购买的住房内,9%的居民居住在合作社的住宅内,3%的居民居住在国有住宅内或者转租的住宅内,2%的居民居住在私人出租的住宅内。斯有一半居民对自己的居住条件表示满意。与父母居住在一起的年轻人对居住条件最不满意,达到

41.5%；其次是4个或4个成员以上的家庭、退休者和失业者，达到24.4%。只有布拉迪斯拉发州的居民大部分（58%）居住在自己购买的住宅内，而在其他州，居住在自家建造的平房或楼房内的居民最多。

在斯洛伐克，许多城市人在郊外或风景名胜地附近拥有度周末和度假的小木屋，有的是从父母处继承过来的，有的是从别人手中买下来的，有些小木屋周围还可以种植蔬菜，小木屋也需要经常翻修。

对于外国旅游者来说，斯洛伐克的住宿条件在不断改善，但至今只有布拉迪斯拉发、一些矿泉疗养地和塔特拉旅游中心能提供豪华饭店。在斯洛伐克的一些地区，能提供给旅游者住宿的地方不多，最好提前预订。尽管每年小旅馆的数量在增加，家庭旅馆也时兴起来，但夏季和冬季都能被完全利用。夏季，斯洛伐克还会开放约100个高标准的汽车旅行者宿营地，其中最大的位于高塔特拉地区的塔特拉·洛姆尼察。徒步旅行者和登山者可以使用山区旅游小木屋和条件简陋的临时性小旅社。搭帐篷和露营必须在规定的范围内。

姓名 绝大部分斯洛伐克人的姓名是由一个名和一个姓组成的，名在前，姓在后。未婚女子通常使用父亲的姓，女子出嫁后通常使用丈夫的姓，也有少数女子出嫁后不放弃原来的姓，采用复姓，丈夫的姓在前，父亲的姓在后，中间为连接号。一些斯洛伐克人的名和姓有一定的含义。斯洛伐克人在历史上长期与德意志、匈牙利等民族混居，他们吸收了一些外族人的姓，其发音按照外族语的发音规则。在亲属、朋友、熟人之间为了表示亲近，通常使用对方名字的小称或昵称。

称呼 斯洛伐克人通常称呼成年男子为"先生"，称呼年轻女子为"小姐"，称呼年长女子为"女士"（"太太"）。若已知对方的姓，称呼时加上姓；若已知对方的职务、职称或学位时，

斯洛伐克

正式的、表示尊敬的称呼是在"先生"、"女士"、"小姐"后面加上他们的头衔。

在斯洛伐克,一般工作关系的人之间或不太熟悉的人之间习惯用"您"相称。在双方互相交往一段时间之后,通常由年长者或女士提议改称"你",这样就可以直呼对方的名。在关系密切的人之间,通常用名字的小称或昵称称呼对方。

礼节 斯洛伐克人热情而且注重礼节,问候是必不可少的,有打招呼、握手、举帽、亲吻面颊和拥抱等方式。打招呼不需总是那么大声,如果看到马路对面的熟人,通常不大声问候,而只需举手致意,男士也可以脱帽致意。若是初次见面,通常是将男士、职务低的人士、年幼者介绍给女士、职务高的人士、年长者,后者主动伸手要求握手。握手时要简短、有力,面带微笑,注视对方的眼睛。拥抱和亲吻面颊只限于家庭成员之间或非常要好的朋友之间。

除非在关系非常亲近的人之间可以不用事先通告而登门造访,一般需要事先联系,约定好合适的时间再拜访。拜会或赴宴要准时到达,如因临时变故不能按时到达或不能前往,应该尽早通知对方,并表示歉意,但晚上九点半以后不适宜打电话给对方。

斯洛伐克人一般不随便请人到家里做客,除非是关系好的同事或朋友。客人赴家宴时通常会带去一瓶酒或一束鲜花(鲜花应为奇数)或根据主人的喜好挑选的一些小礼物(可以是巧克力、书或画)。如果客人来自异国他乡,礼物常常是具有当地特色的东西。客人赠送鲜花前应把外面的包装纸去掉(如果是透明的包装纸,则不必去掉),而其他礼物应保持精美的包装,这是为了给对方一个惊喜,接受礼物时,先道谢,再当场打开并礼貌地赞美它。平时,斯洛伐克人每逢过生日、过命名日、出差远行回来或结婚时也会馈赠礼物,但一般不送重礼。

在家宴的餐桌上，客人应根据自己的需要量将菜取回自己的盘中，进食时不能有大的动静。席间，客人要适当地参与交谈并对食物表示赞赏。如遇到自己不能接受的食物，不可以完全拒绝，而是取一些，留在盘中。用餐后，客人再逗留一小时左右，如果主人盛情挽留，可多逗留一段时间。

斯洛伐克人外出旅游或出差时，通常会购买一些有当地景点画面的明信片，写上问候语后寄给亲朋好友。

斯洛伐克人在日常生活中遵循"女士优先"的行为规范，具体表现为：男士不主动要求与女士握手。与女士握手时，男士需要先取下帽子和手套，女士却不必如此。男女同行时，男士让女士走在比较安全的一侧。若两男一女同行，女士走在中间；若两女一男同行，男士走在中间。男女同上楼梯时，女在前，男在后；下楼梯时则相反。在进入房间、乘车或乘电梯时，女士先进；下车时，男士先下，再帮助女士下车。女士进入房间后欲脱外衣时，男士会主动上前相助，女士离开前欲穿外衣时也是如此。参加舞会时，男士会先微鞠躬再邀请女士跳舞，舞曲结束后会将女士送回座位，并表示感谢。男士一般不向女士询问她的年龄和婚姻状况。男女一起去餐馆、咖啡馆或啤酒馆时，男士先进入，找好空位，帮助女士脱下外套，为女士拉开椅子，让她舒服地坐在视野好的位置上。男士坐在女士的对面或她的左首。当服务员拿来菜单时，女士先得到菜单，男士询问过女士需要点什么菜后再告诉服务员。付款可以是男士也可以是女士，一般是邀请方结账，或者采取 AA 制，但不会在桌旁互相推让，出去后再算账。离开时，女士先出门。

婚姻 斯洛伐克实行一夫一妻制，大部分斯洛伐克成人生活在有婚姻的状况中。

随着时代的变迁，斯洛伐克人的婚育观发生了变化。从 20

世纪70年代中期起,斯洛伐克人的结婚率下降。1989年剧变后,新郎和新娘结婚的平均年龄逐渐增加,同居现象更为常见,单亲家庭的比例提高,同时,非婚生的婴儿比例也提高了,2003年达到23%。与剧变前相比,母亲生育孩子时的年龄增加了,对同性恋者的态度和缓了,离婚率提高了(2002年达到43.7%)。

剧变后,斯洛伐克人的结婚仪式分为世俗婚礼和宗教婚礼,法律都给予承认。举行世俗婚礼的男女双方事先要带着各自的出生证明和一份有两人签字的结婚申请到国家有关机构办理登记手续。根据申请人的时间要求(通常都安排在周六),有关机构安排场地举行结婚典礼。举行婚礼的当天,男女双方的亲戚朋友都到场祝贺,国家有关机构的工作人员在宣读有关条文后,男女双方在有关文件上签字,两位证婚人也要签字,结婚仪式大约持续半小时。婚礼后一个星期左右,男女双方可领到结婚证明书。如果不信仰宗教的人要举行宗教婚礼,还需经过三个月的宗教知识培训,包括夫妻共处和孩子教育方面的知识,此外,要速成三个重要的宗教礼仪,如洗礼、成年礼等。在教堂举行宗教婚礼,新人从牧师手中得到一份结婚证明书。

举行婚礼前,男女双方向亲戚朋友发送结婚通知,接到通知的人在婚礼举行前一天向新人发送贺电,内容要风趣幽默。

通常在举行婚礼的当天晚上举办婚宴,城市的居民一般将婚宴安排在饭店或餐馆,农村人则在家杀猪宰鸡,以丰盛的酒席和自制的各式糕点款待参加婚礼的亲朋好友。至今在捷克还流行一个风俗,即新郎新娘在进入举办婚宴的餐厅(或家门)前,各自喝完一杯白酒,然后将酒杯摔碎在地上,接着一人拿笤帚,一人拿簸箕共同打扫碎片,这寓意着将来夫妻二人一起面对生活中出现的挫折和困难。婚宴上一定要有蛋糕和鸡汤,新人一起给客人分蛋糕,并用一个盘子喝鸡汤,新郎还要用勺喂新娘喝汤。在婚宴上,新人向大家朗读贺电,客人向新人赠送礼物或礼金。随后,大家跳舞、唱歌,客人通常娱乐到午夜12点前分散回家,回去时带着葡萄酒和蛋糕、点心。

丧葬 在斯洛伐克,丧礼分为世俗丧礼和宗教丧礼两种,根据死者及其亲属的意愿来选择举行哪一种丧礼。人死后可以火葬,也可以土葬,骨灰或遗体安葬在公墓里。通常举行宗教丧礼的要土葬,在墓地由神职人员为死者做祈祷等仪式,在灵柩放入墓穴前要唱挽歌。世俗丧礼在殡仪馆举行,亲友向死者献花圈并向死者的遗体告别。无论参加哪一种葬礼,死者亲友都着黑色或其他深色服装。葬礼后,死者家属还要宴请参加葬礼的人。

二 主要节日

斯洛伐克共和国的节日分为国庆节和休息日两种,如果恰逢周末就不再补休。除此之外,还有值得纪念的日子,但照常工作。

1. 国庆节

斯洛伐克共和国独立日（1月1日,Deň vzniku Slovenskej republiky） 1992年7月,在捷克斯洛伐克联邦共和国举行了第二届议会选举,瓦茨拉夫·克劳斯领导的公民民主党在捷克获胜,弗拉基米尔·梅恰尔领导的争取民主斯洛伐克运动以围绕斯洛伐克独立的纲领在斯洛伐克取胜,两大政党的代表经过一系列不成功的谈判后最终就联邦共和国解体达成协议。从1993年1月1日起,两个独立的国家出现了。自此,每年的1月1日成为斯洛伐克的独立日。

圣西里尔和美多德纪念日（7月5日,Sviatok svätého

斯洛伐克

Cyrila a Metoda） 公元863年，拜占庭国王米哈依三世应摩拉维亚帝国统治者罗斯狄斯拉夫的要求派遣掌握斯拉夫语的兄弟俩——西里尔和美多德率宗教使团前往摩拉维亚帝国去传播基督教。西里尔创造了斯拉夫字母——格拉戈尔字母，并将一些教会经文译成古斯拉夫语，古斯拉夫语成为除了希腊语、拉丁语和希伯来语之外的又一种基督教礼拜式用语。后来，独立的摩拉维亚巴侬大主教区成立，美多德被教皇封为大主教。摩拉维亚帝国摆脱了对巴伐利亚传教士的依赖，摩拉维亚帝国统治者巩固了自己的地位也削弱了法兰克的政治扩张。

斯洛伐克民族起义日（8月29日，Výročie SNP） 1944年8月，斯洛伐克游击队频繁破坏法西斯的军事交通，控制铁路线的重要地段，袭击德国军事目标和军工厂的哨兵。8月29日，德国军队占领了斯洛伐克。同一天，斯洛伐克民族起义开始。直至10月底，起义者在斯洛伐克中部地区抗击德军的进攻，班斯卡·比斯特里察是起义的主要中心。斯洛伐克民族起义虽然没有达到预期的目的，但它是斯洛伐克历史上为争取民族自由而进行的最伟大的武装斗争，同时也是第二次世界大战期间欧洲范围内第二大反法西斯的群众性起义。

斯洛伐克宪法纪念日（9月1日，Deň ústavy） 尽管捷克和斯洛伐克的大部分民众都希望保留共同的国家，但捷克公民民主党和斯洛伐克"争取民主斯洛伐克运动"领导人依然就解散联邦达成协议。1992年9月1日，斯洛伐克宪法通过联邦解体的协议。

2. 休息日

主显日和东正教的圣诞节（1月6日，Zjavenie Pána [Traja králi a vianočný sviatok pravoslávnzch krest'anov]）

复活节大礼拜五和复活节礼拜一（Vel'ký piatok, Vel'konočný pondelok） 复活节的日期每年都会变动，复活节

第一章 国土与人民

礼拜日是春分后第一次月圆之后的第一个星期日。复活节是一个全民的节日,是一个家人团聚的节日,对非基督教徒来说,复活节是一个庆祝春天来临的节日,人们更多地接近大自然——采集柳树的花和其他早春的花朵。

在大礼拜五,乡村的男孩拿着一个木制的大拨浪鼓穿行于村庄,使劲将拨浪鼓弄出大声,这是为了吓跑出卖了耶稣的圣徒犹大。这一天要遵守严格的斋戒:一天中只能吃三次,只能吃饱一次,不能吃肉。基督教徒将斋戒持续到星期六晚上。

在白色的礼拜六,早晨男孩子重复拨弄拨浪鼓,在村子里的每家门前停留。他们弄出可怕的声音直到拿到一些钱,最后大家平分收来的钱。复活节的传统象征是绵羊,这一天,家庭主妇们会在模子上烤制绵羊状的饼干,并用面包、鸡蛋,有时用蘑菇或熏肠烤制点心。

在复活节星期天,妇女们忙于制作彩蛋,用蜡或染料在蛋壳上绘制五彩斑斓的图案,红色是主要的颜色。她们还要准备一些彩带;男人们用柳树的嫩枝编成鞭子。这一天的午饭很丰盛,通常会吃烤火腿、熏肉、煮鸡蛋、葱和蒜等,还要吃用葡萄干和杏仁烤制的面包。

在复活节星期一,男人们一大清早就手拿柳条鞭上门拜访妇女们,用水泼她们(有时也用香水喷她们),并用柳条鞭轻轻地抽打她们,这是为了让她们一年健健康康。妇女们一般也会躲闪,男人们就在后面追,不达目的不罢休。妇女们通常用彩蛋、甜点、巧克力做的鸡蛋或兔子(有时也会用白酒)犒劳他们。如果姑娘喜欢"鞭打"自己的小伙子,她就会把最漂亮的彩带系在小伙子的鞭子上。这样,当男人们挨家挨户"鞭打"和"泼水"后,就收到很多礼物,鞭子上也会系上五颜六色的彩带。在摩拉维亚一些地区还有一个传统习俗,就是将妇女扔进水中,再用冷水泼她们,这样就可以赶走妖魔鬼怪和

疾病。

劳动节（5月1日，Sviatok práce）

圣母玛利亚（斯洛伐克守护神）受难日（9月15日，Sedembolestná Panna Mária）

万圣节（11月1日，Sviatok všetkých svätých）

圣诞节（12月24~26日，Štedrý deň, Prvý sviatok vianočný, Druhý sviatok vianočný）圣诞节是一年中最大的节日，大部分人会一直休息到新年来临，孩子们有两周的假期。人们提前四个星期就开始了圣诞节的准备工作。圣诞节是庆祝耶稣基督诞生的节日，所有的人（包括非基督徒）都会欢庆这一节日。

在12月24日晚上（慷慨夜）开始主要的庆祝活动，白天许多人都会饿着肚子，只有到晚上全家人才聚到餐桌前一起吃团圆饭，餐桌上摆着很多食品，象征明年全家人丰衣足食，不能缺少象征健康的食品——面包、洋葱和蒜；桌上还放有鱼鳞和一些钱，它们象征着大家会富有。晚饭开始前，大家先祈祷，然后祝酒，家长祝愿来年大家还能如此欢聚一堂共度圣诞。接着，每人剥开一个核桃，如果核桃肉是新鲜的，就预示明年会健康。再切开一个苹果，每个家庭成员会得到一瓣，新鲜的苹果肉也象征着健康。每个人还要吃蘸了蜜和蒜的薄饼，它象征来年的生活既甜美又健康。接下来，大家喝汤，通常是鲤鱼汤，过后是土豆沙拉，主菜是红烧或裹面炸的鲤鱼。最后是烤甜点。晚饭后，父亲摇响铃铛，大家就可以去看放在圣诞树下的礼物。过后，大家在一起聊天、唱歌、看电视。午夜时，一些人去教堂参加弥撒。

12月25日，人们通常去教堂，然后拜访亲戚朋友。每年的这个时候人们会宽恕这一年来与自己发生争执的人。这一天的午饭是主餐，传统的食物是：鹅杂汤面条、烤鹅和碎面包块、泡

第一章 国土与人民

菜。当然，他们还会喝咖啡，吃点心、水果、坚果。

12月26日，人们还会去教堂，教堂里一天中有许多次音乐会，晚上有舞会。

3. 值得纪念的日子

为人权而抗争纪念日（3月25日，Deň zápasu za ľudské práva） 1988年3月25日，斯洛伐克天主教持不同政见者在布拉迪斯拉发赫维兹多斯拉夫广场组织了一次示威游行，近两千名信徒参加，他们要求宗教信仰自由和维护人权。集会的人群遭到维护秩序的部队的粗暴镇压。

受到不公正迫害者纪念日（4月13日，Deň nespravodlivo stíhaných） 1950年4月13日，原捷克斯洛伐克共和国安全部门人员开始对56所男修道院进行清洗活动。

米兰·拉斯基斯拉夫·什杰凡尼克遇难日（5月4日，Výročie úmrtia M. R. Štefánika） 1919年5月4日，为争取独立的捷克斯洛伐克国家而奋斗的斯洛伐克最重要领导人米兰·拉斯基斯拉夫·什杰凡尼克在从罗马返回斯洛伐克途中不幸在布拉迪斯拉发上空坠机身亡。

抗击法西斯胜利日（5月8日，Deň víťazstva nad fašizmom）

"斯洛伐克民族备忘录"通过纪念日（6月7日，Výročie Memoranda národa slovenského） 1861年6月7日，斯洛伐克民族解放运动的所有重要领导人物汇集在马丁城，在5千人的集会上通过了《斯洛伐克民族备忘录》，主要要求匈牙利当局和哈布斯堡王朝承认斯洛伐克民族的独立性。

国外斯洛伐克人纪念日（7月5日，Deň zahraničných Slovákov）

"斯洛伐克主权宣言"纪念日（7月17日，Výročie deklarácie o zvrchovanosti SR） 1992年7月17日，斯洛伐克

斯洛伐克

国民议会通过《斯洛伐克主权宣言》。

"斯洛伐克协会"成立日（8月4日，Deň Matice Slovenskej） 1863年8月4日，在马丁城举行了"斯洛伐克协会"的成立大会。"斯洛伐克协会"是全民族的文化机构，其宗旨是提高斯洛伐克人民的民族意识，支持斯洛伐克文化、科学活动的开展以及文学和艺术的发展。

大屠杀和种族暴力牺牲者纪念日（9月9日，Deň obetí holokaustu a rasového násilia） 1941年9月9日，斯洛伐克政府按照德国反犹太人的意图通过了《犹太人法典》，犹太人的生活和工作受到很多限制，后又被遣送至集中营。

斯洛伐克民族议会成立纪念日（9月19日，Deň 1. verejného vystúpenia SNR） 1848年9月16日，斯洛伐克民族议会作为斯洛伐克最高军事和政治机构成立。

杜克拉隘口牺牲者纪念日（10月6日，Deň obetí Dukly） 1944年10月6日，苏联红军和捷克斯洛伐克第一军在付出巨大牺牲后突破了斯洛伐克边界的杜克拉隘口。

切尔诺夫惨剧纪念日（10月27日，Deň černovskej tragédie） 1907年10月27日，在斯洛伐克的切尔诺夫镇发生了一起惨剧，匈牙利宪兵开枪射死了15名手无寸铁的斯洛伐克居民，起因只是该镇居民反对匈牙利教会和世俗领导层违背他们的意愿对新建的一所教堂进行净化。惨剧发生后，世界开始关注奥匈帝国内斯洛伐克人被强制匈牙利化的现象。

捷克斯洛伐克国家独立日（10月28日，Deň vzniku samostatného česko-slovenského štátu） 1918年10月28日，奥匈帝国无条件投降，民族委员会接管了政权并通过第一项关于捷克斯洛伐克共和国成立的法律。

**卢多维特·什图尔诞生纪念日（10月29日，Deň narodenia

Ľ. Štúra） 1815年10月29日，斯洛伐克书面语规范者和斯洛伐克民族运动领导人卢多维特·什图尔诞生。

"斯洛伐克民族宣言"纪念日（10月30日，Výročie Deklarácie slovenského národa） 1918年10月30日，斯洛伐克国民议会正式成立并通过《斯洛伐克民族宣言》，宣告斯洛伐克并入独立的捷克斯洛伐克国家。

宗教改革纪念日（10月31日，Deň reformácie） 1517年10月31日，德国宗教改革家马丁·路德将一张拉丁文的告白贴在教堂的大门上，倡导关于赎罪券功能的辩论。

斯洛伐克成为独立教会省纪念日（12月30日，Deň vyhlásenia Slovenska za samostatnú cirkevnú provinciu） 1977年12月30日，教皇保罗六世宣布斯洛伐克为独立教会省。

第五节 国徽、国旗、国玺和国歌

1992年9月3日颁布的斯洛伐克宪法第8条明确规定："斯洛伐克共和国的国家象征物为国徽、国旗、国玺和国歌。"1993年2月18日斯国民议会通过的第63/1993号法律规定了它们的绘画、制作和使用。

一 国徽

国徽：斯洛伐克国徽为盾徽，在红色的早期哥特式盾面上是一个竖立在三座蓝色山丘之中央最高者的银色双十字架，山丘是圆形的。盾面周围镶有白边。三座蓝色山峰分别代表马特拉山、发特拉山和塔特拉山，只有后两座山位于今天斯洛伐克境内（马特拉山位于匈牙利境内，历史上斯洛伐克曾是匈牙利的组成部分）。双十字符号是信奉天主教的象征，表明了斯洛伐克人民的宗教信仰。

二 国旗

国旗：斯洛伐克国旗呈长方形，长与宽之比为3∶2。由从上而下白、蓝、红三色横条组成，横条的宽度相等。旗面中心偏左侧绘有国徽图案，国徽与国旗的上沿、下沿和前沿距离相等，而且国徽的高度为国旗高度的一半。盾牌与蓝、红颜色之间用白色的镶边联结，镶边的宽度为国旗长度的1％。国旗上的国徽不使用任何轮廓线。1848年革命期间以什图尔为首的斯民族运动领导人将白、蓝、红三色规定为斯洛伐克民族的颜色。

三 国玺

斯洛伐克国玺是圆形的，符合欧洲的传统，直径为45毫米。国玺的中间是国徽，国徽的周围是"斯洛伐克共和国"铭文，国徽的下端是菩提树叶（斯拉夫民族的象征）。国玺用于宪法、宪法法律、国际条约、外交代表的委任书的原件和其他场合。斯总统保管制作国玺的器具。

四 国歌

斯洛伐克国歌由歌曲《塔特拉山上电闪雷鸣》的前两段构成。《塔特拉山上电闪雷鸣》是19世纪40年代大革命时期在民歌的基础上改编成的爱国主义歌曲，它激励斯洛伐克民族振作起来，为争取自由而奋斗。

在捷克斯洛伐克时期（1918～1939年，1945～1989年），《塔特拉山上电闪雷鸣》这首歌的第一段被用作捷克斯洛伐克国歌的第二段，它的第一段是捷克爱国歌曲《我的家乡在哪里》。斯洛伐克国歌在国庆节、值得纪念的节日和其他重要场合被演奏和演唱。

《塔特拉山上电闪雷鸣》由杨科·马图什卡（Janko

Matúška）作曲，前两段歌词大意是：

> 塔特拉山上在打闪，雷声轰隆。
> 兄弟们，让我们阻止他们吧！
> 他们将失去自我，
> 斯洛伐克人将重新获得生命。
>
> 我们的斯洛伐克至今还在沉睡，
> 但是电闪雷鸣
> 将它唤醒
> 使它清醒过来。

第二章
历　　史

斯洛伐克共和国位于欧洲大陆的中心，尽管它是世界上最年轻的国家之一，但斯洛伐克民族却有着悠久的历史。

第一节　上古简史

石器时代的考古发现证实，从远古时期起人类就居住在如今的斯洛伐克领土上。在波普拉得附近加诺维茨发现了尼安德特人的颅骨化石（大约源自公元前35000年），在皮耶什贾尼附近瓦赫河畔摩拉维安发现了用猛犸象骨雕刻的祭祀用维纳斯塑像（大约源自公元前22800年），这两个考古发现闻名于欧洲乃至世界。

在金属器时代，斯洛伐克是各种部落和文化的交汇地，它以多鱼的河流、富饶的低地、遍布可狩猎动物的森林和蕴藏着金、铜和铁等金属的山脉吸引了不同的人种。公元前5~4世纪来到斯洛伐克地区的印欧凯尔特的科迪诺夫部落（Kotínov）是最初的代表，他们创造了发达的文化，即所谓的拉登文化，不仅掌握生产铁器的技术，用铁犁耕作，还使用旋转式石磨和快速制作陶

第二章 历 史

器的圆环等,此外,他们还是西欧和中欧地区最早铸造自己硬币的部落(在如今的布拉迪斯拉发地区铸造了根据部落首领比亚特卡名字命名的硬币)。凯尔特人在最强盛时期建立了生产和贸易中心,即四周用石墙和土墙围成的城市雏形,这里集中了各种手工业和长途贸易,还有坟场和祭祀神灵的圣地。其中,最著名的城市雏形位于现在的布拉迪斯拉发。公元前1世纪末期,在斯洛伐克领土上的凯尔特人的统治被日耳曼人的进犯所摧毁。

公元前后,在多瑙河中部地区日耳曼部落与罗马帝国间的冲突不断。在长达4个世纪的过程中,多瑙河成为罗马帝国的北部边界线。从公元前1世纪起,罗马帝国在多瑙河沿岸建造了针对日耳曼部落的军事营地和瞭望塔,附近的平民生活因此受到罗马文明的影响。位于杰温(离布拉迪斯拉发不远)的瞭望塔还扼守了古老的多瑙河沿岸道路和从亚得里亚海延伸至波罗的海的琥珀道路的重要交叉路口。

公元前21年,罗马人将被征服的日耳曼部落的侍从人员迁移到摩拉瓦河和瓦赫河之间的地区,并指定日耳曼的克瓦德部落的首领——瓦尼阿(Vannia)为大王,前后存在了30年的瓦尼阿公国是在如今的斯洛伐克领土上斯拉夫人定居前的第一个国家机构,它是罗马帝国的卫星国,充当抵御野蛮人入侵的缓冲地带。

在公元2世纪后半期,罗马人与日耳曼马可曼人之间发生了多次战斗。在第二次战争期间(177~180年),罗马军团深入到斯洛伐克内地,源自179年的特伦钦城堡岩石上的拉丁铭文对此可予以证实。在斯洛伐克的罗马军队由罗马皇帝马尔库斯·奥雷里乌斯亲自统领,他们一直到达赫龙河、尼特拉河、瓦赫河和摩拉瓦河的谷地。内部的矛盾导致罗马帝国无力抵御日耳曼部落的进攻,罗马人逐渐放弃了多瑙河沿岸的防御工事(5世纪上半期已不再存在于多瑙河沿岸)。

在民族迁徙时期（4~6世纪），在如今的斯洛伐克领土上交替出现了多个种族，其中主要有匈奴人、奥斯特拉哥特人、伦巴人和旺达尔人等。5~6世纪，从中国北部边境西迁的匈奴人进入多瑙河流域，控制了如今斯洛伐克的大部分地区，在阿提拉国王统治期间，匈奴人的势力最强盛。

第二节　中古简史

一　斯拉夫人的到来以及国家的建立

公元5世纪末6世纪初，西斯拉夫部落从东欧平原来到现在的斯洛伐克领土上，并长期定居于此，斯洛伐克人的种族起源自西斯拉夫人。斯拉夫人属于欧洲最古老的居民，最初生活在第涅伯河中游和维斯瓦河之间的辽阔地区，他们主要从事农业生产，畜牧业、渔业、狩猎、养蜂业也是其主要的生活来源。斯拉夫人还是灵巧的手工业生产者，如铁匠、制陶工和木匠等。斯拉夫人的贸易采取以物换物的方式，后来逐渐用布料作为商品流通中万能的等价物。斯洛伐克和斯洛伐克人的名称就是根据生活在塔特拉山和多瑙河之间的斯拉夫人而获得的（这些名称直到15世纪才被使用）。

斯拉夫人从最后一批凯尔特的科迪诺夫部落人那里学会了如何加工铁矿，从日耳曼的克瓦德部落人那里学会了如何打仗，从罗马人那里学会了许多新的手工业技术，经济的发展为成立部落联盟创造了前提条件，但这一积极的进程被来自东部草原的游牧民族阿瓦尔人的进犯所破坏。从6世纪末期起，阿瓦尔人定居于斯拉夫人居住的以南地区——多瑙河流域低地，阿瓦尔人使斯拉夫部落在不同程度上依附于他们，斯拉夫人向他们交纳实物并被迫参加他们的掳掠行动。

阿瓦尔人扩张到斯拉夫人居住的地区引起了斯拉夫人的普遍不满，从而加速了西斯拉夫人最初的国家机构——氏族联盟的产生。法兰克商人萨莫率领自己的扈从加入了进行反对阿瓦尔人斗争的斯拉夫部落，他于623年被推举为首领。萨莫帝国（623～658年）存在了35年，它不仅抵御了阿瓦尔人的进攻，还于631年击退了法兰克军队的进犯。

斯拉夫人与阿瓦尔人进行了长达200多年的抗争，斯拉夫部落在共同的抗争过程中走向联合。791～795年，法兰克国王卡洛尔·维尔基最终打败了阿瓦尔人。阿瓦尔人的帝国崩溃后，斯拉夫人的政治和经济得到发展。9世纪初，尼特拉公国形成。该公国历史上第一个著名大公是普里比纳（约800～861年），他虽然是一个多神教徒，却支持基督教的传播，他下令在尼特拉建造了书面记载中最古老的教堂，828年萨尔兹布尔大主教阿达拉姆净化了该教堂。此外，普里比纳下令建筑了用篱笆围成的城堡，它们起着经济、军事和行政管理中心等方面的作用。

在摩拉瓦河流域，与尼特拉公国同一时期存在着摩拉维亚公国，其统治者莫伊米尔于833年将普里比纳从尼特拉驱逐出去，普里比纳与儿子科采尔以及一群追随者辗转7年左右后从东法兰克帝国的国王卢多维特·涅麦茨处得到封地（在萨拉河畔），并被授权管理周边地区，在此基础上，普里比纳建立了面积辽阔的布拉登公国，府邸设在布拉特诺堡（在现在匈牙利扎拉瓦尔城附近）。普里比纳支持基督教化，下令建造了20座教堂。布拉登公国的大部分居民是斯拉夫人，在科采尔统治时期，布拉登公国成为斯拉夫教育中心。

833年，尼特拉公国与摩拉维亚公国合并后产生了大摩拉维亚帝国，这是斯拉夫人建立的主权和独立的国家。至906年，莫伊米尔家族一直统治着大摩拉维亚帝国：莫伊米尔一世（833～846年）、拉斯基斯拉夫（846～870年）、斯瓦托普卢克（871～

斯洛伐克

894年）和莫伊米尔二世（894~906年）。普里比纳的尼特拉公国成为莫伊米尔家族的封邑，通常是王位未来的继承人来进行统治。

大摩拉维亚帝国从一开始就面临着东法兰克帝国进犯的威胁，被教皇加冕为罗马皇帝的法兰克统治者一直希望统治整个基督教化的欧洲。莫伊米尔一世的继承人拉斯基斯拉夫作为一个杰出的外交家意识到，大摩拉维亚帝国只有在获得独立的教会管理权限（主教区或大主教区后）才能保住自由和独立。为此，拉斯基斯拉夫请求拜占庭皇帝米哈尔三世派遣能用民众理解的语言传播基督教和教育的传教士到大摩拉维亚帝国。863年，米哈尔三世将此项任务交给掌握古斯拉夫语的兄弟俩西里尔（康斯坦丁）和美多德，他们来自希腊的萨洛尼卡城，那里居住着很多斯拉夫人。西里尔和美多德为去大摩拉维亚帝国传教做了充分的准备工作，他们带来了最古老的斯拉夫文字——格拉戈尔字母，这是西里尔在希腊字母的小字体基础上创造出来的；还带来了双臂十字（当时拜占庭外交标志），它后来成为斯洛伐克国徽的组成部分；将古斯拉夫语提升为做礼拜的语言，而当时只有希伯来语、希腊语和拉丁语有此殊荣；在王宫内开办了第一所学校，其宗旨是培养年轻的斯拉夫传教士。此外，西里尔、美多德和他们的学生将做礼拜用的经书和法规翻译成古斯拉夫语，并用古斯拉夫语写作，西里尔即创作了斯洛伐克第一首诗——《马太福音的前言》（Proglas）。

拜占庭传教使团在大摩拉维亚帝国的活动遭到法兰克传教士的憎恨，最终双方就斯拉夫礼拜语言问题发生了争执，867年，教皇阿德里安二世采取了有利于西里尔和美多德的解决方式。870年，大摩拉维亚帝国获得独立的教会管理权限，美多德被任命为大主教。

在斯瓦托普卢克执政时期，大摩拉维亚帝国无论在疆域还是权力方面都达到空前的强盛,不仅占据了斯洛伐克、摩拉维亚和匈牙利的大部分地区以及捷克和小波兰的相当大一部分地区,还于880年被置于教廷的直接保护之下。885年美多德逝世后,斯拉夫的礼拜仪式又重新改用拉丁语。

在斯瓦托普卢克的儿子莫伊米尔二世执政时期,由于国家内部围绕王位的争斗和被征服边疆地区的分离倾向,大摩拉维亚帝国逐渐削弱。加之,长期与巴伐利亚的冲突和古匈牙利部落的侵袭,大摩拉维亚帝国于907年崩溃。

大摩拉维亚的传统成为斯洛伐克民族努力寻求解放和建立国家的重要组成部分,其文化遗产是所有斯拉夫人的知识源泉。914年,教皇杨十世将康斯坦丁和美多德载入圣人名册,兄弟俩不仅被认为是欧洲的守护神,还是斯洛伐克民族的圣人。从1863年起,7月5日(兄弟俩到达大摩拉维亚的纪念日)成为纪念他们的圣日。如今,7月5日还是斯洛伐克的国家节日。

二　11~14世纪初匈牙利阿尔帕德王朝统治下的斯洛伐克

古匈牙利部落的侵袭是导致大摩拉维亚帝国解体的原因之一,896年前后,这些部落定居于多瑙河盆地的平原上。他们是游牧部落,主要是英勇骁战的骑手,以掳掠的战利品为生。在首领阿尔帕德的率领下,古匈牙利部落从多瑙河盆地进入欧洲进行掳掠性的出击,955年,在雷赫河受到德国国王和罗马皇帝奥托一世军队的重创,从此,古匈牙利部落停止了攻击和掳掠生涯,开始在多瑙河盆地永久定居下来,与斯拉夫人为邻,他们从斯洛伐克人和其他斯拉夫人那里掌握了整个经济劳作体系(耕作田地、饲养牲畜、建造房屋和制作产品等)以及管理国家的方式。根据大摩拉维亚帝国的传统,阿尔帕德支持基督教化。斯拉夫人对古匈牙利人的影响还表现为大量的斯拉夫词语被匈牙利人所借鉴。

阿尔帕德家族的史特凡在古匈牙利部落首领争夺权力的斗争中获得胜利,他也像斯瓦托普卢克那样将整个国家置于教皇的保护之下,从而为匈牙利争得国家的独立,他自己被加冕为匈牙利第一个国王(1000年)。不久,史特凡开始扩张领土,1018年,如今的斯洛伐克被匈牙利吞并。起初,斯洛伐克成为匈牙利的一个有独立地位的边疆州(1025~1075),通常是匈牙利国王的弟弟在此执政,府城设在尼特拉。在拉基斯拉夫一世执政时期(1077~1095年),边疆州这一机构被取消,斯洛伐克作为一个整体纳入了匈牙利国家,直至1918年奥匈帝国瓦解,斯洛伐克和斯洛伐克人的历史命运一直与匈牙利国家直接联系在一起。

公元12世纪,匈牙利加强了对周边国家的领土扩张,尤其侵入到巴尔干和南部地区,触犯了威尼斯共和国和拜占庭的利益,后来,拜占庭竭力影响匈牙利内部的发展。从12世纪起,德意志人、佛拉芒人和意大利人开始涌入匈牙利,从而掀起了殖民潮。13世纪时,为了防御鞑靼人的进犯,开始建筑石头城堡,随之涌现了最初一批城市,国王给这些城市授予了特权,特权的基础是获得城市自治(以市长为首的12名代表组成的城市委员会对城市进行自治管理)。其他的城市特权有:开设市场权、一年一度的集市权、设立税卡权、仓储权、酿制啤酒权和在城市周围建筑城堡权等。至13世纪末,在斯洛伐克已有大约12个拥有特权的城市,最先获得城市特权的是特尔纳瓦市(1238年),其他特权城市有克鲁比纳、兹沃伦、班斯卡·什贾夫尼察、尼特拉(1248年)、科希策和班斯卡·比斯特里察等。如此,斯洛伐克成为匈牙利最城市化的一部分,这一地位一直保持到17世纪。

三　1301~1526年斯洛伐克的政治生活状况

1301年，阿尔帕德家族最后一个国王逝世，从此，那不勒斯安尤诺维茨家族的卡洛尔·罗伯特与捷克国王瓦茨拉夫二世围绕匈牙利的王位展开了斗争，最终，前者在教廷的支持下获胜。在这一期间，封建寡头的势力得到加强，特伦钦的马图什·恰克是最著名的代表，他拥有斯洛伐克的大部分地区，公开反对国王。直至1321年他去世后，国王的军队才攻入特伦钦城堡，占领了他曾经统治的地区。

1387年，卢森堡家族的日格蒙德被加冕为匈牙利国王，他还获得罗马皇帝的称号，在其执政期间，斯洛伐克出现了比匈牙利其他地区多得多的城市。

15世纪上半叶，捷克胡斯宗教革命运动的军队渗透进斯洛伐克，并在一些城市组建了驻防军，斯洛伐克人民的反抗精神和对本民族特性的认识有所增强。

1444年，在瓦尔纳战役中匈牙利军队被土耳其军队打败，国王弗拉基斯拉夫二世阵亡。1458年，匈牙利议会选举马提亚·科尔温为国王，他推行了一些改革，完善了雇佣军军事战术并致力于加强国家权力。

在卢多维克·亚盖隆统治匈牙利时期（1516~1526年），土耳其人深入到匈牙利内部，并于1526年在莫哈奇战役中使匈牙利军队遭遇惨败，国王卢多维克阵亡，从此，土耳其人统治了匈牙利的大部分地区长达150年，莫哈奇战役的时间在斯洛伐克历史上标志着中世纪的结束和近代史的开始。

四　斯洛伐克封建社会繁荣时期的经济和文化生活状况

13世纪下半叶至14世纪30年代，斯洛伐克的矿业取得迅猛发展。外国殖民者，尤其是德国人来到矿区开始

开采和加工铁矿和铜矿,还有银矿和金矿。匈牙利从而成为欧洲最繁荣的国家之一,斯洛伐克则是匈牙利最发达的部分,它开采的金子占世界开采总量的1/3(矿区在克雷姆尼察),开采的银子占世界开采总量的一半(矿区在班斯卡·比斯特里察、班斯卡·什贾夫尼察和格尔尼察),斯洛伐克的贵重金属在世界市场上占据了统治地位。1328年,在克雷姆尼察开办了铸币厂(一直存在至今),克雷姆尼察金币成为中世纪欧洲最受欢迎的支付手段。

不断发展壮大的城市成为手工业生产的中心,手工业者开始联合建行会——生产和利益的联盟。1307年,在斯洛伐克诞生了第一个行会——科希策皮货商人行会。在斯洛伐克的各个城市,占主导地位的手工业有所不同,如在巴尔杰尤夫是麻布生产业,在斯皮什新村(Spišská Nová Ves)是铸钟业,在日利纳是呢绒制造业。在一些城市,德国殖民者否决斯洛伐克人在城市委员会中的代表资格,为此,斯洛伐克人展开了民族解放斗争。1381年,匈牙利国王卢多维特一世颁布了有关城市特权的文件,根据此文件,日利纳城市委员会由一半德意志居民和一半斯洛伐克居民组成,双方享有同等的权利。

人口的自然增长和外国人的大量流入促使人口不断增加,从13世纪起,新的村庄也建立起来,那里居住着国内的居民和国外的移民,德意志殖民者拥有购买房屋和田地的权利,并对此拥有继承权。从14世纪中叶起直至16世纪,在斯洛伐克开展了以畜牧业为主的山区殖民地化过程,罗马尼亚、塞尔维亚、乌克兰和罗塞尼亚的移民参与了这一进程。

每一群本国或国外的移民都有头领领导,他们与封建主商定,移民在何处可以定居下来,以及在何种条件下获得土地进行耕种,移民需要为封建主付出劳动和交纳实物地租,还有一些封建主要求村民饲养猎狗、喂养鹰、养殖鱼、从事木匠和铁匠活、制作陶器、盾、矛或者充当守林人，至今，斯洛伐克的一些村庄的名称还保留着这些不同职业的痕迹。移民的头领称作肖尔蒂斯、什库尔得特或者福伊特，在新建的村落中他们成为承袭的村长，解决一些小的纠纷，拥有多种特权，许多斯洛伐克人的姓氏中至今还称肖尔蒂斯、什库尔得特和福伊特。

在斯洛伐克经济繁荣时期，盛行哥特式建筑和艺术风格，至今在雷沃恰、科希策、巴尔杰尤夫和布拉迪斯拉发还保存着哥特式纪念物。16世纪初，雷沃恰的雕刻大师创作了世界上最大的晚期哥特式木质神龛。城市的富足推动了教育的发展，1465年，在布拉迪斯拉发创建了斯洛伐克第一所大学——伊斯特洛波利塔纳学院（Academia Istropolitana）①，它也是当时匈牙利境内的唯一一所大学，是人文主义、文艺复兴和高等教育的传播者。这一时期的一些建筑和艺术纪念物于1993年12月载入联合国教科文组织的世界文化和自然遗产名录，如班斯卡·什贾夫尼察和它周围的技术纪念物、弗尔科利涅茨民间建筑纪念物保护区、斯皮什城堡（12世纪）和它周围的纪念物等。

第三节　近代简史

一　哈布斯堡王朝的开始和宗教改革运动的兴起

莫哈奇战役后，奥地利哈布斯堡王朝的菲迪南登上了匈牙利的王位。土耳其人占领了匈牙利的中心部分，由于土耳其人的势力范围只到达中斯洛伐克的南部，匈牙利的政治和文化生活重心转移到斯洛伐克，布拉迪斯拉发作为匈牙

---

① 那一时期布拉迪斯拉发被称为伊斯特洛波利塔纳。

斯洛伐克

利的首都长达250多年,匈牙利议会、中央机构设立在这里,哈布斯堡王朝的匈牙利国王在此举行加冕仪式。特尔纳瓦成为埃斯泰尔戈姆大主教的府邸所在地。1683年,在维也纳战役中土耳其军队被联盟军打败,土耳其在中欧地区的统治开始走向灭亡。

这一时期,在斯洛伐克掀起了宗教改革运动的浪潮,它来自德国。16世纪,斯洛伐克的绝大部分居民成为新教徒,原则上,斯洛伐克族人接受了路德派宗教改革(用古捷克语做礼拜仪式),匈牙利族人则接受了卡尔文派宗教改革。哈布斯堡王朝依然是虔诚的天主教徒,因而他们竭力推行"重新天主教化"(即回归天主教信仰),耶稣会是这一行动的主要支持者。1635年,耶稣会在特尔纳瓦创办了大学,1657年又在科希策开设了大学。1610年新教独立后,在普雷肖夫、巴尔杰尤夫、班斯卡·比斯特里察和布拉迪斯拉发出现了一些新教学校。1604~1711年,为了反对"重新天主教化"和中央集权制,匈牙利的贵族多次举行了反对哈布斯堡王朝的起义。

许多斯洛伐克人成为宗教斗争的牺牲品,一些被迫害的斯洛伐克知识分子为了保全自己而流亡到捷克、德国和波兰。封建压制、土耳其军队的掳掠、暴力的"重新天主教化"运动、战争、起义、饥荒和瘟疫造成人口的减少(1715年左右,斯洛伐克有100万人口)和许多乡村居民逃亡到国外。土耳其人被打败后,斯洛伐克人开始大规模迁移到伏依伏丁那(在塞尔维亚)、罗马尼亚和保加利亚等地。

在文化领域,人文主义教育盛行,文艺复兴式建筑进入兴盛时期(城堡、宫殿、议政厅、堡垒和钟楼等),巴洛克式建筑开始兴起(教堂、塑像)。这一时期,最著名的历史人物有马提亚·贝尔(Matej Bel,1684~1749),匈牙利方志学的创始人;尤若·杨诺希克(Juro Jánošík),17、18世纪之交的绿林好汉,有关他的传说在斯洛伐克流传很广,他劫富济贫,是斯洛伐克人民心目中的英雄。

二 具开明意义的 18 世纪

18 世纪是具有启蒙色彩的一个世纪,哈布斯堡王朝的女王玛丽亚·特利莎(Márie Terézie,1740~1780 年执政)和她的儿子约瑟夫二世(Josef II.,1780~1790 年执政)实行了一系列进步的改革,为国家的现代化管理奠定了基础,并促进了社会经济的发展。玛丽亚·特利莎是 18 世纪最具影响力的统治者,实行开明专制制度,1767 年,她对全国范围内的农奴生活状况进行了统一调整,提高了农奴交纳税收的能力,减轻了封建主盘剥农奴的压力,从而避免了农业劳动生产率的下降。1777 年,女王又做出教育改革的决定,不仅对从小学直至大学的教育进行了改革,还推行了小学义务学习制,使每一个青少年都可以接受初等教育。教育改革的主要设计者是启蒙主义者、历史学家和宫廷谋士阿达姆·弗兰季谢克·科拉尔(Adam František Kollár,1718~1783)。1763 年,在班斯卡·什贾夫尼察创办了林业大学(一直存在至 1918 年),它是世界上同类大学中最早的。

约瑟夫二世签发的改革令中最著名的是 1781 年的"宽容令"(Tolerančný patent),规定路德派、卡尔文派新教徒以及东正教徒可以举行宗教仪式,并享有与天主教徒平等的公民权利。他的另一个著名的改革举措是取消了农奴制(1785 年生效),从而限制了封建主对农民自身权利的干预。

18 世纪,斯洛伐克的经济取得进一步的发展,出现了新的生产方式——手工业作坊,银矿的开采也得到扩大。

拉丁语依然保留正式语言的地位,同时,福音派新教徒逐渐使用捷克语作为礼拜语言。

三 民族复兴运动

从18世纪末期起,在斯洛伐克境内开始了民族复兴的进程,其推动者主要是小知识分子(教师和牧师),历史和语言是民族复兴运动的重心。1780年,尤拉依·巴巴内克(Juraj Papánek)撰写的《斯洛伐克民族史》(Dejiny slovenského národa)出版。作家约瑟夫·伊格纳茨·巴依扎(Jozef Ignác Bajza,1755~1836)第一个提出,斯洛伐克人应该培养自己的语言以作为书面语。1787年,神学家安东尼·贝尔诺拉克(Anton Bernolák,1762~1813)首先在西斯洛伐克方言的基础上做出了规范斯洛伐克标准语的尝试,他出版了最初的斯洛伐克语法教材,编写了《斯洛伐克词源学》和《斯洛伐克语—捷克语—拉丁语—德语—匈牙利语字典》,成功地将斯洛伐克标准语建立于坚实的语言学基础之上,并为它的传播创造了前提条件。1792年,在特尔纳瓦成立了"斯洛伐克学会"(Slovenské učené tovarišstvo),它为传播贝尔诺拉克所规范的斯洛伐克语作出了贡献,该学会秘书长尤拉伊·凡德利(Juraj Fándly,1750~1811)是用贝尔诺拉克规范的斯洛伐克语进行创作最富成果的作家,撰写并出版了经济和自然科学方面的一些著作。

与此同时,信仰新教的知识分子也积极推进民族复兴运动,他们倡导捷克斯洛伐克语言和文学一体的思想。一方面坚持用捷克语作为礼拜仪式的语言,另一方面于1803年在布拉迪斯拉发新教学校成立了捷克斯洛伐克语言和文学所。

19世纪20~30年代,俄罗斯的国际威望有所增强,被奴役的斯拉夫民族将俄罗斯视作自身权利的维护者和支持者。这一时期斯洛伐克民族复兴运动的代表人物帕沃尔·约瑟夫·夏发里克(Pavol Jozef Šafárik)和杨·科拉尔(Jan Kollár)宣扬斯拉夫民族的相互联系性。

以卢多维特·什图尔（Ludovít Štúr, 1815～1856）、约瑟夫·米洛斯拉夫·胡尔班（Jozef Miloslav Hurban, 1817～1888）和米哈尔·米洛斯拉夫·霍贾（Michal Miloslav Hodža, 1811～1870）为代表的新一代知识分子将民族复兴运动推向顶峰。1843年，什图尔及其合作者以中斯洛伐克方言为基础规范了斯洛伐克语，至今仍是斯洛伐克书面语的基础。1844年成立的民族文化机构——塔特林（Tatrín）为传播什图尔规范的斯洛伐克书面语提供了很大的帮助。从1845年8月起，什图尔开始出版《斯洛伐克民族报》。斯洛伐克书面语的推行以及它被大部分斯洛伐克人所接受的现实促进了斯洛伐克文学的空前繁荣，在第一本以什图尔规范的斯洛伐克书面语写作的文集——《尼特拉》（Nitra）面世后，相继出版了其他一些作品，这些书籍至今仍是斯洛伐克文学的瑰宝。

四　1848～1849年革命

法国二月革命的思想精髓——自由、博爱和平等影响了整个欧洲。1848年3月，匈牙利议会通过了关于在匈牙利结束封建社会状况的法律，从此被压迫的民众分到土地，国家的公民获得平等的权利。另一方面，19世纪40年代在匈牙利的社会生活中匈牙利语已代替了拉丁语，匈牙利的政治领导人提出了"一个国家——一种语言——一个民族"的口号，匈牙利化的倾向逐渐加强。

在1848～1849年革命过程中，斯洛伐克人第一次以独立的现代民族身份登上了欧洲历史的舞台，革命期间出现的民族标志——国旗、国徽和国歌一直使用至今。1848年5月11日，斯洛伐克的爱国人士在利普托夫斯基·圣米古拉什集会时通过了第一份完整的国家权力纲领——《斯洛伐克民族请愿书》（Žiadosti

slovenského národa），斯洛伐克人要求承认和保障斯洛伐克民族的独特性，包括14点要求，即匈牙利应该变成由拥有各自民族议会且权利平等的多民族组成的国家；在匈牙利全国议会中各民族应拥有均衡的代表权；斯洛伐克语在斯洛伐克的重要机构中应该成为官方语言；在社会民主化方面，主要提出普遍和平等的选举权，为全体农民取消被奴役的地位，归还给农民被封建主霸占的土地。匈牙利政府对此采取的态度是宣布戒严并签发对民族运动领导人什图尔、胡尔班和霍贾的逮捕令，他们成功地逃脱了逮捕而来到捷克，并在布拉格参加了斯拉夫大会，探讨了斯拉夫民族在哈布斯堡王朝统治下的地位问题。

1848年8月底9月初，开始在维也纳组建斯洛伐克志愿团。9月16日，斯洛伐克民族议会作为斯洛伐克最高军事和政治机构成立，领导人是什图尔、胡尔班和霍贾。斯洛伐克志愿团先后于1848年秋季和冬季组织了两次远征，第一次远征被匈牙利政府镇压，第二次远征得到维也纳政府的支持，并成为哈布斯堡王朝同匈牙利革命政府斗争的工具。1849年夏，匈牙利革命运动被维也纳政府镇压，然而斯洛伐克人并没有得到维也纳政府先前许诺的民族自治的权利。

五 1849～1867年：革命失败后至奥匈帝国二元制的形成

18 48～1849年革命被镇压后，哈布斯堡王朝进一步加强了中央集权制，在匈牙利实行军事独裁，取消了匈牙利宪法、议会和城镇自治，德语成为整个王朝的官方语言，维也纳政府对斯洛伐克人做出了微小的让步，即斯洛伐克城镇与政府机构联系事务时可使用斯洛伐克语，同时，斯洛伐克语作为授课语言也进入了民间学校和一些中学。斯洛伐克人对维也纳政府采取的政策非常失望，什图尔等人重新回复到"斯拉夫民族大统一"的道路上。

1861年7月,斯洛伐克所有重要领导人物汇集在马丁城,在5000人的集会上通过了《斯洛伐克民族备忘录》(Memorandum slovenského národa),主要要求承认斯洛伐克人为独立的政治民族。在集会上还成立了委员会,主要关注备忘录的实施情况,同时又是斯洛伐克的政治中心。在备忘录被匈牙利议会否决后,1861年12月以班斯卡·比斯特里察主教什杰凡·莫伊塞斯(Štefan Moyses)为首的斯洛伐克代表团将备忘录递交给哈布斯堡王朝的皇帝,从而为斯洛伐克人争得一些语言方面的权利。

1863年,在斯洛伐克举行了各种纪念西里尔和美多德来到大摩拉维亚1000年的庆祝活动,以此展示斯拉夫民族意识和自信心。8月4日,在马丁城举行了"斯洛伐克协会"(Matica slovenskej)的成立大会,从而将庆祝活动推向高潮。"斯洛伐克协会"是全民族的文化机构,什杰凡·莫伊塞斯是它的首任会长,该机构的宗旨是提高斯洛伐克人民的民族意识,支持斯洛伐克文化、科学活动的开展以及文学和艺术的发展。《斯洛伐克协会编年史》的发行推动了语言学、历史和民族志的研究,还开始了自然科学,尤其是植物学和地质学的研究工作。此外,"斯洛伐克协会"在国外作为斯洛伐克人的代表机构而出现。

这一时期,在马丁城、兹涅夫下克拉什托尔和雷乌察成立了三所中学,它们为培养年轻的斯洛伐克知识分子作出了贡献。

1867年,统一的奥地利帝国分裂成独立的两部分——奥地利和匈牙利,斯洛伐克归匈牙利所有。二元制的奥匈帝国形成后,匈牙利政府推行的匈牙利化政策不断升级,斯洛伐克人的处境更加困难,其民族要求根本无法从匈牙利人控制的政府和议会那里得到实现。在新的形势下,斯洛伐克民族运动的领导人之间出现了观点分歧,一派拥护"斯洛伐克民族备忘录",另一派倾向通过与匈牙利政府合作来为斯洛伐克人争得一些语言和文化方面的权利。1868年12月6日,通过《少数民族法》,虽然承认匈牙利的所有公民一律平等,但将非匈牙利民族理解为统一的匈牙利政治民族的组成部分,从而用法律形式将"一个统一的匈牙利民族"的思想固定下来,匈牙利语成为唯一的政府机构用语,而法律所规定的少数民族的一些权利在现实生活中难以实现。

斯洛伐克人竭力通过建立民族机构来扩大民族运动的基础。1869年,"斯洛伐克妇女联盟"和天主教会的文化政治组织——"圣沃伊杰赫联盟"成立。斯洛伐克的政治和文化生活的中心是"斯洛伐克协会"和马丁城,在马丁开始出版《民族报纸》,围绕着《民族报纸》和"斯洛伐克协会"的执行副主席维·帕·托特(Viliam Paulini-Tóth)开始逐渐形成政党——"斯洛伐克民族党"(Slovenská národná strana),直至捷克斯洛伐克共和国成立,该党是斯洛伐克政治生活的主要代表。但斯洛伐克民族党组建新团体和开办新学校的努力很快遭到匈牙利政府的反对,不仅如此,1874年,匈牙利政府下令关闭了现有的3所斯洛伐克中学,1年后,取缔了"斯洛伐克协会"。

六 19世纪末20世纪初的斯洛伐克社会

19世纪80~90年代,匈牙利的工业生产取得发展。1884年,斯洛伐克第一家银行——塔特拉银行成立。在斯洛伐克,除了传统的钢铁制造业和伐木业之外,造纸业也有所发展。此外,磨房、糖厂和酒厂等农产品加工部门也发展起来。19世纪末期,在斯洛伐克出现了新的工业部门,尤其是化工工业,在布拉迪斯拉发开办了两家工厂。工人的生活条件异常艰苦,工作时间长,且没有任何社会保障,为了维护自身利益,斯洛伐克工人参加了1880年成立的匈牙利全体工人党和1890年成立的匈牙利社会民主党。

而农业的发展因封建残余而受到阻滞,在斯洛伐克北部和东部地区，农民依然承担着劳役义务，大部分田地掌握在大地主手中，农民生活极端贫困。不断加剧的贫困生活和不断增强的民族压力迫使斯洛伐克农村人口向匈牙利南部地区和奥地利迁移，而大规模的移民目的地主要是美国和加拿大，仅19世纪末期，就有20多万斯洛伐克人移民海外，大部分去了美国宾夕法尼亚的钢铁厂和加拿大的深山老林，他们逐渐在那里组建了斯洛伐克社团，建立了自己的学校和文化机构，保留了斯洛伐克传统和斯洛伐克的民族意识。从1885年起，在美国开始出版斯洛伐克刊物。

在被操纵的匈牙利大选中，斯洛伐克的代表无法进入匈牙利议会，因此，斯洛伐克民族党于1884年宣布"政治消极性"，直至19世纪末都没有参加匈牙利大选。但斯洛伐克民族运动却没有停止下来，运动的中心是马丁，这里发行一些斯洛伐克杂志，还设有塔特拉银行。特尔纳瓦成为斯洛伐克天主教徒开展民族运动的中心，发行宗教和教育刊物以及天主教报纸。

匈牙利化政策的推行致使斯洛伐克人难以实现正当的民族要求，他们开始寻找帮助和同盟，一部分斯洛伐克政治家寄希望于俄罗斯的帮助，另一部分寻求与捷克民族的合作。捷克的文化阶层开始关注斯洛伐克人遭受的民族压迫，出版发行了一些关于斯洛伐克的文学和新闻作品。1882年，在布拉格成立了斯洛伐克社团"捷特万"，其宗旨是用斯洛伐克的文化和历史教育社团成员和向捷克民众介绍斯洛伐克文化和斯洛伐克人的生活。1896年，在布拉格成立"捷克斯洛伐克协会"（Československá jednota），它是捷克—斯洛伐克合作和捷克向斯洛伐克提供帮助的主要组织者。此外，斯洛伐克人还加强了与匈牙利境内的罗马尼亚人和克罗地亚人的合作。1895年，在布达佩斯召开了少数民族大会，斯洛伐克民族党主席帕沃尔·莫德洛尼（Pavol Mudroň）率团参加大会，大会要求匈牙利实现基本的民主化、

斯洛伐克

普选权和少数民族在地方行政公署拥有自治权等。匈牙利政府以公开的暴力活动反对少数民族提出的民主要求，1896年，匈牙利政府又颁布了新法律，不仅要求教育匈语化，还要求城镇名称匈语化，同时加强了对非匈牙利民族报刊的审查工作。

随着经济和社会状况的变化，斯洛伐克政治阶层内部出现分化迹象。斯洛伐克民族党领导人因采取政治消极态度而招致年青一代的批评，他们提出活跃民族生活的要求，倡导建立经济团体，普及文化教育，努力从物质和文化方面提高斯洛伐克人的生活水平，他们聚集在由安东尼·比耶雷克和安德烈·赫林卡（Andrej Hlinka，1864~1938）负责发行的《人民报》周围。还有一群政治家团结在杂志《呼声》周围，他们积极倡导捷克—斯洛伐克合作，突出代表是瓦乌洛·什洛巴尔（Vavro Šrobár，1867~1950）。斯洛伐克的工人也组织起来，他们赞同匈牙利社会民主党的思想，同时也注重民族意识，还与捷克的工人运动建立联系。19世纪末，由政论家米兰·霍贾领导的斯洛伐克农民运动也进入萌芽状态。

19世纪末，斯洛伐克文化呈现繁荣景象，是斯洛伐克文学现实主义创作最丰硕的时期。在民众中流传最广的是宗教和文化普及方面的文学作品以及日历，业余戏剧活动在城镇和乡村开展起来，1872年在马丁城创建了固定的业余舞台——斯洛伐克演唱团。在美术方面，约瑟夫·博日特赫·克雷门斯（Jozef Božetech Klemens）和彼得·博胡涅（Peter Bohúňa）的作品达到斯洛伐克现实主义创作的最高水平。在音乐方面，民歌的收集和整理是主流，斯洛伐克第一位比较著名的专业作曲家杨·雷沃斯拉夫·贝尔（Ján Levoslav Bell）也开始音乐创作。

19、20世纪之交，随着科学技术的发展，在斯洛伐克出现了电影和体育。在美术和建筑方面，直线式占主导地位，斯洛伐克最著名的直线式代表人物是建筑师杜桑·尤尔科维奇（Dušan

Jurkovič），只是他大部分作品是在捷克和摩拉维亚完成的。文化活动也逐渐丰富起来，民族音乐开始具有专业水准，文学创作达到欧洲水平，1895年成立的"斯洛伐克博物协会"（Muzeálna slovenská spoločnosť'）负责科学的发展，语言学、历史学和民族志的发展最显著。20世纪初，在马丁还开始建造斯洛伐克民族博物馆。只是斯洛伐克从事自然科学和技术研究的人员缺乏良好的工作条件来施展才能，他们中最杰出的人才在国外获得成功，如天文学家米兰·拉斯基斯拉夫·什杰凡尼克，研究蒸汽机的专家阿乌雷尔·斯托多拉和无线电报的发明者约瑟夫·姆尔卡什等。

　　20世纪初，斯洛伐克民族党意识到，对选举采取消极态度会导致民族运动的停滞不前，因此积极为1901年的议会选举做准备，但最终只有4名代表进入匈牙利议会。受到俄罗斯革命的影响，工人的社会民主运动开展得有声有色。1904年，《斯洛伐克工人报》开始发行。1905年6月，独立的斯洛伐克社会民主党建立，尽管一段时间后在组织上加入了匈牙利社会民主党，但获得一定程度的自治。1906年的议会大选中，斯洛伐克代表取得有史以来的最好成绩，在匈牙利议会中获得7个议席。与其他非匈牙利民族——克罗地亚和罗马尼亚获得的议席相加，共为25席，这一合力在1906～1910年间的匈牙利内政方面发挥了重要作用。

　　1907年10月，在斯洛伐克的切尔诺瓦镇发生了一起惨剧，匈牙利宪兵开枪射死了15名手无寸铁的斯洛伐克居民，起因只是该镇居民反对匈牙利教会和世俗领导层违背他们的意愿对新建的一所教堂进行净化。事件发生后，匈牙利当局的残暴行径激怒了全欧洲，匈牙利的民族压迫和斯洛伐克问题摆到欧洲大众的面前，也引起了在美国的斯洛伐克侨民的关注，他们为支持斯洛伐克人的政治斗争做出了种种努力，早在19世纪末，斯洛伐克民族基金会在美国组建；1905年10月，中央斯洛伐克民族委员会

成立，主要支持斯洛伐克人为普选权所作的政治斗争；1907年5月30日，"斯洛伐克联盟"在克利夫兰成立。

切尔诺瓦镇事件发生后，斯洛伐克的政治领导人重点在匈牙利境外寻找支持，捷克—斯洛伐克合作发展得最为成功。从1908年起，每年在摩拉维亚举行捷克—斯洛伐克会议，捷克和斯洛伐克的政治家和文化、经济阶层的人士会集于此，共同探讨加深合作的可行性，包括经济合作和捷克为斯洛伐克提供经济帮助等。捷斯文化领域的合作最突出，"捷克斯洛伐克协会"负责将图书从捷克出口到斯洛伐克，还帮助斯洛伐克的科学家和艺术家在捷克找到施展才能的地方。

随着斯洛伐克人在1910年的匈牙利议会大选中失败（仅获得3个议席）和国际紧张局势的加剧，斯洛伐克政治阶层内部的不团结继续加深，在报刊上各派经常展开辩论。尽管"斯洛伐克民族党"希望在自己的领导下保持民族运动的统一，但各派别之间政治和意识形态的矛盾很难调和，最终该党走向分裂。1913年6月，在安德烈·赫林卡的领导下"斯洛伐克人民党"（Slovenská ľudová strana）成立。同时，匈牙利化的压力又促使斯洛伐克民族运动加强合作、团结。1914年3月，"斯洛伐克民族党"主席帕沃尔·莫德洛尼去世，马图什·杜拉（Matúš Dula）继任"斯洛伐克民族党"主席，他号召全体斯洛伐克人团结起来并建立全民族的代表机构。1914年5月，民族运动各个派别的代表参加了旨在统一民族运动的会议，与会代表提出组建"斯洛伐克民族委员会"作为指导和协调民族运动的机构，后因第一次世界大战的爆发而中断了这一计划的实施。

七 斯洛伐克的抵抗运动和捷克斯洛伐克的诞生

第一次世界大战期间，"斯洛伐克民族党"为了保全自己而宣称"政治消极"。但移居国外的斯洛伐克人，尤其是在俄罗斯和美国的斯洛伐克人积极反对战争和反对压迫少数民族的匈牙利国家。

1914年12月，布拉格大学的教授、奥匈帝国议会的议员托马什·加里格·马萨里克（Tomáš Garrigue Masaryk）流亡到国外，开始组织反对奥匈帝国旨在建立独立的捷克—斯洛伐克国家的抵抗运动。捷克—斯洛伐克的境外抵抗运动得到境外侨民，尤其是在美国的侨民的大力支持，在美国的"斯洛伐克联盟"与"捷克民族联合会"为民族解放而共同战斗达成一致，1915年10月22日，双方签署了"克利夫兰协议"，根据协议，建立捷克—斯洛伐克国家；国家由波希米亚、摩拉维亚、西里西亚和斯洛伐克组成；国家按照美国联邦的形式实行联邦制；斯洛伐克拥有自己的议会、法院和内部管理机构。在俄罗斯的侨民也积极行动，1915年3月，在俄罗斯成立了"捷克斯洛伐克团体联合会"，协调所有在俄罗斯的捷克人与斯洛伐克人的活动。

由马萨里克领导的捷克斯洛伐克境外抵抗运动通过宣传活动、游说和发行报纸杂志等方式积极争取协约国领导人和大众舆论对建立捷克—斯洛伐克独立国家的支持。1916年2月，旅居法国的斯洛伐克人米兰·拉斯基斯拉夫·什杰凡尼克与马萨里克、爱德华·贝奈斯在法国巴黎决定成立"捷克斯洛伐克民族委员会"，它是捷克—斯洛伐克境外抵抗运动的最高机构，马萨里克担任主席，约瑟夫·杜里赫和什杰凡尼克担任副主席，贝奈斯担任秘书长。不久，"捷克斯洛伐克民族委员会"决定在境外组建军队，以便与协约国并肩作战，征兵的主要对象是在美国、俄罗斯的捷克和斯洛伐克侨民以及战俘。至1917年末，捷克—斯洛伐克国外军团的人数已达到4万人，参加了作战并且声誉大增。

在境外抵抗运动成功开展的同时，斯洛伐克国内的生活状况则完全适应战争环境，工业生产服从战争的需要，政治和文

斯洛伐克

化生活瘫痪，许多作家和艺术家应征入伍，不少报纸杂志停止发行，但政治家一直关注着政治和战争事件，与捷克的政治家保持着联系，并等待着合适的时机。1918年7月，捷克—斯洛伐克民族委员会在布拉格成立，它是国内抵抗运动的最高领导机构。

捷克—斯洛伐克境外抵抗运动的领导人努力获得协约国对独立的捷克—斯洛伐克的正式承认，但协约国领导人对解散奥匈帝国迟迟下不了决心，在此情形下，他们改变了战术，逐一争取协约国各政府的承认，最终取得成效。1918年6月29日，法国政府率先承认捷克斯洛伐克民族委员会为捷克斯洛伐克政府，捷克—斯洛伐克军队为同盟军。随后，英国政府于8月9日、美国政府于9月3日、意大利政府于10月3日相继予以承认。

为了进一步争取捷克和斯洛伐克侨民以及美国政府尤其是总统威尔逊的支持，马萨里克于1918年4月底赴美国进行游说，并取得成功。5月30日，马萨里克与捷克、斯洛伐克侨民组织在匹茨堡签署新的协议，协议要求建立共同的民主捷克—斯洛伐克国家，斯洛伐克享有自治；10月18日，《捷克斯洛伐克独立宣言》在美国发表，指出未来的捷克—斯洛伐克应建立在民主、进步和人道的基础之上，该宣言在美国公众中引起极大反响。

1918年10月28日，贝奈斯率领的境外抵抗运动代表团与卡雷尔·克拉马日（Karol Kramár）率领的民族委员会代表团在日内瓦进行谈判，双方商定，捷克—斯洛伐克将成为共和国，马萨里克将担任它的总统。同日，奥匈帝国无条件投降，民族委员会接管了政权并通过第一项关于捷克斯洛伐克共和国成立的法律。30日，斯洛伐克民族党在马丁城召集政治领导人会议，会上正式成立斯洛伐克国民议会并通过《斯洛伐克民族宣言》，宣告斯洛伐克并入独立的捷克斯洛伐克国家。

第四节 现代简史

一 斯洛伐克在两次世界大战期间

（一）国家的建立

从1918年10月30日斯洛伐克人立场鲜明地宣称与匈牙利决裂而与捷克人组建共同的国家至真正的掌握政权经历了较长的一段时期。1918年12月7日，什洛巴尔被任命为全权管理斯洛伐克部长，该部主要负责稳定斯洛伐克的局势，隶属布拉格中央政府的管理。在匈牙利的军队拒绝离开斯洛伐克的情形下，民族委员会决定派出捷克的军队以占领斯洛伐克，并于1919年1月将匈牙利军队赶出斯洛伐克，从而解放了斯洛伐克全境。1919年2月4日，全权管理斯洛伐克部迁移至普雷什波洛克，它是斯洛伐克最大的城市，多瑙河畔的工业和商业中心，1919年3月改名为布拉迪斯拉发，此后一直是斯洛伐克的首都。

1919年春，匈牙利红军占领了斯洛伐克的大部分地区，6月，在匈牙利共产党的影响下斯洛伐克苏维埃共和国在普雷肖夫宣告成立。7月，协约国勒令匈牙利红军离开斯洛伐克，斯洛伐克苏维埃共和国也随之消亡。

划定斯洛伐克与邻国的边境线在历史上前所未有，在西部与奥地利和在北部与波兰的边境线的划定进行得比较顺利。经过捷克斯洛伐克代表团在巴黎和会上的不懈努力，1920年6月4日签署的"特里阿农条约"在综合了民族、战略和经济因素基础上界定了斯洛伐克在南部与匈牙利的边境线。

1920年2月，国民议会通过捷克斯洛伐克第一部宪法，它体现了三权分立原则。议会由众议院和参议院组成，并且通过普

斯洛伐克

遍、直接、秘密和平等的选举产生,斯洛伐克民族党、农民党代表和社会民主派议员在议会中占有议席。国家总统由议会选出,马萨里克于1918年11月担任总统,又在1920年、1927年和1934年的选举中连任,1935年马萨里克辞职后,长年担任外长的贝奈斯继任总统。宪法一方面为全体公民提供了充分的公民权,保障了国家的民主性质,另一方面又在前言中提出"捷克斯洛伐克民族"的概念,忽略了民族特性,斯洛伐克议员对此持有异议,他们也不同意通过的语言法中将国家的官方语言定为"捷克斯洛伐克语"。

捷克斯洛伐克共和国从一开始就是一个统一的中央集权制国家,在行政、政治和经济的组织、管理上按照奥匈帝国时期奥地利的格局来部署。1928年,斯洛伐克像波希米亚、摩拉维亚、西里西亚和外喀尔巴阡罗斯那样成为国家的一个地区,虽然设有地区长官、代表机构,却不拥有真正的政治权力。

(二) 文化的解放

共和国成立后,斯洛伐克的文化、教育和科学取得很大的发展。20世纪30年代,在斯洛伐克已有56所用斯语授课的中学。法律将6年制义务教育扩大到8年制义务教育后,学生人数明显增加。1919年,在布拉迪斯拉发创办了考门斯基大学,设有医学院、法学院和哲学院。同年1月1日,"斯洛伐克协会"得以恢复,它为培养民族意识和保护斯洛伐克语言的纯洁性发挥了重要作用。两次世界大战期间,斯洛伐克的各种团体、联盟迅猛发展,涉及教育、科学、艺术、体育等诸多领域。1920年,斯洛伐克民族剧院在布拉迪斯拉发建成。随着斯洛伐克演员的成长和斯洛伐克剧目的增多,1932年民族剧院成立了话剧团,促进了斯洛伐克戏剧艺术的发展和斯洛伐克语言素养的提高。1926年,捷克斯洛伐克广播电台开始在布拉迪斯拉发广播,1年后在科希策,1936年在班斯卡·比斯特里察开始广播,推动了文化教育和信息的普及。1928年,在斯洛伐克出版发行的报纸和杂志种类已从1918年的23种增加到186种。

(三) 经济形势

捷克斯洛伐克继承了哈布斯堡王朝相当一部分工业,只是出口受到关税增长、贸易壁垒等因素的限制。与匈牙利、南斯拉夫、波兰、罗马尼亚、俄罗斯相比,捷克斯洛伐克工业力量更强,农业更发达,劳动力素质更高,但同时又落后于西欧国家,1938年,捷克斯洛伐克人均工业生产值相当于德国、英国的一半和法国的2/3。共和国成立之初,捷克斯洛伐克的经济差异就非常明显,斯洛伐克有全国23%的人口,却只有8%的工业,国民收入大约占全国总额的13%。共和国推行的经济自由主义和中央集权制在建国后最初的10年中又对斯洛伐克经济造成灾难性的后果,几十家大工厂纷纷倒闭,在1930~1934年的经济危机中,又有大批工厂关门,30万斯洛伐克人忍受着饥饿。直至30年代中期经济才出现转机,对公路、铁路、兵工厂的大力投资使斯洛伐克的经济开始复苏。在两次世界大战期间,大约有20万斯洛伐克人因国内经济状况恶劣而移民海外,主要移民去了加拿大、阿根廷、法国和比利时。

(四) 政治生活

与第一次世界大战前相比,斯洛伐克的政治生活更为活跃、更富有活力。1918年前还处于萌芽状态的政党在捷克斯洛伐克共和国成立后在组织上已发展壮大起来,拥有许多工会、青年、经济、文化和妇女组织。政党的发展主要依靠社会和阶级划分、民族属性以及宗教信仰三个方面,两次世界大战期间,党员数量最多的"斯洛伐克人民党"在党纲和宣传活动中就成功地结合了上述三个方面,在1925年的大选中获得1/3的选票,在1929年和1935年的大选中保持了30%以上得票率。"斯洛伐克人民党"于1925年根据该党领导人安德烈·赫林卡的姓名改称为

斯洛伐克

"赫林卡斯洛伐克人民党"（Hlinkova slovenská l'udová strana），它对"捷克斯洛伐克主义"持明确的拒绝态度，并且援引"匹茨堡协议"第一个提出斯洛伐克自治要求。人民党在政策实施过程中经常与捷克的各种团体和政党合作，但在日常宣传中反对中央集权制和"共和国政府"，因此遭到"捷克人"的谴责。该党还在许多方面强烈反共、反社会主义，其内部的半合法组织"罗多门"公开宣称支持意大利法西斯主义思想。

其他主要的政党有：农民党、斯洛伐克民族党、少数民族党派和左翼党派。在历届大选中，公民党派占主导地位，1920 年，社会民主党获得 46% 的选票，大大超出其他党派的得票率。1921 年，捷克斯洛伐克共产党从社会民主党中独立出来，它的得票率通常为 10%～12%，共产党还获得不少德意志族人、匈牙利族人和罗塞尼亚人的支持，多次组织工人罢工，从 1929 年起，克雷门特·哥特瓦尔德（Klement Gottwald）成为该党领导人。

（五）捷克斯洛伐克的分裂

捷克斯洛伐克的国际地位依靠与法国的同盟关系和战胜国的统一行动来维持，此外，捷克斯洛伐克还重视国联和"小协约国"[①] 的作用。1934 年签署的"捷法同盟条约"和 1 年后签订的"捷苏同盟条约"为捷克斯洛伐克提供了一定的安全保障。希特勒在德国执政后，拒绝欧洲的"凡尔赛体系"，捷克斯洛伐克的国际地位开始动摇，不安全因素还通过"苏台德德意志党"的民族主义活动和匈牙利领土收复主义的复活而进入捷克斯洛伐克内部。为此，捷克斯洛伐克不断加强国防建设，建造边境地区

[①] 捷克斯洛伐克与罗马尼亚和南斯拉夫为针对匈牙利的领土收复主义而结成的同盟关系，随着 30 年代德国和意大利向东南欧的经济和政治扩张，"小协约国"存在的价值大大减弱。

第二章 历 史

的防御工事，更新军队的武器装备，修建战略性公路、铁路、仓库和新的军工厂，正是这一时期为斯洛伐克西部和中部地区（在杜布尼策、瓦赫河畔比斯特里察等地）的军工体系打下了基础。

在1935年的大选中，"苏台德德意志党"在全国获得15.2%的选票，同时，该党得到绝大多数德意志族人的拥护。1936年，"匈牙利统一党"成立，该党领导人听命于匈牙利政府。"赫林卡斯洛伐克人民党"也处于不断上升的阶段，1937年末至1938年初，该党提出将斯洛伐克的政治自治通过法律形式固定下来。为了打破共和国现有的格局，"赫林卡斯洛伐克人民党"与"苏台德德意志党"和"匈牙利统一党"建立了联系，这对共和国政府造成很大的压力，但"赫林卡斯洛伐克人民党"不像另两个分别受到纳粹德国政府、匈牙利政府操纵的政党那样企图分裂国家，只是不愿意斯洛伐克处于少数民族的地位。

1938年9月上半月，希特勒向捷克斯洛伐克发出最后通牒，要求捷将部分领土割让给德国，这一要求遭到捷政府的拒绝，捷军队镇压了"苏台德德意志党"在边境地区领导的暴乱。在法国和英国不打算为"一个不知名的小国家"参战、波兰和罗马尼亚拒绝苏联军队过境的情况下，捷克斯洛伐克政府和总统贝奈斯不愿意与苏联一起参战。9月29～30日，希特勒在慕尼黑与意大利首相墨索里尼、英国首相张伯伦、法国总理达拉第会面，在没有捷克斯洛伐克代表在场的情况下，四国达成协议，强迫捷克斯洛伐克将有德意志族居民的苏台德地区拱手让给德国，如此，德国没费一枪一弹就获得捷克边境地区的防御工事、重要的工厂、原料来源和交通要道。

1938年10月5～6日，"赫林卡斯洛伐克人民党"的领导人物和其他斯洛伐克政党的代表在日利纳举行了会谈，会谈结束后签署了"日利纳协议"，该协议提出了斯洛伐克自治的要求。10

斯洛伐克

月7日，共和国政府通过了"日利纳协议"，并且任命以约瑟夫·蒂索为首的斯洛伐克地区自治政府。

（六）斯洛伐克从自治走向完全独立

斯洛伐克自治政府从成立之初就面临着异常艰巨的任务：保卫斯洛伐克的边境线。匈牙利和波兰提出将匈族人和波族人居住的边境地区划归它们的领土要求。1938年11月2日，德国和意大利两国外长在维也纳签署协议，重新划分了斯洛伐克、外喀尔巴阡罗斯和匈牙利之间的边界。根据此次"维也纳仲裁"，斯洛伐克交给匈牙利国土10390平方公里和公民854217人（其中斯族人超过25万）。在如此危难时期，捷克斯洛伐克政府又"自愿"满足了波兰提出的领土要求。自"慕尼黑协议"签署至此，捷克斯洛伐克丧失了1/3的领土和34%的人口。

11月19日，捷克斯洛伐克议会通过关于斯洛伐克自治的法律，将部分立法和执行权移交给斯洛伐克自治议会和政府。由于在实施自治的过程中，斯洛伐克政府与共和国中央政府之间存在着许多有关职权范围的经济和人事矛盾，人民党人士逐渐不满足于自治，要求完全独立的倾向逐渐加强。1939年3月初，共和国政府对斯洛伐克的独立倾向进行了干预，在斯洛伐克宣布军事独裁统治并对斯洛伐克自治政府进行了撤换和重组。

斯洛伐克的自治倾向得到纳粹德国的支持。在新任命的斯洛伐克政府总理卡罗尔·斯多尔对德国提出的宣布斯洛伐克独立的要求犹豫之际，德国决定采取另一步骤，即希特勒邀请蒂索访问柏林。3月13日，希特勒接见蒂索时表示，斯洛伐克必须迅速做出选择，如果选择独立，德国将保障它的安全，否则斯洛伐克将被德国、匈牙利和波兰瓜分。14日，斯洛伐克自治议会宣布斯洛伐克独立，议会主席团任命以蒂索为首的新政府。次日，德国占领了波希米亚和摩拉维亚，并在此建立了保护国。

二 斯洛伐克在第二次世界大战中

（一）斯洛伐克的国际地位

1939年3月23日，斯洛伐克与德国在柏林签订"保护条约"，斯洛伐克的军队和外交完全服从德国的领导，条约的附件还规定斯洛伐克在经济方面也隶属德国。以此作为交换，德国许诺保护斯洛伐克领土的完整和国家的独立。就在条约签署的同一天，匈牙利军队占领了斯洛伐克东部地区，德国对此未做出任何反应，斯洛伐克再次割让给匈牙利1697平方公里的领土和69639人口，二战期间，斯1/4的居民生活在匈占领区，匈对其施行了民族压迫和同化政策，斯族人的社会地位极其低下。

在二战爆发以前，斯洛伐克（从1939年7月21日起，正式名称为斯洛伐克共和国）就登上了国际舞台，大约有27个国家给予了承认。1939年9月1日德国对波兰宣战后，英国和法国中断了与斯洛伐克的关系。在当时的列强中，只有美国没有承认斯洛伐克。1941年12月，斯洛伐克对英国和美国宣战。

斯洛伐克是德国的第一个卫星国，被德国拉进战争并与其并肩作战。斯洛伐克军队参加了对波兰的征伐，且在对波战争结束后，德国交给斯洛伐克政府"慕尼黑协议"签署后被波兰占领的领土以及一些1918年以后就已并入波兰的边境城镇。1940年秋，斯洛伐克共和国加入了所谓的"柏林—罗马—东京轴心"。1941年，斯洛伐克派出两个师参加德国进攻苏联的战争。

在前线的斯洛伐克部队出现不愿意作战的情绪，大批军人充当了逃兵，这在法西斯阵营的卫星部队中是极为罕见的。1939年夏，斯洛伐克的逃兵开始在波兰形成首批捷克斯洛伐克海外部队的基础。1940年，斯洛伐克人领导的捷克斯洛伐克第1师在法国参加了反对德国的战争。斯洛伐克人，尤其是从斯洛伐克逃

斯洛伐克

离的犹太人在近东等地参加捷克斯洛伐克海外部队的作战,斯洛伐克军人还参加了在英国的飞行歼击和轰炸部队的作战。斯洛伐克的移民和斯洛伐克军队的逃兵在与苏联组建的捷克斯洛伐克部队中占有很大的比重,这支部队从野战营逐渐发展成军团,拥有自己的坦克、空降和飞行部队。此外,斯洛伐克人还在南斯拉夫、乌克兰和白俄罗斯的游击部队中、在意大利北部和法国的反抗运动中作战,在二战的最后阶段,在反法西斯联盟中作战的斯洛伐克人比在德国方面作战的斯洛伐克人还多。

从斯洛伐克国家成立起,人民党领导人不惜采取一切措施维护它的存在。为此,斯洛伐克政府无论在外交还是在内政上都竭力迎合纳粹德国,以至于在战争的最后阶段,斯洛伐克政府领导人仍不愿意断绝与德国的联系。

捷克和斯洛伐克一些流亡国外并倾向于恢复捷克斯洛伐克国家的政治领导人得到西方列强的支持。1938年9月辞去捷克斯洛伐克总统职位的贝奈斯在英国组建了捷克斯洛伐克流亡政府并重新担任总统,英国、法国和苏联先后承认了该政府。1943年,流亡伦敦的捷克斯洛伐克政府与苏联签订了同盟条约。捷克斯洛伐克虽然被占领和分割成四部分(直接并入德国的苏台德地区、"波希米亚和摩拉维亚保护国"、斯洛伐克共和国以及被匈牙利占领的地区),但在法律上继续存在,并且成为反法西斯联盟的合法成员,它有被外国承认的政府、总统和军队等。

(二)斯洛伐克共和国的政治、经济和文化生活

议会作为立法机构每5年选举1次,总统是国家元首,1939年10月,蒂索被选为总统。在内政方面,人民党实行一党专政,教士的社会地位高,国家崇尚宗教信仰。蒂索和大部分人民党政治家的政治理念是实行保守、仁慈的专制统治和履行"保护弱者"的职能。但以部长会议主席兼外长沃伊杰赫·杜克和内务部长亚历山大·马赫为首的另一部分人要求照搬纳粹模式,他们

得到纳粹德国的支持。1941年9月，斯洛伐克政府按照德国反犹太人的意图通过了《犹太人法典》，犹太人的生活和工作受到很多限制，后又被遣送至集中营。

　　二战期间，斯洛伐克的经济发展良好，人民的生活水平大大高于周边国家。斯洛伐克独立后，发行了新的货币——斯洛伐克克朗，成立了斯洛伐克国家银行，制定了新的关税。政府大力支持投资建设，工业取得发展，尤其是军工、化工和木材加工工业不断扩大生产规模，就业人数随之增加。二战期间，斯洛伐克军工发展迅速，1944年，瓦赫河畔杜布尼察生产大炮和弹药的工厂已有14650名工人，在瓦赫河畔比斯特里察的另一家军工厂也有10000名工人。斯洛伐克武器和战略原材料（镁、锰和锑等）的出口额在支付进口额外还有剩余。斯洛伐克经济是德国"大经济圈"的组成部分，企业受到德国的直接监督和管理，大部分工厂被德国资本所控制，如钢铁厂和军工厂等，德国资本在斯洛伐克社会的占有率从1938年的4%上升至1944年的51.6%。

　　斯洛伐克独立后，文化、科学和教育也得到前所未有的发展。布拉迪斯拉发的考门斯基大学改名为斯洛伐克大学，增设了一些系和教研室，学生人数也大大增加。1937年建于科希策的技术大学在科希策被匈牙利占领后迁至马丁城，后又迁至布拉迪斯拉发。1940年，斯洛伐克高等贸易学校成立。1942年，斯洛伐克科学与艺术学院成立。斯洛伐克电台获得独立，民族剧院的剧目实现斯语化，电影业也打下了基础。此外，在斯洛伐克出现了证券交易所、独立的合作总社和国家垄断的企业等。

（三）反法西斯抵抗运动和斯洛伐克民族起义

　　人民党自始至终地贯彻"一个民族，一个政党"的原则，反对党都成为非法组织，主要由两个独特的集团构成，其一是公民团体，那些被禁止和被取缔的捷克斯洛伐克政党、团体的拥护者构成其核心部分，在国家权力方面倾向于恢复捷克斯洛伐克，

斯洛伐克

小部分人支持国家恢复到"慕尼黑阴谋"前的状况,大部分人希望保留斯洛伐克自治。公民团体与巴黎和伦敦方面保持联系,与"波希米亚和摩拉维亚保护国"的地下团体紧密合作;其二是共产党,致力于建立遍布斯洛伐克的各级党组织,一直与莫斯科有联系,苏联承认斯洛伐克共和国后,斯洛伐克的共产党开始独立。共产党人发行大量的传单、报纸,组织罢工。

在战争的初始阶段,反对党组织的抵抗运动难以对人民党的政权构成威胁。随着战争越来越不得人心,政局开始发生变化。从1941年起,公民团体与共产党逐渐接近。1943年底,共产党与一些公民团体签订了所谓的"圣诞协议",组建了共同的抵抗运动机构——斯洛伐克国民议会,主要目的是推翻人民党的独裁政权,因此与军队中的抵抗运动成员共同准备武装起义。同时,在伦敦的捷克斯洛伐克流亡政府也着手准备军事政变。

以班斯卡·比斯特里察陆军司令部司令杨·高利安中校为首的军事中心负责起义的准备工作,该军事中心有贝奈斯总统的授权,并且与斯洛伐克国民议会进行合作。国防部长费尔南德·恰特洛什也参与了武装起义的准备工作。

早在1942年,在斯洛伐克就已出现了游击队,直至1944年才发展成为政治和军事力量。同年8月下半月,游击队频繁出击,破坏法西斯的军事交通,控制铁路线的重要地段,袭击德国军事目标和军工厂的哨兵等。8月29日,德国军队占领了斯洛伐克。同一天,斯洛伐克民族起义开始。

从8月29日起直至10月底,起义者在斯洛伐克中部地区抗击德军的进攻,班斯卡·比斯特里察是起义的主要中心。斯洛伐克国民议会是起义地区的最高立法和国家权力机构。9月1日,斯洛伐克国民议会发表声明,赞同捷克斯洛伐克作为民主和拥有崭新、公正的民族和社会结构的国家来恢复,声明还谴责了人民党的制度,并且宣称加入反法西斯联盟。在斯洛伐克的捷克斯洛伐克第一军是起义的军事力量的核心，至9月底已发展到6万人，杨·高利安中校和鲁道夫将军相继指挥了这支军队。捷克斯洛伐克第一驱逐团从苏联飞来增援，还有大量苏联飞机载着武器和弹药飞到起义地区提供物质支援。游击队是起义的第二战斗部分，10月份人数上升到1.8万。10月17日，德军派出大约3~4万兵力对起义军发起了反攻。10月27日，班斯卡·比斯特里察被德军占领，部分起义军被俘虏，还有一些部队和游击队转移到山区继续作战。在起义过程中，除了军人和游击队员，成千上万的斯洛伐克人民参加了支援和救护工作，捷克人、法国人和保加利亚人等一些其他民族的义士也参加了起义。

斯洛伐克民族起义虽然没有达到预期的目的，但它是斯洛伐克历史上为争取民族自由而进行的最伟大的武装斗争，同时也是第二次世界大战期间欧洲范围内第二大反法西斯的群众性起义。斯洛伐克民族起义为建立捷克人和斯洛伐克人的统一的人民民主国家奠定了基础，实行了作为人民政权机构的民族委员会体制。斯洛伐克国民议会的领导人物卡洛尔·什密德克（Karol Šmidke）、约瑟夫·雷特里赫（Jozef Lettrich）、杨·乌尔斯尼（Ján Ursný）、古斯塔夫·胡萨克（Gustáv Husák）等组成起义的领导层，在二战后最初的几年里，他们在斯洛伐克社会生活中发挥了领导作用，直至1947~1948年和随后的斯大林化的实施，他们才受到排挤。

1944年10月6日，苏联红军和捷克斯洛伐克第一军在付出巨大牺牲后突破了斯洛伐克边界的杜克拉隘口，随后，苏联与捷克斯洛伐克的部队从斯洛伐克东部向西部推进。1944年底，苏联和罗马尼亚的部队开始从南部进入斯洛伐克。斯洛伐克山区地形的复杂使盟军推进的进程放慢，直至1945年春，斯洛伐克的大部分地区才获得解放。4月4日，德军被赶出布拉迪斯拉发。

1945年4月初，斯洛伐克总统蒂索及其政府流亡到奥地利。

4月3日，贝奈斯到达斯洛伐克东部大城市科希策，次日，他任命以兹德涅克·费林格（Zdeněk Fierlinger）为首的第一届捷克人和斯洛伐克人的民族阵线政府，该政府于5日公开宣布《科希策政府纲领》，纲领肯定了斯洛伐克民族特性及其斯洛伐克民族在恢复的捷克斯洛伐克国家中的平等地位。科希策政府纲领是战后最初几年中关于捷克斯洛伐克政治格局的基本文件。不久，斯洛伐克国民议会、总统和政府从科希策迁移到解放后的布拉迪斯拉发。

第五节 当代简史

一 二战结束后至1989年剧变期间的斯洛伐克

（一）战后初期的斯洛伐克

斯洛伐克遭受的战争损失达到1145亿斯洛伐克克朗，相当于斯洛伐克3年国民收入的总和。二战结束后，斯洛伐克大部分人力、物力都投入到重建工作中。经济生活的正常化缓慢实现，1945年11月1日货币改革的实施有效地控制了通货膨胀，工厂的生产和贸易活动也逐渐运转起来。

1945年建立起来的"人民民主"的政治制度既有别于二战期间的专政，又有别于战前的民主制度。国家在形式上继续了"慕尼黑协议"签署前的共和国状况，且对斯洛伐克的地位问题进行了修正。国家的领导机构是总统（贝奈斯）、政府和立宪会议（代替了战前由参众两院构成的议会）。战前最具影响力的政党——"赫林卡斯洛伐克人民党"和农民党从斯洛伐克的政治舞台上消失了，斯洛伐克共产党（Komunistická strana Slovenska）和民主党（Demokratická strana）成为斯洛伐克的主要政党。此外，在斯洛伐克还出现了两个不知名的政党——自由党和劳动党。政党垄断了各级管理机构。

战后还出现了人员的大流动。成千上万的人从集中营和战俘营返回，战时斯洛伐克共和国的当权者逃离到西方国家，从斯洛伐克南部撤离了一些在匈牙利占领时期来自匈牙利的官员和教师，1938年被匈牙利当局驱逐的斯洛伐克人重返故里，德意志族人则被遣返回德国。在人员流动中，战时被匈牙利占领地区的情况与其他地方不同，根据第33/1945号总统令，匈牙利人被取消了国籍，在居民互换过程中，大约73000斯族人从匈牙利迁回到斯洛伐克，大约74000匈族人从斯洛伐克迁出到匈牙利。此后斯当局对40多万滞留在斯的匈族人采取了激进的同化政策，还有44000名匈族人被强制流放到被清除出捷克的德意志族人居住过的捷克边境地区。1948年以后，斯境内匈族人的生存环境才逐步得到改善。

1946年5月26日，举行了战后首次立宪会议的选举，在捷克的选举结果是：捷克斯洛伐克共产党获得40%的选票，民族—社会主义党获得24%的选票，人民党获得20%的选票，社会民主党获得16%的选票；在斯洛伐克，民主党获得62%的选票，斯洛伐克共产党只获得30%的选票，剩余的选票由自由党和劳动党获得。捷克斯洛伐克共和国东西两部分的政治倾向出现了明显的差异，由于在捷克左派占有优势，捷克斯洛伐克共产党的领导人克雷门特·哥特瓦尔德成为捷克斯洛伐克政府总理。在斯洛伐克，民主党领导人约瑟夫·雷特里赫担任了国民议会议长，共产党人古斯塔夫·胡萨克担任国家执行机构——代办团（Zbor povĕrníkov）主席。

通过1945年6月、1946年4月和1946年6月的3次"布拉格协议"，斯洛伐克在共和国的自治地位明显削弱：共和国总统和政府在斯洛伐克的地位逐渐加强，斯洛伐克国民议会的权力范围受到限制，斯洛伐克民主选举选出的中右翼政府隶属于共和国左翼占优势的政府。

1946年10月25日，立宪会议通过了1947～1948年的两年计划，这是捷克斯洛伐克战后关于计划经济的首次尝试，主要目的是完成战后的经济复苏工作和努力达到战前的生活水平。在斯洛伐克，不仅要复兴被战争破坏的经济，还要通过建立新工厂、扩大生产规模等途径为有计划的工业化打下基础。两年计划确定了对斯洛伐克的投资为221.4亿捷克斯洛伐克克朗，占全国投资总额的31.6%。

（二）共产党全面执政

根据1945年10月贝奈斯签发的关于国有化的总统令，银行、保险公司、主要的工业部门（矿业和冶金业）和就业人员超过一定数量（150～500人不等）的工厂都实行了国有化。在斯洛伐克，拥有57.7%就业人员的工厂被收归国有。其他的总统令还规定没收通敌分子、战犯、所有的德族人和匈族人（反法西斯分子除外）的财产。此外，还通过了关于继续1919年土地改革的法律。对于战后激进的总统令和法律，虽然也存在一些保留意见，但民族阵线政府的各个政党都表示接受。

主张和支持斯洛伐克走第二条道路的民主党逐渐处于弱势，而斯洛伐克共产党的力量则不断加强，不仅控制着工会和一些活跃的工会联盟，尤其是游击队员联盟，还拥有自己的工人战斗组织。斯洛伐克政局的变化与当时的国际局势有关，随着反希特勒联盟的最终解体和美苏权力对抗的开始，许多事件显示出捷克斯洛伐克逐渐向形成中的苏联集团靠拢的迹象，最突出的事例是捷克斯洛伐克根据苏联的旨意取消参加美国帮助欧洲国家复苏战后经济的"马歇尔计划"。1947年，粮食歉收（只收购了相当于战前22%的谷物）加深了社会各界对政府的不满。10月30日，斯洛伐克工人代表大会要求代办团辞职。11月19日，斯洛伐克国民议会主席团任命了新的代办团，民主党所占的席位由原来的9

个减少为 6 个,从而失去了绝对多数的地位。

1948 年 2 月 25 日,共和国总统贝奈斯接受了民族阵线政府中 12 名非共产党部长的辞呈,且签署了哥特瓦尔德建议的政府新成员的委任状。"二月事件"后,斯洛伐克共产党进一步接管了政权,共产党人卡洛尔·什密德克取代雷特里赫成为斯洛伐克国民议会议长,共产党人在政府机构、企业、学校、民族委员会、政治组织中的影响力与日俱增。尽管直至 1960 年颁布的宪法中才确定共产党的领导地位,但实际上从 1948 年起就已得到充分体现,反对党派、团体和非共产党的机构被取缔。

1948 年 5 月 9 日,国民议会通过了新宪法,为农业合作化的发展和国民经济的稳步上升奠定了法律基础。总统贝奈斯拒绝签署新宪法,且提出辞职。6 月 14 日,议会选举哥特瓦尔德为新总统。

1948 年"二月事件"后,斯洛伐克加快了国有化速度,扩大了国有化范围。逐渐对所有的生产和非生产企业以及作坊实现了国有化,手工业作坊也被公有化,批发行业被收归国有,私营诊所、律师事务所、建筑和设计公司等被取缔。农村社会化的过程最为复杂,1947 年在斯洛伐克有 47.45% 的人口以农业为生,1949 年春通过了关于实行统一农民合作社的法律,1957 年合作社经营着 54.4% 的土地,1960 年已达到 80%,后来个体农民在斯洛伐克已不复存在。

从 1948 年起,一系列重大政治事件相继发生。1948 年 4 月,政府副总理杨·乌尔斯尼和其他民主党领导人被判处长期监禁。1952 年,发生了一起以捷克斯洛伐克共产党总书记鲁道夫·斯兰斯基为首的所谓反国家案件。1954 年,斯洛伐克代办团主席胡萨克被判处无期徒刑。1948~1952 年,在捷克斯洛伐克的政治事件中 233 人被判处死刑。还有不少无辜的平民、牧师、主教和游击队领导人被判刑入狱。政治清洗使许多政治家和普通百姓于1948年2月后流亡国外。

在意识形态领域，国家提倡共产主义的科学世界观，教会和宗教生活受到压制。1949年，教会被国家监管。1950年，捷克斯洛伐克终止与梵蒂冈的外交关系。后来，修道院被取缔，希腊天主教会被并入东正教会。信徒及其家属在社会生活中受到歧视，洗礼、宗教结婚仪式和宗教授课等转为半合法状态。"秘密教会"最终成为反对单一社会意识形态存在的重要组成部分。

（三）斯洛伐克的现代化发展及其出现的问题

共产党在捷克斯洛伐克全面执政后提出要消除斯洛伐克的落后状态，调整斯洛伐克与捷克之间经济、社会和文化水平的不平衡状态。为此，核心任务是实现斯洛伐克工业化。

1948年10月27日，捷克斯洛伐克国民议会通过了第一个五年计划（1949~1953年）法案，确定了优先发展重工业的方向，尤其是在优先发展金属加工和重型机械制造业的前提下实现斯洛伐克工业化。至1953年，斯洛伐克的工业化取得显著成就，新建了125家工厂，改建了109家工厂，工业生产增加128%。与此同时，出现了许多消极现象，如国民经济比例失调，农业生产停滞不前，在盲目扩大生产的同时忽略工艺水平的发展和生态环境的保护。

在此后的20多年中，斯洛伐克已发展成为工业国家，工业就业人口从1948年的216884人增加到1975年的705356人。工业化的快速增长推动了城市化的发展，城市人口比例从50年代的1/3上升到1980年的1/2。与其他工业化的农业国家不同的是斯洛伐克没有出现农村急剧消亡的现象，许多工人依然居住在农村，从而为农村逐步实现现代化提供了条件。从60年代起，农村居民的生活水平大大提高，接近城市的生活方式。在50~60年代，斯洛伐克农村普及了标准化的卫生和文明设施——自来水、下水道、电照明、电话、表层无尘的道路等。

在教育、医疗、文化和科学等领域的变化更为明显。1945年，教育实现了国有化，70年代义务教育延长至10年。1950年，25%的儿童上幼儿园，70年代末这一比例已上升到90%。中学学生的数量增加了3倍，专科学校的学生数量增加了9倍。除布拉迪斯拉发以外，在特尔纳瓦、班斯卡·比斯特里察、日利纳、马丁、普雷肖夫、科希策、尼特拉等地创办了地方高等院校，在利普托夫斯基·米古拉什和科希策还建立了军事院校。80年代，每年高等院校的毕业生人数超过14000人，比1950年所有高等院校的学生人数还多。1970年，1/3的居民有专科和中等教育水平，1/30的居民有高等教育水平。

1948年2月后，大量传统机构、团体、出版社、文化和社会杂志，尤其是具有宗教倾向的被取缔。一些传统的文化和启蒙机构，如斯洛伐克协会、圣沃依杰赫联盟等被改组，活动范围受到限制。二战时成立的斯洛伐克科学与艺术学院改名为斯洛伐克科学院，科学研究取得大的发展，特别是自然科学和技术科学的研究。同时，文化专业设施——剧院、音乐团体、博物馆、美术馆、图书馆、出版社和电影摄影棚不断增加。许多斯洛伐克文化创作者还得到国际承认，如歌唱家彼得·德沃尔斯基（Peter Dvorský）、音乐会艺术家博赫丹·瓦尔哈尔（Bohdan Warchal）、作曲家杨·茨科尔（Ján Cikker）和伊尔亚·泽尔杨卡（Ilja Zeljenka）、导演尤拉伊·亚古比斯科（Juraj Jakubisko）和一些画家和演员等。尽管只允许存在一种意识形态，而且处于相当封闭的状态，斯洛伐克的文化依然达到较高水平。

共和国政府于1948年2月后制定的调整捷克和斯洛伐克之间的经济、社会和文化水平不平衡状态的政治目标虽然没有全部实现，但差距明显缩小。然而，希望通过实现工业化来消除"斯洛伐克问题"的目的却没有达到。1918年，斯洛伐克人就作为有觉悟的民族进入捷克斯洛伐克共和国，共和国的发展又增强

斯洛伐克

了民族意识,1944年斯洛伐克民族起义和游击队员在德国后方两个月的战斗更提高了民族自信心。1945年以后文化、经济和社会的发展无法改变这种趋势,相反,为这种趋势的发展创造了客观条件。1960年,捷克斯洛伐克通过了新的社会主义宪法,共和国的名称改为捷克斯洛伐克社会主义共和国。宪法虽然宣称斯洛伐克和捷克是两个平等的民族,但限制了斯洛伐克在共和国的权力地位,取消了斯洛伐克国民议会拥有的剩余权力,停止代办团的存在。官方开始宣传"捷克人与斯洛伐克人的国家政治社会"的思想,与战前宣传的"捷克斯洛伐克民族"的思想略有不同。50年代末60年代初,出现了新一轮旨在打击反对取消斯洛伐克民族机构和中央集权的政治案件风波。

此外,不利的经济形势也引起斯洛伐克人的强烈不满。60年代初,斯洛伐克经济出现危机的征兆,人民的生活水平也开始停滞不前。1948年2月以后实行的经济体制在短时间内发挥了作用。50年代,在"一切为了保护和平"的口号下在斯洛伐克建造了几十家军工厂和铝、铜等战略原料的冶炼厂,忽略了经济规律。1956年国际局势缓和后暴露出经济的低效率性,新建的工厂无力在国际市场上竞争。此外,文化工作者对单一的"社会主义现实主义"的艺术方向,严格审查报纸、书籍、展览以及艺术、科学创作,学校的教学水平也表现出愈益强烈的不满。斯洛伐克人对现实状况的种种不满发展成要求成立联邦,从而争取斯洛伐克与捷克的平等地位。

1963~1964年起,在斯洛伐克(如同在捷克)出现了一部分改革派的共产党人,他们要求从粗放型经营方式向集约型经营方式转变以及推行政治和社会生活的民主化。捷克斯洛伐克共产党中央委员会书记亚历山大·杜布切克形容这种变革为"具有人道主义面貌的社会主义"。

1968年1月,杜布切克取代安东尼·诺沃特尼担任了捷克斯洛伐克共产党中央委员会第一书记（从 1921 年捷共成立以来首位斯洛伐克人任此职），从此，社会改革的条件逐渐形成。在斯洛伐克，国家权力结构问题最受关注。3 月 15 日，斯洛伐克国民议会宣称开始准备国家未来的联邦结构。4 月初，捷共中央委员会通过了短期改革的纲领——"行动纲领"，规定了捷共的彻底民主化、捷共对民族阵线政府内其他党派和社会组织的伙伴关系、公民基本权力的保障、共和国的联邦制、经济管理的民主化、允许服务行业的私营存在和实行积极的欧洲式的外交政策等。1968 年春的社会变革——"布拉格之春"活跃了共产党以外其他政党和社会组织的活动以及城市和农村的生活。公民不仅获得言论、集会自由和公开讨论经济状况的空间，在间隔了 20 年之后还可以自由出境、自由获取来自发达国家的信息。此外，恢复在 50 年代被审判的无辜者的名誉。这些社会变革被大部分公民和部分共产党人所接受，但遭到苏联、东德、波兰、匈牙利和保加利亚国家领导人的反对。

1968 年 8 月 21 日，苏联、匈牙利、波兰、东德和保加利亚派出军队入侵捷克斯洛伐克，这是华约历史上（1955～1991 年）唯一一次入侵成员国的大行动。华约派出 30 万名军人、6300 辆坦克、4000 门大炮和 1000 架飞机占领了捷克斯洛伐克，捷克斯洛伐克的军队根据总统的命令没有进行反抗，但不同民族和不同党派的民众进行了长达数月的反抗活动，捷民众的反抗使苏联期望在改革反对派基础上成立工人—农民政府的计划落空。部分捷共领导人被劫持到莫斯科后于 8 月 26 日在压力下签署了关于在捷克斯洛伐克进行整顿的《莫斯科议定书》。10 月 16 日，在布拉格签署了关于苏军在共和国境内暂时停留的协议，从此，7.5 万兵力的苏军留驻捷克斯洛伐克一直至 1991 年 6 月。

（四）"正常化"时期和苏联模式政治体制的危机

华约部队的武装入侵中止了捷克斯洛伐克的社会复兴进程，

斯洛伐克

从此"正常化"政策开始实施，其目的是将社会秩序"恢复"到1968年以前的状态，其实质是迎合苏联的要求且消除"布拉格之春"的所有民主化残余。"正常化"措施在捷克斯洛伐克实行得比较快速和顺利。1969年4月，杜布切克被撤销捷共中央第一书记的职务，胡萨克取而代之。1968年期间出现的独立组织很快被取缔，重新开始了对刊物、电台和电视台的监督，恢复了对公民出境的限制。在共产党组织、企业、机关、学校和军队中开展"清洗"、审查运动，强迫人们拥护1968年8月的"国际主义帮助"，成千上万的人被开除出党、失去工作或受到不公正的工作待遇。知识分子，尤其是人文主义方向受到"清洗"的冲击最大，在经济部门、安全机构、军队、社会组织、驻外机构担任领导职务的党外人士也受到打击。在长达20年左右的"正常化"时期，许多公民特别是优秀人才移民到西方国家。

"正常化"涉及社会生活的各个方面，甚至于国家权力结构。1968年10月27日通过了关于捷克—斯洛伐克联邦制的法律。从1969年1月1日起，捷克和斯洛伐克国民议会，捷克和斯洛伐克政府开始运作，它们从属于联邦机构。但1970年12月通过的法律修正案又明显缩小了民族机构的权限，加强了中央联邦机构的权力（重型机械、军工和能源都划归到联邦机构的职权范围内）。

从70年代下半期起，捷克斯洛伐克的经济出现不景气现象，与世界经济水平的差距拉大，而对苏联的依赖性增强。1968年，捷苏贸易额占捷克斯洛伐克外贸总额的32.4%，1985年这一比例已上升至43.5%。斯洛伐克经济对东欧市场的依赖性更大，原料和半成品生产部门——矿业、冶金业和重型化学的比重大，生产所需的能源——石油、天然气和煤等大部分从苏联进口。斯洛伐克工业的第二大支柱是军工，大部分军工企业都有10000～12000名就业人员。斯洛伐克经济中存在的问题日益凸显，如单方面依赖苏联能源、与国际市场脱钩、过度扩军备战和对生态环境的极度破坏等。经济的不景气导致住房建设、医疗、教育、居民收入和退休金水平得不到发展和提高，萧条和衰退渗透到社会生活的各个领域。加之，盗窃和腐败现象空前猖獗，大部分民众对当局的不信任增强。

持不同政见者的人数不断增加，他们开展旨在复兴人权、民族和公民权利的活动，将被禁止出版的文学作品介绍给民众，开办秘密讨论和教育中心，不仅获得知识分子的支持，还得到社会其他阶层的拥护。在斯洛伐克，教会在动员民众反对现存的集权体制中发挥了重要作用。

1985年戈尔巴乔夫在苏联上台后，苏联对东欧的控制有所放松，民众对当局的不满情绪以及反对集权体制的活动在捷克斯洛伐克有所升级。1988年3月25日，在布拉迪斯拉发举行了首次大的反对压制信徒和教会权力的示威游行，最后被警察用武力驱散。学生的活动则是局势发展的导火索，他们在1988年8月21日（1968年华约军队入侵捷克斯洛伐克20周年纪念日）、1988年10月28日（捷克斯洛伐克共和国成立纪念日）和1989年1月（为抗议苏军入侵、留驻捷克斯洛伐克而自焚的学生杨·巴拉赫牺牲20周年）举行了示威游行，且与警察发生了冲突。

1989年11月16日，学生在布拉迪斯拉发举行示威游行。17日，警察在布拉格粗暴地驱散了示威的学生，全国的学生闻讯后进行罢课，剧院的演员、文艺工作者进行罢工。在许多城市的广场上开始了定期集会，在布拉格出现了运动协调机构——"公民论坛"（Občianské fórum），在布拉迪斯拉发出现了"公众反对暴力"（Verejnosť proti násiliu）。11月27日，全国举行了总罢工，当局被迫与民众进行对话。29日，联邦国民议会宣布取销1960年宪法中关于共产党在国家和社会中领导地位的条款。

斯洛伐克

12月10日，在马里安·恰尔法领导下组成新"民族理解"政府，共产党人在联邦政府中已占少数。斯洛伐克政府也在米兰·奇奇（Milan Čič）的领导下进行了改组。两位政府总理都愿意进行根本的变革。12月28日，杜布切克被选为联邦议会议长。次日，著名的持不同政见者、"公民论坛"领导人瓦茨拉夫·哈韦尔被选为总统。在3个月内完成了权力的更迭，没有出现流血牺牲的局面。

二 1989年政局剧变后至捷克斯洛伐克联邦解体前的斯洛伐克

89年政局剧变后，斯洛伐克社会面临着三大迫切需要解决的问题：其一，从共产党一党执政向多元化民主体制转变；其二，将指令性的计划经济向市场经济转型；其三，解决斯洛伐克在共和国的国家权力地位和在欧洲所处的地位等问题。这三大问题成为"斯洛伐克问题"的核心部分，对于解决问题的方式和速度，存在着不同的观点和构想。

剧变后，新通过的法律保障了社会—政治的根本变化：公民获得基本权利和自由，尤其是集会、结社的权利；建立民主法制秩序；形成多元化的政治和经济体制。这一切变化导致新政党和运动的出现，"公众反对暴力"从自发的公民倡议发展成有组织的政治组织；新成立了绿党（Strana zelených）、基督教民主运动（Kresťansko-demokratické hnutie）和斯洛伐克民族党（Slovenská národná strana）；斯洛伐克共产党开始向社会民主型的左翼政党转型；少数民族则团结在政治运动"共同生存"（Spolužitie）周围。至1990年6月剧变后首次自由议会选举之前，在斯洛伐克已存在16个政治团体。在首次自由议会选举中，斯洛伐克有5个政党获得5%的选票而进入联邦议会："公众反对暴力"、基督教民主运动、斯洛伐克民族党、斯洛伐克共产党和"共同生存"——匈牙利基督教民主运动；在同时进行的斯洛伐克议会选举中，"公众反对暴力"（29.3%）、基督教民主运动（19.2%）、斯洛伐克民族党（13.9%）、斯洛伐克共产党（13.3%）、"共同生存"（8.6%）、民主党（4.4%）和绿党（3.5%）进入国民议会，"公众反对暴力"的成员弗兰季谢克·米克洛什科（František Mikloško）被选为议长。6月27日，斯洛伐克国民议会主席团任命了以弗拉基米尔·梅恰尔为首的新政府，这一新政府是由"公众反对暴力"、基督教民主运动和民主党组成的联合政府，在议会中占有86个席位（共有150个席位），斯洛伐克民族党、斯洛伐克共产党和"共同生存"则成为反对党。

议会选举后，社会变革的进程加速。1991年1月，联邦议会通过了《基本人权和自由文书》。根据此文书，联邦议会于1991年2月通过了为1948～1989年冤假错案受害者恢复名誉的法律。基督教会，特别是天主教会开展了社会精神和道德的复兴运动。

对外政策的变化也非常显著。1991年6月，最后一批苏联部队撤离捷克斯洛伐克。7月，华约解体。"回归欧洲"是剧变后提出的流传最广泛的口号之一，1992年"马斯特里赫特条约"签署后，欧洲共同体改名为欧盟，捷克斯洛伐克与欧盟的关系重心由原来的经济合作明显转变为紧密的政策协调。剧变后所有的捷克—斯洛伐克和斯洛伐克的政府都将加入欧盟作为奋斗目标。对外政策的第二个优先目标是加入北约，北约被视作防止苏联恢复霸权地位和维护中欧地区政治稳定的最可靠保障。同时，重视维谢格拉德集团——波、捷、匈三国的合作。

在经济领域，从1991年1月起，开始实行价格自由化，从而取消了中央调控价格的机制。为了建立市场经济，在建设银行、保险公司和证券交易所等机构的同时，废除国家对外贸的垄断，变革税收体制和整个经营环境，最重要的改革是恢复私有

斯洛伐克

制,第一步是归还1948年2月后被没收和收归国有的财产,房屋、企业、店铺、田地、森林被归还给原主或其继承人(条件是捷克斯洛伐克公民)。对于无法归还的财产则实行私有化,在1991~1992年的小私有化风潮中,大部分零售业通过拍卖到了私人的手中;在1992~1994年的大私有化风潮中,将大型企业先实行非国有化,变为股份公司,然后将一部分股份以投资券形式出售给成年公民。还通过了解散农业合作社的法律,土地归还原主,允许买卖土地。

对于大部分民众来说,经济形势异常复杂和不利,像所有剧变后的中东欧国家一样,斯洛伐克在1990~1993年经历了严重的经济危机。从1989~1993年,工业生产由2761亿克朗下降到1869亿克朗,建筑生产由469亿克朗下降到220亿克朗,农业生产下降1/3,公路交通下降到剧变前的1/3水平,铁路则为1/2,国内生产总值由4932亿克朗下降到3691亿克朗(按照1993年的价格计算),最终家庭消费减少了1/3,1993年居民实际工资水平只达到1989年的72.8%。急剧通货膨胀不利于储蓄,基本食品价格放开加重了退休者、多子女的家庭和社会弱势群体的生活负担。大规模失业是新出现的令人震惊的现象,1990年有39603人登记失业,1993年失业人数已上升近10倍,达到36.8万人。

经济危机几乎冲击到捷克斯洛伐克的所有经济领域,许多捷克斯洛伐克的机械、冶金、电机企业和纺织产品、鞋、家具、玻璃、食品的生产厂家失去了原有的市场,将销售市场转向西方发达国家也没有改变困难的局面,因为产品的技术和质量落后。市场开放还引起国内消费市场的萎缩,大批电机和机械企业纷纷倒闭。军工企业的快速破产加剧了斯洛伐克的经济危机,80年代末大约1/10的工业人口从事军工企业的生产,随着国际紧张局势的缓和和国际武器核查条约的签署,1989年军工生产减产一半,在随后的几年中减为冷战时期的很少一部分。军工的衰退还影响了其他相关重工业的生存，如建筑和农业机械、交通设施、铸件和锻件等。

1991年3月，"公众反对暴力"出现了分化，以梅恰尔、米哈尔·科瓦奇（Michal Kováč）和米兰·克涅什科（Milan Kňažko）为首的相当一部分议员退出"公众反对暴力"。1991年4月斯洛伐克国民议会撤销了梅恰尔的总理职务且任命基督教民主运动领导人杨·恰尔诺古尔斯基（Jan Čarnogurský）为总理，以梅恰尔为首成立的"争取民主斯洛伐克运动"（Hnutie za demokratické Slovensko）成为反对党。

1992年6月举行了第二次议会选举，"争取民主斯洛伐克运动"大大胜出，获得37.3%的选票，其他进入斯洛伐克国民议会的政党是：民主左派党（14.7%，由斯洛伐克共产党改名而来）、基督教民主运动（8.9%）、斯洛伐克民族党（7.9%）和匈牙利基督教民主运动——"共同生存"（7.4%）。梅恰尔被任命为政府总理，伊万·卡什帕罗维奇（Ivan Gašparovič）成为议长，来自"争取民主斯洛伐克运动"的米哈尔·科瓦奇取代杜布切克成为联邦国民议会议长。

国家新结构和捷斯两个民族关系的进一步发展问题长期横亘在捷克和斯洛伐克之间。早在1990年初，双方就已在国家名称和国徽设计上产生了矛盾，经过冗长的谈判，1990年4月20日通过法律将国家名称改为捷克斯洛伐克联邦共和国。1990年12月，捷斯双方在关于共和国与联邦之间职能分配问题上的分歧加大，捷方赞同联邦机构拥有大部分职能，斯方坚持在"自由"联邦基础上共和国机构获得更多的职能。在1990~1992年间，捷克和斯洛伐克国民议会、民族政府和联邦机构的代表就国家结构问题进行了许多次谈判，联邦总统哈韦尔也进行了干预，但谈判双方始终各执己见，捷方认为斯方要求获得更大自治的努力阻碍了国家更重要任务的完成，斯方则将获得更大自治理解为真正

斯洛伐克

民主国家的组成部分。在斯洛伐克，各党派对国家结构问题持不同的观点，基督教民主运动和民主左派党致力于在斯洛伐克与捷克的共同国家范围内最大限度地扩大斯洛伐克自治；"争取民主斯洛伐克运动"的立场从最初赞同联邦制发展为要求实行邦联，最后又倾向于成立独立的斯洛伐克共和国；斯洛伐克民族党和部分基督教民主运动的政治家一直主张解散联邦、成立独立的斯洛伐克共和国。捷克部分政治精英也决定解散联邦，他们认为，一旦没有斯洛伐克军工和过于向东方倾斜的工业的拖累，捷克可以更轻松、更快速地完成经济的转型；独立后的斯洛伐克成为捷克与局势动荡的巴尔干地区以及解体中的苏联之间的屏障；与匈牙利少数民族的问题和与匈牙利关于卡布奇克—纳吉毛罗什水库的国际争端将成为匈斯之间的问题；没有斯洛伐克，捷克可以更容易地实现地缘政治目的和迅速加入欧盟与北约。1992年6月的议会选举结果，即右翼的公民民主党在捷克获胜，左翼的"争取民主斯洛伐克运动"在斯洛伐克获胜，更加强了联邦解体的趋势。

尽管捷克和斯洛伐克的大部分民众都希望保留共同的国家，但捷克公民民主党主席克劳斯和斯洛伐克"争取民主斯洛伐克运动"主席梅恰尔经过7轮关于联邦政府的建立、联邦机构领导人的更换、经济问题和共和国的国家权力分配问题的谈判后，双方观点依然大相径庭，难以调和，最终就逐步解散联邦达成协议。1992年7月17日，斯洛伐克国民议会通过《斯洛伐克主权宣言》。9月1日，斯洛伐克宪法通过。10月29日，捷克总理克劳斯和斯洛伐克总理梅恰尔签署了捷克共和国与斯洛伐克共和国未来关系的协议，且协商好分割财产的方式。11月25日，联邦议会以微弱多数通过《捷克斯洛伐克联邦解体法》，从而为两个独立共和国的平稳诞生创造了条件。1992年12月31日，捷克斯洛伐克联邦共和国结束了它的存在，捷克共和国和斯洛伐克共和国成为它的法定继承国。

三 独立后的斯洛伐克共和国

1993年1月1日独立的斯洛伐克共和国诞生后,国家管理结构体系快速建成。斯洛伐克国民议会成为地道的议会,而且改名为斯洛伐克共和国国民议会;1992年6月大选后产生的以梅恰尔为首的政府继续运作;充实了或者新组建了一些部门,如新组建了国防部;1993年2月,米哈尔·科瓦奇被选为共和国总统。

捷克、斯洛伐克的财产按照协议好的2∶1比例来分割,进行得比较迅速,只是一些有争议的问题,如银行债务和斯洛伐克黄金存放在布拉格的问题一直到2000年才得到解决,但争议没有给两国相互关系设下不可逾越的障碍。独立的捷克和斯洛伐克货币也很快出现,两国的关税联盟为高额的互相贸易提供了方便。

斯洛伐克共和国在独立后迅速被邻国和世界上有影响的大国所接受,作为捷克—斯洛伐克的继承国,轻而易举地成为许多国际组织的成员国,如欧洲安全与合作组织,国际货币基金和世界银行等。1993年1月19日,斯洛伐克共和国被接纳为联合国第180个成员国。1993年10月签署斯洛伐克为欧盟联系国的协议(从1995年2月起生效)。1995年,斯洛伐克成为北约"和平伙伴关系计划"的参与国。从1993年起,斯洛伐克的工兵营就参加了前南地区的局势稳定工作,这为斯洛伐克赢得一定的国际声誉。

独立后,斯洛伐克的经济形势依然复杂。经济危机在1993年降到最低点,1994年的国内生产总值增加4.9%,在随后的几年中增长率超过6%;通货膨胀从1991年的61.2%下降到1993年的21.2%,至1997年稳定在6%左右;失业率一直攀升,长期超过13%;国内生产总值直至1998年才接近1989年的水平,而居民的实际收入一直远远低于1989年的水平。经济的不景气长期影响了医疗卫生、教育、文化和科学事业。

梅恰尔政府从一开始就依靠"争取民主斯洛伐克运动",且拥有斯洛伐克民族党的"默契"支持。以米兰·克涅什科为首的部分议员和以杨·莫拉夫奇克为首的另一部分议员相继离开"争取民主斯洛伐克运动"后,"争取民主斯洛伐克运动"与斯洛伐克民族党于1993年10月组成联合政府。在部分议员退出斯洛伐克民族党后,第二届梅恰尔政府于1994年3月11日解散。从"争取民主斯洛伐克运动"和斯洛伐克民族党分离出来的议员在短时间内建立了新的政党——民主联盟,3月16日,民主联盟与基督教民主运动、民主左派党联合组建了新一届政府,来自民主联盟的莫拉夫奇克成为政府总理。在1994年9月提前举行的议会大选中,"争取民主斯洛伐克运动"再次获胜,获得35%的选票,其他政党的得票情况是:基督教民主运动10.1%、民主联盟8.6%、匈牙利联盟10.2%、斯洛伐克民族党5.4%、斯洛伐克工人联盟7.3%,"共同选择"(民主左派党与其他三党组成的联盟)10.4%。

经过漫长的谈判,梅恰尔于1994年12月组建了由"争取民主斯洛伐克运动"、斯洛伐克民族党和斯洛伐克工人联盟组成的联合政府。执政联盟对反对党采取了强硬的统治方式,国民议会中重要的机构和委员会都掌握在执政联盟手中;在国家机构中进行了广泛的人事变动,执政联盟的拥护者获得领导位置;为了巩固执政联盟的地位,从1996年起全国实行新的行政区划(8个州79个县);私有化掌控在执政联盟手中,从外部无法进行任何监督和检查。

1995年7月,"大私有化法律修正案"通过,从而将投资券私有化方式改变为通过国家财产基金会用债券方式补偿给每个公民,大部分财产通过直接出售而实现私有化。在私有化过程中出现了不透明、政界与商界勾结等腐败现象，大部分企业的出售价格远远低于实际价格，几年中，斯洛伐克出现了拥有几千万甚至几亿克朗资产的富豪阶层，他们中的大多数是企业管理人员和政治精英。

不规范的私有化方式和外国投资者对斯洛伐克政局的审慎态度导致斯洛伐克与周围其他经济转型国家相比获得的外资极少，加之对外政治地位的恶化，斯洛伐克陷入一定的孤立境地，逐渐失去了在欧盟和北约帮助下尽早解决安全和经济问题的希望。从1994年底起，欧盟指责斯洛伐克作为欧盟联系国在实施国家权力监督民主原则时存在不足，批评它试图限制匈牙利少数民族的权利以及执政联盟不断地以各种方式排挤总统科瓦奇等。有鉴于此，斯洛伐克有别于波兰、匈牙利和捷克，在1995~1997年间逐渐被淘汰出首批加盟入约竞选国行列。

反对党不仅攻击联合政府实施不透明的私有化、执政期间腐败现象猖獗，还批评政府在经济建设方面无系统性。宏观经济指标增长的背后隐藏着巨额外债，斯洛伐克的外债从1994年的43亿美元增加到1998年9月的119亿美元。此外，外贸逆差迅速增长。

1998年，斯洛伐克的政治危机表现为总统科瓦奇任期届满后议会中多次选举新总统未果。为了阻止反对党在议会选举中获胜，联合政府实施了有争议的选举法。反对党做出了积极的反应，成立了斯洛伐克民主联盟（Slovenská demokratická koalícia）和匈族联盟党（Strana maďarskej koalície）。针对执政联盟与反对党之间的异常尖锐的矛盾，在科希策市长鲁道夫·舒斯特（Rudolf Schuster）领导下成立了公民理解党（Starana občianskeho porozumenia）。

在1998年9月举行的议会大选中，6个政党获得法定的5%以上的选票而进入议会："争取民主斯洛伐克运动"27%、斯洛伐克民主联盟 26.34%、民主左派党 14.6%、匈族联盟党 9.1%、斯洛伐克民族党 9% 和公民理解党 8%。由于梅恰尔未能成功组阁，议长伊万·卡什帕罗维奇任命斯洛伐克民主联盟的领导人米古拉什·祖林达（Mikuláš Dzurinda）组建政府。1998 年 12 月，由斯洛伐克民主联盟、匈族联盟党、民主左派党和公民理解党组成的四党联合政府成立，议长由民主左派党领导人约瑟夫·米卡什（Jozef Migaš）担任。1999 年 5 月，鲁道夫·舒斯特在公民直接选举中被选为总统。

第六节 著名历史人物

多维特·什图尔（Ľudovít Štúr, 1815~1856） 19 世纪斯洛伐克民族启蒙运动最著名的人物，斯洛伐克书面语的创造者、思想家和民族运动的领导人。1815 年 10 月 29 日出生于斯洛伐克乌赫洛维茨的一个教师家庭，在家中排行老二。他在家中接受基础教育，在杰尔学习德语和匈牙利语。1829 年，他前往布拉迪斯拉发就读新教中学，在那里他看到捷克—斯洛伐克文学小组的成员热情高涨地开展活动，并加入这一团体。中学毕业后，积极组织和领导青年文学活动。1836 年 4 月，他秘密召集会议，16 名与会者庄重承诺终身为民族文化水平的提高而奋斗。1838~1840 年，他在哈勒大学学习。学习结束后，返回布拉迪斯拉发，通过写文章和组织政治活动反对匈牙利化政策，因此遭到审查并被剥夺在中学教课的权利。

1843 年，他决定将中斯洛伐克方言作为新斯洛伐克书面语的基础。1844 年 8 月，他参加全斯洛伐克启蒙团体——塔特林的组建，被授权制定新斯洛伐克语的语法。于是，他在作品《斯洛伐克方言和用这种方言书写的必要性》和《斯洛伐克语言学》中给出了新斯洛伐克语的完整体系，将自己的语

第二章 历史

言改革付诸实施。从 1845 年起，他开始在布拉迪斯拉发发行《斯洛伐克民族报》，该报是民族生活的动员力量和组织者。1847 年 10 月，他成为兹沃伦城市选派到匈牙利议会的议员，在议会发表演讲捍卫斯洛伐克民族利益，抨击匈牙利化。1848 年 3 月，他确认无法在议会保护斯洛伐克民族后放弃议员资格。同年 5 月，他与胡尔班、霍贾召集民族运动领导人，共同制定了"斯洛伐克民族请愿书"。为此，匈牙利政府向他们发出逮捕令。6 月，他参加了布拉格起义。起义被镇压后，他前往萨格勒布，为组织反对匈牙利统治的军事抵抗运动而争取财政支持。9 月，在维也纳成立了斯洛伐克民族委员会，他是领导人之一，该委员会组织了志愿者远征和在布雷佐瓦和米亚瓦的起义。

起义失败后，贵族、大地主和斯洛伐克民族运动的敌人逐渐在斯洛伐克掌权，新闻出版自由被停止，什图尔对生活越来越失望。在乌赫洛维茨生活一段时间后，他移居到摩得拉，在那里照顾哥哥留下的 7 个孤儿，同时继续从事文学活动，但不时被当局讯问，而且在没有警察同意的情况下不能离开摩得拉。1855 年底，他在狩猎时中弹受伤，1856 年 1 月 12 日不治身亡。他在去世前完成了《斯拉夫民族关系和未来世界》一书。

米兰·拉斯基斯拉夫·什杰凡尼克（Milan Rastislav Štefánik, 1880~1919） 斯洛伐克科学家、政治家和军事指挥家，1918 年捷克斯洛伐克共和国的奠基人。1880 年 7 月 21 日出生于斯洛伐克一个叫科夏日斯基的小村庄，父亲是名新教牧师。1898 年从萨尔瓦什的一所中学毕业后，到布拉格技术学校学习建筑工程专业。1900~1904 年，在查理大学哲学系学习天文学，1904 年 10 月被授予哲学博士学位。同年 11 月，离开布拉格到法国巴黎的一个天文观测所工作，很快在科学探索领域获得成功，发表了一系列学术论文，多次出国参加科学考察，并于

斯洛伐克

1911年成功观测到日全食。1912年,获得法国公民资格,并被授予骑士勋章。

1914年第一次世界大战爆发后,什杰凡尼克毅然从军。1915年5月,他晋升为少尉并被派往前线作战。在战争中,他以勇气、冷静和机智而闻名。这一时期,他已开始考虑在国外成立由捷克和斯洛伐克战俘组成的军队,以反对哈布斯堡王朝,从而促使其溃败并使捷克和斯洛伐克民族获得解放。1919年9月,他被派往克罗地亚前线作战,他从飞机上散发传单号召奥匈帝国的斯拉夫民族的军人投奔协约国一方并参加捷克—斯洛伐克抵抗运动。1916年1月,他因受伤退役。

1916年初,在什杰凡尼克的安排下,捷克—斯洛伐克抵抗运动的领导人马萨里克前往巴黎与法国总理布里安和一些有影响力的记者见面,获得法国当局对捷克—斯洛伐克抵抗运动的支持。2月,捷克—斯洛伐克境外抵抗运动的最高机构"捷克斯洛伐克民族委员会"在巴黎成立,什杰凡尼克担任副主席。1916年10月,晋升为大尉的什杰凡尼受法国政府委托参加外交使团,主要目的是争取捷克和斯洛伐克志愿者参加反对同盟国的战斗。通过外交活动,他于1917年争取到3000名侨居美国的捷克和斯洛伐克志愿者,于1918年4月与意大利方面签署关于在意大利组建政治上和法律上独立的捷克斯洛伐克军队的条约。1918年8月,他前往西伯利亚的捷克斯洛伐克军团,1919年就军团的撤离事宜与俄方达成一致。

1918年10月,独立的捷克斯洛伐克国家成立,什杰凡尼克被任命为军事部长,他当时还在国外。1919年4月,他访问意大利,以保障捷克斯洛伐克战俘安全回国。1919年5月4日,他离开意大利乘机回国,因飞机不幸坠毁于布拉迪斯拉发近郊而牺牲。至今,斯洛伐克首都布拉迪斯拉发机场仍然以他的名字命名。

第二章 历史

亚历山大·杜布切克[①]（Alexandr Dubček, 1921~1992）

1968年捷克斯洛伐克复兴运动"布拉格之春"标志性人物。1921年11月27日出生于斯洛伐克小镇乌赫洛维茨的一个伐木工人家庭，4岁时随同父母迁往苏联，在苏联读完小学和中学。1938年全家返回斯洛伐克。1939年加入捷克斯洛伐克共产党，积极参加地下反法西斯抵抗运动。1944年8月29日，斯洛伐克爆发反对德国法西斯的民族起义，他参加游击队，在起义中两次负伤。

在捷克斯洛伐克解放后的最初几年，他在特伦钦一家工厂当工人。从1949年起，他进入党的机关工作。1949~1951年，他先后任特伦钦县党委组织书记、第一书记。1951~1952年，在布拉迪斯拉发斯洛伐克共产党中央委员会工作。1953~1955年，担任班斯卡·比斯特里察州党委第一书记。1955~1958年，在莫斯科苏共中央党校学习，回国后担任布拉迪斯拉发州党委第一书记。1958年当选为斯洛伐克共产党中央委员和捷克斯洛伐克共产党中央委员。1960年，当选为捷共中央书记处成员。1963年，当选为捷共中央主席团委员。1963~1968年，任斯共中央第一书记。

1968年1月，他当选为捷共中央第一书记，成为第一个担任这一职务的斯洛伐克人。1968年2月22日是捷共全面执掌政权20周年纪念日，杜布切克发表重要演讲，表示要走"捷克斯洛伐克的社会主义道路"，实行全面改革，同时继续加强同苏联的友好合作关系。1968年3月28日至4月5日，捷共中央委员会召开全会，通过党的《行动纲领》，决心把捷克斯洛伐克建成一个"新的、十分民主的、符合捷克斯洛伐克具体条件的社会

[①] 参见沈永兴、马细谱主编《世界历史名人谱·现代卷V》，人民出版社，1998，第170~175页。

主义社会的典型"。《行动纲领》涉及社会各个领域的改革,主要内容包括国家政体改革、经济体制改革、加强社会主义民主、强调独立的外交政策和民族阵线的作用。1968年8月20日,苏联以"保卫捷克斯洛伐克社会主义成果"为由联合保加利亚、民主德国、匈牙利和波兰四国军队入侵捷克斯洛伐克,次日将杜布切克及其他捷共中央主要领导人挟持到莫斯科。8月23日,苏捷领导人在莫斯科举行会谈,签署关于在捷克斯洛伐克进行整顿的"莫斯科议定书"。1969年4月,杜布切克被解除捷共中央第一书记职务。同月当选捷国民议会主席,9月被解除这一职务。1970年1月,被派遣到安卡拉就任捷克斯洛伐克驻土耳其大使。同年6月,被捷共中央开除出党,被解除驻土耳其大使职务和国民议会议员资格,并被禁止同持不同政见者接触,但他仍不时对当局提出批评。1970年12月至1985年他在布拉迪斯拉发国家森林管理局工作直至退休。

1989年12月,捷共中央宣布1968年苏联等五国出兵捷克斯洛伐克是错误的,杜布切克得到平反。同月,他被选为联邦议会主席。1992年3月,加入斯洛伐克社会民主党,不久当选为该党主席。1992年11月,不幸因车祸去世。

马提亚·贝尔(**Matej Bel, 1684~1749**) 斯洛伐克神学家、哲学家、语言学家、历史学家和地理学家,因广博的学术造诣被誉为"匈牙利的伟大点缀"。1684年出生于斯洛伐克奥丘瓦的一个农民家庭,很小的时候就成为孤儿。在艰难的求学过程中,他除了神学还爱好哲学、自然科学、医学和语言。在哈勒大学毕业后,在班斯卡·比斯特里察成为一名牧师和学校校长。1714年,迁往布拉迪斯拉发继续担任牧师,并成为一所中学的校长。在他的领导下,这所中学成为最受欢迎的学校,他改革了教学方法,开始教授本国语言和一些实用课程,如地理等。

马提亚·贝尔用拉丁语、德语和匈牙利语创作了大约50部作品和文章，从事历史、地理、民族志、匈牙利文学和文化、语言学、经济和自然科学等领域的研究。在学术作品中，他提出现代方式、集体工作、按计划循序渐进、学习档案材料和认真对待事实等观点。1721～1722年，他出版了最早的报纸——《布拉迪斯拉发报》，介绍文化活动。1723年，他创作了第一部作品——《匈牙利远古史和当代史引论》，竭力从民族志、语言和历史等方面重新绘制匈牙利地图，作品描绘了当时社会状况和生活方式，还提到斯洛伐克人的天生才能和勤劳。最著名的作品是《当代匈牙利的历史和地理知识集》，1735～1742年只出版4册，作品内容包括地理、民族志、历史和自然知识。

鉴于在学术方面的成就，马提亚·贝尔得到许多国内外学术机构的景仰，被授予奖章或被邀成为其成员，如在奥洛莫茨、彼得堡、柏林和伦敦等地的学术机构。他总是宣称自己是斯洛伐克人，积极捍卫斯洛伐克人在匈牙利的平等地位，他的作品也颂扬斯洛伐克人的优良品质，尤其是勤劳、上进和智慧。1749年，他在从德国返回布拉迪斯拉发的途中因心脏病突发而辞世。

约瑟夫·蒂索（Jozef Tiso，1887～1947） 第一位斯洛伐克国家总统，也是斯洛伐克20世纪历史上最具争议的人物之一。1887年10月13日出生于斯洛伐克特伦钦，成长在一个宗教氛围浓厚的环境中。1902年，他到尼特拉读中学，以优异的成绩毕业后前往维也纳神学院深造。1910年，大学毕业后被主教封为教士。第一次世界大战爆发后，他参军成为一名野战军随军教士，亲眼目睹了战争的残酷。后因健康原因离开军队，从此开始创作战争回忆录，并在各种地方杂志上发表。

1918年捷克斯洛伐克国家建立后，蒂索开始对政治感兴趣。在一次青年组织的集会上，他作为斯洛伐克人民党成员发表公开演讲，指出捷克斯洛伐克共和国中央集权主义对斯洛伐克民族的不公正和不正确。他因此被指控使用反捷克的言论，法院判处他

斯洛伐克

两个月监禁和一定数量的罚款，后因大赦提前出狱。1925年，他积极参加议会大选前的宣传活动，还作为议员竞选者。此次在大选中，蒂索当选为捷克斯洛伐克国民议会的议员，并在1929年和1935年的议会大选中连续当选。1938年10月6日，斯洛伐克地区自治政府成立，蒂索被捷克斯洛伐克政府任命为该自治政府首脑。1939年初，捷克和斯洛伐克之间的关系开始恶化。1939年3月8日，共和国政府对斯洛伐克的独立倾向进行了干预，在斯洛伐克宣布军事统治并对斯洛伐克自治政府进行了撤换和重组，蒂索被罢免政府首脑职务。3月13日，他接到希特勒的邀请，在斯洛伐克人民党主席团的同意下，前往柏林与希特勒会面。希特勒要求斯洛伐克宣布独立，否则斯洛伐克将被德国、匈牙利和波兰瓜分。14日，斯洛伐克自治议会宣布斯洛伐克独立，议会主席团任命他为政府总理。3月18日，他再次前往柏林与希特勒会晤，经过谈判签署"保护条约"，斯洛伐克承诺在军事和外交政策方面与德国保持一致，并同意德军驻扎在斯洛伐克西部地区。

1939年10月26日，斯洛伐克议会一致推举蒂索为总统。1940年夏，他在希特勒的直接压力下任命了一些激进、亲德的政治人物进入权力阶层，而且不得不同意德国顾问进驻斯洛伐克。1940年，斯洛伐克加入"柏林—东京—罗马轴心"，在参加对波作战后又参加对苏作战。斯洛伐克政府仿效德国纳粹的做法，将6万多名斯洛伐克籍犹太人送入集中营。

第二次世界大战结束前，他逃往国外，后被押解回国。1947年4月，他被判处死刑后被处决。

安东尼·贝尔诺拉克（Anton Bernolák，1762~1863） 斯洛伐克书面语言的最早创造者。1762年10月3日出生于斯洛伐克奥拉瓦地区斯拉尼察镇的一个小贵族家庭。1774~1778年，在鲁若姆贝尔克的中学学习演说术和哲学，在布拉迪斯拉发的学校学习诗体，在维也纳的大学学习神学。1787年，在布拉迪斯拉发神学院结束学习生涯。此后10年间，他相继在贝尔诺拉克沃和特尔纳瓦担任神职工作。从1797年5月直至1813年1月逝世，他在诺维扎姆基任牧师，同时是诺维扎姆基教区负责人和城市学校的管理者。

在布拉迪斯拉发神学院求学期间，他的非凡才能就已表现出来，热衷于玛丽亚·特利莎女王和约瑟夫二世的开明改革，成为斯洛伐克民族启蒙运动的宣传者。他掌握多种外语，熟悉历史、经济、医学、美学、音乐和政治等方面的知识，他倾向于语言学方面的研究，致力于创造斯洛伐克书面语。他在西斯洛伐克方言的基础上运用新的语言规则，编写了一系列基本语法著作，如《斯洛伐克词源学》和《斯洛伐克语—捷克语—拉丁语—德语—匈牙利语字典》等。1789年，在他的领导下成立了"斯洛伐克学会"，后来又出现了许多分会，积极传播他所创造的斯洛伐克书面语。贝尔诺拉克创造的斯洛伐克语主要由信仰天主教的知识分子使用，他们一心在斯洛伐克民众中宣扬斯洛伐克民族独特性的思想。因此，贝尔诺拉克创造的斯洛伐克语成为斯洛伐克社会在宗教、文学、经济和启蒙方面加速发展的重要工具。

安德烈·赫林卡（Andrej Hlinka，1864~1938） 斯洛伐克教会领导人和最著名的自治运动政治家。1864年9月29日出生于斯洛伐克切尔诺瓦。在鲁若姆贝尔克和雷沃奇读中学，在斯皮什卡比托拉学习神学。1898年被封为教士。从1905年起，他终生在鲁若姆贝尔克任牧师。

赫林卡的政治生涯源于他加入匈牙利人民党，该党的纲领包含民族平等和宽容的内容。他在民族报纸上谴责对斯洛伐克人民的民族和社会不公正现象，继承了什图尔民主、爱国的传统。1905年，他创建斯洛伐克人民党，召集民众集会，组织公共活动。1906年，他因持不同政见被匈牙利当局判处2年监禁并被禁止从事宗教活动。1907年，在他的故乡切尔诺瓦发生了匈牙利当局射杀斯洛伐克居民的惨剧，在欧洲引起很大反响。教皇承认了他的无辜，并被彻底平反。

第一次世界大战结束时，他坚决支持捷克和斯洛伐克联合起来。捷克斯洛伐克共和国成立后，他领导斯洛伐克自治运动，拒绝捷克斯洛伐克主义和共和国中央集权主义，批评捷克对斯洛伐克的政治态度。1918～1938年，他一直是斯洛伐克人民党领导人（斯洛伐克人民党于1925年改称赫林卡斯洛伐克人民党）和捷克斯洛伐克的国民议会议员。1919年，他与斯洛伐克代表前往巴黎，请求在和约中列入斯洛伐克在捷克斯洛伐克的地位问题。回国后，他被关押在摩拉维亚和波希米亚。

赫林卡一生都没有等到斯洛伐克自治的实现，1938年8月16日逝世于鲁若姆贝洛克。

弗拉基米尔·梅恰尔（Vladimír Mečiar，1942～　） 斯洛伐克政党"人民党—争取斯洛伐克运动"领导人，一个有争议的政治家。1942年7月26日，出生于兹沃伦。1962～1970年，是捷克斯洛伐克共产党成员。由于他对1968年苏军占领捷克斯洛伐克持否定态度，1970年被解除在青年联盟中担任的职务并被开除出党，还被捷共中央委员会列入社会主义制度敌人的名单。1974年，他结束在考门斯基大学法学院的函授学习。1989年以前，他在特伦钦州的一些企业从事过各种工作。

1990年1～6月，担任斯洛伐克内务和生活环境部部长。1990年6月，成为剧变后第一位经民主选举产生的斯洛伐克政府总理。1991年4月，由于和其他一些人离开"公众反对暴力"而导致该政党主席团解散，斯洛伐克国民议会撤消了他的总理职务。1991年6月22日，他被选为"争取民主斯洛伐克运动"的主席，这一职务他担任至今。在1992年6月举行的议会大选中，他领导的"争取民主斯洛伐克运动"大大胜出，在斯国民议会中所占议席最多,他被任命为斯政府总理。随后,他与捷克政府总理克劳斯经过 7 轮关于捷斯在联邦框架内的关系问题的谈判后,最终就逐步解散联邦达成协议。

1993 年斯洛伐克共和国独立后,梅恰尔继续担任斯总理直至 1994 年 3 月。在 1994 年 9 月提前举行的议会大选中,"争取民主斯洛伐克运动"再次获胜,他第三次被任命为总理。他在 1994~1998 年担任斯总理期间被西方国家视为民主改革的阻碍者,欧盟和北约批评他忽略人权和民主原则(操纵议会、新闻媒体和秘密机构)。梅恰尔先后于 1999 年和 2004 年参加总统选举,最终败北。虽然他领导的"争取民主斯洛伐克运动"在 1998 年和 2002 年的议会大选中得票率最高,却由于其他进入议会的政党不愿与其合作而未能成功组阁。在 2006 年 6 月举行的议会大选中,"人民党—争取民主斯洛伐克运动"获得有史以来最低的得票率,然而成为三党联合政府的组成部分。鉴于昔日在国际上的不良声誉,梅恰尔没有在政府内担任职务。

古斯塔夫·胡萨克(Gustáv Husák, 1913~1991) 斯洛伐克法学家、政治家,第一位担任捷克斯洛伐克社会主义共和国总统的斯洛伐克人,1968 年"布拉格之春"事件后成为社会主义"正常化"的标志性人物。1913 年 1 月 10 日出生于布拉迪斯拉发的一个工人家庭。从青年时代起就投身左翼运动,16 岁时加入共产主义青年联盟,1933 年他以考门斯基大学法学院学生的身份加入捷克斯洛伐克共产党。1935 年初,他在学生中组建反法西斯民主联盟,1938 年"慕尼黑阴谋"后被迫转入地下斗争。二战期间,他成为法西斯制度的反对者,抵抗运动的成员,后参加斯洛伐克民族起义,并担任斯洛伐克国民议会副主席和斯洛伐克共产党副主席,先后 4 次被捕。1945 年 3 月,在捷克斯洛伐克政府组建和科希策纲领形成时期,他坚持认为,斯洛伐克是捷克斯洛伐克不可分割的组成部分,同时应具备相当程度的自

治权。1946～1950年任战后第一届国民议会议员以及捷克斯洛伐克共产党中央委员会委员。1950年春,他被指控为"资产阶级民族主义分子",并被解除了党内外所有最高职务。1951年2月被捕,并被开除出党。1954年4月,他被判处无期徒刑。1960年因大赦获释。1963年12月被恢复名誉和党籍。

在20世纪60年代,胡萨克成为改革潮流的主要推动者之一。在"布拉格之春"兴起时,他是杜布切克的忠实追随者。1968年4月,出任捷克斯洛伐克政府副总理,积极倡导国家实行联邦制。后来,他的政治立场逐渐发生变化。1968年8月31日,他当选为捷共中央主席团委员。1969年4月至1971年5月,他担任捷共第一书记,1971年5月至1987年12月任斯共中央总书记。1971年1月起任民族阵线中央主席,5月当选捷共中央总书记。1975年5月被选为捷克斯洛伐克社会主义共和国总统。在担任捷克斯洛伐克党政领导人期间,他竭力在国内推行"正常化"措施,完全服从莫斯科的意愿。1987年12月,辞去捷共中央总书记职务。1989年12月10日辞去总统职务,1990年2月被开除出党。1991年11月18日去世。

第三章
政 治

第一节 国体与政体[①]

9世纪初,大摩拉维亚帝国兴起,它建立在萌芽状态的封建主义基础之上,是斯拉夫人建立的主权和独立的国家,斯洛伐克西南部的尼特拉公国是大摩拉维亚帝国的组成部分。10世纪初,大摩拉维亚帝国瓦解,斯洛伐克地区逐渐成为以马扎尔人为主体民族的匈牙利王国的一部分。匈牙利国家对非匈牙利民族实行压迫政策,不允许斯洛伐克民族形成自己的特性。1848年9月16日,在什图尔、胡尔班和霍贾等斯洛伐克民族志士的领导下,第一个斯洛伐克民族议会在维也纳成立,它成为第一个代表斯洛伐克民族的政治机构。3天后,斯洛伐克民族议会宣布脱离匈牙利并号召斯洛伐克人举行全民起义,但起义很快被匈牙利当局镇压下去。1867年,二元的奥匈帝国建立,斯洛伐克仍然属于匈牙利管辖的地区,在匈牙利统治阶级推行的民族同化政策压制下,斯洛伐克民族的发展受到阻碍,根本没有

[①] 参见姜士林等主编《世界宪法全书》,青岛出版社,1997,第1151~1152页;徐葵、张文武主编《东欧国家政治经济体制研究》,中国社会科学院东欧中亚研究所,1988,第580~673页。

斯洛伐克

民族国家的政体可言。

1918年10月28日,斯洛伐克人与捷克人在奥匈帝国的废墟上建立了捷克斯洛伐克共和国,它是一个资产阶级民主共和国。同年底临时国民议会召开会议,当时为一院制议会。1920年2月29日,临时国民议会通过了《捷克斯洛伐克共和国宪法》。该宪法以美国和法国的宪法为典范,具有民主的性质,尊重公民的自然权利和自由,体现了三权分立的原则。

议会设参众两院,参议院有议员150名,任期8年。众议院有议员300名,任期6年,议员通过普遍、直接、秘密和平等的选举产生。国家元首为总统,由议会选举产生。宪法前言中提出"捷克斯洛伐克民族"的概念,忽略了民族特性,实际上否定了斯洛伐克民族与捷克民族的平等地位,引起斯洛伐克议员的不满。宪法也没有规定政党的权利和义务,从而在一定程度上限制了议会民主制的运作。捷克斯洛伐克共和国从一开始就是一个统一的中央集权制国家,捷克族资产阶级无论在政治上还是经济上均处于统治地位,国家在行政、政治和经济的组织、管理上依照捷克原先的模式,斯洛伐克依靠地方行政公署的传统政治结构逐渐被取消。1928年,斯洛伐克像波希米亚、摩拉维亚、西里西亚和外喀尔巴阡罗斯那样成为国家的一个地区,虽然设有长官和代表机构,却不拥有真正的政治权力。

在两次世界大战期间,以斯洛伐克人民党为代表的一部分斯洛伐克人一直致力于实现斯洛伐克地区自治。1938年10月6日,"慕尼黑阴谋"后不久,"赫林卡斯洛伐克人民党"的领导人物和其他斯洛伐克政党的代表签署了关于要求斯洛伐克自治的"日利纳协议"。捷克斯洛伐克政府毫无保留地接受了该协议的内容,任命斯洛伐克地区自治政府,通过关于斯洛伐克地区自治的宪法性法律。1939年3月14日,斯洛伐克自治议会接受了希特勒提出的建议,宣布斯洛伐克为独立的国家,以免斯洛伐克的

第三章 政 治

大部分地区受德国、匈牙利和波兰的瓜分。1939年7月21日，斯洛伐克议会通过了宪法，正式改国名为斯洛伐克共和国，规定议会为立法机构，任期5年，总统为国家元首（1939年10月，约瑟夫·蒂索被选为总统）。直至二战结束，斯洛伐克共和国是纳粹德国的卫星国，"赫林卡斯洛伐克人民党"实行一党专政，教士的社会地位高，国家崇尚基督教信仰。

1944年8月，斯洛伐克共产党领导人民举行了反法西斯的民族起义。1945年4月4日，在斯洛伐克的科希策成立了首届捷克人与斯洛伐克人的民族阵线政府，由曾在国内外为推翻德国和匈牙利暴政而进行民族解放斗争的各社会集团和政治派别的代表组成，政府总理是社会民主党左派人士费林格，副总理4人，内阁成员共20人。次日，民族阵线政府通过"科希策政府纲领"，纲领规定，恢复的捷克斯洛伐克共和国是捷克和斯洛伐克两个平等民族的共同国家，人民是国家权力的唯一源泉，由人民选举产生的人民委员会是国家政权和公共管理的新机关；斯洛伐克民族议会不仅是独特的斯洛伐克民族的当然代表，而且是斯洛伐克领土上国家政权（立法权、行政权和执行权）的体现者，它由100名议员组成，任期6年；中央政府将同斯洛伐克民族议会及其执行机关——斯洛伐克行政委员会实行最密切的协作；在中央一级机关和机构以及在具有全国意义的经济组织中保证斯洛伐克人拥有数量和地位相称的代表。"科希策政府纲领"为人民民主政治体制的形成奠定了政治基础。

1948年2月25日，捷克斯洛伐克共和国总统贝奈斯接受了民族阵线政府中12名非共产党部长的辞呈，签署了捷共领导人哥特瓦尔德建议的政府新成员的委任状。"二月事件"后，共产党进一步接管了政权，反对党派、团体和非共产党的机构被取缔。该事件标志着捷克斯洛伐克从民族民主革命建设时期进入社会主义革命建设时期。同年5月9日，立宪国民议会通过"五·

九"宪法，它肯定了人民民主共和国迄今所取得的一切成果，并提出消灭捷克斯洛伐克社会的剥削现象。该宪法保留了资产阶级共和国的民主传统，保障人民享有充分的民主与自由，同时保留了总统、议会和政府三部分组成的国家政权结构，总统的权力有所增强。宪法保证了作为地方公共管理机关的各级人民委员会的人民性和民主性，规定生产资料或为全民所有，或为人民合作社财产，或为个体生产者私人财产；再次肯定了斯洛伐克民族机关的性质和地位，但增加了一些限制性条款，如斯洛伐克民族议会的会议由总理召集，总理有权根据政府决议解散斯洛伐克民族议会，总理对斯洛伐克民族议会通过和提交签署的法律有最后决定权，斯洛伐克行政委员会主席和委员也由政府任免，行政委员会及其委员均向政府负责，必须遵守各部部长的指令和指示，部长在通知有关行政委员后有权在斯洛伐克地区直接行使其职权，政府有权对行政委员会的法令、决议和措施加以废除等。同年5月30日，捷克斯洛伐克举行议会选举，捷共成为唯一的竞选党派，选举产生的国民议会成为国家最高代表机构和唯一的立法机构。

1960年7月11日，国民议会通过新宪法，改国名为捷克斯洛伐克社会主义共和国。新宪法宣称，社会主义生产关系在各个经济领域取得胜利，社会主义经济体系成为国家的经济基础。宪法规定，捷克斯洛伐克共和国是以工人、农民和知识分子联盟为基础，以工人阶级为领导的社会主义国家，是捷克和斯洛伐克两个平等民族的国家，国家的一切权力属于人民，人民的代表机关是国民议会、斯洛伐克民族议会和人民委员会。新宪法突出强调了共产党在国家和社会中的领导作用和国家的集中统一，规定国民议会是国家权力的最高机关，是全国唯一的立法机关；总统是国家元首，是国家权力的代表，向国民议会负责，但总统不再有权解散国民议会和否决国民议会通过的法律；规定斯洛伐克民族

第三章 政 治

议会是斯洛伐克民族地区国家权力的民族机关和行政机关，取消了斯洛伐克行政委员会，削弱了斯洛伐克民族机关的地位和作用。

1968年4月，以亚历山大·杜布切克为首的捷共新领导通过《行动纲领》，旨在着手建立"具有人道面貌的社会主义"，即摆脱阶级对立，经济、技术和文化高度发达，社会和民族公正，民主组织、高水平管理、人与人之间有着相互合作的同志关系且为人的个性发展打开自由天地的社会。但同年8月，以苏联为首的华约国家对捷克斯洛伐克的武装入侵中止了捷克斯洛伐克的社会改革进程，从此"正常化"政策开始实施，其目的是将社会秩序恢复到1968年以前的状态。

1968年10月27日，国民议会通过了《关于捷克斯洛伐克联邦的宪法性法律》，该法律于1969年1月1日生效。它规定，捷克斯洛伐克社会主义共和国是捷克和斯洛伐克两个平等民族的联邦制国家，由捷克社会主义共和国和斯洛伐克社会主义共和国组成；在指导和监督人民委员会的工作、教育、文化、卫生、商业、森林和水利、旅游、发放养老金和宗教事务方面，两个共和国拥有专属管辖权。联邦议会是国家的最高权力机关和唯一的立法机关，它由人民院和民族院组成。人民院由在全国范围内经过直接投票选出的200名议员组成，斯洛伐克社会主义共和国根据人口比例选出64名。民族院由150名议员组成，其中75名由斯洛伐克社会主义共和国直接投票选举产生。法律还规定，国家机关和组织在工作中应遵循下列原则：捷共的领导作用、民主集中制、社会主义法制、各大小民族一律平等、社会主义国际主义和社会主义的计划工作。同年10月30日，在布拉迪斯拉发城堡签署了关于实行联邦制的宪法性法律。1969年1月2日，斯洛伐克民族议会主席团任命斯洛伐克社会主义共和国新政府，它由1名总理、2名副总理、计划部长、财政部长、工业部长、农业和

营养部长、交通、邮电和电信部长、建设和技术部长、劳动和社会事务部长、内务部长、商业部长、建设部长、林业和水利部长、卫生部长、教育部长、文化部长、司法部长和最高监察局局长各1名组成。

1989年11月捷克斯洛伐克政局发生剧变后,由捷共创建的社会主义国家的政治体制被彻底否定,被多党议会民主制所取代,社会主义宪法被部分修改,捷共在国家和社会中的领导地位被取消,国名改为捷克斯洛伐克联邦共和国。1990年6月,举行剧变后首次自由议会选举,斯洛伐克有5个政党获得5%的选票而进入联邦议会。在同时进行的斯洛伐克议会选举后产生了三党联合政府。1991年1月,联邦议会通过了《基本人权和自由文书》,根据此文书,联邦议会于1991年2月通过了为1948~1989年冤假错案受害者恢复名誉的法律。1992年6月举行了第二次议会选举,右翼的公民民主党在捷克获胜,左翼的"争取民主斯洛伐克运动领导"在斯洛伐克获胜,尽管捷克和斯洛伐克的大部分民众都希望保留共同的国家,但上述两党主席克劳斯和梅恰尔经过多次关于国家结构和捷斯两个民族关系谈判后,最终就逐步解散联邦达成协议。1992年7月17日,斯洛伐克国民议会通过《斯洛伐克主权宣言》。11月25日,联邦议会通过《捷克斯洛伐克联邦解体法》。12月31日,捷克斯洛伐克联邦共和国自动解体。从1993年1月1日起,斯洛伐克共和国作为独立的主权国家出现。

1992年9月1日斯洛伐克民族议会通过的《斯洛伐克共和国宪法》从民族自决的天然权利出发,体现了民族、公民和国际团结的原则,努力实行民主的政治形式,保证自由的生活,发展理性的知识文化和繁荣的经济。宪法规定,斯洛伐克共和国为主权、民主和法制的国家,不受任何意识形态或宗教的约束;国家权力来源于人民,公民享有自由、平等、尊严与权利,公民享有生存权、个人财产所有权以及言论、信仰、出版、结社自由等权利，所有这些权利都受到法律保护；国家的经济建立在市场导向的经济原则基础之上，国家保护和支持经济竞争；城镇是地方自治的基础，自治机构包括自治议会和自治政府；国民议会是国家唯一的立宪和立法机构；总统是国家元首，政府是最高权力执行机关；司法机关有宪法法院和法院构成。从斯洛伐克独立至今，三权分立制和多党议会民主制在实践中不断得到发展与完善。

第二节 议会与全民公决

一 议会制的历史沿革

几个世纪以来，斯洛伐克共和国的领土一直是多民族国家的组成部分，议会制的历史与斯洛伐克人争取民族特性与国家主权的斗争紧密相连。斯洛伐克代表在匈牙利王国、奥匈帝国、第一个捷克斯洛伐克共和国和二战后重新建立的捷克斯洛伐克国家的议会里的位置反映了斯洛伐克民族在上述国家机构中的不平等地位。历史原因导致斯洛伐克人没有长期的民族议会传统。

斯洛伐克当代议会发展源于1943年秋建立的非法的反法西斯运动的代表性机构。在1944年斯洛伐克民族起义期间，斯洛伐克民族议会第一次成为斯洛伐克的最高立法和执行机构。第二次世界大战结束后，斯洛伐克民族议会拥有相当大的职权，但随着后来捷克斯洛伐克社会政治条件的改变，这些特权逐渐在立法上被减少。

从1948年2月至1989年11月，捷克斯洛伐克实行一党制（1960年的宪法进行了明确规定），其他政党的存在只是形式，

议会只是形式上的代议机构。1989年11月29日,联邦国民议会宣布取消1960年宪法中关于共产党在国家和社会中领导地位的条款,从此,多元化的政治生活开始在捷克斯洛伐克得到发展。而斯洛伐克的社会发展明显受到民族解放进程的影响。1992年,"争取民主斯洛伐克运动"与公民民主党分别在斯洛伐克和捷克赢得议会大选胜利后达成关于联邦共和国解体的决定。

1992年7月,斯洛伐克民族议会的议员通过关于斯洛伐克主权的宣言。1992年9月1日通过斯洛伐克共和国宪法,随着它于1992年10月1日的生效,斯洛伐克民族议会改名为斯洛伐克共和国国民议会。1992年11月25日,捷克斯洛伐克联邦议会的议员通过关于联邦解体的宪法法律草案。

1993年1月1日,斯洛伐克共和国作为主权国家出现。1993年2月15日,斯洛伐克共和国国民议会议员选举米哈尔·科瓦奇为共和国总统。从那以后,国民议会通过了许多有关独立国家组织建构的法律条款。

二 议会的地位与构成

国民议会是斯洛伐克共和国的唯一的立宪和立法机构。它作为选举机构代表国家和人民的主权,在把斯洛伐克建成现代化的和民主的国家过程中履行职责。

国民议会有150名议员,任期4年。国民议会的活动由议长和副议长来领导和组织。自1993年1月斯洛伐克共和国独立至今,共选出了4届议会,先后担任议长的是:伊万·卡什帕罗维奇(Ivan Gašparovič,1994年11月至1998年10月)、约瑟夫·米卡什(Jozof Migaš,1998年10月至2002年10月)、帕沃尔·赫鲁肖夫斯基(Pavol Hrušovský,2002年10月至2006年2月7日)和帕沃尔·帕什卡((Pavol Paška,2006年7月起)。另外,由于基督教民主运动于 2006 年 2 月 6 日决定退出执政联盟, 作为该党主席, 赫鲁肖夫斯基于次日辞去议长职务, 随即授权副议长贝拉·布卡尔 (Béla Bugár, "匈族联盟党"主席) 代理议长的权限直至 2006 年 6 月议会大选后选出新议长。

本届国民议会于 2006 年 7 月组成。在 6 月 17 日的议会大选中得票率超过 5% 的 6 个党派和政治团体进入议会, 它们在议会中形成 6 个议员团: "方向—社会民主党"议员团 (50 名议员)、"斯洛伐克民主基督教联盟—民主党"议员团 (31 名议员)、"斯洛伐克民族党"议员团 (20 名议员)、"匈牙利族联盟党"议员团 (20 名议员)、"人民党—争取民主斯洛伐克运动"议员团 (15 名议员) 和"基督教民主运动"议员团 (14 名议员)。

国民议会设有 19 个委员会, 分别是: 授权和豁免委员会, 专门监督国家安全局活动的委员会, 专门监督情报部门活动的委员会, 专门监督军事新闻活动的委员会, 宪法权利委员会, 审查国家安全局决定委员会, 欧洲事务委员会, 财政、预算和货币委员会, 经济政策委员会, 文化和新闻媒体委员会, 人权、民族和妇女地位委员会, 国家领导人职务不可合并委员会, 国防和安全委员会, 农业、生活环境和自然保护委员会, 社会事务和居住委员会, 公共管理和地区发展委员会, 教育、青年、科学和体育委员会, 医疗卫生委员会和外事委员会。委员会是国民议会倡议和监督机构, 它们的主要任务是详细讨论国民议会分派给它们的法律草案。委员会有立法倡议权 (有权利递交法律草案), 可以邀请政府成员、其他国家管理机构的领导和总检察长参加它们的会议并且要求他们介绍、阐释情况和提供所需的材料。委员会的成员必须是国民议会的议员, 平均每个委员会有 12 个成员, 议员至多可以同时成为两个委员会的成员。

三 议会的活动

民议会经常举行会议,随着国民议会任期届满或解散而结束。国民议会可以通过决议中止会议,但会议被中止的时间一年内不得超过4个月。国民议会会议的讨论时间通常在星期二和星期五。国民议会通过任命会议和任期内不断举行的会议来开展制宪活动,任命会议在议会大选结果宣布后30天内由共和国总统召开,在此会议上,国民议会选出议长、副议长,成立法律规定以外的其他委员会且选出它们的主席和成员。国民议会的会议通常是公开的,只有讨论的内容涉及国家、商业秘密或专门的法律进行了规定或国民议会以3/5多数做出决定时,才举行秘密会议。

如果半数以上议员——76名出席会议,国民议会就可通过决议,决议生效须经半数以上出席议员(至少39名)的批准。在下列情形下需要绝对多数议员(至少76名)的同意,如对政府及其成员提出不信任案、选举和罢免议长及副议长等。通过宪法、宪法性法案、秘密会议的召开以及其他宪法或法律要求的情形下需要3/5议员(至少90名)的同意。

四 议会的职能

根据1992年宪法和1999年1月修改后的宪法,国民议会主要在立法、监督、国家机构的建立和国内以及对外政策等四个领域行使职权,具体表现为:

(1)通过宪法、宪法性法案和其他法令并监督其执行情况;

(2)通过宪法性法令批准关于斯洛伐克共和国与他国结盟的条约和废除这些条约的协定;

(3)同意斯洛伐克共和国政府的施政纲领且监督它的执行情况;

（4）批准国家预算和国家结算；

（5）讨论对政府及其成员进行不信任投票的提议；

（6）通过秘密投票方式选举和罢免国民议会主席和副主席；

（7）建立和撤销国民议会的委员会，确定委员会的数量，选举和罢免其主席和成员；

（8）依法建立和撤销各部和其他国家管理的中央机构；

（9）选举斯洛伐克共和国宪法法院的法官和总检察长；

（10）根据法律选举和罢免其他领导人；

（11）同意宪法性法令更改国界；

（12）如果斯洛伐克共和国受到进攻或需要履行关于共同防御反对侵略的国际条约义务，国民议会通过表决宣布战争，战争结束后宣布缔结和约；

（13）同意向斯洛伐克共和国领土以外的地区派遣武装部队；

（14）同意外国武装力量驻扎在斯洛伐克共和国领土上；

（15）在正式批准以前对国际政治公约和条约、一般性质的国际经济协定以及需要通过立法机关生效的国际协定表示认可；

（16）决定全民公决的提议；

（17）讨论国内、国际、经济、社会的基本问题和其他政策。

五 议会代表

议员通过普遍、平等和直接的无记名投票选举产生，凡有投票权、年满21岁且在斯洛伐克共和国领土上拥有永久居住权的公民均可被选为议员。议员不能同时担任总统、法官、检察官和军人等职务。如果议员被任命为政府成员、国务秘书、斯洛伐克情报局局长、斯总统办公室负责人或国家管理中央机构的领导人，他的议员资格在任职期间不被取消，只是不能

行使议员职权,他的位置暂由别人代替。议员享有豁免权,但如果议员根据法律被判决犯有特别严重的、故意罪行,其议员资格即被停止。

议员的基本职权有:立法倡议权、质询权和向政府成员提出问题的权利;向国家机构索取自己工作所需的信息的权利;参加国民议会和自己所属机构的会议的权利并就所有磋商的问题进行表决的权利;选举权和被选举权等。

六 议长的职权

根据斯洛伐克宪法,国民议会议长拥有下列权限:

(1) 召集和主持国民议会会议;
(2) 签署宪法、宪法性法律、法律和国民议会的决议;
(3) 接受国民议会议员的宣誓;
(4) 宣布国民议会、地方自治机构和总统的选举;
(5) 宣布关于罢免斯洛伐克共和国总统的民众表决;
(6) 完成其他专门法律规定的任务。

七 全民公决

斯洛伐克社会生活中最重要的问题通过全民公决来决定,全民公决决定国家与他国结成联盟还是退出这种联盟的宪法性法案以及其他有关公共利益的重大问题,基本权利和自由、税收、上缴的款项和国家预算不作为全民公决的内容。每一个有资格参加国民议会选举的斯洛伐克公民都有权参加全民公决。如果有至少35万公民请愿要求或者国民议会通过决议,斯洛伐克共和国总统即在收到请愿书或国民议会做出的决议后30天内宣布举行全民公决,公决应在总统宣布后90天内举行。全民公决有效的必要条件是:50%以上的有效选民参加公决且

50%以上的参加公决者表示赞同。全民公决通过的提案由国民议会通过法律形式公布,国民议会可以在全民公决结果生效3年后通过法律改变或废除。全民公决举行3年后可以就同一个问题再次举行公决。

从1993年1月至2004年5月,斯洛伐克共举行过6次全民公决,只有2003年5月16~17日举行的关于加入欧盟的全民公决取得成功(投票率为52.15%,赞同入盟的比率为92.46%),其他全民公决均因投票率低而失败,它们是:1994年举行关于证明私有化过程中资产来源的全民公决;1997年举行关于斯加入北约以及关于直接选举总统的全民公决;1998年举行关于禁止对能源企业实行私有化的全民公决;2000年、2004年分别举行关于是否提前举行议会大选的全民公决。

第三节 总统

一 总统的选举

宪法规定,总统是国家元首,对外代表斯洛伐克共和国,对内通过自己的决定保障宪法机构的正常运作。总统根据自己的意识和信念履行职权,不受任何命令的制约。

1992年颁布的宪法规定,总统由国民议会根据无记名投票选举产生。1998年和1999年修改后的宪法对总统选举规定,总统通过直接、秘密的全民选举产生。修改后的宪法还规定,每一个有资格参加国民议会选举的斯公民都可以选举总统;每一个有资格当选国民议会议员且年满40岁的斯公民可以被选举为总统候选人,总统竞选人需经至少15位国民议会的议员提名或者至少15000名有资格参加国民议会选举的公民在申请书上签字推举,提议需在宣布选举日之后21日内转交给国民议会议长;国民议会议长宣布总统选举的日期（在职总统任期届满前60天内举行首轮总统选举），如果竞选人在首轮选举中获得半数以上有效选票，他就当选总统，否则，得票最多的两位竞选人在14天之后进入第二轮选举，获得票数多者当选；任期5年，最多可连任两届；总统就职前需在国民议会前宣誓，拒绝宣誓或有条件的宣誓将视总统选举无效。

斯洛伐克独立至今先后选出了3位总统，他们是：米哈尔·科瓦奇（Michal Kováč），1993年2月15日经斯国民议会选举为总统，1993年3月2日就任总统，1998年3月2日任期届满；鲁道夫·舒斯特（Rudolf Schuster），1999年5月29日经全民直接选举为总统，1999年6月15日就任总统，2004年6月15日任期届满；伊万·卡什帕罗维奇（Ivan Gašparovič），2004年4月17日经全民直接选举为总统，2004年6月15日正式就任。

二　总统的职权

根据斯1992年制定的宪法以及1998年和1999年修改后的宪法，总统的职权是：

（1）对外代表斯洛伐克共和国，商讨和批准国际条约，可以委托政府或经政府同意的政府成员商讨国际条约；

（2）可以提议宪法法院就商讨的国际条约与斯宪法或者宪法法律是否一致做出决定；

（3）接见、委任和免除外交使节；

（4）召集国民议会的成立大会；

（5）如果国民议会在政府任命后6个月内没有通过政府的纲领性宣言，如果国民议会在3个月内没有就政府的法律草案做出决议（政府将法律草案与信任表决联系在一起），如果国民议会在3个月内无力达到做出决议的法定人数，总统可以解散国民议会。但这一权力不可以在自己任期的最后6个月或者战争期间或者戒严状态期间行使。如果在关于罢免总统的全民公决中总统未被免职，总统即解散国民议会；

（6）签署法律；

（7）任命或免除总理及其他政府成员的职务，授予他们领导各部的权力，接受他们的辞职；

（8）根据法律任免中央机构领导人和国家高级官员；任免高等院校校长，任命高等院校教授，任命和提升将军；

（9）授予勋章；

（10）减免刑事法庭判处的罪行，以特赦的形式取消犯罪纪录；

（11）武装力量的最高统帅；

（12）如果斯洛伐克受到进攻或者履行共同防御反对侵略的国际条约义务时，根据国民议会的决定宣布处于战争状态和缔结和约；

（13）根据政府的决定下令动员武装力量、宣布战争状态或者戒严状态和宣布这些状态的结束；

（14）宣布全民公决；

（15）可以在接到国民议会通过的法律15天之内否决法律（附上意见）；

（16）向国民议会递交关于斯洛伐克现状和重要政治问题的报告；

（17）有权向政府及其成员要求履行职责所需的信息；

（18）任免宪法法院院长、副院长和法官，接受宪法法院法官和总检察长的誓词。

（19）任免最高法院院长、副院长和法官，任免总检察长和法院理事会3个成员，接受法官的誓词。

如果总统未被选出，或总统被免除职务而新总统尚未选出,或新总统已被选出但尚未宣誓,或总统因重要原因不能履行其职责,斯政府履行总统职责(在此情形下,政府可委托总理行使总统的某些权限,其间,总理也担任武装部队的最高统帅)。

三　总统的解职或罢免

(1) 总统可以随时放弃职位,在他向宪法法院递交辞呈的当天,他的任期结束。斯宪法法院院长需书面向国民议会议长通告总统的辞职。

(2) 如果总统不能履行其职责 6 个月以上,宪法法院即宣告,总统的职务被解除。宣告之日即结束现任总统的任期。

(3) 总统可以在任期结束前通过全民投票的方式被解职。在国民议会至少 3/5 议员表决通过的决议基础之上,国民议会议长宣布举行关于解除总统职务的全民公决,且必须在宣布之日起 60 天内举行。如果在全民公决中有一半以上的票数表示同意,总统职务即被解除。反之,总统在公布全民公决结果的 30 天之内将解散议会。在此情形下,总统开始新的任期。

(4) 总统只有在故意破坏宪法或犯有叛国罪的情形下才能被起诉。在国民议会 3/5 议员表决同意的情况下,国民议会向宪法法院递交起诉。宪法法院的裁决意味总统职位的解除和今后不能再次竞选总统。

四　现任总统简历

斯洛伐克现任总统是伊万·卡什帕罗维奇。1941 年 3 月 27 日出生于斯洛伐克中南部卢切内茨和班斯卡·比斯特里察附近的波尔塔尔镇。其父亲弗拉基米尔·卡什帕罗维奇在第一次世界大战末期从克罗地亚的里耶卡移居到斯洛伐克,后在布拉迪斯拉发的一所中学任教。1959～1964 年,伊万·卡什帕罗维奇在布拉迪斯拉发考门斯基大学法学系学习法律。1965~1966年，大学毕业后于日利那州马丁县检察院担任见习律师。1966~1968年，在布拉迪斯拉发市检察院工作。1968年3月，为了支持杜布切克的改革而加入斯洛伐克共产党。在以苏联为首的"华约"5国军队武装入侵捷克斯洛伐克后，他于1968年秋被剥夺党员资格。从1968年末起，他在考门斯基大学法学院刑法、犯罪学和犯罪侦察学教研室任教，后逐渐获得科学副博士学位和副教授学衔。1990年2月他出任考门斯基大学副校长。1990年7月24日至1992年3月2日，他在捷克斯洛伐克政局紧张时期担任捷克—斯洛伐克联邦共和国总检察长。1992年3月，重返考门斯基大学法学系任教，是考门斯基大学学术委员会成员。此外，还是斯洛伐克"独立法学家论坛"主席之一和捷克斯洛伐克联邦共和国政府立法委员会副主席。1992年，加入弗拉基米尔·梅恰尔领导的"争取民主斯洛伐克运动"，作为该运动成员直至2002年7月。1992年6月，当选斯洛伐克民族议会中代表"争取民主斯洛伐克运动"的议员，并担任斯洛伐克民族议会议长。在1994年10月提前进行的议会大选中，"争取民主斯洛伐克运动"再次获胜，卡什帕罗维奇于同年11月再次当选议长。1998年3~10月，作为议长的他在斯洛伐克独立后第一任总统科瓦奇任期届满而新总统在议会久选未果的情形下被授权履行总统的部分职权。1998年9月议会大选后，"争取民主斯洛伐克运动"沦为反对党，卡什帕罗维奇出任国民议会议员，成为国民议会授权和豁免委员会、专门监督国家安全局活动的委员会成员和斯洛伐克国民议会在"国际议会联盟"中的代表团成员。2002年7月，出于抗议争取民主斯洛伐克运动主席梅恰尔的非民主化领导方式而退出该运动，随即组建"争取民主运动"，并被选为该运动主席。2002年7月15日至9月22日出任国民议会独立议员。在同年9月举行的议会大选中，卡什帕罗维奇领导的"争取民主运动"仅获得3.28%的得票率，无缘进入议会，他又一次回到考门斯基大学法学院从事教育活动，独立和参与编写了大学刑法教材、讲义，还完成了一些专业论文。2004年4月，在反对党——方向党和一些民族党派的支持下竞选总统，意外获胜。卡什帕罗维奇就任总统后立志成为一名公民总统，号召斯洛伐克政治家倾听民众的呼声，为民众办实事，认为仅仅降低失业率是不够的，还应该消除公民对社会保障的担忧，强调要加强对老年人、病人的关心照顾和减少刑事犯罪案件。在外交方面，他赞同斯洛伐克现行的外交政策，支持欧盟框架内的合作，但强调维护斯洛伐克的文化特性，重视发展与捷克等邻国的关系，表示将促进斯俄关系的发展。

第四节　政府

一　政府职能和构成

斯洛伐克宪法规定，政府是国家最高权力执行机构，由总理、若干名副总理和各部部长组成。政府成员不可以行使议员的权利、担任其他公共权力机构的职务、兼任国家其他公职、从事商业活动、成为从事商业活动的法人机构管理和监督机构的成员。政府总理由共和国总统任免，凡有资格被选举进入国民议会的公民都可以被任命为总理。政府其他成员由总统根据总理的提名来任免，凡可被选为国民议会议员的公民都可以被任命为副总理和部长。政府在接受任命后30天内必须在国民议会公开亮相，向国民议会提交施政纲领并要求国民议会对政府表示信任。

政府对国民议会负责，国民议会可以随时对政府表示不信任。政府可以随时要求国民议会进行信任投票，如果国民议会对政府表示不信任或者拒绝政府提出的信任提议，总统就解散政府。如果总统接受了政府的辞职要求，就授权政府履行职责至新政府被任命。政府成员可以向总统提出辞职，总理也可以向总统提议解除政府成员的职务。国民议会可以对政府成员提出不信任案，在这种情况下，总统即可解除政府成员职务。如果总理提出辞职，那就意味着整个政府即提出辞职。如果国民议会对总理提出不信任案，总统解除总理的职务，其后果是政府总辞职。如果有半数以上的政府成员在场，政府就可以表决，通过决议需要半数以上成员的同意。

政府对下列国家大事集体做出决策：①法律草案；②政府命令；③政府纲领及其履行情况；④保障经济和社会政策的基本措施；⑤国家预算和决算草案；⑥国际条约；⑦内外政策的根本问题；⑧向国民议会提交法律草案或提交公众讨论的重大措施；⑨要求议会进行信任投票；⑩对轻微违法事件实行大赦；⑪根据法律任免国家官员；⑫提议宣布战争状态，提议动员武装力量的命令，提议宣布戒严状态的开始及其结束，宣布紧急状态的开始和结束；⑬派遣武装力量至境外参加人道主义救助、军事演习或者维和观察使团，同意外国武装力量在斯境内进行人道主义救助、军事演习或者参加维和观察使团，同意外国武装力量经过斯境；⑭派遣武装力量至国外履行关于共同抵御侵略的国际条约（时间最多不超过60天），政府应刻不容缓地将这一决定通知国民议会；⑮其他法律规定的问题。

1993年独立以来共产生了6届政府：1992年6月24日至1994年3月15日，"争取民主斯洛伐克运动"在斯洛伐克民族党的默契支持下建立的政府，总理为弗拉基米尔·梅恰尔；1994年3月15日至1994年12月13日，民主联盟、基督教民主运动和民主左派党在匈族政党的支持下组成临时性的联合政府，总理为约瑟夫·莫拉夫奇克（Jozef Moravčík）；1994年12月13日至

斯洛伐克

1998年10月30日,"争取民主斯洛伐克运动"、斯洛伐克民族党和"斯洛伐克工人联盟"组成三党联合政府,总理为弗拉基米尔·梅恰尔;1998年10月30日至2002年10月15日,"斯洛伐克民主联盟"①、匈族联盟党、民主左派党和公民谅解党组成四党联合政府,总理为米古拉什·祖林达(Mikuláš Dzurinda);2002年10月16日,"斯洛伐克民主基督教联盟"、匈族联盟党、基督教民主运动和"新公民联盟"组成四党联合政府,总理为米古拉什·祖林达。2006年7月4日,"方向—社会民主党"、斯洛伐克民族党和"人民党—争取民主斯洛伐克运动"组成三党联合政府。

斯洛伐克现政府有16名成员,他们是:总理罗伯特·菲措(Robert Fico);负责知识界、欧洲事务、人权和少数民族事务的副总理杜桑·恰普罗维奇(Dušan Čaplovič);副总理兼内务部长罗伯特·卡利涅克(Robert Kaliňák);副总理兼教育部长杨·米科拉伊(Ján Mikolaj);副总理兼司法部长什杰凡·哈拉宾(Štefan Harabin);财政部长杨·波齐亚特克(Ján Počiatek)外交部长杨·库比什(Ján Kubiš);经济部长卢博米尔·亚赫纳杰克(Ľubomír Jahnátek);国防部长弗兰季谢克·卡希茨基(František Kašicky);文化部长马雷克·马贾里奇(Marek Maďarič);卫生部长伊万·瓦伦多维奇(Ivan Valentovič);农业部长米罗斯拉夫·尤雷纳(Miroslav Jureňa);交通、邮政和电信部长卢博米尔·瓦日尼(Ľubomír Vážny);建设和地区发展部长马利安·亚努谢克(Marián Janušek);劳动、社会事务和家庭部长维拉·托马诺娃(Viera Tomanová);生活环境部长亚罗斯拉夫·伊扎克(Jaroslav Izák)。

---

① 该党在2000年分裂,以米古拉什·祖林达为首的一派建立了"斯洛伐克民主基督教联盟"。

第三章 政 治

二 现任政府总理简历

斯洛伐克现任总理是罗伯特·菲措。1964年9月15日出生于斯洛伐克的托波尔恰尼市。1982～1986年，在布拉迪斯拉发考门斯基大学法学院学习，获法学博士学位。1987～1988年，司法见习，通过司法考试，获得法官资格证书。1988～1992年，在斯洛伐克科学院国家与法律研究所继续深造，攻读刑法，获科学副博士称号。2002年获得副教授职称。此外，菲措还前往美国、英国、芬兰、比利时和法国学习刑法和人权。

1986～1995年，就职于斯洛伐克司法部法学研究所（1992～1995年担任副所长）。从1992年起，菲措成为斯洛伐克国民议会的议员。1992～2002年为斯洛伐克国民议会宪法权利委员会成员。1994～2000年为斯洛伐克在欧洲人权法院和欧洲人权委员会的代表。1994～2005年为斯洛伐克国民议会常驻欧洲理事会议会大会代表团成员。2002～2004年为斯洛伐克国民议会派往欧洲议会的观察员。2002～2006年为斯洛伐克国民议会人权、民族和妇女地位委员会成员。

初入政坛时，菲措是作为民主左派党的议员。1994～1996年，担任斯洛伐克国民议会民主左派党议员团主席。1996～1999年，担任民主左派党副主席。1998年议会大选后，民主左派党与右翼政党合作而成为四党联合政府的组成部分，菲措开始批评左—右翼联合政府并于一年后离开民主左派党和执政联盟。1999年11月，菲措创建了"方向党"，担任主席至今。2002～2006年，担任斯洛伐克国民议会"方向党"① 议员团主席。在2006年6月举行的议会大选中，菲措领导的"方向—社会民主党"得票率最高，因而他被总统授权组阁。2006年7月4日出任政

---

① 2005年1月1日改名为"方向—社会民主党"。

府总理,他宣称将致力于减缓前中右翼政府进行激进改革而造成的社会影响,缩小社会贫富悬殊,提高人民生活水平,增进社会团结、公正,使斯洛伐克成为现代化的社会福利国家。

第五节 司法机构

斯洛伐克的司法机构由法院和检察院组成。

一 法院

斯洛伐克的法院分为宪法法院和普通法院。

宪法法院 宪法第124条规定,宪法法院是保护宪法的独立司法机关。从2002年1月1日起,宪法法院由13名法官组成,他们由总统根据国民议会提议的26名人选来任命,任期12年,但只可被任命一次。凡有资格被选入国民议会、年满40岁、受过高等法学教育、有至少15年的法律工作经验的公民均可以被任命为宪法法院法官,他们享有与国民议会议员同等的豁免权。宪法法院的院长和副院长由总统从宪法法院的法官中任命。宪法法院行使下列职责:

(1)决定法律与宪法和宪法性法律是否一致;

(2)决定政府命令、各部和其他国家中央行政机关以及地方自治机关具有普遍约束力的法律规定与宪法和宪法性法律是否一致;

(3)裁定国民议会和地方自治机关的选举是否具有合法性;

(4)对国民议会议员资格证明的申诉作出决定;

(5)对全民公决结果的申诉作出决定;

(6)对总统犯有叛国罪的控告作出决定;

（7）裁定解散或中止政党或政治运动的活动是否符合宪法和法律规定；

（8）决定法律规定与国际条约是否一致；

（9）解决中央行政机关之间的职能纠纷（如果法律没有规定，这些纠纷由其他国家机关来解决）；

（10）对国家行政机关、地方行政机关以及地方自治机关作出的损害公民基本权利和自由的法律规定的申诉作出决定；

（11）在有争议的情形下，对宪法性法律有解释权。

如果宪法法院认定上述一些规定与宪法和宪法性法律之间不符，颁布这些法律规定的机构必须在宪法法院公布决定后6个月内使这些规定与宪法、宪法性法律相符，否则，这些规定将失去效力。

现任宪法法院院长是杨·马扎克（Ján Mazák），2000年1月22日上任。

普通法院 宪法第141条规定，斯洛伐克的司法权由独立和公正的法院行使，各级法院独立于其他国家机关。普通法院由刑事法院、民事法院、商务法院和行政法院组成。斯法院分为两级：第一级法院主要是县法院（共55个），州法院（共8个）仅在法律作出具体规定的情形下才作裁决；第二级法院是最高法院。此外，还有军事法院，它分为高级军事法院（在特伦钦）和军区法院（3个）两级。

根据2001年2月23日通过的宪法草案，斯还设有司法理事会，其主席为最高法院院长，其他成员是：8名由法官任免的成员、3名由国民议会任免的成员、3名由总统任免的成员和3名由政府任免的成员，凡作风正派、受过高等法律教育和有至少15年法律实践经验的人士都可以成为司法理事会成员，任期5年，最多可连任两届。法院理事会的职权范围是：①向总统提议被任免法官的人选；②决定法官工作的分配及其调动；③向总统提议最高法院院长和副院长的任免；④向政府提议在国际法庭机构任职的人选；⑤任免合议庭成员及其庭长；⑥在制定国家预算草案时对斯法院的预算草案发表意见。

法院决定民法和刑法事务，对行政机关的决定是否合法进行复审，主要职责是保障公民、法人和国家的权利、自由和受法律保护的利益。

如果法律没有规定由某一位法官决定某事，法院通过合议庭来做决定。法官独立履行职责，判决时受宪法、宪法性法律和国际条约的约束。法官由总统根据法院理事会的提议任免，任期为4年，法官职务的解除不受时间的限制。凡有资格被选入国民议会、年满30岁和受过高等法律教育的斯公民都可以被任命为法官。斯总统根据法院理事会的建议从最高法院的法官中选出最高法院的院长和副院长，任期为5年。

二 检察院

斯检察院是独立的国家组织机构，呈等级制组织结构，由55个县检察院（第一级）、8个州检察院（第二级）和总检察院（最高级）组成。此外，还有军事检察院，分为高级军事检察院和3个军区检察院两级。检察院的职责是：保护自然人、法人和国家的权利和他们受到法律保护的利益。

总检察长由总统根据国民议会的提议加以任免，任期为7年，最多可连任两届。只有年满40岁、有至少5年司法工作经验的检察官可以被任命为总检察长。总检察长行使下列职权：

（1）领导和检查所有检察院（包括军事检察院）的活动；

（2）每年一次向国民议会递交关于法制状况的工作报告；

（3）可以向国民议会提议宪法法院法官的人选；

（4）有权参加国民议会委员会和政府的会议；

（5）可以向国民议会议长和政府提议通过、修改和补充法律；

（6）可以向宪法法院提议就法律规定的一致性问题进行诉

讼、在有分歧的情况下解释宪法法律，就国民议会和地方自治机构选举的合法性及其结果、总统选举及其罢免的合法性、全民公决的结果向宪法法院申诉，提议宪法法院复审关于解散和中止政党或政治运动活动的决定；

（7）可以提议最高法院采取保障法律解释统一性的立场，可以参加最高法院的全体大会。

现任斯总检察长是多布洛斯拉夫·特尔卡（Dobroslav Trnka），2004年2月1日上任。

第六节 政党

89年剧变后，在政治多元化的大环境下，斯洛伐克政党体系的形成和各政治团体的发展均显现出"转型"期的特点。斯洛伐克有各种思想倾向的政党，一些政党成立于1990年且存在至今，另一些政党存在了几年后即结束了运作；一些政党通过合并多个政党而成立，另一些政党由于党派分裂而独立出来。各政党拥有的民众支持率不同，在议会中占有的席位也不同。斯宪法规定，公民有权建立和参加政党和政治运动，斯现有政党110余个，主要有：

一 方向—社会民主党（Smer – sociálna demokracia）

99年11月，方向党在根本改变斯洛伐克政治内容和方式的基础上创立，有民粹主义色彩。虽然方向党成立时间不长，但在斯民意测验中一直名列前茅，社会影响不断扩大，有党员约14000人。该党主席罗伯特·菲措原为民主左派党内最受欢迎的政治家，现为斯洛伐克最受欢迎的政治家。起初，菲措拒绝将方向党归入传统的"左翼"或"右翼"范畴，认为方向党是建立在合理主义和实用主义基础之上的"非意识形态

的政党",倡导"第三条道路",旨在建立有序、公正、人道、宽容和经济繁荣的稳定社会。

方向党认为,1989年剧变后斯社会出现了深刻的不平等现象,国家对人民漠不关心,国有财产被侵吞,犯罪率上升,导致公众对经济和社会方面的无序状况产生不满,故提倡采取坚决措施解决业已存在的社会问题。该党主张多元化民主制和发展市场经济,重视发展教育、文化,反对腐败和将少数集团的利益置于国家利益之上,在保护消费者和国内市场的前提下支持斯加入经济全球化进程,同时将提高人民生活水平视作优先考虑的问题。

方向党支持斯加入欧盟,但同时强调要尊重互惠和平等的原则,保持本民族的特点,不接受来自其他民族在政治、经济和文化等方面施加的压力,批评现政府在核能源问题和解决罗姆人问题上屈服于欧盟的压力。方向党认为外交应为国内经济建设服务,主张奉行均衡的外交政策,且主张在争取加盟入约的同时应积极发展同中国、俄罗斯、日本等大国的关系。

在2001年地方选举中,方向党候选人当选为班斯卡·比斯特里察自治州州长,并在全国8个州议会401个席位中获得23席。在2002年议会选举中,呼声很高的方向党仅获得13.46%的选票,名列第3,未能如愿参政入阁,在议会获得25席。议会选举后,方向党对执政联盟采取强烈抨击的态度,反对政府采取的激进的改革措施。同时,方向党逐渐向左翼阵营倾斜。2004年初,方向党与斯工会等组织利用现政府的执政危机积极促成在首轮总统选举的当天举行关于是否提前进行议会大选的全民公决,最终因参选率只有35.86%,低于法定的50%而被宣布无效。2004年4月,在方向党的大力支持下,斯前议长卡什帕罗维奇当选新总统,方向党的民众支持率也随之提高。2005年1月1日,方向党与民主左派党、民主选择党和社会民主党正式合并,更名为方向—社会民主党,表现为现代中左翼性质的政治力量。2005年5月,方向—社会民主党加入社会主义国际。在2006年6月议会大选中,该党得票率最高,为29.14%,从而成为三党联合政府的主体。

二 斯洛伐克民主基督教联盟—民主党（Slovenská demokratická a krest'anská únia – Demokratická strana）

1998年7月,由基督教民主运动、民主联盟、民主党、社会民主党和绿党5个政党组成旨在推翻梅恰尔政府的斯洛伐克民主联盟,该联盟在1998年9月议会选举中获得26.33%的选票,位列第二,在议会中占有42个席位,成功组阁,该联盟主席祖林达出任总理。由于斯洛伐克民主联盟内各党派不同,从成立之日起就为各种问题争吵不休,思想和步调难以协调一致。2000年1月17日,以总理祖林达为首的联盟内持基督教民主和自由主义思想的政治家建立了斯洛伐克民主基督教联盟（以下简称"民基盟"）,它为中右翼性质政党。

2000年11月,"民基盟"举行第一次全国代表大会,大会通过了党纲和党章,选举出由7人组成的领导班子。斯总理祖林达当选该党主席,议员什姆科当选为总书记。在2002年9月举行的议会选举中,"民基盟"获得15.09%的选票,得28个议席,以它为主体组成新一届4党联盟,祖林达蝉联总理。2003年下半年,该党发生分裂,副主席希姆科因对祖林达的执政方式不满而被解除党内和政府职务,不久,以希姆科为首的7名议员离开"民基盟"的议员团,从而使联合政府成为少数派政府。2004年4月,在总统选举开始前3天,斯洛伐克媒体曝出了关于"民基盟"在筹募资金方面存在问题的丑闻,加之,该党被斯总统、议长和执政联盟内其他党派批评为"意欲独揽斯加入北约的政绩",从而对该党提名的外长库坎竞选总统起了负面影响,在首轮总统选举中意外落选,且导致来自反对党的卡什帕洛

斯洛伐克

维奇当选总统，该党既面临来自执政联盟内其他党派的责难，又面临如何解决执政危机的难题。2006年1月，"民基盟"与民主党合并，正式更名为"民基盟—民主党"。在2006年6月的议会大选中，"民基盟—民主党"的得票率为18.35%，名列第二，在议会中占有31个席位，却没有像1998年和2002年议会大选后那样幸运地组阁而沦为在野党。

"民基盟"自称由基督教民主主义者、现实保守主义者及自由主义者组成。政治上主张人的尊严和自由神圣不可侵犯，倡导建立基于基督教和民主价值观的民主法治国家，继承并发扬欧洲传统，鼓励公民积极参加公共事务的管理，反对政治极端化；经济上支持和鼓励公民的创新和开拓精神，提倡扩大私有化程度，从而在斯建立起稳定的和高效运转的自由市场经济体制；外交上致力于加盟入约，主张睦邻友好，支持斯加入区域组织，支持美国军事打击南斯拉夫联盟和伊拉克，认为恐怖主义是当今国际社会面临的最危险的问题之一，支持斯加入反恐联盟，主张加强斯的国防建设，以适应新的挑战和威胁。

"民基盟"的最高权力机关为党的代表大会，中央机构设有主席团、执行委员会和中央委员会。中央委员会设主席、总书记、5位副主席和90名中央委员。党的组织结构分为中央、城市、县和地区等级。在全国8个州共有近300个基层组织，现有约8000名党员。

2002年6月，"民基盟"被吸收为欧洲人民党观察员。2003年4月，"民基盟"加入基督教民主国际。

三 人民党—争取民主斯洛伐克运动（L'udová strana—Hnutie za demokratické Slovensko）

民党—争取民主斯洛伐克运动（以下简称"民斯运"）原名"争取民主斯洛伐克运动"（2000年改为现名）

成立于 1991 年，其前身为"公众反对暴力"（Verejnost' proti násiliu）组织中的民主斯洛伐克派，弗拉基米尔·梅恰尔是该运动创始人，且至今担任其领导人。"民斯运"是一个具有民族主义倾向的政党，它崇尚自由、民主、尊重人权、法治、团结和责任的基本原则，旨在建立一个尊重人权和自由、为所有人提供同等机会的公民社会，主张实行多党议会民主，主张发展以社会和生态为指导的市场经济，尊重私有制，反对激进的改革，强调维护斯的主权、领土完整、边界不受侵犯、安全和经济繁荣。"民斯运"拥有党员约 4 万人，中老年人和贫困阶层人士是其坚定的支持者。

1991 年 6 月，"民斯运"正式举行成立大会，脱离了"公众反对暴力"，且被迫放弃执政地位，成为在野党。该运动成立后活动的主要内容是批评经济改革的"联邦"模式和努力重新评价捷克和斯洛伐克联邦共和国的权力分配。在 1992 年捷斯联邦大选中，"民斯运"在斯洛伐克地区获胜，赢得 37.26% 的选票，在拥有 150 名议员的斯国民议会中占有 74 席，与民族党达成"默契联盟"，组成以梅恰尔为首的中左政府。作为斯最强大政党的"民斯运"与捷克的第一大党——"公民民主运动"共同参与了分离捷克斯洛伐克国家的过程。1993 年斯洛伐克独立后，"民斯运"调整了政策方针，放弃了原联邦时的"休克疗法式"经济改革方案和投资券私有化方式。1993~1994 年，"民斯运"内部出现分裂迹象，一些议员离开了"民斯运"，最终导致"民斯运"和民族党组成的联合政府在议会失去多数而于 1994 年 3 月被解散。在 1994 年 9 月提前举行的议会选举中，"民斯运"再次获胜，得票率为 34.96%，占据议会 2/5 的席位，并与民族党和"工人联盟"组成新一届联合政府。在 1994~1998 年，以"民斯运"为主体的联合政府采取了一系列具争议性的政策措施，如操纵议会、新闻媒体和秘密机构、进行不透明的私有化、限制匈少数民族权利和实行倾向俄罗斯的对外政策，从而一度被排除在首批与欧盟和北约进行谈判的国家行列之外。在1998年8月的议会选举中,"民斯运"再次获胜,得票率为27%,但因未能成功组阁而沦为在野党。1999~2002年,"民斯运"对内采取了坚决反对政府的立场,对外则正式支持斯加盟入约。2000年2月,"民斯运"发起了要求提前进行议会选举的运动,后因大多数公民不支持该提议而未成功。2000年3月"民斯运"举行全国代表大会,决定由中间偏左性质的运动转变为人民党性质的政党,将基督教教义、民主和公民思想、社会思想确立为党的三大思想支柱,对外加强向西方倾斜,弱化民族色彩。在2001年12月举行的地方选举中,"民斯运"在全国州议会401个议席中获一半多席位,"民斯运"与其他政党共同推举的8个州长候选人中有6人当选,其中有两名为"民斯运"成员。"民斯运"在2002年9月举行的议会换届选举中获得19.5%的选票,依然位列第一,在议会中赢得36个席位,但又一次因无一政党愿意与其合作而无缘组阁。2003年2月,"民斯运"11名议员退出议员团,"民斯运"因此丧失议会最大党的地位。2004年4月,"民斯运"推荐该党主席梅恰尔为总统候选人,他在首轮选举中赢得最多的选票,却在第二轮选举中落选。在2006年6月议会大选中,"民斯运"的得票率为历史最低,为8.79%,但却进入三党联合政府,在16名政府成员中拥有2名。

四 匈牙利族联盟党(Strana madarskej koalície)

1998年,匈牙利族联盟党(以下简称"匈族联盟党")通过匈牙利基督教民主运动的转型和合并"共同生存"及匈牙利公民党而成立,它是中间偏右的政党,崇尚自由、基督教-社会和保守价值观,支持斯加入欧盟和北约。2000年,"匈族联盟党"有注册成员11000人。

1998年6月,"匈族联盟党"举行成立大会,贝拉·布加尔当选主席,且一直担任至今。

在1998年议会选举中,"匈族联盟党"获得9.12%的选票,获15个议席,成为四党联合政府的组成部分。1998~2002年,"匈族联盟党"是执政联盟中最为稳定的政党之一。在2002年的议会选举中,"匈族联盟党"获得11.16%的选票,在议会占有20个议席,再次成为四党联合政府的执政党之一。不久,"匈族联盟党"与总理祖林达以及其他政党围绕《邻国匈族人地位法》①产生矛盾。在2006年6月议会大选中,"匈族联盟党"获得11.68%的选票,在议会中占有20个议席,成为在野党。

作为代表斯境内匈牙利少数民族利益的政党,"匈族联盟党"首先致力于匈牙利少数民族在斯境内的地位问题,维护斯少数民族的权益(如少数民族母语的使用、少数民族文化和教育政策以及自治问题等)和匈牙利与斯洛伐克两国关系等问题。"匈族联盟党"宣称继承人道主义和基督教传统,主张保护个人自由、私有制和建立法治国家,强调实行议会民主、尊重人权、公民权,支持实行地区合作政策,反对民族和宗教歧视,努力建设一个相互理解、尊重和宽容的社会,积极支持斯融入地区、欧洲及全球政治、经济和安全体系。

1999年12月,"匈族联盟党"被吸收为欧洲人民党观察员。2000年6月成为欧洲人民党联系成员。2001年1月成为欧洲民主联盟成员。

五 基督教民主运动(Krest'anskodemokratické hnutie)

20世纪90年代初,一些反对共产党的天主教人士组建了基督教民主运动(以下简称"基民运"),这是一个具有

---

① 2001年6月,匈牙利议会通过该法,旨在向邻国境内的匈族人提供文化、教育及社会福利保障等多种优惠待遇和经济补贴。

斯洛伐克

保守主义倾向的右翼政党,结合了欧洲基督教民主价值观和斯洛伐克保守主义的价值观。

1990年2月,"基民运"举行成立大会,斯保守主义领导人物杨·恰尔诺古尔斯基当选为党主席。同年6月,捷斯联邦举行剧变后的第一次议会大选,"基民运"获得19.2%的选票,在斯国民议会占有31个席位。1991年4月,该党主席恰尔诺古尔斯基取代被解职的梅恰尔就任政府总理。在1992年6月举行的议会大选中,"基民运"获得8.88%的选票,在斯国民议会中占18席,为反对党。1994年9月,斯举行首届议会大选,"基民运"获10.08%的选票,获17个议席,成为在野党。1997年6月,"基民运"同民主联盟、民主党、社会民主党和绿党等5个政党为推翻梅恰尔政府商议组成反对党联盟。同年7月3日,5党签署了组成竞选联盟的协议,该协议称,5党联合的目标是使斯朝民主、自由、法制和人民幸福的方向发展,并促成斯加入欧盟和北约。由于在大选前通过的选举法修正案中规定不能以政党联盟的形式参加大选,于是,1998年7月4日,反对党联盟举行了斯洛伐克民主联盟的成立大会,完成了由反对党联盟向统一的竞选党的转型,并成为实力最强的反对党。在1998年9月举行的议会选举中,斯洛伐克民主联盟的得票率为26.33%,在议会占42席,该联盟同民主左派党、匈族联盟党和公民谅解党组成四党联盟上台执政。由于斯洛伐克民主联盟内部纷争不断,2000年11月宣告解体。在2002年议会大选中,"基民运"独自参选,获8.2%的选票,在斯国民议会中占有15席,与斯洛伐克民主基督教联盟、匈族联盟党和新公民联盟四个政党组成中右翼性质的联合政府上台执政。2006年2月6日,"基民运"退出执政联盟而成为反对党。"基民运"主席赫鲁肖夫斯基也因此辞去国民议会议长之职。在同年6月的议会大选中,"基民运"获得8.31%的选票。由于在是否与方向—社会民主党和人民党—

争取民主斯洛伐克运动合作问题上"基民运"内部未能达成一致而失去进入联合政府的机会，从而成为在野党。不久，"基民运"领导层发生分裂，两名副主席辞去职务。

"基民运"强调继承欧洲基督教文化，自称是保守的和民主的政党，致力于在社会政治生活、国家和国际社会中实现基督教和保守主义的价值。"基民运"在政治上主张实行议会民主，其奋斗目标是依据基督教思想的原则，努力繁荣斯洛伐克的民主运动，力求建立精神上健康、正义和具有光明前途的社会。实行人道主义，保护生态环境。主张建立社会主义的经济秩序，谋求各种所有制权利平等，为建立市场经济创造最佳条件，同时，强调在经济改革中确保社会稳定。

在捷斯联邦进行关于国家权力分配问题的政治讨论期间，"基民运"提出要贯彻斯洛伐克共和国的主权，但在1992年，"基民运"没有支持捷斯联邦的解体。"基民运"成立之初，领导人经常发表反对共产主义和强烈反对自由主义的言论。1992年民族主义派别的代表离开后，"基民运"开始侧重支持国家的改革和加盟入约。"基民运"是"欧洲民主同盟"和"欧洲基督教民主主义者联盟"的成员，还于2002年6月加入欧洲人民党。

"基民运"的组织结构分为基督教民主俱乐部、县级、州级和中央级机构。中央机构设有全国代表大会、主席团、全国委员会、检查委员会、仲裁委员会。"基民运"的最高权力机构为全国代表大会，每两年举行一次，大会闭会期间，由全国委员会负责其工作。现有成员将近2万人。

六 斯洛伐克民族党（Slovenská národná strana）

斯洛伐克民族党是斯洛伐克人于1871年创立的最早的政党，一直致力于发展斯洛伐克民族特性和国家性。1945~1989年，斯洛伐克民族党停止活动。1990年，新型的斯

斯洛伐克

洛伐克民族党成立,宣称继承 1871~1938 年斯洛伐克民族党的传统。从一开始,该党就贯彻分离捷斯联邦和斯独立的思想。1990~1992 年,该党成为民族主义—分裂主义阵营中最活跃和最重要的政治力量。1993 年末 1994 年初,斯洛伐克民族党内出现了分裂,以被解职的党主席卢多维特·切尔尼克(L'udovít Černák)为首的温和派脱离了该党,成立了"民族民主党—新选择"(1995 年与民主联盟合并),以激进的民族主义观点而闻名的杨·斯罗达(Ján Slota)成为新一任主席。

斯洛伐克民族党宣称是拥有民族、保守和基督教倾向的政党。在 1990 年的议会选举中,该党得票率为 13.94%,获得 22 个议席;在 1992 年的议会选举中,得票率为 7.93%,获得 15 个议席;在 1994 年的议会选举中,得票率为 5.4%,获得 9 个议席;在 1998 年的议会选举中,得票率为 9.07%,获得 14 个议席;在 2002 年的议会选举中,得票率为 3.32%,未能进入议会。1993 年 10 月至 1994 年 3 月,斯洛伐克民族党与"民斯运"共同组成执政联盟;1994~1998 年,该党与"民斯运"和斯洛伐克工人联盟共同组成执政联盟,其间,该党在立法和行政上贯彻限制匈牙利少数民族权利的政策,支持梅恰尔政府采取的不透明的私有化措施,强烈反对共产主义。

斯洛伐克民族党具有强烈的民族倾向和民粹主义色彩,强调加强斯洛伐克共和国的民族特性和斯洛伐克人作为主体民族的独特权利(如语言和传统价值观),支持"社会—市场"经济模式和经济保护主义,反对斯加入北约,反对美国化,对斯加入欧盟持怀疑态度,主张斯保持中立,积极评价 1939~1945 年期间的斯洛伐克国家制度。该党不是世界上任何一个国际性政党联盟的成员,却长期与国外激进的民族主义政党和政治家保持联系,2000 年,与意大利后法西斯主义的政党——国家联盟和瑞士的右翼——民粹主义政党——人民党建立了联系。斯洛伐克民族党还是唯一公开拒绝与"匈族联盟党"合作的政党。

1999年，安娜·玛丽科娃（Anna Malíková）担任新一任党主席，她采取了较文明的执政方式，但该党其他领导人没有放弃强烈的民族主义言论（反匈牙利民族和反罗姆人），对政府也采取强烈批评的态度，批评祖林达政府没有捍卫斯洛伐克和斯洛伐克人的民族利益，批评政府采取的经济政策导致了失业率的提高和公民生活水平的下降。2001年6月，由于一部分党员不同意主席玛丽科娃的执政方式而离开，随后建立了右翼斯洛伐克民族党，导致斯洛伐克民族党在2002年的议会选举中失利。选举的失败促使斯洛伐克民族党重新团结起来，杨·斯罗达于2003年再次被选为该党主席。在2006年议会大选中，斯洛伐克民族党获得11.73%的选票，在议会占有20个议席，并成为三党联合政府的组成部分，在16名政府成员中拥有3名。

七　斯洛伐克共产党（Komunistická strana Slovenska）

斯洛伐克共产党（以下简称"斯共"）成立于1992年8月28日，它合并了共产党员联盟和前斯洛伐克共产党（后分裂为斯洛伐克共产党和斯洛伐克民主左派党）的一些党员。至2003年1月1日，"斯共"有22351名党员，在全国8个州74个县设立了1261个基层组织（由县或州的党委领导），党的大会通常每4年举行一次，中央委员会有77名成员（分别代表77个县级党组织），中央委员会主席团有17名成员，党的执行机构是中央委员会书记处，有7名成员，他们是中央委员会主席约瑟夫·谢夫茨（Jozef Ševc）、中央书记拉基斯拉夫·亚恰（Ladislav Jača）和另5名副主席。"斯共"经费来源为党费、国家财政拨款和捐赠，不接受任何来自国外的资金和物质援助。"斯共"的主要刊物是介绍党的纲领、政策和活动的杂志——《步伐》（KROKY）。

在1994年和1998年议会选举中,"斯共"分别获得2.72%和2.79%的选票,未能进入议会。在2002年议会选举中,"斯共"获得6.32%的支持率,首次进入议会,赢得11个席位。在2006年议会选举中,"斯共"获得3.88%的选票,没能进入议会。

在2000年9月召开的"斯共"四大会议上,通过了名为"为大多数人"的纲领,它提出了"斯共"今后长期的奋斗目标:通过改变资本主义制度逐渐建立社会主义制度,具体表现为:保障社会公正、人权、思想和宗教信仰自由,尊重国家财富属于公民的原则;保障自然资源和主要垄断型企业、金融机构的国家所有权,同时支持中小型经营活动的开展,尤其是服务业;全面发展农业大生产;消除失业现象,保障公民工作的权利;保障义务教育、为年轻人保障经济的稳定、为退休者保障体面的生活;在民族政策方面,贯彻公民平等的原则;致力于与所有的国家和民族发展友好关系且进行合作,致力于没有军事集团存在的世界,"斯共"坚决拒绝斯洛伐克加入北约;支持斯融入欧洲框架并加入欧盟。

目前"斯共"已同世界上140多个共产党、左翼政党和工人党建立联系。2004年1月10日,"斯共"主席谢夫茨接受德国民社常邀请出席欧洲左翼党成立大会,并在《欧洲左翼党宣言》上签字。

八 民主左派党(Strana demokratickej l'avice)

民主左派党的产生实际上体现了前斯洛伐克共产党中改革力量努力将斯共转变为具有社会民主倾向的政党。1990年10月,前斯洛伐克共产党召开代表大会,决定将党名改为"斯洛伐克共产党—民主左派党"。1991年1月26日,前斯洛伐克共产党完全改名为民主左派党,从此,该党拥有了新纲领、新名称和新的组织结构,而一部分不满于变化的成员则重新恢复了斯共的活动。

在1992年的议会大选中,民主左派党得到14.7%的选票,在国民议会中获得29个席位,成为仅次于"民斯运"的第二大政党;在1994年的议会大选中,民主左派党在名为"共同选择"的4党竞选联盟框架内参选,该竞选联盟获得10.41%的选票,共获得18个议席,其中12个议席为民主左派党所有;在1998年的议会选举中,民主左派党单独参选,得票率为14.66%,获得23个议席,党主席米卡什当选为议长;在2002年的议会大选中,民主左派党仅获得1.36%的得票率,历史上第一次未能进入议会。此后不久,党主席帕沃尔·孔措什引咎辞职,鲁波米尔·贝特拉克(L'ubomír Petrák)于2003年4月举行的第9次党代表大会上被推举为新主席。在2003年12月举行的地方选举中,民主左派党在市镇一级的代表机构中获得7.53%的席位,从而成为斯第4个最成功的政党,还占据了斯两大城市班斯卡·比斯特里察和普雷肖夫的市长的职位。但在2006年的议会大选中,民主左派党仅获得0.12%的选票。

1990~1998年,民主左派党基本上作为反对党而存在,只有在1994年3~11月的短暂时间内,该党成为临时三党联合政府的组成部分,负责经济、国防和农业。1990~1992年,民主左派党批评经济"转型"的所谓联邦形式,而在国家权力分配问题上,它竭力保留共同的捷克斯洛伐克国家。在1994~1998年梅恰尔政府执政期间,民主左派党贯彻独立的左翼政策,既批评执政联盟的许多政策又拒绝与其他反对党协调步骤。1998年10月至2002年10月,该党是4党联合政府的执政党之一,获得负责立法的副总理职位,且负责农业、教育、国防和社会事务。

民主左派党继承了1968~1969年间捷克斯洛伐克的"具有人性面孔"的社会主义传统,承认1989年11月剧变的不可避免

性,力求在斯建立强大的左翼力量,主张从极权制度向多元化民主过渡,尊重人权和公民权,支持必要的经济改革,但强调要以保障社会承受力为前提条件。在 1998~2002 年期间,民主左派党与执政联盟内其他政党在一些问题上发生矛盾,如战略性企业的私有化、公共管理改革和"一揽子"经济措施的通过等,与"匈族联盟党"进入对立状态,民主左派党的一些议员还支持反对党议员对总理祖林达提出的不信任案,该党成为执政联盟内最不稳定的因素。

民主左派党支持斯加入北约和欧盟,却要求就加盟入约进行全民公决。在科索沃危机期间,该党领导人采取了自相矛盾的态度,一部分领导人支持北约的军事行动和斯政府作出的向北约开放领空的决定,另一部分领导人却批评北约和斯政府的做法。

从 1996 年起,民主左派党是社会党国际的成员,与欧洲和世界范围内社会主义政党和社会民主党建立了紧密的合作关系。它拥有的党员人数从 1992 年的 48000 人减少到目前的 21000 人。

第四章

经　济

第一节　经济发展概述

公元10世纪，斯拉夫人建立的大摩拉维亚帝国崩溃，斯洛伐克于11世纪初被并入匈牙利王国。直至1918年奥匈帝国解体，斯洛伐克一直是匈牙利国家的经济附属区。14～15世纪，斯洛伐克的采矿业进入鼎盛时期，它开采的金子占世界开采总量的1/3，开采的银子占世界开采总量的一半，金、银矿成为匈牙利国家财富和发展的基础。斯洛伐克的班斯卡·什贾乌尼察和克雷姆尼察成为匈牙利王国自由矿业城市。从1328年起，在克雷姆尼察的铸币厂就开始铸造金币，年产量达到2万枚，克雷姆尼察金币是中世纪欧洲最受欢迎的支付手段。18世纪，哈布斯堡王朝的女王玛丽亚·特利莎和她的儿子约瑟夫二世实行了一系列改革，1785年废除了农奴制，试图为经济发展创造条件，但在斯洛伐克只出现了少数手工作坊，它们主要生产纺织品和陶瓷。在工业革命时期，由于匈牙利贵族对发展大生产不感兴趣，斯洛伐克地区的经济仍以农业为主。20世纪初，斯洛伐克只有不到1/5的人口从事工业和手工业生产。尽管如此，斯洛伐克在匈牙利工业领域中仍占有一定的地位，它是重要

斯洛伐克

的工业原料基地，也拥有发达的矿业和一些手工业生产的传统，匈牙利国家3/4的冶金和化学工业生产以及几乎全部的纸张生产都集中在斯洛伐克。

1918年捷克斯洛伐克共和国成立，这是一个以私有制为基础、推行自由市场经济的资本主义国家。直至第二次世界大战爆发，捷克斯洛伐克人均国民收入一直居世界10强之列。在新资产阶级共和国内，斯洛伐克是经济欠发达地区，与捷克地区的经济差异非常明显，斯洛伐克有全国23%的人口，却只有8%的工业，国民收入大约占全国总额的13%。捷克资产阶级对在斯洛伐克发展工业兴趣不大。共和国推行的经济自由主义和中央集权制在建国后最初的10年中对斯洛伐克经济造成灾难性的后果，几十家大工厂纷纷倒闭。在1930～1934年的经济危机中，又有大批工厂关门。直至30年代中期，随着法西斯德国侵略威胁的增强，捷克斯洛伐克开始对公路、铁路、兵工厂的建设大力投资，大部分兵工厂安置在斯洛伐克地区，于是斯洛伐克经济开始复苏，但大部分居民依然以农耕为生。

1939年3月，斯洛伐克在纳粹德国的支持下独立，随后成为纳粹德国的附庸。在二战期间，政府大力支持投资建设，工业取得发展，尤其是军工、化工和木材加工工业不断扩大生产规模，就业人数随之增加，经济发展良好。但由于斯洛伐克经济是德国"大经济圈"的组成部分，企业受到德国的直接监督和管理，大部分工厂还被德国资本所控制，如钢铁厂和军工厂等。

1945年二战结束后，斯洛伐克在相对短的时间内消除了战争造成的经济损失，重新恢复了经济生产活动。1948年共产党全面执政后，工业、银行业、交通逐渐收归国有，还通过农业合作社的方式对农业实行国有化。同时实施计划经济（五年计划）

第四章 经 济

和在经济互助委员会范围内与其他社会主义国家进行合作,国际劳动分工影响了斯洛伐克战后工业发展,冶金、机械、化学和建筑材料的生产得到优先发展。1948~1953年间实施的第一个五年计划侧重于重工业的建设和发展,至1953年,斯洛伐克的工业化取得显著成效,125家新工厂投入运行,109家工厂被改建,工业生产增长128%,在全国工业生产中的比重上升至16%。与此同时,出现了许多消极现象,如国民经济比例失调,农业生产停滞不前,私营部门濒临消亡,在盲目扩大重工业生产的同时忽略工艺水平的提高和生态环境的保护。"五五计划"实施(1971~1975年)后,斯洛伐克已发展成为工业国家,工业就业人口增加3倍多,在全国范围内,工业生产占27%,农业生产占33%,国民收入占28%,在经济上与捷克的差距缩小。工业化的快速增长又推动了城市化的发展,城市人口比例上升到50%。由于长期忽略经济发展规律,20世纪60年代斯洛伐克经济出现危机的征兆,如工业结构不合理,半成品生产居多,工业技术落后,产品无力在国际市场上竞争等,于是开始倡导关于部分恢复市场的功能、削弱中央计划和限制随意干预经济生活的做法等方面的改革。1968年8月以苏联为首的华约5国军队武装占领捷克斯洛伐克后,斯经济运作又回到原来的轨道上来,一方面继续兴建工厂、扩大生产规模、就业不断增长,另一方面与世界市场几乎处于隔绝状态。从20世纪70年代下半期起,捷克斯洛伐克的经济出现不景气现象,与世界经济水平的差距拉大,而斯洛伐克经济中存在的问题更加突出,如单方面依赖苏联能源、与国际市场脱钩、过度扩军备战和对生态环境的极度破坏等。20世纪80年代,经济陷入停滞状态,至80年代末,捷克斯洛伐克的人均国民收入在世界上居40~50位之间。

1989年剧变后,斯洛伐克根据捷克斯洛伐克联邦政府提出的"休克疗法"开始进行经济改革,经济出现大衰退。1990～1993年,斯洛伐克遭遇严重的经济危机,此间,斯洛伐克经历了两个阶段的改革。第一阶段是1991年开始在国内克朗可兑换性和私有化进程的基础上开始价格和市场自由化的改革,第二阶段是以实行新的税收和保险体系为标志的改革。在经济和社会领域,军工转产是一大难题,军工在工业生产中的比例从1988年的6.3%下降到1992年的0.9%,但由于资金严重匮乏,转产进程至为缓慢,失业人数猛增。从1989～1993年,国内生产总值、工业生产、建筑、农业生产、交通运输、最终家庭消费和居民实际工资等重要的宏观经济指标均大幅下降,急剧恶化。1992年11月,政府通过"经济复兴战略",其重点是通过放松财政和信贷政策来刺激宏观经济的扩张,实行积极的贸易政策,包括支持向欧洲国家出口,在国家管理和国家财政支持下进行产业结构的调整。

1993年1月1日独立后,斯放弃了原先的激进改革道路,放慢了改革的速度,尤其是在私有化领域,转而致力于建设有助于社会和生态平衡的市场经济。1993年,经济继续下降,公共财政和外汇储备趋于恶化,通货膨胀加剧。1994年,经济开始复苏,国内生产总值增长4.9%,出口快速增长促使外贸平衡状态改善。1995年,斯洛伐克经济状况明显好转,服务业和工业附加价值显著增长,中小企业经营状况得到改善,出口继续大于进口从而获得外贸顺差,就业人数和居民收入都有所增长。

1996～1998年,斯经济进入不平衡发展阶段。在经济政策方面,政府部分放弃自由主义模式,注重社会目标和国家责任,强调经济快速增长,具体措施是:通过扩张性财政政策刺激消费需求、实现大规模的公共基础设施投资建设,以及为促进发展而进行赤字经营等。面对过于扩张性财政政策,中央银行采取了货币紧缩政策，私人借贷受到限制，并导致银行利息增长。1996年是宏观经济发展中具有转折性的一年，在经济快速增长的同时出现了内部和外部的失衡现象。由于公共财政扩张趋势的增强，国内需求激增，外部需求减弱，导致外贸逆差凸显，从而出现内外收支严重失衡。公共财政赤字占国内生产总值的比例在7%左右徘徊，国际收支经常项目逆差几乎占国内生产总值10%。

1998年底新政府成立后，改变了经济转型构想，为消除宏观经济失衡不惜放慢经济增长速度。1998年，国内生产总值接近1989年的水平，而居民的实际收入还低于1989年的水平。1999年，政府一方面提出缩减开支、抑制消费、提高调控价格和增加进口关税等促进经济稳定的措施，另一方面加速国有企业私有化进程，出售原来受保护的战略性企业，如国有银行和能源企业等。受宏观经济稳定政策的影响，1999年和2000年经济增长速度减慢，但逐渐成功地将双赤字降低到可接受的水平。2000年12月，斯洛伐克成为经济合作与发展组织第30个正式成员，重新跻身于世界发达国家的行列。2001年在全球经济低迷的大背景下，在邻国——捷克共和国的经济发展速度放慢、波兰的经济甚至出现紧张情况之下，斯洛伐克的经济依然保持稳定增长。工业生产和固定资产投资稳步增长，通货膨胀下降，外资流入强劲，但失业率、外贸逆差和公共财政赤字没有改观。2002年，经济发展呈现积极和消极两方面的态势，一方面，随着更多规范的经济政策手段的使用、减税措施的实行、金融体系的重组和私有化的实施以及能源系统战略投资者的进入，贸易环境的透明度和可预测性大大改善，政治干预的空间也有所缩小；另一方面，经济外部失衡依然严重，贸易和经常项目逆差较大，由于政府无力削减开支，国家预算赤字增加。

斯洛伐克

2002年秋新政府成立后选择了谨慎的宏观经济政策,进行了公共财政管理、税收、医疗卫生、社会保障体制、劳动市场、退休制度、教育财政制度和公共管理等一系列改革。2004年5月斯洛伐克加入欧盟,这为斯经济继续保持较高速度的增长、提高经济效率和增强竞争力创造了条件。2004年,斯国内生产总值增长5.5%,人均国内生产总值达到8643美元,但失业率依然过高(18.2%)。2005年,斯失业率下降至11%,创8年来最低。

总体上说,自1993年独立以来,斯洛伐克经济保持相对快速的增长,平均年增长4.3%。随着经济的增长,斯货币克朗相对欧元日趋稳定和竞争力增强,按购买力平价计算的人均国内生产总值逐渐缩短了与欧盟水平的差距。另一方面,外债在1993~2003年间从37亿美元增加到183亿美元,1993年人均外债为3406美元,2003年底已增长到原来的5倍左右,外债占国内生产总值的比例由1993年的28%上升到2003年的51%,政府的债务从1993年的20亿美元增加到2003年的33亿美元。经济结构变化不大。工业依然是最主要的经济部门,尽管它在国内生产总值中的比例从1993年的28.5%减少到2003年24.8%;不动产、租赁和商业活动占国内生产总值的比例则有所加强,从1993年的9.9%增加到2003年的13.6%;批发、零售、机动车和其他消费品的修理占国内生产总值的比例下降了4.7%,从1993年的16.7%下降到2003年的12%;交通、储备、邮政和电信占国内生产总值的比例从1993年的7.9%上升到2003年的9.5%;建筑业占国内生产总值的比例在1993~2003年间浮动于5%~7%之间;金融中介服务占国内生产总值的比例从1993年的3.8%增加到2003年的6.8%;农业、林业、牧业和渔业占国内生产总值的比例在持续下降,从1993年的6%下降到2003年的3.7%。

第四章 经 济

表 4-1　斯洛伐克 1993~2003 年经济发展情况

	1993	1994	1995	1996	1997	1998	1999	2000	2001	2002	2003
国内生产总值（亿克朗）	4114	4956	5765	6384	7127	7814	8441	9341	10098	10964	11958
国内生产总值实际增长		6.2%	5.8%	6.0%	4.8%	4.2%	1.5%	2.0%	3.8%	4.4%	4.2%
附加价值在实际增长的比例		3.0%	5.4%	5.2%	4.8%	3.9%	1.2%	1.6%	4.6%	4.1%	4.5%
外资在国内生产总值的比例		1.8%	1.7%	1.8%	1.7%	2.6%	2.1%	8.7%	5.7%	7.2%	2.8%
国际收支经常项目余额占国内生产总值的比例		-4%	4.9%	2.6%	-9.4%	-8.6%	-8.9%	-4.8%	-3.5%	-8.4%	-8%	-0.9%
公共财政赤字占国内生产总值的比例	31.2%	6.1%	0.9%	7.4%	6.2%	3.8%	7.1%	12.3%	6%	5.7%	3.7%
人均国内生产总值（欧元）	2148	2444	2795	3093	3482	3662	3546	4061	4334	4774	5358
按购买力标准计算的人均国内生产总值（欧盟=100）				45	46.8	47.7	48.2	47.5	48.2	49.2	51.7	51.4

资料来源：斯洛伐克统计局、财政部、国家银行和经济合作与发展组织。

第二节 经济体制改革

1945年第二次世界大战结束后,在捷克斯洛伐克国家经济生活中国有化大企业、合作社企业和中小型私人企业3种经济成分并存,与此相适应,实行计划和市场并存的经济管理体制。根据1945年10月贝奈斯总统签发的关于国有化的法令,银行、保险公司、主要的工业部门(矿业和冶金业)和就业人员超过一定数量(150~500不等)的工厂都实行了国有化。此外,还通过关于没收通敌分子、战犯、所有的德族人和匈族人(反法西斯分子除外)财产的总统令和关于土地改革的法令。

1948年"二月事件"后,捷共全面执掌政权,加快了国有化速度,扩大了国有化范围,社会主义建设不断发展。1949~1953年,实行第一个5年计划,并开始农业的社会主义改造进程,仿效苏联建立起一套高度集中的指令性的计划经济管理体制。随着僵化的中央指令性计划经济体制弊端的暴露,至1989年政局剧变前,捷克斯洛伐克先后对经济体制进行了3次改革尝试,但成效不大。

1956年6月召开的捷共全国代表会议提出,在经济管理工作中应当把计划同商品经济范畴和价值规律的作用结合起来,并适当下放管理权。在此基础上制定出《关于计划和财政管理的新体制》,1959年开始执行。新体制的主要内容包括:①改革工业管理体制,取消原来介于中央部委和企业之间的部属管理局,代之以生产经济单位,并按专业建立起384个生产经济单位;②减少国家下达的指令性指标,生产经济单位在制订计划方面拥有较大的自主权;③扩大企业和生产经济单位的自主权,使企业经营成果与生产集体和个人的利益挂钩;④鼓励企业利用自有资金进行投资；⑤逐步改变由中央集中供应物资和分配产品的做法，由生产经济单位负责供应本专业所需的产品。由于这是一场在旧的计划管理体制范围内进行的不彻底的改革，到1960年国民生产总值虽然有所增加，但经济效益持续下降。随着20世纪60年代初捷克斯洛伐克经济形势恶化，改革就此中断，基本上又恢复了改革前高度集中的管理体制。

1961~1965年间进行的第三个5年计划进展很不顺利，经济迅速下滑，以至许多生产经济单位不得不依靠国家的补贴来支撑。在此情形下，经济改革的呼声再起。1965年1月1日，捷共中央委员会公布《关于完善国民经济计划管理的主要方针和党的工作决议》，一方面提出取消强制性指标，逐步实行灵活竞争价格，并在相当大的范围内分散投资决策权，另一方面强调计划的主导作用，保留了集中指令性的定额，实行自由价格的范围也比较小，仅为10%左右。经过长达1年半的公开讨论和意见补充，1966年4月，捷共中央通过《关于加速实施新管理体制的原则》，促进了改革的进一步发展，主要内容是：改进计划体制，中央计划主要实行宏观经济协调，扩大企业的计划制定权；充分发挥市场的作用，实行自由竞争价格；企业实行自治，特别是拥有投资决策权；对企业开放国外市场；用统一的税收代替各种缴纳的款项。1968年4月，捷共中央通过了将社会主义计划经济改变为社会主义市场经济的经济体制改革纲领——"行动纲领"，主要包括：经济管理工作要同国家机关的工作分开，特别是同党的机关工作分开；企业拥有组织自由，有权脱离或加入某个联合企业；建立工厂委员会，企业的主要活动由全体企业职工民主选举的工厂委员会来领导，企业有权决定生产计划、经营管理和年终分配等。与第一次改革相比，这次改革较为深入，促进了经济的发展，但也出现了一些负面问题。1968年8月"布拉格之春"后，改革被否定和中止，经济体制又逐渐回到改革

斯洛伐克

前的状态。

进入20世纪70年代后,捷克斯洛伐克经济的经济形势愈益恶化,捷共中央决定进行新一轮改革。1980年1月,捷克斯洛伐克政府通过了《关于1980年以后完善国民经济计划管理体制的整套措施》,主要内容有:改革计划体系,建立以五年计划为主同时长期、中期和短期计划相结合的计划体系;改革指标体系,用自身产值指标作为评价企业经济成果的标准;加强物资平衡,改进物质技术供应;加强经济核算,实行企业财务包干;完善价格制度,调整批发价格和零售价格,减少国家财政补贴;增强工资的鼓励成分;大力鼓励出口,以扭转外贸逆差。由于改革的内容只是对旧的体制进行局部的完善和调整,原有体制的弊端没有得到消除,因而成效不明显。1986年捷共17大决定推进改革。1987年1月公布了《经济体制的改革原则》,1987年7月和9月又公布了《国营企业法草案》和《农业合作社法草案》。这次改革的主要内容有:①扩大企业自主权,促使企业把权利和责任结合起来;②完善集中管理,提高中央管理的效能;③改革计划体制,减少计划指标,简化年度计划,改变计划方法;④改革价格体系;⑤改革收入分配制度;⑥实行劳动集体的社会主义自治;⑦发展多种经济形式。这次改革既扩大了经济单位的自主权又强调提高中央管理的效能[1]。

1989年政局剧变后,捷克斯洛伐克开始从中央计划经济向市场经济转型。转型旨在提高经济效率和竞争力、改善国内市场供应和国家在世界市场的地位以及促进社会安定。转型的基本手段有价格自由化、实行平衡的货币和预算政策、实现与外贸自由

---

[1] 本节上述内容参见王爱珠编著《苏联东欧经济改革概论》,复旦大学出版社,1989,第171~200页;参见张德修著《东欧经济概论》,北京大学出版社,1986,第236~278页。

化相关联的国内货币的可兑换性和私有化。转型的进程因经济的国有化程度高（1988年国有部门的比例达到99.7%）和经济改革经验不足而变得复杂起来。1989～1992年，斯洛伐克的私有化进程与捷克无异，联邦政府的主要目的是加快私有化速度。1990年5月，捷克斯洛伐克议会通过法令，允许私人创办公司，并建立了私有化部。1990年10月和1991年2月，议会先后通过《财产退赔法》和《未经法院审理的冤案平反法》，将1948年2月后被没收和收归国有的房屋、企业、店铺、田地、森林被归还给原主或其继承人（条件是捷克斯洛伐克公民）。还通过了解散农业合作社的法律，土地归还原主，允许买卖土地。1990年10月，议会通过《小私有化法》，规定将固定资产在2500万克朗以下的企业、餐馆、商店、旅馆和小饭店等通过公开拍卖的方式出售或出租给个人。小私有化分两轮进行，从1991年2月持续到1992年底。第一轮只有国内的法人和自然人可以参加，到第二轮时外国人才可以参与购买或租赁第一轮剩余的财产。1991～1992年，在斯洛伐克通过小私有化方式出售了9676个经营单位，总价值达131.92亿克朗。小私有化进程从一开始就伴随着价格自由化、经互会的解体和货币的贬值。1991年2月，议会通过《大私有化法》。大私有化的程序是先将国有企业转变为股份公司，在对资产进行清算评估的基础上，由各股份公司自己提出实行私有化的方案，然后报私有化部批准，或直接出售，或进行公开拍卖，或加入政府的投资券私有化计划。投资券私有化是由于资金不足而采取的非标准的私有化方式，它把一部分国家财产平均分配给公民。具体做法是：每个在1991年11月1日前年满18岁的捷克斯洛伐克公民，有权用1000克朗购买一份投资券，借此向实行私有化的企业投资，从而可获得价值数万克朗的股份。1991年8月13日，政府通过了私有化企业的名单。在1991～1993年进行的第一轮大私有化中，有678个国有企业实

现了私有化,主要涉及工业和服务业,总价值达1690亿克朗。在1993年1月1日斯洛伐克共和国独立以前,斯洛伐克境内有将近1/3被确定为私有化对象的财产实现了私有化。

斯洛伐克独立后,经济转型进程发生了一些变化。由于联邦解体前捷克和斯洛伐克共有的经济转型模式对斯洛伐克产生的不利影响比对捷克更为明显,如经济衰退更严重、失业率更高和吸引外资效果相对差等,因此,1992年大选中胜出的"争取民主斯洛伐克运动"在政府中提出新的私有化构想,它导致私有化进程的明显减速。1992年底前斯有30%的私有化财产归私有部门所有,而从1993年初直至1994年3月,这一比例只有3.2%。1993年9月开始了大私有化的第二轮,强调标准化方式(主要是直接出售),同时强调优待国内经营者并放弃了投资券方式。在总价值1370亿斯克朗的国有财产中,58%是通过直接出售实现私有化,但只有5%是通过公开竞争实现的。1994年3月,莫拉夫奇克临时政府上任后,计划对174家企业实行私有化,总价值为1760亿斯克朗,其中800亿克朗系通过投资券方式进行。1994秋议会大选中再次胜出的争取民主斯洛伐克运动与其他两党组成联合政府,取消了此前通过的许多关于直接出售的决定,对私有化法进行了修订,负责出售私有化财产的部门从政府和私有化部转移到国有财产基金会。1995年夏,斯政府放弃了投资券私有化方式,代之以债券私有化方式。原先的投资券作废,在投资券私有化中登记的每个公民获得价值1万斯克朗的5年期债券,债券可以出售或用作投资等。由于公民对债券的需求很少,1996年3月政府规定其平均价值为名义价值的75%。至1998年12月31日,有不到1/3的债券被分期偿还。在国有财产基金会领导的快速和不透明的私有化过程中出现了政界与商界相勾结等腐败现象,大部分企业的出售价格远远低于实际价格。根据斯经济学家的估计,确定为私有化对象的国有财产总价值达4300亿

第四章 经济

斯克朗，至1997年底被私有化的国有财产约占62%。此外，1995年7月，斯议会通过《关于战略性企业的法律》，延缓了对一些企业的私有化，其资产总价值达1500亿斯克朗。战略性企业包括天然气、能源、邮政、电信、重型机械、制药、交通、农业、林业和水利等领域的国有企业和国家在石油输送公司和斯洛伐克发电厂的股份，上述法律规定，这些企业应该根据专门的法律实行私有化。战略性企业还包括那些可部分私有化且国家在其中保持主导地位的企业，涉及重油、矿业、冶金、矿物原料加工、机械、化学、消费工业、交通、农业、水利、制药和建筑等领域。

1998年底祖林达政府上台后，私有化进程进入新阶段。鉴于此前的私有化都没有形成强大而有效的企业所有制关系，新政府在纲领性宣言中提出对银行实行私有化、通过法院重新评价前政府的私有化决定、继续用公开竞争的方式实行私有化、对年龄较大的公民偿付债券、促使债券可以在资本市场上进行贸易和为外国投资者进入私有化领域创造条件等一系列新举措。1999年，新政府开始对国有财产基金会进行资产清算、修订关于私有化的立法并对银行、自然垄断行业进行私有化。1999年9月，斯议会通过《大私有化法修正案》，从而在国家的监督下可以对部分自然垄断行业进行私有化。1999年12月，斯洛伐克国家银行成功地将它在捷克斯洛伐克商业银行的股份出售给比利时信贷银行（KBC）和欧洲复兴开发银行，成交额为4.037亿欧元。随后，斯开始对国有银行和一些自然垄断行业进行私有化改造。2000年3月斯政府与美国钢铁公司签订关于出售东斯洛伐克钢铁公司的理解备忘录。2001年1月，斯政府与奥地利第一储蓄银行（Erste Bank）签署了关于出售斯最大银行——斯洛伐克储蓄银行的私有化合同。同年7月，意大利的联合商业银行（Intesa BCI）购买了斯第二大银行——通用信贷银行。2001年底，匈牙利的国家储蓄银行（OTP）成为斯投资和发展银行的拥有者。此

外，斯政府通过招标方式于 2001 年将石油管道输送公司 49% 的股份以 7400 万美元的价格出售给俄罗斯的尤科斯集团并将斯最大的保险公司——斯洛伐克保险公司出售给德国安联保险公司（Allianz）。2002 年，斯完成了有史以来最大的私有化交易，即由俄罗斯天然气工业公司与法国天然气公司和德国鲁尔天然气公司联合组成的国际财团以 27 亿美元的价格购买了斯天然气工业公司 49% 的股份。如此，从 1999 年 9 月开始的为期 3 年多的出售最重要战略性企业 49% 股份的私有化进程宣告结束。此外，2001～2002 年，斯政府以 515 万美元的价格通过直接出售方式对 56 个医疗卫生机构实行私有化。至 2003 年 4 月 1 日，斯私有化部已合并到经济部。2003 年，斯完成了对汽车运输企业的私有化改造，并将水厂和下水道公司的股份转移到城市和乡镇。根据斯统计局的数据，私营部门在斯国内生产总值中的比例已从 1993 年的 39% 逐渐上升到 2003 年的 90%。2004～2005 年，私有化进程继续推进，开始在铁路、电力、热力、民航等战略性部门进行私有化改造。

斯政府将私有化收入用于社会保障和抚恤金制度改革、医疗卫生制度改革和教育制度改革。随着经济改革的进一步推进，斯洛伐克经营环境和贸易环境日益改善，政府干预的空间也越来越小，国外投资大量涌入，斯经济发展速度超过中欧的邻国。欧洲复兴开发银行认为，在欧盟新成员国中斯经济发展最具活力。

第三节 农林牧副渔业

一 概况

在斯洛伐克历史上，直至 19 世纪末 20 世纪初工业开始繁荣，农林牧副渔业一直是斯洛伐克国民经济的支柱

第四章 经 济

部门，它的发展经历了一个漫长、曲折的过程。根据考古发现，早在公元前 5000 年左右，就有最初从事农业耕作的居民定居在今日斯洛伐克境内。他们通过烧毁森林来开辟土地进行耕作，土壤一旦枯竭，他们又迁徙到另一个地方重复这一过程。他们种植小麦、粟子、大麦，养殖牛、猪、绵羊、山羊，用原始的石制、木制工具来耕作土地。在随后几千年中，这些农业方式没有发生大的变化。在欧洲铁器时代早期，开始种植燕麦、蚕豆、豌豆、小扁豆等作物，鸡、鸭、鹅也成为家养动物。在 7 世纪晚期，随着斯洛伐克人的祖先斯拉夫人开始建造永久定居点并采用了新的农业制度，农业获得显著发展。在斯洛伐克东南部肥沃的黄土低地区，开始实行双圃制，并使用铁犁耕地，水果和蔬菜的种植以及用作制衣原料的亚麻和大麻的栽培获得较大进步。土地的耕作以村社和公社等形式集体进行。10 世纪时，斯洛伐克人居住的地区农业生产出现了暂时的衰退。不久，游牧的匈牙利部族开始向斯拉夫人学习农业经验，并加以采用和完善。13~14 世纪，欧洲出现了所谓的"农业革命"。在斯洛伐克境内，逐渐采用三圃制，一季播种冬小麦，一季种植春季谷物，另一季让土地休闲。随着双轮铧犁和耙等新农具的使用、牛棚里饲养牛的出现、牲畜肥料的增加、使用牲畜收割庄稼等技术的采用，村社和公社的逐渐消亡，劳动生产率和农业产量大大提高，一些农业劳动力可以从事其他行业，从而促进了手工业、贸易和城镇的发展。从中世纪直至 19 世纪末，农奴一直是农业的主要生产者。从 16 世纪起，贵族在其领地上作为农产品的经营者和买卖者的作用和地位增强。在 16 世纪土耳其人占领匈牙利的肥沃地域后，斯洛伐克山区农业的发展更为集约化。瓦拉几亚人的拓殖又促进了动物和畜产品数量的增加。18 世纪下半叶至 19 世纪上半叶，农业生产继续向前发展并发生变化。苜蓿、土豆、玉米、甜菜开始更加粗放的种植，绵羊的养殖数量大大增加,新型农具被使用。资本主义元素开始渗透到农业中去,在19世纪晚期,农业的商业化达到顶点。由于不少封建残余仍继续在匈牙利存在,农业现代化受到阻碍,从而使农业的发展落后于欧洲发达国家。在斯洛伐克东部和北部地区,农民一直为劳役所束缚。斯洛伐克境内大部分土地掌握在匈牙利贵族手中,许多农民土地缺乏,难以维持生活,不得不另寻生计或移民国外。即便如此,斯洛伐克当时仍有80%以上的可从事经济活动的人口在从事农业生产。

1919年,捷克斯洛伐克共和国政府颁布关于土地改革的法律,国家没收了地主手中150公顷以上的农业用地,农民获得一部分土地。在第二次世界大战爆发以前,农业依然是斯洛伐克经济的重要部门。直至1943年,农业在国内生产总值中的比重最大。1947年,在斯洛伐克有47.45%的人口以农业为生。直至1963年,斯洛伐克从事农业生产的人数在国民经济各部门中最多。从总体上看,斯洛伐克的农业水平不高,农业生产主要是满足国内市场的需要。

1948年,斯洛伐克开始实行社会主义制度。1949年,通过了关于建立统一的农村合作社的法律,其中心内容是农业集体化,农民将土地、技术、牲畜转交给合作社。此后,私人农场逐渐被取缔,成千上万的私人农场主成为被合作社或国有农场雇佣的农民。20世纪60年代初,斯洛伐克已基本实现了合作化,除了少数偏远地区有大约4%的农业用地仍保留在农民手中外,农业用地都转移到合作社或国营农场。70年代,农业社会化进入了最后阶段,出现了大型的农业合作社联合体,小社合并成大社。联合体的规模年复一年地迅速扩大,1948年大约有农场30万~40万个,1969年为10.8万个,1989年为2000个。1968年以后,农民对土地进行独自经营的自主性完全被取消,农业生产、农产品的销售由国家计划统一调控和决定,忽略了自然条件，没有对农业提供足够的投资。一方面，国家的价格和财政政策促使大量的农业资源被用来支持经济的其他领域，尤其是重工业的发展，只有一小部分农业收入被重新投资到农业领域。另一方面，国有农场的效益逐年下降，但依然是获取国家财政支持的优先单位。尽管在合作社时期农业存在许多不足之处，但机械化和集约化使每公顷地的平均产量提高至第二次世界大战以前的3倍。

表4-2　1948~1989年斯洛伐克农业发展状况

	1948	1960	1970	1980	1989
农业生产(1936年为100)	93.2	133.9	166.3	206.2	241.1
农作物生产(1936年为100)	69.9	111.6	125.3	152.8	180.4
畜产品生产(1936年为100)	87.8	167.1	227.7	286	332
从事农业生产的人员(千人)	902	509	—	342	351
每个农民的农业生产总量(1936年为100)	108.2	253.9	386.1	653.6	844.5

资料来源：Slovakia and the Slovaks, Encyclopedical Institute of the SAS, Goldpress publishers, Bratislava 1994, s.5。

　　1989年捷克斯洛伐克开始向市场经济转型。国家一方面支持个体私人经营，另一方面决定保留合作社这一集体经营方式，只是将原先的大型农业合作社转变为股份制合作社，合作社的土地和财产分配给合作社成员或出售。转轨之初，由于不少农民企业家缺乏足够的资金购买机械、种子和农药等，以及有偿付能力的国外市场的缺乏，农业生产出现了衰退，农牧业生产率也下降了一半左右。为了扭转农业经济下降这一不利局面，斯政府采取了一系列措施。1993年斯议会通过了农业政策基本原则和战略目标，基本原则是经济合理地利用可耕地资源、生产力和人力资源,以增加食品及原材料的生产,同时兼顾生态平衡与土地保护以及农民的基本权利。战略目标是确保人民的健康营养和食品安全、维护农业经济的稳定、增加、保护和合理利用土地资源以及保留山区农业等。尽管斯农业经济的困难暂时有所缓解,但难以摆脱农业生产下降的趋势。1990~1999年,斯农业生产下降35%,其中农作物生产下降30%,畜牧业生产下降40%,而且后者下降的趋势仍在持续。

表4-3 转型后斯洛伐克农业发展状况

	1989	1991	1993	1995	1997	1999	2000	2001	2002
农业在国内生产总值中的比重(%)	9.3	5.7	6.5	5.6	4.4	4.3	4.3	3.7	3.8
农民在整个就业部门中的比重	12.1	12.6	9.7	8.0	5.4	4.3	5.5	5.0	5.1
农业投资在投资总额中的比重	—	—	4.3	4.2	3.3	2.5	2.6	—	—

资料来源:Hospodárska politika na Slovensku 2000~2001, Slovenská spoločnosť pre zahraničnú politiku, 2002, s.134。

目前,斯洛伐克有农业用地244万公顷(占斯国土总面积的一半),大约有30万公顷的土地得到有效的灌溉,可耕地145万公顷,人均可耕地为0.28公顷。可耕地主要集中在多瑙河平原和东南部的平原,主要农作物有小麦、大麦、玉米、土豆、甜菜、葡萄等。在畜牧业方面,猪、牛、羊和家禽的饲养,以及奶制品的生产都有较高水平。为了促进农业经济的稳定发展,政府采取了下列措施:①恢复基本农产品的生产活力,特别是牛羊的饲养;②提高农业生产的专业化程度,建立一些农业园区,大力发展水果、蔬菜、葡萄以及技术和药用植物的生产;③支持农产品加工,开发地方市场;④支持农业旅游、传统手工艺和地方特产的生产。

为了准备加入欧盟,斯农业政策还强调协调与欧盟之间的经济、贸易、法律和制度关系,注重地区政策和改善农村生活条件。2003年,斯洛伐克农业发生了巨大的变化,最具有代表性的就是农业支付代理制度的实行,该制度规定了农民将从欧盟预算中得到资金的支持——入盟前期的支持、国家支持和入盟后期的支持[①]。

二 种植业

种植业是斯农业生产的基础部门,它主要包括粮食作物、经济作物和瓜菜的种植。粮食作物主要有小麦、大麦、燕麦、荞麦和玉米,经济作物主要有甜菜、啤酒花和烟草,瓜类主要有土豆和葡萄等。

谷物是种植业的最重要组成部分,在中世纪早期就已开始在斯洛伐克种植。20世纪60~80年代,斯谷物产量不断上升,由1960年的196万吨(其中主要几项如小麦44万吨,黑麦12万吨,大麦70万吨,玉米51万吨)上升到1989年的425万吨(其中主要几项如小麦227万吨,黑麦15万吨,大麦94万吨,玉米83万吨)。但经济转型后,谷物产量有所下降,整个20世纪90年代,年产量在350万吨左右徘徊。近几年来,产量继续下降,2003年降至249万吨(其中小麦93万吨,大麦80万吨,玉米60万吨)。2003年,谷物种植面积为79.4万公顷,其中小麦种植面积为31万公顷,玉米种植面积为17万公顷。

甜菜、烟草和油料作物是最重要的经济作物,而传统的出口产品是啤酒花。2003年,斯甜菜种植面积为3.2万公顷,产量

---

① 参见中国驻斯洛伐克大使馆经济商务参赞处网:sk.mofcom.gov.cn/index.shtml。

斯洛伐克

为117万吨;油料种植面积为5.2万公顷,产量为5.3万吨(与2002年相比大幅下降,2002年种植面积为12.4万公顷,产量为25.7万吨)。2002年,斯烟草种植面积为1146公顷,产量为2千吨。第二次世界大战结束后,啤酒花开始在斯成功种植,种植地在瓦赫河畔新城和特伦钦。

蔬菜和水果的种植集中在斯南部,葡萄园是那里的特色。斯蔬菜主要包括大白菜、菜花、胡萝卜、香芹菜、黄瓜、青椒、西红柿、洋葱和大蒜等。2003年,斯蔬菜种植面积为3.4万公顷,产量为369万吨。斯水果主要有苹果、梨、葡萄、桃、杏、樱桃、核桃、李子等种类。2003年,斯水果种植面积为1707万公顷,产量为89万吨。

农业生产与自然环境有着密切的关系。根据自然条件的差异,斯洛伐克分为四大农作物种植区:玉米种植区、甜菜种植区、土豆种植区和高山作物种植区。

玉米种植区 分布在海拔高度为200米以下的平原和盆地(多瑙河流域平原和东斯洛伐克平原、南斯洛伐克盆地及科希策盆地的一小部分),占斯洛伐克可耕地面积的38%。土壤最肥沃,是黑土,年平均温度为10℃,年降雨量为500~600毫米。这里种植玉米、小麦、甜菜、油菜、烟草和水果等。

甜菜种植区 分布在多瑙河流域丘陵地带地势较高的地区和南斯洛伐克盆地及科希策盆地的边缘地区,海拔高度为200~300米,占斯洛伐克可耕地面积的13%。年平均温度为9℃,年降雨量为600毫米,土壤为褐土。主要种植甜菜,其他作物是小麦、玉米、做啤酒用的大麦、做饲料用的谷物等。葡萄园很多。

土豆种植区 分布在斯洛伐克中部和北部山地地势较低和中间地区,海拔高度为400~600米,占斯洛伐克可耕地面积的24%。年平均温度为6~7℃,年降雨量为700~800毫米,土壤为褐色森林土。主要种植土豆、黑麦和燕麦,草地和草场为饲养牛提供了充足的饲料。

高山作物种植区 分布在海拔高度为 600 米以上的地区,包括斯洛伐克北部和中部的部分地区,占斯洛伐克可耕地面积的 25%。年平均温度为 6~7℃,年降雨量为 800 毫米,土壤为灰化土。主要种植黑麦、燕麦、土豆、亚麻和饲料作物,草场和草地的面积辽阔。

三 畜牧业

畜牧业是斯洛伐克重要和传统的经济部门,它占斯农业市场生产的一半以上,包括养牛业、养羊业、养猪业和养禽业等。斯牲畜的饲养可追溯到新石器时代,最早饲养的牲畜是马、绵羊、牛和猪。2002 年,斯饲养最多的经济型动物是家禽(大约为 1396 万只,其中母鸡为 621 万只)、猪(大约为 155 万头)、牛(大约为 61 万头)和绵羊(大约为 31 万头)。在斯洛伐克的木兰平地还以半原始的方式放牧马,在夏季,这些马被放牧在海拔 900 米高的大草场上,在欧洲属于最大的有组织饲养冷血马基地之一。

牧场主要集中在北部和东北部山区,1997 年,永久性牧场占地约 83.1 万公顷(占斯农业用地的 39% 左右)。同年,20% 的可耕地(29.8 万公顷)用于绿色饲料作物的生产。如此,牧场和饲料作物的生产共占地 112.9 万公顷,大约占斯所有农业用地的 46%。

1989 年以来,牲畜的数量不断下降。1992 年以前,下降的速度迅猛。1992 年以后,下降的速度有所减慢。至 2003 年,奶牛数量已降至 1989 年水平的 44%,绵羊的数量降至 1989 年水平的 52%。山羊的数量向来不多,1989 年以后,其数量则有所增加,但对农业产量的影响微弱。

斯洛伐克

表 4-4 1993~2003 年放牧牲畜的数量变化

单位：千头

年份	1993	1994	1995	1996	1997	1998	1999	2000	2001	2002	2003
牛	993	916	929	892	803	705	665	646	625	608	593
绵羊	411	397	428	419	417	326	340	348	316	314	325
山羊	20	25	25	25	26	27	51	51	51	40	39

资料来源：联合国粮食及农业组织网站 http：www.fao.org/ag/AGP/AGPC/doc/Counprof/slovak/slovakia.htm。

与其他中东欧国家不同的是，斯洛伐克保留了转型前的畜牧业组织结构，只是形式发生了变化。私有化的结果是所有集体和绝大部分国有牧场不复存在，经过改革变成合作性质的或大的私人牧场。它们中的许多牧场又接着进行重组，将规模巨大的牧场分割成较小的单位。尽管斯牧场的规模总体上缩小了，但在欧洲仍属于最大的行列。1998 年，斯有合作性质的牧场 831 个，平均规模为 1591 公顷，总面积为 132.2 万公顷；国有牧场 4 个，平均规模 3546 公顷，总面积为 1.4 万公顷；大牧场 529 个，平均规模为 1154 公顷，总面积为 61 万公顷；小牧场 16909 个，平均规模为 11.14 公顷，总面积为 18.8 万公顷。从就业方面来看，斯畜牧业从业人员数量依然高于西方国家的水平，在合作性质的牧场每 15 公顷雇用 1 名工作人员，在大牧场则是每 19.5 公顷雇佣 1 名工作人员。

养牛业　养牛业是斯洛伐克畜牧业中最重要的部门，在经济转轨开始后逐渐衰落，肉牛的生产从 1989 年的 12.7 万吨下降到 1997 年的 5.8 万吨，同期，肉牛的消费也从 6.9 万吨降至 5.4 万吨。自给率从 1990 年的 174% 降至 1997 年的 108%。1989 年以前，斯牛肉主要出口前苏联和东欧社会主义国家。目前，新出口市场尚未开发出来。2003 年，斯生产牛肉 6.7 万吨，国内需求

5.9万吨，自给自足率达到111.8%，人均消费牛肉量为10.9公斤/年。

养羊业 在斯洛伐克主要饲养三种羊：产奶的斯凯羊（Tsigai）和瓦拉赫羊以及产毛的美利奴羊。由于羊毛市场的不利形势，美利奴羊的数量在减少。

母羊的产奶量通常为70~100升，羊奶被制成软、硬程度不同的羊奶酪，这种食品在斯洛伐克很受欢迎。2003年，羊的密度为每100公顷土地上拥有山羊和绵羊15只，生产羊奶1167万升，生产羊毛893吨。

养禽业 家禽的饲养集中在大型的专业化家禽饲养农场，一般距离消费中心不远。2003年，斯洛伐克饲养家禽14217万只，其中母鸡613万只，生产禽肉12.6万吨，禽蛋产量为12.2亿。

四 林业

斯洛伐克有着悠久的林业传统。1762年，根据哈布斯堡王朝的女王玛丽亚·特利莎的旨意，在班斯卡·什贾乌尼察创建了矿业和林业学院。1824年，该学院又建立了林业专科学校，它是当时世界上第一所较高水准的林业专科学校。19世纪末，在班斯卡·什贾乌尼察创办了独立的林业研究所，这是欧洲最早建立的林业研究所之一。1918年，在班斯卡·什贾乌尼察成立从事森林培育和林业生物学研究的机构。1924年，在班斯卡·什贾乌尼察还建立了林业开采和林业工艺研究所。

斯洛伐克森林资源蕴藏丰富，共有林地200.6万公顷，森林覆盖率为40.92%。其中国有林地面积为88万公顷，占林地总面积的44%，其余林地为公司、私人、乡镇和教会等所有。在过去的40年中，斯洛伐克的森林面积增加了10%以上，而木材资源则成倍增长，目前达到190立方米/公顷。

斯洛伐克森林种类的分布与地形有着比较密切的联系。在斯

东部和南部的平原、丘陵地区主要分布着阔叶林,在斯中部和北部的山区主要分布着以针叶林为主的混合林。经过长期发展,森林的构成发生了变化,云杉林和松林的比重明显增加,冷杉林和橡树林的比重大幅度减少。目前,斯针叶林占林地总面积的41.8%(其中云杉林占26.7%,冷杉林4.2%,松林7.5%,其他种类的针叶林占3.4%),阔叶林占58.2%(其中榉木林占30.4%,橡树林占11.1%,鹅耳枥林占5.7%,其他阔叶林占11%)。2002年,斯洛伐克境内用于木材生产的经济林129万公顷,占林地总面积的67%;用于防风、防止水土流失的防护林有32万公顷,占林地总面积的15%;其他为特殊用途林(防止空气污染、保护珍稀树种等)共计32万公顷,占林地总面积的18%。

表4-5 斯森林发展情况

年份	森林总面积(万公顷)	森林覆盖率(%)	人口数量(万)	人均森林面积(公顷)	木材储备量(百万立方米)	人均木材储备量(立方米)
1920	165.9	33.9	300	0.55	213.3	71
1930	166.8	34.1	332	0.50	217.9	66
1950	177.1	36.1	346	0.51	251.2	73
1960	177.5	36.2	399	0.45	258.8	65
1970	183.6	37.5	453	0.41	293.7	65
1980	195.2	39.0	498	0.39	318.7	64
1990	197.6	40.6	530	0.38	358.1	68
2000	199.7	40.7	537	0.37	410.0	76
2001	200.6	40.9	538	0.37	415.6	77

资料来源:联合国粮食及农业组织网站 www.fao.org。

目前,斯林业发展侧重于以下几个方面:在合适的位置保留冷杉的生长、增加云杉和珍稀阔叶林的比重、提高森林对污染的抵御能力。近些年来，斯洛伐克每年的木材产量超过 500 万立方米，年产值 60 亿斯克朗（约 1.2 亿美元），主要为杉木、榉木、橡木、洋槐等。斯国内木材加工工业消耗大约 97% 的采伐的木材，剩余的那些国内无法使用的木材用于出口。2003 年林业和家具制造的总产值为 379 亿克朗，出口额为 212 亿克朗。1965 年，有 4.8 万人在林业部门工作，1990 年有 4 万人，2001 年降至 2.2 万人。2002 年有 12651 家企业运作在林业部门。

五　渔业

渔业是斯洛伐克居民最古老的经济活动之一。由于斯是一个多山的国家，捕鱼集中在自由流动的水域。斯洛伐克的水域面积为 93886 公顷。目前，渔场的鱼塘占地 2158 公顷。斯拥有 200 多个天然湖泊，其中 197 个湖泊是冰川湖，只有 3 个湖泊可以用来养殖鱼类。此外，斯还有 42 座大型水库和 194 座小型水库，总面积为 221 平方公里，大约 80% 的面积可用于养鱼。

在斯洛伐克的各种水域中共有 81 种鱼，其中 18 种鱼引进自国外。直至 19 世纪 70 年代末，斯洛伐克的鱼群还属于原生的和相对未受人为破坏，只有在多瑙河和蒂萨河才密集捕钓鲟鱼。此后直至 20 世纪 60 年代末，随着工业化的发展，尤其是污染和河流整治，水生生物群丼始受到明显的不利影响。过量捕钓和河流修浚使斯鱼类趋于毁灭，只有两种鱼存活到现在，即小体鲟和俄罗斯鲟。从 20 世纪 40 年代晚期起，大西洋鲑和海鲑从斯洛伐克的鱼群中消失了，在本地鱼类中 27 种濒临灭绝。从 20 世纪 70 年代起，由于建造水坝、开挖运河、排放工业废水和城市污水、砍伐森林、扩展可耕地和抽取灌溉水等因素，斯鱼类生存环境和水生动植物生态系统受到极大破坏。目前，斯每年的渔业发展计划中支持褐鲟、茴鱼、梭鱼、鳜鲈鱼等鱼类的繁殖。

斯洛伐克

1989年以前，斯国有渔业企业负责鱼类商业生产。在国有渔业解体后，渔场的经营活动逐渐转移到私人企业手中。20世纪90年代上半期，斯有10家公司从事渔业生产活动，年总生产量为1900吨，平均生产量为862公斤/公顷。在斯东部一温泉渔场里养殖有北非鲇鱼，年产量为6～8吨。此外，斯渔场还养殖少量的草鱼、胖头鱼和银鱼。

第四节 工业

一 概况

斯洛伐克是一个年轻的工业地区，工业在国民经济结构中占据重要地位的历史不长。如今，工业是斯洛伐克最大和最重要的经济部门，在工业领域就业的人数约占斯有经济活动能力总人数的30%，工业生产总值占国内生产总值的1/4，工业产品占出口产品的80%以上。斯洛伐克工业部门齐全，最主要工业部门有机械制造业、机电工业、冶金工业、食品加工工业、化学和橡胶工业等。工厂集中在一些较大的城市，从地区分布情况看，首先集中在瓦赫河中、上游地区。近几年来，随着外国投资者的到来，建立了一些工业园区，从而使斯工业部门的地区分布不断得到改变。

19世纪初，工业生产开始在斯洛伐克得到发展，手工业作坊逐渐转变为工厂，同时涌现了一些新工厂。1832年，在卢切涅茨附近的一家生产呢绒的工厂首次使用蒸汽机。随着机器的广泛使用，一些传统的工业部门得到发展，如开采业、钢铁制造业、木材加工业、纺织业、玻璃制造业、制革业和造纸业等。

19世纪末，工业加速发展。20世纪初，化学工业开始兴盛起来。在水运发达的布拉迪斯拉发建成了石油冶炼厂"阿波罗"

（Apollo）和生产炸药的工厂"诺贝尔"（Dynamit-Nobel）。由于工业生产中机器数量不断增加和铁路运输的发展，出现了从事机械修理的企业，最大的铁路机械修理厂在马丁地区。至1910年，斯洛伐克已拥有600家雇员人数超过20人的工业公司。雇员人数超过1000人的当时有8家。在鲁若姆贝尔克的纺织工厂、在特尔纳瓦的糖厂和在布拉迪斯拉发的糖果制造厂属于匈牙利王国境内最大和最现代化的工厂行列。斯工业生产总额达到5.8亿克朗，而食品和木材加工工业在匈牙利最发达。当时，斯工业发展的资金主要来自匈牙利和奥地利的企业，也有一部分来自德国、法国、比利时和瑞士，斯企业只提供5%的资金。斯大部分工业产品在匈牙利王国境内出售，只有一小部分用于出口。总之，在捷克斯洛伐克共和国成立以前，斯洛伐克是除首都布达佩斯以外匈牙利境内工业最发达的地区。

1918年，捷克斯洛伐克共和国继承了原奥匈帝国60%的工业，斯洛伐克也占有一定份额。由于战前社会和经济动荡、原材料短缺、匈牙利方面对投资新国家的犹疑、市场的缩小等原因，斯洛伐克工业在新国家成立后即陷入困境，而在战后经济危机期间，斯洛伐克工业在争夺国内市场的竞争中远不敌技术更为先进的捷克工业。1918～1928年，斯洛伐克几十家大工厂倒闭，它们中有钢铁厂、搪瓷厂、家具制造厂、化工厂、玻璃制造厂、纺织厂、食品厂和玻璃纸制造厂等。直至20世纪30年代中期，斯洛伐克工业出现了转折。但直到1937年无论在就业人数还是工业生产产值方面都没能达到1913年的水平。与此同时，斯洛伐克的工业结构发生了一些变化，机械、电工、能源和化学工业开始有所发展。20世纪30年代末，德国资本大量涌入斯洛伐克工业部门。在斯洛伐克共和国独立期间（1939～1945年），为适应德国战时需要，军事工业迅速发展，1943年的工业水平比1937年提高60%～70%。

斯洛伐克

第二次世界大战结束后,工业生产很快得到恢复。1948年,工业生产提高到1937年水平的196%。从1948年起,斯洛伐克开始了工业化进程,工业生产建立在中央计划基础之上,各工业部门的发展与全国乃至其他社会主义国家的需要相联系,冶金、能源、机械、化学工业以及建筑材料的生产得到优先发展,消费品工业的发展受到影响。在1948～1989年间,工业生产得到迅猛发展,机械和金属加工工业发展最快(如以1948年为100,1989年则为10137),化学和橡胶制造业其次(8126),食品加工业为1203,木材加工业为1315。工业部门就业人数也稳步增长,工业产值在国内生产总值中的比重上升到1980年的64.2%。1964年,斯洛伐克历史上第一次出现工业就业人数超过农业人口的现象。而且,斯洛伐克工业发展速度超过捷克,斯洛伐克在全国工业生产中的比重也不断上升,1945年为8.2%,1953年为15.2%,1970年为24%,1989年为29.5%。

1989年斯洛伐克开始对工业部门实行私有化,许多工厂从国家所有变为私人所有或股份公司,大企业分解成小工厂。由于传统市场的崩溃、企业所有制关系转换中出现混乱和向市场经济体制转变的条件不可能一蹴而就,而只可能逐渐形成等方面的原因,1990～1993年,斯洛伐克工业生产下降了30%以上。从1994年起,工业产值出现增长。从1998年起,工业政策开始注重加强和巩固宏观经济的稳定与平衡、改革和完善企业经营环境、提高企业竞争能力。原先政府对一些企业的财政支持转化为非财政支持,政府的职能由干预转变为协调。政府的投资性补贴也流向新兴的处于发展阶段的部门,而不是亏损部门。此外,加大了引进外资的力度。经过调整,斯的工业结构发生明显变化,由于产业结构的逐渐优化,工业生产占国内生产总值的比重也在逐渐减少。1996年,工业生产占国内生产总值的比重为30.4%,2002年为25.7%,2003年24.8%,2004年为22%。2004年,工业生产销售总额为 9570 亿斯克朗，其中，交通工具的生产为 2323 亿斯克朗，占 24.3%；金属加工工业为 1484 亿斯克朗，占 15.5%；机电工业 1055 亿斯克朗，占 11%；焦炭和石油产品的生产为 727 亿斯克朗，占 7.6%；食品加工工业为 878 亿斯克朗，占 9.2%；机器生产为 708 亿斯克朗，占 7.4%；橡胶和塑料生产为 437 亿斯克朗，占 4.6%；造纸业为 430 亿斯克朗，占 4.5%；化学工业为 378 亿斯克朗，占 3.9%。从销售额的发展态势来看，从 1990 年起，斯有 4 个工业部门取得显著发展，它们是交通工具的生产，机电产品的生产，橡胶和塑料制品的生产，玻璃工业；有 4 个工业部门保持了 20 世纪 90 年代初的水平，它们是纸浆生产、造纸和印刷业，木材加工工业，非金属和矿物产品的生产，金属和金属制品的生产；有 6 个工业部门与 20 世纪 90 年代初相比生产水平明显下降，它们是皮革制品的生产，焦炭和石油产品的生产，化学制品的生产，食品加工工业，纺织和服装工业，一些机器的生产等。经过十几年的发展，斯工业就业人数大量减少，2004 年的就业人数（为 36.5 万）只有 1990 年的 51%，除了橡胶和塑料制品生产部门的人数保留了 1990 年水平的 91%，其他所有工业部门的就业人数下降至 1990 年水平的 28%～75% 不等。

二 机械制造业

机械制造业是斯洛伐克最强大的工业部门之一。1918 年捷克斯洛伐克共和国成立后，杜布尼察、瓦赫河畔比斯特里察开始加工捷克的钢材，成为共和国机械生产中心。第二次世界大战后，在斯洛伐克各个地区建造了不少机械制造厂，机械制造业得到快速发展，逐渐成为原捷克斯洛伐克联邦共和国的支柱工业部门，它在斯工业生产中占的份额超过其他所有工业部门而达到 23%，斯机械制造业在整个联邦机械制造中的比率

为25%。位于科希策的东斯洛伐克钢铁厂为斯机械制造业的发展作出了贡献,它为机械制造生产出优质铁皮。

1989年以前,斯机械产品有足够的市场保障,尤其是前经互会的市场,生产的年平均增长率大约为5.5%。1989年以后,斯机械制造业不仅放慢了发展速度,而且走向衰退。1994年,机械制造业在斯工业结构中的比重下降至12.5%。1995年以后,由于外资进入和政府对该行业投资的增加,机械制造业逐渐复苏。随着1997年和1998年汽车工业生产加速发展,1998年机械制造业在斯工业结构中的比重已恢复到1989年以前的水平。此后,在汽车工业生产的大力推动下,机械制造业稳步发展,2004年在斯工业结构中的比重已上升到34%。同年,有9.9万人工作在机械制造行业,占斯工业就业总人数的27%。

斯机械工业主要集中在瓦赫河上游地区,那里集中了一批机械制造中心:杜布尼察、瓦赫河畔比斯特里察、日利纳、基苏策新城和马丁等,它们主要生产重型交通机械。在瓦赫河流域中游地区,从事机械生产的城市有特伦钦(生产加工机械)、瓦赫河畔新城和皮耶什贾尼。在西斯洛伐克,交通机械制造业发达。在布拉迪斯拉发和特伦钦生产汽车,在科拉罗瓦生产小型摩托车,在科马尔诺生产船舶。在南斯洛伐克,特尔马奇机械制造厂生产的锅炉主要用于出口,而国有的克雷姆尼策铸币厂在机械制造行业具有特殊的地位,它不仅为斯洛伐克国家银行铸币,还为其他国家铸币,该厂是斯最古老的机械制造厂,有几百年的历史。在东斯洛伐克,机械制造厂主要从事重型机械和交通机械的生产。医疗器械由位于斯特拉图拉的赫拉那工厂生产,重型拖车和军用吉普由位于贝布拉瓦河畔巴诺夫维策的塔特拉西波克斯工厂生产。

斯机械制造业分为下列生产部门:机动车辆的生产、机动车辆零配件的生产、金属构架和产品的生产、机床和传动部件的生

第四章 经济 Slovakia

产、家用设备的生产、铁路机车和车厢的生产、泵和压缩机的生产、建筑和道路机械的生产、加工和定型机械的生产、医疗器械的生产、采暖通风设备的生产、船只的生产和修理、农业和林业机械的生产和食品加工机械的生产。

汽车工业在斯洛伐克国民经济中占有重要地位，也是斯的支柱产业。2004年，汽车工业销售额达到2227亿斯洛伐克克朗，占斯机械制造业销售总额的65.4%，占斯工业销售总额的23.3%。斯汽车工业有2.3万名就业人员。斯洛伐克人均汽车产量有望在2008年达到世界第一（150~220辆/1000人）。

在斯洛伐克汽车工业发展过程中，外资的进入起了关键作用。这些外资主要来自德国、法国、韩国以及美国，外国直接投资的25%投向汽车工业。最早进入斯洛伐克汽车生产市场的是德国大众公司，它投资10亿欧元在布拉迪斯拉发和特伦钦建厂，创造了1万个就业位置，主要生产轿车。2004年，斯洛伐克大众汽车公司的销售额占斯机械行业销售总额的一半以上。德国大众公司还就汽车零部件的研发、设计和生产与斯进行广泛的合作。法国雪铁龙公司投资7亿欧元在特尔纳瓦建厂，创造了3000个就业岗位。韩国起亚公司投资7亿欧元在日利纳建厂，计划2007年或2008年投产。而美国伏特汽车公司也计划在科希策州建厂。2004年，斯汽车行业吸引外资282.43亿斯克朗（1美元=30斯克朗）。汽车生产带动了出口业的发展，汽车工业是斯主要出口产业。2004年，汽车出口占其出口总值的32%。

金属构架、动力和控制机械的生产与汽车工业同属斯机械制造业的最重要生产部门。2002~2004年，该生产部门的销售额年增长16%~20%，就业人数也在增加。2004年，该部门共有286个企业，出口额为384亿斯洛伐克克朗，进口额为441亿斯洛伐克克朗，利润为437亿斯洛伐克克朗。

该生产部门产品种类繁多，2003年生产钢铁构架10.4万吨，钢缆和电缆2.35万吨，桥用部件、塔和大坝支柱1.68万吨，散热器2.05万吨，贮物容器1.95万吨，金属编织物1.26万吨。最重要的企业有位于斯卡利察的PROTHERM, s.r.o.、位于瓦赫河畔新城的OBAL-Vogel a Noot a.s.和位于基苏策新城的KLF-KOVÁČŇ, a.s.。

三 电机工程工业

19世纪末，斯洛伐克开始了电话电报通讯用电缆的生产。第二次世界大战后，斯的电机工程工业有了很大的发展，形成了生产高压设备、电线电缆、绝缘材料、配电设备、通讯设备、家用电器、计算机等的产业结构。1989年以后，该工业部门经历了最初几年的衰退期，从1995年起开始复苏，随着私有化进程的完成和外国投资的大量进入，实现了技术改造和产品更新[1]。从2000年起，电机工程工业在斯所有工业生产部门中发展最快。不仅该部门的就业人数不断增加，而且它所创造的附加值仅次于金属制品生产和交通工具生产而位居第3位。2004年，斯电机工程工业产品创造附加值261亿斯洛伐克克朗，比2003年增长10%以上；销售总额1060亿斯洛伐克克朗，占加工工业产品销售总额的11%；出口额1193亿斯洛伐克克朗，占斯出口总额的13.3%，比2003年增长35%，成为拉动斯出口的主力工业之一，斯出口增长的1/3归功于该工业部门；从业人数5.6万人，占加工工业从业人数的15.3%。

鉴于汽车工业在斯有了很大的发展，其产量逐步扩大，与汽车相关的电机工程工业也拥有了良好的发展前景。尼特拉大众电

---

[1] 参见吴明新主编《中东欧12国贸易投资指南》，经济科学出版社，2002，第364页。

力系统有限公司就是与汽车工业有直接联系的最大企业之一，它供应轿车用电线。车载通信设施和车载娱乐设备被视为最有发展前途的两个生产领域，涉及的产品有移动互联网、视频和游戏系统、导航设备以及发动机电喷系统。同时，该产业的发展还带动了橡胶、玻璃、塑料、建筑以及服务等相关产业的发展，并吸引了更多的投资，如韩国 Koam 电子公司计划在当地投资 2000 万欧元，为韩国三星公司生产零部件。

斯电机工程工业的产品包括办公设备、计算机、电器、无线电和通讯设备、电视机，医疗仪器、精密和光学仪器以及钟表等。斯电机工程工业产品的主要技术和质检标准基本与欧盟接轨，加之产品价格相对便宜，在国际市场上有一定的竞争力。2004 年，出口额超过 200 亿斯洛伐克克朗的电机工程工业产品有三类：发动机和汽车用电动设备（221 亿斯洛伐克克朗）、电视机、收音机（205 亿斯洛伐克克朗）和计算机及其他数据处理仪器（211 亿斯洛伐克克朗）。

外国直接投资对斯电机工程工业的发展发挥了重要作用。政府采取一些鼓励外资进入的措施，如减免税收和建立工业园区等。1999～2004 年，斯电机工程工业吸引外资分别为 31.4 亿斯克朗、30.8 亿斯克朗、33 亿斯克朗、40.2 亿斯克朗、55.4 亿斯克朗和 115 亿斯克朗。吸引外资最多的生产部门是电器和电动设备，2004 年吸引外资 72 亿斯克朗。斯电机工程工业的外国投资者主要来自德国、日本、韩国和美国等国家，主要的外国投资项目有：韩国三星电子投资 10 亿斯克朗生产光盘刻录设备、卫星接收设备、电视机和 DVD 播放机，2005 年产值约为 650 亿斯克朗；日本索尼公司投资 1.89 亿斯克朗生产调谐器、电视机及其备件和电子枪等，产值为 68 亿斯克朗；埃默森公司在瓦赫河畔新城投资 5000 万美元生产 UPS、空调设备和热辐射指示器等产品，产值为 23.11 亿斯克朗；埃默森公司在斯皮什新村投资生产

电冰箱和制冷设备的配件,可年产360万台压缩机和冷凝设备;德国莱尼公司在伊赫拉瓦投资10.75亿斯克朗生产电缆捆扎装置;美国Molex公司投资10.7亿斯克朗生产布线网络;德国欧司朗公司投资950万欧元生产电光源产品及照明系统;Sky media公司投资1.05亿欧元生产UMC调制解调器、CD-ROM和DVD设备,计划生产6000万台套CD-ROM和DVD设备,将成为欧洲生产同类产品的第一大厂和世界第四大厂;美国安森特半导体公司投资18亿斯克朗生产半导体;惠普公司投资14.3亿斯克朗生产全自动洗衣机和烘干机,其生产规模在欧洲最大;日本松下公司在布拉迪斯拉发投资生产商用与家用电子产品,年产值2600万欧元。由于斯洛伐克当地市场有限,绝大多数电机工程工业的最终产品用于出口,加之斯劳动力素质高却价格低,世界知名企业纷纷将海外投资移往斯洛伐克,如日本索尼公司和韩国三星公司。

四 燃料和能源工业

斯洛伐克的能源短缺,大部分初级能源依赖进口。燃料工业主要依靠国内褐煤的开采,它产自3个地区:尼特拉河上游、蓝石和诺瓦克。1989年,斯产褐煤530万吨,1993年降至300万吨,目前产量稳定在350万吨左右。褐煤的产量也不能满足消费需求,还需从乌克兰、捷克和波兰进口来补充。科希策钢铁厂使用从捷克奥斯特拉发进口的烟煤生产出240万吨焦炭,其中200万吨是冶金用焦炭,同时通过生产可得到约100万立方米的焦炉煤气。

石油的开采主要在扎霍尔平原,2002年斯产石油5.3万吨,远不能满足国内消费需求。斯每年加工的石油为510~530万吨,而99%的石油依靠进口,在斯洛伐克政府与俄罗斯政府签订的关于在长期供应石油领域进行合作的协议基础之上,通过"友谊"输油管道从俄罗斯进口石油。石油加工产品以燃料油为主，即汽车用汽油和摩托车用柴油。每年从石油的残余物中可生产34~38万吨硫含量低于1%的重型供暖用油和10万吨左右硫含量低于0.5%的轻型供暖用油。

在扎霍尔平原还可开采天然气，开采量为3.2亿立方米。斯每年天然气消费量为65亿立方米，国内需求的绝大部分通过从俄罗斯输入的过境输油管道来保障。从国际角度来看，斯洛伐克在天然气的过境输送中发挥着重要作用，西欧国家消费的1/5天然气需过境斯洛伐克来输送。1998年，斯输送天然气841亿立方米，成为继乌克兰之后世界上第二大过境输送国。石油和天然气的使用在斯呈上升趋势，为此，斯还建造了从德国引入的输气管道。斯在输气管道的附近还建造了大量的地下贮气仓，贮备天然气约23亿立方米，从而使斯可以根据季节需求供应天然气。斯洛伐克石油天然气工业公司是斯洛伐克天然气输送和供应的垄断性企业，它负责天然气的购买和销售、过境输送、国内高压传输等。

斯的电能生产也不能完全满足自身的需要。2004年斯洛伐克电力股份公司总发电量为256亿千瓦时（与2003年相比下降4.72亿千瓦时），其中核电厂发电170亿千瓦时（占总发电量的66.6%），热电厂发电46亿千瓦时（占总发电量的18%），水电站发电40亿千瓦时（占总发电量的15.4%）。斯洛伐克电厂股份公司是斯洛伐克最大的电能生产者，它生产的电能可满足国内消费需求的80%，同时运营着斯国内电源86%的安装功率和输送体系。斯有3个地方性国有配电企业：西斯洛伐克电厂、中斯洛伐克电厂和东斯洛伐克电厂向斯洛伐克全境供应电能，它们还向一些居民住宅和工业部门供热。非国有企业生产的电能在不断增加，在国内电能供应市场上所占的份额有望从20世纪90年代末的13%上升到2010年的23%。

斯洛伐克

位于亚斯洛夫斯基·博胡尼策的核电站（共 4 台机组）在斯电能生产中所占的份额最大，该厂 2004 年生产电能 115 亿千瓦时，占斯电能生产总量的 45%。鉴于核电站造成的生态环境问题，斯政府已于 1999 年通过决议，决定在 2006 年或 2008 年停止亚斯洛夫斯基·博胡尼策 V1 核电站两台最旧的机组的运营，这是按照欧洲委员会的文件——《2000 年议程》和《入盟伙伴关系》而做出的决定。至于亚斯洛夫斯基·博胡尼策 V2 核电站，斯洛伐克电厂准备在 2001～2008 年间实施关于现代化和继续提高核安全的计划。位于莫霍夫尼策的核电站（2 台机组）2004 年生产电能 55 亿千瓦时。

热电厂中以泽米安斯基·科斯托拉尼电厂的历史最为悠久，它的功率为 54 万千瓦，以褐煤为燃料，对尼特拉河上游地区造成一定的环境污染。位于沃亚尼的热电厂生产容量大，功率达到 154 万千瓦，生产燃料是乌克兰的无烟煤、重油和俄罗斯的天然气。在科希策、布拉迪斯拉发、特尔纳瓦、日利纳、马丁和兹沃伦都有热电厂。

斯洛伐克的河流的能源潜力没有被完全发挥出来，瓦赫河是被利用最多的河流。瓦赫河上阶梯式水利系统与奥拉瓦河上的水坝构成 26 个水电站，它们中装机容量最大的是黑瓦赫抽水式水电站（装机容量为 66 万千瓦）。1978 年，匈斯两国签订了关于联合兴建卡布奇克—纳吉毛罗什多瑙河水利工程的协定。1992 年，匈单方面取消了协定，退出合作。1993 年，斯洛伐克部分的卡布奇克水电站开始运行，大大提高了斯水能的生产。斯还建造了日利纳水利工程，装机容量为 17 万千瓦。斯致力于进一步利用河流水力发电的潜力，以便使其利用率达到 65%。目前，斯准备建造两个大型的水电站，即瑟雷基水电站和斯特雷什那附近的涅兹布德斯卡·卢奇卡水电站。

第四章 经 济

五 化工、橡胶和制药业

化工、橡胶和制药业在斯洛伐克属于充满生机和颇具发展潜力的部门,同时又是斯洛伐克工业中的战略性部门。这一部门的生产包括基本的化学制品、农药、农业化学制品、药品、清洁剂、化妆品、化学纤维、燃料油、工程塑料、黏接剂等,它为其他工业部门的生产提供半成品。

斯洛伐克的化工生产源自中世纪,那时主要是作为金属冶炼业的分支,后来逐步开始了碳酸钾(玻璃制造)、硫酸等产品的生产。19世纪下半叶,开始化肥的生产。1873年,在布拉迪斯拉发成立了最大的化工企业——诺贝尔火药工厂,生产军用火药和工业用炸药。1905年,生产橡胶制品的斗牛士公司(Matador)成立。第二次世界大战后,斯化工行业获得了显著发展,尤其是石化,并逐步发展成为斯洛伐克国民经济的支柱产业之一。1990年,斯化学和橡胶工业占工业生产总值的18.5%。在斯经济转型的最初3年中,化工行业与其他行业一样出现了衰退。从1994年起,化工行业开始复苏,向西欧发达国家出口产品的增加带动了该行业的发展[1]。政府还通过贷款、给研究和开发新产品的部门拨款等方式支持中、小企业的发展。至2001年6月,国家中小企业贸易发展局给化工和制药行业提供27笔贷款,总额达1亿斯洛伐克克朗。2004年,斯化工行业的销售额达到1542亿斯洛伐克克朗,占斯工业销售总额的16.1%;在该行业就业的人数为32247人,占斯工业就业总人数的8.8%。目前,斯化工行业产品大量出口,但生产原料很大程度上依赖进口,能源和原料的需求高。另外,缺少高素质的劳动力,有待进

---

[1] 参见吴明新主编《中东欧12国贸易投资指南》,经济科学出版社,2002,第365页。

一步加强研究和开发。

斯洛伐克化工企业的分布受到水源、原料基地、能源和有利的地理位置等因素的影响。橡胶和合成纤维的生产集中在塞尼察、斯维特、斯特拉什斯科、胡美内、特尔纳瓦、尼特拉和日利纳;橡胶的生产集中在普霍夫、布拉迪斯拉发和下维斯特尼策。原油、天然气、磷、煤、天然橡胶和硫黄等原料主要依赖进口。斯出口的产品以石油制品、有机化工原料、沥青、塑料制品、黏接剂、化纤和橡胶制品等为主,主要出口欧盟。目前,斯洛伐克最主要的化工厂有斯洛伐克石油公司(SLOVNAFT)、斗牛士轮胎厂、DUSLO化工厂、CHEMKO公司、NOVACKE化工厂、CHEMOSVIT工厂和斯洛伐克HODVAB工厂等。

与邻国相比,斯化工行业吸引的外资较少。至2001年3月31日,斯化工行业吸引外资57亿斯洛伐克克朗,占斯吸引外资总额的3.26%和占进入工业领域外资总额的6.26%。

斯洛伐克药品的生产遍布全国,主要集中在赫洛霍维茨、斯洛伐克鲁普奇、尼特拉和沙日什斯科米哈拉尼。在国际市场上,斯洛伐克生产的盘尼西林和四环素享有一定的知名度。斯生产的药品主要出口捷克。斯医药生产厂主要有斯洛伐克制药股份有限公司、BIOTIKA股份公司、MEVAK股份公司等。

由于受医疗保障体系改革和世界药品价格下降的影响,斯洛伐克制药行业的发展相对较慢。该行业年生产总值占化工总产值的8%左右,进出口额约占化工产品进出口总值的10%,除少数品种外,大量药品需依赖进口。

六 冶金工业

冶金工业是斯洛伐克重要的工业部门,它与机械工业和化学工业有着密切的联系。20世纪90年代末,斯冶金行业产值占斯洛伐克工业总产值的16%,占斯洛伐克出口总额的16%，从业人数占斯总从业人数的9%。

冶金工业是斯洛伐克的传统行业。中世纪时，斯就出现了自由的矿业城市——班斯卡·比斯特里察和克雷姆尼察。到14世纪下半叶，斯洛伐克人用纯金铸造克雷姆尼察金币的年产量高达2500公斤。17世纪，班斯卡·比斯特里察成为斯洛伐克的冶炼中心，铜的产量占世界总产量的12%。1840年，在斯洛伐克出现了从事铁轨生产的钢铁厂。1858年，斯洛伐克生产的铁轨在巴黎世界工业博览会上获得银奖。

20世纪50年代，斯冶金行业进入新的发展阶段。从1951年起开始在科希策建造冶金联合企业，在赫龙河畔日亚尔建造铝厂。1989年斯经济转型开始后，冶金行业也经历了一系列的困难，如生产下降、资金缺乏、失业人数增多等。如今，企业经过改革和重组以及外资的进入，斯冶金工业生产量基本恢复到转型之初的水平，企业开工率为100%（1989年仅为25%），生产工艺得到更新。

目前，铁矿的冶炼在斯冶金行业中占有重要地位，位于科希策的东斯洛伐克钢铁厂（从1965年起开始运营，）和位于博得布雷佐瓦的钢铁厂的生产能充分满足国内对钢材的需求，这两家企业每年生产钢材约470万吨，部分产品用于出口，年出口量超过95万吨。东斯洛伐克钢铁厂的生产原料4/5来自乌克兰，焦炭来自捷克。该厂属于欧洲最现代化的冶金企业之一，也是斯经济的支柱。它主要从事冷热轧钢板和盘条的生产，部分产品的质量，如造船用钢板、汽车用钢板、马口铁、镀锌板等已达到欧盟标准。根据斯洛伐克与欧盟签订的联系国协议，斯钢铁产品主要出口欧盟，还有部分转口中国。博得布雷佐瓦钢铁厂生产的无缝钢管出口到西欧。

七 木材加工工业

斯洛伐克的木材加工工业包括木材工业、家具制造业和纸浆—造纸业等部门，立足于国内原材料基础之上，

它是促进斯经济发展的战略性和有潜力的工业部门。斯洛伐克的森林资源丰富,森林管理比较先进,森林质量在欧洲名列第3,每公顷森林可产木材253立方米,大大超过欧洲的平均水平(112立方米/公顷森林),木材加工工业前景广阔。

木材加工工业是斯洛伐克的传统行业,尤其在锯木厂的初级产品加工和小型木材加工厂的运营方面。15世纪初就在斯洛伐克出现了水动锯木厂,至19世纪末,在斯森林茂盛地区已有538家锯木厂注册登记。1700~1800年,斯手工生产木瓦和木匠作坊得到发展。19世纪30~40年代,斯已有生产单板、木地板块和烟斗头的工厂。同时,榉木锯材半成品的生产、曲木家具和橡树木制桶业也得到发展,产品出口西欧。19世纪下半叶,蒸汽机得到广泛使用,斯木材加工工业的竞争力加强。至1863年,斯有8家气动锯木厂,木器作坊兴盛起来。1925年,斯有177家气动锯木厂、308家水动锯木厂和12家电动锯木厂,共加工木材190万立方米。同年,有12654名雇员工作在该行业,占斯总就业人数的15.2%。从1929年起,斯开始创办新型的现代化的锯木厂。20世纪40年代初,斯已形成了联合加工针叶圆木和阔叶圆木的体系。1942年,斯木材加工工业占工业生产总值的11.5%,纸浆—造纸业占6.3%。

从20世纪40年代中期至70年代末,斯逐渐形成了联合加工原木的体系,首先在兹沃伦建立了机械化加工榉木并生产碎木板的木材加工联合企业,接着在班斯卡·比斯特里察建立了加工云杉原材和生产软、硬纤维板的联合企业,后来又在多普拉河畔弗拉诺夫建立了机械化和化学方法加工榉木的联合企业。此外,还在日阿尔诺维茨、杜拉诺、利普托夫斯·基赫拉德克、贝兹诺克和普雷肖夫等地建立了木材联合加工企业。随着斯木材加工的集中化,斯家具生产也趋向集中化,在扩大原有生产能力的同时建立了新的大型的家具制造厂,主要用榉木生产橱式家具和椅子、沙发等。木材的成品能满足国内日益增长的住宅建设需求，部分产品出口到前经互会成员国。

向市场经济转型后，随着国内市场的萎缩、原材料价格的放开、建筑行业的不景气和国外市场的丧失，斯木材加工工业和家具制造业不得不进行生产重组和产品更新，而且，产品出口对象国改变为欧盟。20世纪90年代，斯在锯材加工和家具生产方面采用了一系列重要的新工艺，从而促进了生产的复苏。1998年，斯有275家雇员人数超过20人的生产机构从事木材加工，其中木材工业143家，家具工业99家，纸浆—造纸工业33家。这些机构的雇员人数超过3.5万人，占斯工业就业总人数的7.3%。加工工业的产值占工业总产值的6.3%。同年，木材制品的出口额高达280亿斯洛伐克克朗，占当年斯工业企业出口总额的10%。目前，斯木材加工工业基本恢复到转型前的水平。

斯洛伐克是欧洲重要的纸浆生产国，工厂主要在瓦赫河流域的鲁若姆贝尔克、马丁和日利纳、斯南部的什图罗沃和东部的格美尔斯卡霍尔卡、多普拉河畔弗拉诺夫。纸的生产在哈尔马涅茨和斯拉沃肖夫策，住宅用壁纸在马丁的图尔阡造纸厂生产，纸和纺织品垃圾在什图罗沃的造纸厂进行加工。印刷业则集中在较大的工业中心，如布拉迪斯拉发、特尔纳瓦、日利纳、马丁、科希策等地。

八 建筑材料工业

斯 建筑材料工业的发展与第二次世界大战后集约化建设紧密相连。斯拥有丰富的高质量的建筑材料，只有石棉需要从国外进口。

依靠白云岩和石灰岩的开采，在斯洛伐克西部罗霍日尼克、瓦赫河流域的拉得策、上斯日涅和利耶塔夫斯卡鲁齐卡、赫龙河流域的班斯卡·比斯特里察、斯洛伐克南部的博得河畔的土尔纳、斯洛伐克东部的比斯特拉建造了水泥厂。在瓦里纳、蒂索夫策建立了石灰厂。

位于尼特拉和普霍夫的工厂进行石棉—水泥原料的加工。砖的生产遍布全国,东斯洛伐克平原和多瑙河流域的优质土壤是可利用的原料。斯还蕴藏着大量的高质量建筑石料,如砂岩、大理石和石灰华等。

九 纺织和服装业

纺织和服装业是斯最古老的工业部门之一。18世纪,斯洛伐克境内出现了纺织业手工作坊。20世纪上半叶,纺织工业成为斯国民经济的主要部门,纺织工厂遍布全共和国。那时主要加工国内原材料,如羊毛、亚麻和大麻等。而如今主要加工进口的原材料,如棉花、羊毛和黄麻等。

根据加工原料的不同,斯纺织业又分为棉纺织业、毛纺织业、丝纺织业和针织业,其中棉纺织业是最重要的。斯最大的棉纺织厂位于鲁若姆贝尔克、布拉迪斯拉发和雷维策。特伦钦和日利纳的毛纺织业有着悠久的传统,在卢切涅茨和多普拉河畔弗拉诺夫也建有毛纺织厂。所加工的羊毛主要从澳大利亚和哈萨克斯坦进口,只有部分羊毛产自国内。利普托夫斯基·米古拉什、塞尼察和普霍夫是丝绸生产地。针织业中心有班斯卡·比斯特里察斯、班斯卡·什贾乌尼察和斯维特。

在社会主义建设时期,斯洛伐克建立了一些大型的服装厂,集中在消费中心附近。特伦钦是传统的服装生产基地,被誉为"时装之都"。其他的大型服装厂分布在普霍夫、普雷肖夫、纳美斯托夫和班斯卡·比斯特里察。

20世纪90年代中期,纺织和服装业占斯工业产值的3.7%。近年来,由于受到世界上纺织业竞争加剧的影响,斯生产的纺织品和服装愈益不能满足国内的消费需求,该行业的就业人员1997~2000年间减少了15.6%。

十 制革和制鞋业

制革和制鞋业是斯洛伐克的传统行业,制革业为制鞋业的初级生产提供了保障,皮革厂多数位于制鞋厂的附近。斯加工的生皮既来自国内又来自国外。位于波沙尼的皮革厂所加工的生皮从中亚、阿根廷和澳大利亚进口。利普托夫斯基·米古拉什的皮革厂生产各种各样的皮革制品。在特伦钦和布拉迪斯拉发也有小型皮革厂。

拔佳公司生产的皮鞋非常有名,该公司在斯洛伐克的巴尔蒂让斯基建立现代化的制鞋厂。随着经互会的解散,斯失去了原有的东方市场,从而结束了在巴尔蒂让斯基大批量生产鞋的历史。如今,除了减产的巴尔蒂让斯基鞋厂,在斯洛伐克还有一些小型的制鞋厂,它们分布在普里耶维兹、伊拉瓦、霍里奇和斯尼纳等地。位于巴尔杰尤夫的JAS鞋厂专门生产童鞋和运动鞋,它与德国公司阿迪达斯、彪马合作生产。斯生产的鞋是重要的出口产品。

十一 食品工业

斯食品工业包括糖、啤酒、肉类、牛奶、油脂、糖块、葡萄酒和其他一些产品的生产。食品工业遍布全国各地,啤酒厂、肉制品加工厂、糖块生产厂主要分布在城市,而糖厂、烧酒厂、罐头厂和葡萄酒厂则多位于原材料产地。

食品工业是斯洛伐克较为古老的工业部门。19世纪时,手工作坊的生产逐渐转化为工厂的生产。20世纪下半叶,食品工业已实现了工艺现代化和规模生产。

2004年,斯食品工业产品的销售额为879亿斯洛伐克克朗,

斯洛伐克

占斯工业产品销售总额的 9.2%。在食品工业就业人员达 38744 人，占斯工业就业总人数的 10.6%。

糖的生产是食品工业中最重要的部门之一。2002 年，斯生产精制糖 32840 吨。糖厂分布在种植甜菜的地区，斯洛伐克西部的多瑙河流域平原上糖厂数量最多，它们位于特尔纳瓦、塞雷得、舒拉尼、尼特拉和特伦钦斯卡·杰普拉等地。在里马夫斯卡·索博达和特雷比肖夫也有大型糖厂。

斯啤酒的生产史可追溯到 15 世纪。近年来，斯洛伐克啤酒制造业发展很快。2002 年，斯生产啤酒 48001 万升。啤酒生产的原料是优质的产自特尔纳瓦、尼特拉和托波尔恰尼的大麦芽。斯最著名的啤酒厂坐落在布拉迪斯拉发、胡尔班诺夫和托波尔恰尼，它们生产的啤酒大部分用于出口。在班斯卡·比斯特里察、里马夫斯卡·索博达、马丁、比特奇、波普拉得和科希策等城市也有啤酒厂。

在水果种植区（特伦钦、科希策和普雷肖）产生了烧酒酿造业。2002 年斯生产烧酒 1107 万升（酒精含量 100%）。在土豆高产区——斯皮什和利普托夫有最大的烧酒酿造业中心斯皮什新村、雷沃恰和利普托夫斯基·米古拉什。斯洛伐克最大的葡萄酒生产厂家位于摩得拉（小喀尔巴阡地区）和斯洛伐克新城（斯洛伐克与匈牙利交界地区）。塞雷得生产加汽葡萄酒，部分产品用于出口。2002 年，斯生产葡萄酒 3713 万吨。

奶制品和肉制品的生产厂家大多建立在消费中心附近的原料产地。最大的肉制品生产联合企业设在尼特拉、特尔纳瓦、普霍夫、兹沃伦、卢切涅茨、科希策和普雷肖。2002 年，斯生产牛奶和奶油 3.51 亿升，生产牛肉 16352 吨，生产猪肉 76859 吨，生产禽肉 107315 吨，鱼肉 1392 吨。

面粉厂和面包点心厂集中在大的谷物生产地——特尔纳瓦、

尼特拉和皮耶什贾尼。2002 年，斯生产面粉 35.7 万吨，面包 11.4 万吨。

第五节　商业和服务业

商业和服务业是斯洛伐克第三产业部门中最重要的部分之一。自 1989 年剧变以来，商业和服务业经历了经济体制的根本性转型和经营的自由化过程。商业的私有化、外资的进入和一批新的廉价的商业实体的出现，为商业经营的繁荣创造了有利条件，商业和服务业发展已成为斯最重要和最具发展活力的经济部门。该部门在斯洛伐克国民经济中的地位和所占比重已接近或达到欧盟国家的水平。

在国民经济各部门向市场经济的转型进程中，商业和服务业最为彻底和迅速。至 1992 年底，私人部门在零售商品营业额中的份额已达到 73.1%。在小私有化进程结束后的 1994 年，这一份额已上升到 88.5%（在工业部门，这一份额仅为 53.8%）。但 1990~1994 年，商业结构还不能适应愈益明显的消费差异，大部分零售企业是小型的自选商店、传统的柜台式商店、综合型食品商店、商品种类繁多的百货公司和小的专卖店等。

1995~1998 年，在国营和合作化商业企业向私营商业实体转型的进程中发生了质变。通过大私有化方式，斯逐渐将小私有化剩余下来的 83 个商业和服务业国有企业变为私人所有。新的社会、经济和法律措施得以实施，从而在手工业法和商业法的基础上形成广阔的经营空间。私营商业和服务业在国民经济的经营主体中占有很大份额。在这一时期晚期，斯出现了最初的新型零售企业，如折扣商店、超级市场、非食品类的大型商店，还出现新式的批发商店、自动取款机和邮购方式。虽然在市场上出现了许多新的独立的经营单位，但占主导地位的还是以前的国营或合

斯洛伐克

作社商业实体，如"团结"（Jednota）和"资源"（Zdroje）等。鉴于消费和地区差异，出现了小型的集中化的商业区。

这一时期，在斯洛伐克开始成立最初的独立以及非独立的收购和结算中心成员联合体。1998年，联合体成员的总营业额达到198亿斯洛伐克克朗，而通过合作结构集中起来的营业额达到73亿斯洛伐克克朗。与1997年相比，联合体在中心采购方面的作用明显加强，但成员的总营业额下降了。为了使商品的供应和运输能更有效地进行，生产者开始积极地与商人合作。同时，广告、销售支持、产品展示和品牌销售深刻地影响了居民的消费观念。

一些国外连锁企业，如英国特易购（Tesco）、奥地利Billa、比利时Delvita、德国Baumax和挪威Rema 1000开始进入斯市场并不断向纵深渗透扩张，斯商业开始进入全球化时期。在领导斯洛伐克市场的50强商业企业排行榜上，占据主导位置的还是国内私营企业，它们所占的份额从1995年的50%上升到1998年的52%，这些企业主要是被私有化的销售网络"资源"和批发行业的运营商以及新的销售公司。合作社企业在50强营业额上所占的份额从1995年的24%下降到1998年的22%，国有企业所占的份额则从6%下降到2%。1995~1998年，斯商业和服务业的营业额也开始出现微弱集中化的趋势，1995年，50强企业的营业额占零售商品营业总额的11%，1998年为14%。在批发领域，由于地方批发企业的非集中化，批发经营没有取得显著进展。

1998年底，尤其是1999年，商业连锁店和大的商业集团以强大的声势进入商业和服务业，从而开始了商业和服务业的国际化、集中化和全球化阶段。由于外国商业网在斯大力扩张，市场引进了技巧、工艺、有效的后勤管理和运输方式以及新的零售创意，但也加剧了市场上国内企业和外国企业间的竞争，尤其在食品销售行业。

目前,斯洛伐克商业的集中化程度还相对较低。在经济发达的国家,集中化商业占据经济空间的 70%。而斯洛伐克只有 30%。外国公司,如英国特易购(Tesco)、奥地利 Billa、挪威 Rema 1000、德国 Baumax、比利时 Delvita、德国 Kaufland、瑞典宜家(IKEA)、法国家乐福(Careefour)和荷兰万客隆(Macro)以及某些国内公司,主要是"团结"和"合作"(COOP)的扩张一方面削弱了国内私营商业公司在市场上的地位,另一方面为商品的均衡生产和销售创造了空间。这一时期,斯国内私营企业发展的主要障碍是资金不足、经营无序、权限分散、市场管理不正规、缺乏市场营销计划和与顾客直接沟通的途径。

随着产销地区矛盾的日渐突出、顾客消费观念和需求的变化,多样化的零售设想、商业区和多功能商业中心在斯洛伐克不断增加,跨国公司也进入斯市场。2000 年,在斯洛伐克出现了最初的大型商业中心(OC Danubia)和多功能商业中心(Polus City Center)。

迄今,斯商业注册登记主管部门是法院注册庭,全国共有 7 个,分别设在布拉迪斯拉发、特尔纳瓦、尼特拉、特伦钦、日利纳、班斯卡·比斯特里察、科希策和普雷肖夫。2001 年,斯注册登记的商业和服务业经营实体共 42795 个,占斯企业总数的 68.1%;企业家—小业主人数占全国总数的 57.6%;商业和服务业就业人数为 45.9 万,约占全国就业总人数的 23%。同年,商业和住宿、餐饮服务业对国内生产总值的增长贡献最大。市场服务业(商业、住宿和餐饮服务业、交通服务业、邮政、电信和其他市场服务)创造产值 4375 亿斯洛伐克克朗,占国内生产总值的 45.4%,同比增长 12.7%;仅商业、住宿和餐饮服务业就创造产值 1449 亿斯洛伐克克朗,占国内生产总值的 15%,同比增长 8%。2001 年,斯零售和批发企业销售总额为 11330 亿斯

斯洛伐克

洛伐克克朗，其中零售企业的销售额为5186亿斯洛伐克克朗（同比增长7.8%），批发企业的销售额为6145亿斯洛伐克克朗（同比下降1.6%）。斯人均年零售额为96412斯洛伐克克朗，同比增长8.2%。同年，斯零售商品营业额为2095亿斯洛伐克克朗，同比增长20.8%，其中食品营业额占23%。

如今，商业和服务业是斯洛伐克蓬勃发展的经济部门，外资大量进入，跨国商业公司在境内扩张，许多超级市场和特级市场建立起来，零售商店的容纳量已经从1989年的250平方米/千人扩张为2001年的430平方米/千人。斯长期居高不下的失业率以及由此引起的居民低购买力在一定程度上对商业和服务业发展产生不利影响。根据斯有关部门计算，2000年斯居民的购买力只相当于奥地利水平的26%。斯不同地区居民的购买力也存在较大的差异，布拉迪斯拉发州居民购买力最高，为全国平均水平的130.6%，普雷肖夫州居民购买力最低，为全国平均水平的90.2%。尽管斯居民购买力不高，但巨型超级市场和大面积商店的单位居民拥有数已开始接近欧洲发达国家水平，2004年斯每百万居民拥有14.5个巨型超市（英国为15个，德国为20个）。2004年，斯50强连锁店的销售额超过1410亿斯洛伐克克朗，其中巨型超级市场所占的份额最大，全国77家巨型超级市场的销售额达到350亿斯洛伐克克朗，而全国1875家小型自选商场和柜台式商店的销售额仅为100亿斯洛伐克克朗。根据销售额，2004年斯10大连锁商店依次为：特易购，销售额194亿斯洛伐克克朗，有30家商店；麦德龙付现自助批发商店（Metro Cash&Carry），销售额157亿斯洛伐克克朗，有5家商店；Billa，销售额102亿斯洛伐克克朗，有65家商店；Kaufland，销售额80亿斯洛伐克克朗，有23家商店；Hypernova，销售额65亿斯洛伐克克朗，有19家商店；家乐福，销售额60亿斯洛伐克克朗，有4家商店；M-Market，销售额48亿斯洛伐克克朗，有195

家商店；Tabak Barczi，销售额36.8亿斯洛伐克克朗，有66家商店；Baumax，销售额36.5亿斯洛伐克克朗，有10家商店；Labaš，销售额32亿斯洛伐克克朗，有3家商店。斯舆论普遍认为，超市对就业、市容和本国经济有着重大影响，斯拟参照其他国家的做法对超市的布局、进口商品比例，以及销售条件进行限制。

第六节 交通与通信

一 交通运输

斯洛伐克地处欧洲腹地，是典型的内陆国家，它的地理位置也使它成为欧洲交通线路的交叉点。境内多山的地形在一定程度上影响了斯交通的发展，主要表现为：交通的现代化受到限制，尤其在发展高标准的国际交通体系时；多瑙河流域和东斯洛伐克平原地区的交通网比斯洛伐克中部和北部的高山地区稠密；公路和铁路线向东西方向延伸。目前，斯交通运输以公路和铁路为主，今后发展目标首选高速路和国际公路，随后是通讯、铁路、航空和水路运输。斯洛伐克列入规划的项目有：2010年前实现境内全部铁路的电气化改造、布拉迪斯拉发与维也纳机场间的快速铁路、连接波兰和乌克兰的快速铁路。此外，斯还有一些现有铁路沿线的改造项目，如布拉迪斯拉发与科希策之间的城市高速铁路（445公里）。如果该项目建成，两地间的行程将在4小时50分钟之内完成。这些项目，大部分是斯洛伐克与欧盟共同出资兴建。2002年，斯交通营业额为910.35亿斯洛伐克克朗，其中铁路运输287.8亿斯洛伐克克朗，公路运输350.4亿斯洛伐克克朗，管道运输16.27亿斯洛伐克克朗，水路运输8.75亿斯洛伐克克朗，航空运输13.91亿斯洛伐克克朗。

斯洛伐克

铁路运输 铁路运输是斯洛伐克国内运输和与欧洲其他国家客货交通的重要方式,铁路网遍布斯全境,铁路运输将众多的城市和乡村连接起来。客运以短距离运输为主,主要为上下班的旅客服务。货运以超过200公里的长途运输为主。斯洛伐克铁路网的平均密度为每100公里拥有铁路线7.5公里,达到欧洲的平均水平。斯洛伐克铁路全长3665公里,其中双轨铁路1020公里,单轨铁路2489公里,窄轨铁路50公里,宽轨铁路106公里。有1535公里的铁路实现了电气化和668公里的铁路实现了自动化管理。斯绝大部分铁路属于欧洲国际走廊,其技术水平符合国际标准。2004年,斯进口铁路机车和铁路器材1.89亿美元。年货物运输量约为5000万吨。斯加入欧盟后,铁路发展政策与欧盟相关政策一致,即追求经济效益、保证旅客安全和保护生态环境。

铁路运输在斯洛伐克有着悠久的历史。1840年,斯开始兴建铁路。1846年,马力驱动的火车开始行驶在布拉迪斯拉发和特尔纳瓦之间。1848年,从布拉迪斯拉发到维也纳开通了蒸汽列车,后来,铁路线经特尔纳瓦、雷奥波尔多夫延伸到日利纳,并朝摩拉维亚方向延伸到布尔诺。在匈牙利王国范围内斯洛伐克境内的铁路线几乎都通向当时的铁路枢纽——布达佩斯。在1918年捷克斯洛伐克共和国成立后,斯洛伐克的铁路网在东西方向上建立起来。第二次世界大战结束后,建成了南部铁路干线兹沃伦——卢切涅茨——罗日亚瓦——科希策,从科希策到蒂萨河畔切尔纳的铁路线实现了双轨运行,目前它是斯运输最繁忙的线路之一,全线实现了电气化,占斯铁路功率的50%以上。随着欧洲一体化进程的加快,特别是欧盟东扩,欧洲铁路系统更为统一、发达,而斯处于欧洲的中部,是各条走廊的必经之路。下列几条著名的欧洲国际铁路走廊穿越斯洛伐克,使斯国内铁路网络与其他欧洲大陆国家相连:① 4号走廊:西北欧——捷克——布拉迪斯拉发(斯)——什图罗沃(斯)——匈牙利——巴尔干；② 5 号 a 分支走廊：布拉迪斯拉发（斯）——日利纳（斯）——蒂萨河畔切尔诺（斯）——乌克兰；③ 6 号走廊：波罗的海——华沙——日利纳，与 5 号 a 分走廊相接；④ 9 号走廊：华沙——克拉科夫——斯洛伐克——匈牙利——罗马尼亚——保加利亚——希腊。

新建成的斯卡利特——兹瓦尔东一线将日利纳与上西里西亚连接起来，从布拉迪斯拉发到维也纳的铁路线即将建成。斯洛伐克的铁路网分布不均匀，大约70%的运输功率集中在四条主要路线上，占斯铁路网总长的37%，它们是布拉迪斯拉发——日利纳——科希策、布谢茨拉夫——布拉迪斯拉发——什图罗沃、恰得察——日利纳和雷奥波尔多夫——诺维扎姆基——科扎罗夫策——兹沃伦——卢切涅茨——科希策等线路。从科希策到乌克兰的铁路线是宽轨。斯最重要的铁路枢纽是布拉迪斯拉发、日利纳和科希策。

作为欧洲铁路运营的成员，斯铁路局确保其铁路运输与国际协议和规范相一致。斯铁路局成立于 1993 年 1 月 1 日。2002 年 1 月 1 日，又分成斯洛伐克铁路局和斯洛伐克铁路股份公司。铁路局负责基础设施的管理、与铁路运营相关的规章制度的制定，铁路及相关的通信和无线网络的运营以及铁路基础设施的建设和维护。2005 年 1 月 1 日，斯洛伐克铁路股份公司又分成两个独立的公司：负责客运的斯洛伐克铁路股份公司和负责货运的斯洛伐克铁路货运公司。斯洛伐克铁路股份公司拥有 100 列通用电气化机车用于快速和市郊旅客运输，运营主要集中在下列城市之间及其周边地区：布拉迪斯拉发、日利纳、科希策、班斯卡·比斯特里察以及兹沃伦。该公司控制 22% 的斯客运市场。斯洛伐克铁路股份公司主要提供与货物运输有关的基础服务和联运服务，它现有 800 台机车用于货物运输，占有斯 20% 的国内运输市场。该公司还负责铁路沿线的仓库、铁路器材的租赁以及机车的维护。

斯洛伐克

2002年，斯铁路客运量5943万人次，铁路货运量4986万吨。

公路运输 公路运输是斯使用最广泛的运输方式，它保障几乎2/3的短途客运量。公共汽车运输将斯几乎所有的乡镇连接起来。2002年，公路公共运输客运量达到5.37亿人次。斯平均每2.89人拥有1辆机动车，平均每3.97人拥有1辆轿车。货运的对象主要是建筑材料、食品和农产品，2002年公路货运量为3303万吨。鉴于斯地形的多样化且被分割成一些小单位，斯有稠密的公路网。全国公路总里程为17755公里，平均每1000平方公里有公路362公里，平均每1000个居民拥有公路3.3公里。在全部道路中，318公里是高速路（待建成后总长将达到658公里），一级公路3224公里，与国际公路走廊相连接，二级公路3829公里，三级公路10396公里。根据已通过的构想，斯洛伐克高速公路在2006年以前将增加73公里，2010年拟建成连接布拉迪斯拉发和科希策的北部高速公路线，全长453公里，2012年拟建成连接布拉迪斯拉发和科希策的南部高速公路线，全长405公里。正在建设中的从布拉迪斯拉发到特伦钦的D-61高速公路线与D1高速公路线捷克——特伦钦——波普拉得——普雷肖夫——科希策——维什纳涅美茨科连接起来。从日利纳经恰得察到波兰的D-18高速公路线是途经斯洛伐克的波罗的海——亚得里亚海的国际高速公路线的组成部分。

包括过境运输的长途公路运输具有国际意义，国际大型货车运输与铁路运输、水路运输和海上运输紧密联系在一起。2002年，斯过境运输货物41.8万吨。

水路运输 水路运输在斯洛伐克有着悠久的传统，其意义愈益重要。早在中世纪的时候，斯洛伐克人就是非常优秀的木筏工，他们利用奥拉瓦河和瓦赫河的急流运送木材。现代方式的水路运输始于19世纪初多瑙河上的轮船航运。多瑙河是斯最大的河流，在斯境内长172公里，其中与匈牙利、奥地利界河长

149.5公里。待莱茵河——美因河——多瑙河水路干线建成后，斯洛伐克可以利用这条从黑海到大西洋的水上通道。为了水路运输的需要，斯计划治理瓦赫河、摩拉瓦河与博得罗格河。斯在欧洲的内陆水运中具有重要作用，下列欧洲水运走廊经过斯洛伐克：①5号a分支走廊：布拉迪斯拉发——日利纳——科希策——乌日赫罗德（乌克兰）；②6号走廊：格但斯克——华沙——卡托维兹——日利纳；③7号走廊：包括多瑙河内河，黑海——多瑙运河，多瑙河的分支基利亚河和苏利纳河，将多瑙河与黑海相连的内陆河流走廊，多瑙河——萨瓦运河，多瑙河——蒂萨运河；④水运路线E81——瓦赫水路直接与5号和6号路运走廊相连。

斯内河运输主要集中在西南部地区多瑙河沿线，以货运为主，客运只占一小部分，主要用于旅游观光，客运业务通常发生在夏季。斯计划今后在整个西北部地区实现通航。目前，斯内陆水路的密度是每1000平方公里有水路5.12公里，每1000居民拥有水路0.05公里。随着欧洲水路走廊进一步完善，其水路运输必将有新的发展。目前，斯有三个货运码头：布拉迪斯拉发、科马尔诺和什图罗沃，年货物运输总量约150万吨。科马尔诺是一个将水运、铁路和公路运输连接在一起的码头，主要从事农产品散货的运输①。

2004年，多瑙河水路运输有所增加，共有17739艘船只使用多瑙河进行客运和货运，同比增加2113艘。客运量同比增加约25%，达到33万人次，货运量增加122万吨。

航空运输 航空运输不是斯洛伐克最重要的交通方式。斯有6座国际机场，它们是布拉迪斯拉发的什杰凡尼克机场、科希策机场、波普拉得机场、斯利阿奇机场、皮耶什贾尼机场和日利纳

---

① 参见中国驻斯洛伐克大使馆经济商务参赞处网：sk.mofcom.gov.cn/index.shtml。

斯洛伐克

机场。布拉迪斯拉发的什杰凡尼克机场是斯洛伐克主要的国际机场，它距离市中心12公里，从1951年开始运营，如今有定期和不定期的国内、国外航班，2004年客运量89.3万人次，货运量6972吨。科希策机场是斯第二大机场，距离市中心6公里，每天有航班飞往维也纳、布拉格、布拉迪斯拉发和波普拉得——塔特拉，2004年客运量为23.1万人次，货运量为368.6吨。波普拉得——塔特拉机场位于高塔特拉山附近，机场可用于定期和不定期客运和货运以及救护飞行等。位于斯洛伐克西部矿泉疗养地皮耶什贾尼附近的皮耶什贾尼机场目前有输送疗养病人的定期国际航班和运输旅客和货物的不定期航班。斯利阿奇机场位于斯洛伐克中部，它有飞往布拉格的定期航班，机场也用作不定期运输、军事和体育飞行以及救护性飞行，2004年客运量为1.5万人次。日利纳机场位于斯洛伐克北部，它主要用于斯洛伐克和国外航空公司的不定期航空运输、公司和私人飞机的飞行、飞行训练和体育飞行、救护飞行以及斯空军的飞行工作和活动等，从2005年起，有飞往布拉格的定期航班。

斯国内航空运输由斯洛伐克航空公司来保障，2002年斯洛伐克注册客机569架。由于目前斯洛伐克机场没有得到充分利用，维也纳机场也保障了斯洛伐克与欧洲和世界各国的空中联系。维也纳机场距离布拉迪斯拉发仅50公里，在布拉迪斯拉发和维也纳机场之间有定期的汽车和铁路交通相联系，每年通过维也纳机场出入的斯洛伐克人达到18.6万人次。另外，布达佩斯机场和布拉格的鲁津机场也可为出入斯洛伐克的旅客服务，前者距离布拉迪斯拉发250公里，后者与布拉迪斯拉发的什杰凡尼克机场之间有定期航班联系。2002年空运旅客27万人次，空运货物1002吨。

管道运输 管道运输是斯最年轻、最环保的运输方式，用于输送石油和天然气。从1962年2月3日起，"友谊"输油管道将石油从俄罗斯输送到布拉迪斯拉发的斯洛伐克石油天然气公司，在夏赫（Šahy）附近"亚得里亚海"输油管道与"友谊"输油管道相连接。"友谊"输油管道是世界上最长的输油管道之一，它全长5500公里，在斯境内长1221公里。

对斯洛伐克经济意义重大的是输气管道，它从俄罗斯经斯洛伐克最终到达捷克、奥地利、意大利、德国和法国。2002年，斯管道输送天然气700亿立方米，输送石油945万吨。

二　电信

2004年，斯洛伐克邮政和电信营业额达到624亿斯洛伐克克朗，同比增长11.4%，其中电信营业额为538亿斯洛伐克克朗，同比增长10.5%。

斯洛伐克的电信业比较发达，2002年，拥有140万部固定电话，其中住宅电话103万部，平均每千人拥有261部；拥有移动电话292万部，平均每千人拥有543.5部；拥有公共电话亭15199个；模拟电话交换台332个，数字化电话交换台54个；用户直通电报台113个，电报台44个；卫星服务站399个；注册登记的电视机116.5万台，收音机130万台；有线电视用户近70万户；互联网用户13.4万户；电视发射台61家，广播电台127家。

2000年斯洛伐克对电信业实行私有化，目前斯洛伐克的电信市场已经放开，斯洛伐克运输、邮电和通讯部是电信的主管部门。截止到2004年10月31日，除斯洛伐克电信（Slovak Telecom, a. s.）以外，还有18家公司领取到全国或地方的电信运营执照。斯洛伐克电信在斯电信行业中占主导地位，基本垄断着斯洛伐克固定电话网络，主要使用西门子和阿尔卡特的电信设备。它成立于1993年，斯政府拥有公司股权34%，德国电信公司拥有51%，斯国家财产基金拥有15%。截止到2004年底，斯洛伐克电信拥有电话线138万条，约每百人25条。另两大可提

供移动电话网络服务的公司是布拉迪斯拉发欧洲电信股份公司（EuroTel Bratislava, a. s.）和斯洛伐克橙色股份公司（Orange Slovensko, a. s.）。布拉迪斯拉发欧洲电信股份公司运营三条网络：数字网络 GSM、公共网络 VDS 和模拟网络 NMT，而且该公司是唯一能提供模拟网络 NMT 的运营商，该网络约覆盖全国面积的 79%，人口的 97%。斯洛伐克电信拥有该公司股权 51%，美国西大西洋财团拥有 49%，截止到 2004 年 6 月 30 日，拥有客户 170 万。斯洛伐克橙色股份公司由法国国际移动通信公司（拥有股权 64%）、个人金融投资和欧洲复兴发展银行共同拥有，它运营数字网络 GSM，可覆盖全国面积的 80% 以上和人口的 98%。截止到 2004 年 6 月 30 日，拥有客户 220 万。其他电信领域的运营公司有 T – Mobile 运动通讯和 Telenor Networks。

国际互联网使用广泛，已应用于供气、能源、交通和金融领域。2003 年根据斯洛伐克因特网运营商联合会的统计，因特网用户已上升到 137 万。斯洛伐克网络运营服务商主要有斯洛伐克电信、斯洛伐克橙色股份公司、Slovanet, a. s.、Nextra, a. s、EuroWeb、GTS Slovensko, a. s. 等。

第七节　财政与金融

一　公共财政

斯洛伐克宪法规定，斯财政管理通过国家预算执行。国家预算主要包括根据各预算部门而划分的预算收入和支出、对法人和自然人的预算关系、预算赤字的最大限额和预算盈余的最小限额、预算储备和用于斯政府通过的各项计划的预算开支等。关于详细的国家预算收入和支出由国民议会通过后以法律的形式加以确认。国家预算收入主要包括税收和收缴的有关费用、进口和出口附加费、分期贷款获得的收入、预算部门的收入、国有基金的缴款和国有财产管理转让的收益等。国家预算支出主要包括中央机构以及下属预算单位的活动开支、履行国际条约的开支、上缴到欧盟预算的费用、支付国家采购和损耗的费用、与国家预算赤字和国债管理相关的利率及费用、政府提供的贷款、提供给发展中国家和欠发达国家的国际援助费用等。

斯预算年度与日历年度相同。通常提前一年开始制定下一年度的国家预算。1~4月，财政部准备国家预算部门的最初分配方案和限额。5月，政府就最初的分配方案和额度做出决定。6月，各预算部门负责人向财政部递交与政府通过的限额一致的预算草案，包括日常支出、工资和资本支出等。7月，财政部与社会保障和医疗基金进行磋商并确定预算赤字限度。同月，财政部通告议会关于国家预算的准备情况。8月，财政部将预算草案递交给政府。预算草案附件主要包括国有基金的预算草案和城镇、较高一级区域单位（与州相似）的预算。9月30日以前，政府就国家预算草案做出决定。10月15日以前，政府将国家预算草案递交给国民议会进行讨论，在与财政部磋商后和经过"财政、预算和货币委员会"同意后，议员可以对草案提出修改和补充意见。年底前议会通过关于下一预算年度国家预算的法律。

捷克斯洛伐克联邦共和国解体后，斯洛伐克从1993年起独自走上了转型的道路，最初几年，斯的税收收入和财政支出很高。1994年，斯政府开支占国内生产总值的比例在中东欧国家中最高。1996年政府收入和开支占国内生产总值的比例分别达到43.5%和44.9%。公共财政政策的失误逐渐导致斯宏观经济失衡，1998年斯公共财政赤字达到192亿斯克朗，而国家预算法规定的财政赤字为50亿斯克朗。1998年秋支持改革的新政府上台后，国家在财政领域进行干预和重新分配的程度减弱，从而为市场力量的运作和竞争创造了空间。同时，公共财政逐渐稳定

下来，公共财政收入和支出占国内生产总值的比例也有所下降，2001年分别降到35.7%和41.3%。2003年，公共财政赤字占国内生产总值的比例降至3.7%。

较为自由的财政政策带来许多消极后果，其中最重要的表现是公共债务状况的恶化，从1995年占国内生产总值的21.1%急剧增加到1996年的30.6%，2000年累计债务占国内生产总值的49.9%。随着紧缩财政政策的推行，2003年降至42.8%。

2004年12月9日，斯议会通过关于2005年国家预算的法律。根据该法律，2005年斯预算收入为2572.3亿斯克朗，税收收入为2019.9亿斯克朗（其中主要如公民收入税为20.6亿斯克朗，公司收入税为300.6亿斯克朗，增值税为1173.4亿斯克朗，消费税为453.7亿斯克朗），预算支出为3187.5亿斯克朗（从部门分类看，主要用于劳动、社会事务和家庭部支出481.5亿斯克朗，教育部支出447.3亿斯克朗，财政部支出382.9亿斯克朗，交通、邮电和电信部支出272亿斯克朗，国防部支出255.9亿斯克朗，卫生部支出245.6亿斯克朗，内务部支出210.5亿斯克朗，农业部支出196.4亿斯克朗，建设和地区发展部支出96亿斯克朗，经济部支出76亿斯克朗，司法部支出72.3亿斯克朗，生活环境部支出57.3亿斯克朗），预算赤字为615.2亿斯克朗，预算赤字占国内生产总值的比例为3.8%，国家预算储备为26.6亿斯克朗。该国家预算法还包括2006年和2007年的初步预算草案，在此期间，斯预算赤字将必须逐渐减少到占国内生产总值的3%，这是斯实施欧元的主要条件之一。在斯政府向欧盟递交的关于斯加入欧元区设想的趋同计划中，斯计划在2010年前将公共预算赤字降低到零。

二 税收

1993年斯洛伐克独立后实行传统的税收制度，税收分为直接税和非直接税。直接税包括所得税（法人、自然人)、不动产税(田地、住宅和建筑物)、遗产税、赠予税、不动产转让、交易税和道路税等。非直接税包括增值税和消费税，消费葡萄酒、啤酒、白酒、烟草和烟草制品、香烟、无铅汽油、含铅汽油、柴油、燃料油、液化气和石油等商品需纳税。1993~2003年，斯洛伐克不仅对所有税种的税率都进行了调整，而且在确定征税对象方面也发生了系统的变化。尤其是在1998年斯议会大选后税率开始逐渐降低。为了使本国的税收立法与欧盟的税收制度相协调以及刺激经营活动、就业和经济增长，斯降低了直接税的税率，提高了增值税和消费税的税率。斯洛伐克在征收自然人所得税时实行累进税制，最初根据盈利的纳税基数确定，从15%至40%不等。2000年自然人所得税税率的下限降低到12%，2002年又降低到10%，同时明显增加了扣除的款项和提高了不纳税的基数。同年，自然人所得税税率的上限降低到38%；法人所得税的税率于1994年1月1日从45%降为40%（小企业则交纳相当于营业额2%水平的税收），2000年1月1日降低到29%，2002年1月1日又降低到25%，而且为新投资项目设立了免税期。斯大部分商品和服务的增值税税率最初为5%，其他为23%。

2002年10月上台的祖林达政府做出了进行大胆的税制改革的承诺，包括使税收法律更具透明性、降低直接税、分析实行统一税率的可行性、增加乡镇的税收收入、保障严格、直接、公正和有效的征税、降低税率、限制逃税、简化税收立法、简化税收领域的制裁制度和增加非直接税等重要内容，其主要目的是增加就业机会、加强税收制度的透明度、减少造成逃税或双重征税的畸变现象。从2004年1月1日起，税制改革的主要部分已经开始实施。无论是法人所得税、自然人所得税都是19%，同时为低收入者提高了不纳税的基数；所有商品的增值税都统一为19%，取消了所有的特例和减税；取消了不动产转让税和交易

税；取消了遗产税、股息税、赠予税；在不动产税方面，原来根据大小来估价，现在改为根据价值来估价；取消了轿车的道路税。

改革后的斯洛伐克的税收制度由9个税种组成，它们是法人和自然人的所得税、不动产税、机动车税、增值税、酒精消费税、啤酒消费税、葡萄酒消费税、烟草和烟草制品消费税、矿物油消费税。

作为欧盟成员国，斯洛伐克税收制度还需根据欧盟的要求进行下列调整：①消费税的税率逐步同欧盟的水平接轨。目前，斯啤酒、葡萄酒、酒精和矿物油的消费税已达到欧盟的最低标准，而香烟消费税至2009年要达到香烟价格的57%，即每1000支香烟的消费税不得低于64欧元。至2007年初，斯必须开始征收电、煤气和固体燃料的消费税，而且到2010年应达到欧盟最低标准的50%；②在欧盟范围内，成员国之间的交易和供货不作为进出口，产品和服务的赋税在消费地征收；③斯营业额法定登记的起征点（大额纳税人）从每季度75万克朗降到每年150万克朗。此外，每年从其他成员国进货超过42万克朗的企业需要登记。

三　银行

（一）历史发展概况

斯洛伐克第一家独立银行——布拉迪斯拉发储蓄所建立于1841年，至1848年它已在斯所有大城市拥有了分支机构。1868年，斯洛伐克境内已有11家银行。1885年，斯洛伐克最大的金融机构——塔特拉银行建立。

1918年捷克斯洛伐克共和国成立后，金融业有了进一步的发展。以欧洲发达国家为榜样建立了由中央银行和已实际运行70多年的商业银行组成了二级银行体系。1919年建立了国家财政部管理下的金融局,金融局的领导组成金融委员会,负责解决货币问题、实施国家经济政策、保障国家的所有商业和信贷活动。1925年,捷克斯洛伐克国家银行建立,这是一个中央银行,有股份制公司的性质,资本为1200万捷克斯洛伐克克朗,只有1/3掌握在国家手中。该银行接管了原金融局的权限,还拥有发行纸币的专门权利。在商业银行领域,捷克资本大量涌入斯洛伐克,逐渐控制了斯洛伐克金融业。最著名的银行有捷克斯洛伐克农业银行、摩拉维亚银行、捷克贴现银行、捷克斯洛伐克军团银行、捷克工业银行和手工业银行等,其中一些银行由德国资本控制。此外,1912年建立了多瑙河银行,1924年建立斯洛伐克通用信贷银行。

1939年建立了斯洛伐克国家银行。在商业银行领域,不少银行合并到塔特拉银行、斯洛伐克银行和人民银行的麾下,德国资本占了主导地位。

第二次世界大战结束后,在1945年《科希策政府纲领》和"捷克斯洛伐克共和国总统令"的基础上,金融业进行激进的变革,对德意志和匈牙利银行实现了国有化或进行了清理,并建立了新的中央银行。1948年2月共产党全面执政后,商业银行数目由原来的9个减少到4个,即在捷克地区的手工业银行、在斯洛伐克地区的斯洛伐克塔特拉银行、在全国运营的投资银行和邮政储蓄所。1950年,上述银行(投资银行是在1958年)和国家银行合并为中央管理的捷克斯洛伐克国有银行,它履行中央银行和商业银行的双重职能。1964年,捷克斯洛伐克商业银行建立,任务是在财政上保障对外贸易。斯洛伐克国有储蓄所的任务是为公民提供存贷业务。

1990年1月1日,二级银行体系重新建立。捷克斯洛伐克国有银行从已存在的银行中分离出来并开始履行中央银行的职能。在商业银行领域出现了一系列新银行,它们是投资银行、捷

斯洛伐克

克斯洛伐克商业银行、捷克国有储蓄所、斯洛伐克国有储蓄所、手工业银行、贸易银行和通用信贷银行等。后两个银行是从捷克斯洛伐克国有银行的分行创建起来的,其他银行则是从原有的社会主义银行转型过来的。银行依然是国有性质。1992年通过了新的银行法,允许对银行实行部分私有化和外国银行进入。

1993年斯洛伐克金融业进入新的发展阶段。此后3年中,斯洛伐克银行数量增加很快,同时,1997年以前外国投资者的份额占50%。这一时期进行了不透明的小私有化和大私有化,导致许多银行的企业家客户倒闭。公司的倒闭、银行在提供贷款时出现的投机主义、腐败现象和缺少技巧以及低利率等原因造成银行的欠款高达1120亿斯洛伐克克朗。由于金融部门的实质性部分还是由国家掌握,这些欠款逐渐转移到国有清算银行。银行运作中另一不正常的现象是银行存款利率高达15%,贷款利率高达20%。

1998年斯银行业开始进行重组并逐渐复兴起来。不仅大幅度降低利率、严格了法人获取贷款的条件、提高商业银行的信誉,还使银行股份分散化,并使基金控制权从政府手中转移到外国战略投资人手中。2001~2004年,斯银行业进行了一系列结构性改革,清除了财政状况糟糕的银行,对斯三个最大的国有银行进行了私有化,最后两个较小的银行即邮政银行和斯洛伐克银行也于2003年开始了私有化进程。如今,斯洛伐克银行已连续几年盈利,而且盈余一年比一年多。外资已控制斯90%以上银行。

表4-6 斯1993年独立后银行体系发展情况

年份	中央银行	无外资参与的银行	有外资参与的银行	外国银行分行	银行总数
1993	1	9	7	9	26
1994	1	8	10	9	28
1995	1	9	13	9	32
1996	1	10	14	5	30
1997	1	11	14	4	30

续表 4-6

年份	中央银行	无外资参与的银行	有外资参与的银行	外国银行分行	银行总数
1998	1	10	14	2	27
1999	1	11	12	2	26
2000	1	7	14	2	24
2001	1	6	13	2	22
2002	1	3	15	2	21
2003	1	2	16	3	22
2004	1	2	16	3	22

资料来源：http://www.nbs.sk/BANKY/ROZVOJ。

表 4-7　2002~2004 年外资对斯银行业的渗透情况

单位：亿斯洛伐克克朗

	2002	2003	2004
斯银行业总资产	413.16	432.87	442.78
其中:本国银行基本资金	60.65	47.93	46.05
外国银行基本资金	352.51	384.94	396.73
其中:奥地利	118.45	131.47	143.08
卢森堡	122.60	125.23	125.27
捷克	34.84	34.94	34.85
匈牙利	9.99	20.04	20.07
意大利	12.90	19.12	19.14
英国	15.98	17.49	17.47
美国	16.50	16.50	16.51
德国	8.27	8.52	8.60
荷兰	5.88	5.95	6.13
法国	5.50	5.50	5.50
瑞士	0.026	0.052	0.088
塞浦路斯	1.53	0.11	0

资料来源：http://www.nbs.sk/BANKY/UPIS/UP02-4.HTM。

（二）银行体系

从1993年1月1日斯洛伐克独立之日起，银行体系开始建立。斯洛伐克的二级银行体系中的第一级是中央银行——斯洛伐克国家银行，斯第566/1992号法律对它的活动范畴进行了规定。斯洛伐克国家银行是发行银行，它的驻地在布拉迪斯拉发，不进行商业注册登记，其地位可与国家部委和其他国家管理部门等同。斯洛伐克国家银行的主要任务是保障本国货币稳定，为此，其职责是：①制定货币政策；②发行货币；③管理货币流通、协调银行间的支付关系和结算；④在法律规定的范围内监督银行的活动，负责金融体制的安全运作和既定发展；⑤履行法律赋予它的其他职能，如在国际货币机构中代表斯洛伐克处理金融事务。

根据法律，斯洛伐克国家银行还可行使下列权限：①为贯彻货币政策可使用一些相应的手段，如规定贷款的最高数目、清算和资本调配的标准等；②可以要求商业银行储备一定资金，数目的高低可根据货币政策的目标而随时改变；③记录商业银行的账目，接受它们的存款。可以向银行购买或出售期票、国家债券或其他有价证券。可以向银行提供贷款，用有价证券来保障。斯洛伐克国家银行不仅是银行的银行，还为国家预算担负一定的职责，即做好国家预算、国家财政资产与负债和国家专项基金的收入和支出账目。

在外汇管理方面，斯洛伐克国家银行也拥有一定的权限，它宣布斯洛伐克克朗对其他货币的汇率，规定在银行操作中的黄金价格，保管、使用货币储备以及进行黄金和外汇贸易等。

为了填补国家预算赤字，斯洛伐克国家银行出售国家债券。为了引导金融市场的发展，斯洛伐克国家银行可以发行、购买和出售可进行贸易的有价证券。

斯洛伐克国家银行的最高管理机构是金融委员会，其主要成员是行长、2位副行长、3位高级经理和3位其他成员。行长和

第四章 经 济

副行长的任命和罢免由共和国总统根据政府的提议在国民议会批准后完成。高级经理和其他3名成员的任命和罢免由政府根据行长的提议完成。

二级银行体系中的第二级是商业银行。根据斯第62/1996号法律规定，商业银行是斯境内提供存贷业务、有建立银行和从事金融活动许可证的股份公司或国有金融机构，它还可以从事下列活动：在自己账户上投资有价证券、金融租赁、发行和管理支付工具（支付卡和旅行支票等）、提供担保、开具信用证、收账、用自己的或顾客的账户从事外汇买卖、参与发行有价证券并提供有关服务、财政中介、在经营事务方面提供咨询服务、有价证券的储蓄和管理、兑换活动、提供金融信息和从事抵押性商业活动等。

商业银行必须有制定规章制度的部门和监督委员会，每个部门至少有3名成员。银行必须向中央银行通告所有提供给经营机构的贷款和担保业务，数额不得超过300万斯洛伐克克朗。

截至2006年2月1日，斯共有18家商业银行，分别是斯洛伐克察利翁银行（Calyon Bank Slovakia a. s.）、斯洛伐克花旗银行（Citibank〔Slovakia〕, a. s.）、捷克斯洛伐克商业银行建筑储蓄所（CSOB Stavebná sporiteľňa, a. s.）、斯洛伐克德克斯亚银行（Dexia banka Slovensko a. s.）、斯洛伐克赫乌贝银行（HVB Bank Slovakia, a. s.）、伊斯特洛银行（Istrobanka, a. s.）、布拉迪斯拉发商业银行（Komerční banka Bratislava, a. s.）、人民银行（Ľudová banka, a. s.）、斯洛伐克匈牙利国家储蓄银行（OTP Banka Slovensko, a. s.）、邮政银行（Poštová banka, a. s.）、个人银行（Privatbanka, a. s.）、斯洛伐克储蓄银行（Slovenská sporiteľňa, a. s.）、斯洛伐克保障和开发银行（Slovenská Záručná a Rozvojová Banka, a. s.）、塔特拉银行（Tatra banka, a. s.）、联合银行（UniBanka, a. s.）、通用信贷银行（Všeobecná úverová

banka, a. s)、第一建筑储蓄所（Prvá stavebná sporiteľňa, a. s.）和乌斯特洛特建筑储蓄银行（Wüstenrot stavebná sporiteľňa, a. s.）。它们从事商业银行服务、投资银行服务和经纪服务等。斯商业银行中占主导地位的是 3 家大银行，它们以前是国有银行。斯洛伐克储蓄银行占有市场份额的 22%，通用信贷银行占有市场份额的 18.8%，塔特拉银行占有市场份额的 12%。由此可见，斯洛伐克金融业的集中水平相对较高，这三大银行拥有斯储蓄总额的 60% 和贷款总额的 40%。

斯洛伐克储蓄银行 是斯洛伐克储蓄传统最悠久的银行，它的起源可追溯到 19 世纪。从 1969 年起开始以独立银行的身份——斯洛伐克国有储蓄银行出现。1990 年获得综合性银行许可证，它的服务对象扩展到机构和企业。1991 年，斯洛伐克储蓄银行开始在斯金融市场和有价证券市场上运作。1994 年转型为股份公司。2001 年 1 月，斯财政部与奥地利第一储蓄银行（Erste Bank）签署关于出售斯洛伐克储蓄银行绝大部分股份的协议。2005 年，奥地利第一储蓄银行已拥有斯洛伐克储蓄银行的全部股份。

目前，斯洛伐克储蓄银行是斯最大的商业银行，可以进行外汇买卖和抵押性交易，在储蓄市场上所占份额最大，支行网络最广泛，在发行金融支付卡方面占有主导地位。它向顾客提供丰富的服务内容，从传统的活期存款到各种各样的储蓄存折、定期储蓄、有关支付关系的服务、贷款和电子银行业。

斯洛伐克储蓄银行是世界支付联盟 S. W. I. F. T. 的成员，也是斯第一家获得发行和接受国际 VISA 公司所有类型金融卡许可证的银行。它还拥有欧洲支付国际公司和万事达卡国际公司的许可证。

通用信贷银行 1990 年，通用信贷银行成立，其业务重点是国内融资、为企业提供贷款和国内结算。至 20 世纪 90 年代后半期，通用银行已发展成为斯最大的商业银行。该行的贷款额占斯所有贷款业务的 31%，斯上市的各种债券和国债的 40% 是由该行发行的。该行还是布拉迪斯拉发有价证券交易所的奠基行之一。目前，通用信贷银行是继斯洛伐克储蓄银行之后的第二大银行，它也是斯唯一在国外设立代表处的银行（在捷克布拉格）。值得一提的是，该行曾于 1998 年在中国上海建立代表处，几年后撤消。

塔特拉银行 斯洛伐克第一家私人银行，也是斯洛伐克历史上最古老的银行（1885 年创建）。1918 年捷克斯洛伐克共和国成立以前，塔特拉银行在斯洛伐克金融领域发挥着重要作用，它向企业提供贷款、办理储蓄业务、从事几乎所有的金融交易、贴现期票和其他有价证券、保障和建立贸易和工业公司。1918 年以后，塔特拉银行成为斯洛伐克最大的银行，设立了许多分行，许多企业都有它的资本参与。在国有化进程中，1946 年塔特拉银行与当时斯洛伐克第二大银行——斯洛伐克银行合并成斯洛伐克塔特拉银行，1950 年斯洛伐克塔特拉银行又被并入捷克斯洛伐克国有银行。1991 年，塔特拉银行成为私人银行。

截至 2006 年 2 月 17 日，有 10 家外国银行在斯洛伐克首都布拉迪斯拉发设立了代表处，它们是：荷兰银行（ABN AMRO Bank N. V.，2004 年 2 月）、（卢森堡）Banque Privée Edmond de Rothschild Europe（2005 年 1 月）、法国巴黎银行（BNP Parihas，1992 年 3 月）、欧洲复兴开发银行（1994 年 5 月）、捷克福拉股份商业银行（Akciová obchodná banka FORA-BANK，2002 年 9 月）、奥地利投资信贷银行（Investkredit Bank AG，2003 年 6 月）、下奥地利州国家银行—抵押贷款银行（Niederösterreichische Landesbank-Hypothekenbank AG，2005 年 4 月）、奥地利 1842 瓦尔德费尔特勒储蓄银行（Waldviertler Sparkasse von 1842，2003 年 10 月）、意大利西雅那银行

（BANCA MONTE DEI PASCHI DI SIENA SPA, 2006年2月）和（捷克）J&T BANKA, a. s. （2000年4月）。

截至2006年2月1日,有5家外国银行在斯洛伐克设立了分行,它们是:德国商业银行（2003年12月）、（葡萄牙）Banco Mais, S. A.、（英国）HSBC Bank plc（2005年6月）、（荷兰）ING Bank N. V.（1993年1月）和（捷克）捷克斯洛伐克商业银行（1993年8月）。

四 货币

1993年1月1日斯洛伐克独立后即与捷克建立货币联盟,但只维持到1993年2月8日。是日,斯洛伐克发行本国货币——斯洛伐克克朗（Slovenská koruna）,其币值与原捷克斯洛伐克克朗等同。目前,在流通中的纸币面值有5000、1000、500、200、100、50和20斯洛伐克克朗。

1993年8月29日,面值为50克朗的纸币率先进入流通中,随后在1993年间又逐渐发行了面值为20、100、500和1000斯洛伐克克朗的纸币,1995年发行面值为5000和200斯洛伐克克朗的纸币。斯洛伐克发行的硬币有7种面值:10、5、2、1斯洛伐克克朗和50、20、10哈利耶尔（1斯克朗=100哈利耶尔）。2003年12月31日,1993年版的面值10和20哈利耶尔的硬币退出流通。

从1993年2月8日起,斯洛伐克国家银行就开始公布汇率表,斯洛伐克克朗的汇率是固定的,与5种货币挂钩,其中49.06%与美元挂钩,36.16%与德国马克挂钩,8.07%与奥地利先令挂钩,3.79%与瑞士法郎挂钩,2.92%与法郎挂钩。从1994年7月14日起至1998年10月2日,斯洛伐克克朗汇率只与德国马克和美元挂钩,60%与德国马克、40%与美元挂钩,同时,货币汇率的波动范围不能超过7%。1995年10月,斯洛伐克根据国际货币基金组织的要求，实现新的外汇法。根据该法律，斯洛伐克克朗实现经常项目下的自由兑换，使斯洛伐克成为继波兰和斯洛文尼亚之后第三个实行这一货币制度的中东欧国家。从1996年4月1日起，斯洛伐克国家银行只规定一种汇率。随着外部经济关系的恶化和外汇储备的减少，斯洛伐克国家银行于1998年10月2日放弃了斯洛伐克克朗的固定汇率，根据斯洛伐克克朗在外汇市场的供需情况实行汇率自由浮动，斯洛伐克克朗很快贬值18%。从1999年1月1日起，欧元成为斯洛伐克克朗汇率浮动的参照货币。1999年在外汇市场上实行自由浮动汇率导致斯洛伐克克朗的稳定化，2000～2001年斯洛伐克克朗的汇率发展也相对稳定。2004年全年平均汇率是：1美元=32.3斯洛伐克克朗，1欧元=40斯洛伐克克朗。至2005年8月17日，斯洛伐克克朗继续走强，1美元=30.9斯洛伐克克朗，1欧元=38.5斯洛伐克克朗。

根据斯外汇法规定，斯洛伐克公民和企业可以存储外币，外汇资金可以在统一的外汇市场上买卖。在与外国进行支付时，一般采用汇款单、信用证、现金和其他形式。外国人可以在斯开设斯洛伐克克朗或外汇账户，外国企业在斯的投资和利润可以在税后自由汇出国外。

从2004年1月起，公司在购买商品和享受服务后可以用外币支付而无需斯洛伐克国家银行的许可。在旅游中心、一些商场和所有的饭店可以用欧元支付。

五 资本市场

斯洛伐克私有化进程和银行业的改造促进了资本市场的发展，而且美国国际开发署和欧洲复兴开发银行对斯资本市场的建立也提供了帮助，但至今斯资本市场规模比较小，发行股票的整个市场的资本化只占国内生产总值的百分之几，没

能完成自己的基本使命，即为投资者获取新资本创造空间。

布拉迪斯拉发证券交易所于1991年3月成立，1993年4月开始运营。该交易所是斯有价证券快速交易市场的主要组织者，也是欧洲股票交易所联合会的成员。其基本资产有1.138亿斯洛伐克克朗，主要股东占有资产的份额分别是：斯洛伐克国有财产基金22.13%、通用信贷银行20.2%、阿利安斯—斯洛伐克保险公司15.31%、斯洛伐克奥特普银行15.31%和斯洛伐克储蓄银行10.98%。布拉迪斯拉发证券交易所每日通过电子方式交易，交易的对象有企业和投资基金的股份、斯财政部、企业和自治机构的债券、抵押贷款凭证等。近几年来，布拉迪斯拉发证券交易所交易数额不大，且集中在政府债券上。

表4-8 1998~2002年斯资本市场运营状况

单位：亿斯克朗

	1998	1999	2000	2001	2002
有价证券发行次数	315	298	437	500	425
其中:国债	33	34	21	25	22
银行债券	1	2	2	—	—
工业债券等	18	6	52	51	79
股票	169	162	272	357	293
分享利益券	94	94	90	67	31
有价证券发行价值	1036	872	1201	2715	1938
其中:国债	670	612	697	1772	755
银行债券	10	2	20	—	—
工业债券等	15	5	53	41	63
股票	295	218	396	879	1107
分享利益券	46	35	35	23	13

资料来源：Štatistická ročenka Slovenskej republiky 2003，ss.147、148。

20世纪90年代以来,斯还建立了其他几家资本交易机构,如1992年9月1日成立的布拉迪斯拉发期货交易所、1993年1月建立的斯洛伐克RM系统和2002年成立的斯洛伐克有价证券交易所等,但均因经营业绩不佳等原因破产或被迫停业。

2000年11月1日以前,资本市场由斯财政部进行监督,此后改为由新成立的财政市场管理局监督。2002年,斯制定了新的关于有价证券和证券交易所的法律,修改了集体投资法,从而为有价证券市场的经营重新制定了法律框架。随着斯于2004年加入欧盟,资本市场也逐渐融入统一市场,斯将有望结束资本市场的停滞阶段。

第八节 对外经济关系

一 对外贸易

斯洛伐克是个小国,国内资源有限,经济的对外开放水平高,经济的增长在很大程度上依赖对外贸易,故对外贸易在斯国民经济中占有显著地位[①],同时也是斯与世界其他国家开展经济合作的重要纽带。

1948年以后,捷克斯洛伐克的外贸活动由国家垄断,且主要在经互会内进行(1970年约有70%的对外贸易是同经互会国家进行的,1988年48%的出口流向经互会国家)。随着1989年中东欧地区政治和经济生活发生剧变,经互会于1990年解体。1991年,捷克斯洛伐克外贸部签发了关于外贸自由化的法令,进出口活动原则上自由,外贸活动的重心也逐渐由东方转向西

---

① 2000~2004年,对外贸易在斯国内生产总值中的比例分别为72%,77%,75%,78%,和78%。

斯洛伐克

方。1992年6月,捷克斯洛伐克与欧洲自由贸易协会(成员国有瑞士、挪威、冰岛和列支敦士登)签订自由贸易协定(斯独立后继承该协定)。

1993年1月1日斯洛伐克独立后推行贸易自由化政策,努力融入国际经济结构,重点是融入欧洲经济结构并在多边贸易体系中促进贸易自由化的实行和国际贸易障碍的消除。至2004年5月1日斯加入欧盟,斯的对外贸易管理大体可分为鼓励性政策和限制性政策两大类。鼓励性政策主要涉及鼓励出口的政策,具体措施有:确定优先发展贸易的伙伴国,即德国、法国、意大利、奥地利、捷克、匈牙利、波兰、俄罗斯、乌克兰、中国、印度、美国、日本和沙特;明确鼓励出口的商品领域,即用本国原材料生产的具有竞争力的产品(木材、家具、纸浆造纸、玻璃业、建筑材料、食品和开采矿物等)、加工程度和附加值高的产品(机械、电子、化工和制药产品等)和工资成本低的制成品(纺织、服装和制鞋制革等产品);实行出口商品全额退还增值税;斯进出口银行负责提供出口信贷和出口风险担保;支持中小型企业发展外向型生产和出口;资助国内企业到国外参展。限制性政策的具体措施有:从1997年1月1日起开始实施反倾销法;从1997年9月1日开始实施进口保护措施法以及补贴和补偿措施法;对某些指定商品的进出口实行许可证制度;自1995年以来,对23组农产品规定进口配额(1999年,进口配额总量占外贸总额的0.2%);从1999年6月1日开始加征7%的进口附加税(适用于斯进口商品种类的75%,但不涉及原材料和技术投资)。此外,斯洛伐克已同一些国家签署相互提供优惠的多边和双边协定,这些协定一方面促进了斯与缔约国的双边贸易,另一方面限制了斯与未缔约国的贸易往来。原捷克斯洛伐克是关贸总协定发起国之一,斯独立后继承了成员国资格;1992年12月,斯洛伐克与捷克、波兰、匈牙利签订中欧自由贸易协定(后斯洛文尼亚、罗马尼亚、保加利亚加入）；1993年1月1日，斯洛伐克与捷克1992年签署的关于两国建立关税同盟的协定生效，该协定规定了商品和服务在双边贸易中的自由流动以及共同协调对第三国的贸易政策；从1993年3月16日起，斯成为世界贸易组织的成员国；1993年10月4日斯与欧盟签订联系国协定（1995年2月1日生效），该协定覆盖了斯经济活动的各个领域；2000年12月14日，斯加入经济合作和发展组织；斯洛伐克还同拉脱维亚、爱沙尼亚、立陶宛、以色列、土耳其和克罗地亚等国签署了双边自由贸易协定。2004年5月1日斯正式加入欧盟后，扩大了与欧盟成员国的自由贸易区，退出与捷克的关税同盟协定、中欧自由贸易区协定和所有双边自由贸易协定，开始全面执行欧盟的贸易政策。

入盟前，斯洛伐克的平均关税相对较低，2000年的平均关税税率为6.1%，关税收入约占国家预算收入的5%。斯原来对所有工业和农业产品都征收关税，但地区和多边贸易自由化促使斯关税税率不断降低。2000年，斯对所有工业产品征收的关税税率平均为0.44%（来自欧盟国家的征收0.54%，来自中欧自由贸易协定成员国的征收0.29%，来自欧洲自由贸易协会成员国的征收0.33%）。从2001年1月1日起，斯对原产地为欧盟国家和其他与其有自由贸易协定的国家的几乎所有工业产品都实行零关税。斯对农产品征收的关税税率高于工业产品，2000年对所有农产品征收的关税税率平均为2.58%（来自欧盟国家的征收4.07%，来自中欧自由贸易协定成员国的征收1.45%，来自欧洲自由贸易协会成员国的征收2.19%）。斯除了对与其签订多边和双边自由贸易协定的国家提供低关税外，还在普遍、不歧视和不对等的基础上给予98个发展中国家和48个最不发达国家普惠制待遇，关税的优惠率为50%~100%。对最不发达国家的商品实行零关税。

斯洛伐克

自 1990~1991 年实行外贸自由化以后，斯洛伐克的对外贸易发展与其他经济转轨国家相似，即表现为出口和进口显著增加，同时贸易逆差也在同步增加。1993 年，斯对外贸易受到经济转型进程的影响、东欧市场解体和全球经济衰退等方面的影响而表现不佳。1994 年和 1995 年，斯外贸发展比较稳定，进出口基本保持平衡。1996 年由于俄罗斯用出口商品的方式清偿部分欠斯贷款、轿车进口量的增加（部分轿车暂时取消进口关税）和进口新型工艺设备等原因，斯贸易逆差激增至 645 亿斯洛伐克克朗，占斯国内生产总值的 10% 左右。1996~1998 年，斯支付平衡的经常项目逆差平均占国内生产总值的 9.4%，这一发展趋势最终导致斯克朗于 1998 年 10 月贬值，继而斯克朗与一揽子货币挂钩的固定汇率被取消，由自由浮动汇率所代替。为了实现宏观经济和汇率的稳定，1998 年秋上台的斯政府开始实施了一系列旨在重点减少贸易逆差和公共财政赤字的措施。1999 年，紧缩经济政策导致斯进口下降 6.7%，商品和服务外贸逆差同比降低 34.8%。2000 年保持了这一有利的发展态势，出口同比增长 30%。1996~2000 年，斯出口每年平均增长 16.8%，进口平均增长 21.4%，这主要得益于欧盟联系国协定和中欧自由贸易区协定的实施，2000 年斯将近 80% 的进口和 90% 以上的出口是与这些地区的国家开展的，斯向欧盟市场的出口增加至 59%。2001 年由于世界经济增长速度放慢等原因，斯外贸逆差再次扩大，达到 1030 亿斯克朗，占国内生产总值的 10.4%。2002 年，斯进口增加 4.7%，出口增加 6.5%，外贸逆差占国内生产总值的比率减少到 9%。与欧盟的贸易额呈上升趋势，对欧盟的出口占斯出口总额的 60.5%，从欧盟的进口占斯进口总额的 50.3%。2003 年，斯出口同比增长 22.6%，是斯 1993 年独立以来达到的最高值，斯外贸逆差大大减少，汽车工业成为斯出口和经济的重要拉动力。2004 年，斯外贸同比增长 12.6%，其中出口同比增长11.4%,进口同比增长13.8%。鉴于斯进口和出口持续增长,斯经济的出口贡献率从1993年占国内生产总值的49.3%提高到2004年64.8%;斯经济的进口要求程度从1993年占国内生产总值的59.2%提高到71%;斯经济的对外开放程度则从108.5%提高到135.9%。

表4-9 1993~2004年斯洛伐克对外贸易发展情况

单位:10亿斯克朗

年 度	外贸总额	进口额	出口额	贸易差额	贸易差额占国内生产总值的比重
1993	363	195	168	-27	-7.3%
1994	426	212	214	2	0.5%
1995	516	261	255	-6	-1.1%
1996	612	341	271	-70	-12.2%
1997	622	345	277	-68	-9.5%
1998	835	457	378	-81	-10.4%
1999	893	469	424	-45	-5.3%
2000	1136	589	547	-42	-4.5%
2001	1325	714	611	-103	-10.4%
2002	1399	748	651	-97	-9%
2003	1630	827	803	-24	-2%
2004	1794	942	852	-90	-6.8%

资料来源:Slovensko 1998~1999, Súhrnná správa o stave spoločnosti, ss.396; http://www.mzv.cz。

20世纪90年代,鉴于国内原料短缺主要从国外进口工业原料,尤其是石油、天然气、硫、铝矾土、钾盐和磷盐、铁矿和锰矿砂、棉花和生皮等,同时,斯也注重进口新的工艺设备。近几年来,随着经济结构的变化,斯进口商品的种类也发生一些变化。2004年,斯主要进口机动车零部件(占进口总额的7.9%)、

斯洛伐克

石油（占进口总额的4.8%）、石油天然气和其他碳氢化合物（占进口总额的3.6%）、轿车（占进口总额的3.2%）、药品（占进口的2.4%）和绝缘电线、电缆（占进口总额的1.5%）。

在出口商品中，起初机械设备、冶金工业产品、玻璃、纺织品、药品、家具、纸、水泥和食品占主导地位，原材料的出口以菱镁矿和木材为主。近几年，随着汽车工业的迅猛发展，斯出口商品的构成发生变化。2004年，斯主要出口轿车（占出口总额的15.3%）、石油成品油和沥青矿物油（占出口总额的5.2%）、机动车零部件（占出口总额的4.3%）、机动车车体（占出口总额的3.1%）、绝缘电线和电缆（占出口总额的2.9%）和压延制品（占出口总额的2.9%）等。

由于斯洛伐克是个内陆国家，它利用临近国家的港口为自己的对外贸易活动服务，如波兰的什切青、格但斯克，罗马尼亚的康斯坦察，克罗地亚的里耶卡，荷兰的鹿特丹和比利时的安特卫普。

欧盟国家和中欧自由贸易区成员国是斯洛伐克的重要贸易伙伴国，它们在斯外贸中的比重长期超过80%。1993～1997年，捷克是斯洛伐克最重要的贸易伙伴国，斯捷双边贸易额占斯外贸总额的比重逐年是38.9%、33.5%、31.4%、27.3%、23.2%），捷斯关税同盟极大促进了两国的贸易往来。斯洛伐克与俄罗斯和乌克兰的贸易往来意义重大，它们是斯工业原料（石油、天然气和铁矿等）的主要供应国。斯洛伐克与匈牙利和波兰有着传统的贸易关系，斯从匈进口铝钒土，从波进口焦炭和电能。斯洛伐克还从罗马尼亚和保加利亚进口一些有色金属、水果、蔬菜和烟草，从西班牙、希腊、塞浦路斯和土耳其进口水果并向这些国家出口工业产品，向斯堪的纳维亚国家（挪威、芬兰和瑞典）出口玻璃制品、纺织品和一些食品。欧盟国家在斯洛伐克对外贸易中的比重逐年增加（从1993年占斯贸易总额的28.7%上升到1997年的45.3%），斯主要向欧盟国家出口冶金产品、纺织品、水泥、菱镁矿，从欧盟主要进口现代化的工艺设备。欧盟国家中德国和奥地利是斯洛伐克最主要的贸易伙伴。此外，斯洛伐克与中国、印度、巴西、印度尼西亚、埃及、叙利亚和摩洛哥等国家的经贸往来也呈上升趋势，主要从这些国家进口铁矿、棉花、生皮、天然橡胶、咖啡、纺织品和皮革制品。斯还从日本进口电子产品。

从1998年起，欧盟在斯外贸中的地位持续上升，2004年欧盟在斯出口中的比重达到85.2%，在斯进口中的比重达到73.6%。在出口方面，斯洛伐克还明显增加了向德国、美国和奥地利的出口，减少了向中欧自由贸易区成员国尤其是向捷克的出口；在进口方面，大幅增加从德国的进口，同时减少了从捷克和俄罗斯的进口。德国取代捷克的位置而成为斯第一大外贸伙伴国。2003年，斯10大出口对象国依次是德国（占斯出口额的30.8%）、捷克（12.9%）、意大利（7.5%）、奥地利（7.4%）、美国（5.3%）、匈牙利（4.9%）、波兰（4.8%）、法国（3.5%）、荷兰（2.7%）和比利时（2.1%）；斯10大进口来源国依次是德国（占斯进口额的25.5%）、捷克（14.3%）、俄罗斯（10.7%）、意大利（6.2%）、奥地利（4.4%）、法国（4.2%）、波兰（3.5%）、匈牙利（3.4%）、西班牙（2.7%）和中国（2.5%）。

斯洛伐克与中国贸易保持强劲增长势头，根据斯方的统计，2003年同比增长83%，达到7亿美元，比2000年增长了3倍。斯洛伐克政府十分重视和中国的贸易往来，中国已成为斯在亚洲对外贸易政策的优先考虑对象国。

二 外国援助

对于处在经济转轨和社会变化进程中的斯洛伐克来说，外国援助意义重大。斯洛伐克获得的外国援助形式多样，有投资援助、广泛的咨询、技术和新工艺的传授、学术访问、进修、教育活动和用于购买新工艺的财政补助等。外国援助既有政府层面上的，也有非政府层面上的。

根据斯洛伐克政府制定的优先发展方向，斯获得的外国援助主要用于生活环境领域、地区发展、国家管理机构的教育、标准化和规范化等部门以及基础设施领域。而斯获得的入盟前援助（欧盟成员国对申请国的援助）主要用于公共和地方自治改革，这一援助在解决斯行政权的分散管理过程中发挥了战略性作用。

斯洛伐克获得的国际援助既有双边性质的，也有多边性质的。欧盟成员国对斯提供双边援助的领域，通常是那些不可能从欧盟共同资金中得到拨款，或者拨款数额不足，或者它们对某一领域有特别兴趣。以欧盟成员国和挪威为一方和以斯洛伐克为另一方的双边援助计划实施的目的是加强相互合作、增强中欧地区稳定和安全、促进斯在履行欧盟成员国标准时取得进步和推动执行关于接受共同法的国家纲领。近几年来，斯获得的双边援助主要来自荷兰、意大利、比利时佛兰芒联合体和挪威等。

在斯洛伐克入盟前，欧盟各个成员国都制定了援助计划，时间期限一般为5年或10年。对斯援助计划的实施与斯洛伐克和这些国家签署的合作协定以及斯洛伐克的优先发展领域相一致，援助方式以技术援助和投资支持相结合。2004年5月1日斯加入欧盟后，它一方面必须接受欧盟统一的经济原则和区域政策，另一方面可以从欧盟的结构基金和聚合基金获得资金。有鉴于此，一些欧盟成员国停止了对斯洛伐克的财政援助或改用别的方式提供援助。但还有一些国家，如比利时佛兰芒联合体和挪威等继续对斯进行经济援助。

2003年共获得外国援助256项，总额达9.16亿斯克朗。从获得援助的部门看，教育部最多，有75项，其次为第三产业部门59项，再往下依次为文化部、生活环境部、经济部、核监督局、政府机构、建设和地区发展部、卫生部和农业部等。从援助国家来看，比利时佛兰芒联合体提供 5 项援助，数额达 2153 万斯克朗；丹麦提供 14 项援助，数额为 5.02 亿斯克朗；法国提供 39 项援助，数额达 6274 万斯克朗；希腊提供 10 项援助；荷兰提供 74 项援助，数额达 1.83 亿斯克朗；爱尔兰提供 7 项援助；卢森堡提供 6 项援助；德国提供 5 项援助；挪威提供 18 项援助，数额达 1833 万斯克朗；英国提供 35 项援助，数额达 5068 万斯克朗；西班牙提供 17 项援助，数额达 563 万斯克朗；意大利提供 9 项援助，数额达 7209 万斯克朗。

三　外国资本

20 世纪 90 年代，出于种种原因斯洛伐克吸引的外国资本数量很少，截至 1999 年 12 月 31 日，斯吸引外资共计 863.9 亿斯克朗（合 20.4 亿美元），人均 16027 斯克朗（合 378 美元）。在维谢格拉德集团中，斯洛伐克吸引的外资数量最少。斯吸引外资少的主要原因一方面是 1994~1998 年间斯政局不是很稳定，投资环境差，另一方面是梅恰尔政府采取的不透明的私有化政策实际上将外国投资者排挤出私有化进程。

在国内长期资金匮乏和工艺设备落后的情况下，为了吸引更多的外资以进行经济重组和促进经济增长，2000 年斯政府通过了《为支持经营和投资而完善法律调节和税收框架》和《促进外资进入斯洛伐克的战略》的文件，并设立斯洛伐克投资和贸易发展局以贯彻实施吸引外资的战略。此外，斯修改经济法、刑法、破产法、所得税法、增值税法等法规，制定自然垄断调节法、投资鼓励法和反腐败法，与潜在的战略投资国和与斯贸易往来较多的国家签订双边支持投资与保护协定，出台地区性吸引外资政策，支持建立工业园区、经济特区和优惠区，简化公司登记、注册或变更的审批程序，加快公共管理体制改革，改善金融和资本市场功能，从税收和关税等方面鼓励外国战略性投资者的

斯洛伐克

进入，并在改善基础设施、进行税收改革和建立工业园区等方面采取了一系列措施。

斯 2000 年吸引的外资达到 23.83 亿美元，创历史最高纪录，也超过了 1989 年以来所吸引的外资总额。从部门结构来看，外资主要流向电信、金属和石油加工等部门。40% 以上吸引的外资是通过出售斯洛伐克电信 38% 的股份给德国电信而获得的，其他重要的外资吸引项目有出售东斯洛伐克钢铁厂给美国钢铁公司、出售斯洛伐克石油冶炼公司 36.2% 的股份给匈牙利油气公司、出售鲁若姆贝洛克造纸厂 50% 的股份给奥地利纽西德利尔公司（Neusiedler）。斯洛伐克电信是斯政府出售给外国投资者的一大领域，它的出售启动了大私有化的新潮流。银行、保险、石油管道运输、电能配送等重要领域的对外开放及其向外出售，也吸引了大量外资。

除了参与斯私有化进程外，外国公司积极在斯投资建厂或兴办连锁超级市场。2003 年 2 月，法国标致—雪铁龙汽车公司决定在特尔纳瓦市附近投资 7 亿欧元兴建生产汽车的工厂。从 2006 年起，该厂将开始每年生产 30 万辆轿车，届时出口至全欧洲。此外，比利时潘趣国际公司、美国惠普公司、比利时公司 Indupol International 和韩国三星公司等纷纷在斯投资办厂或扩大投资规模。

目前，在维谢格拉德集团中，斯洛伐克和捷克吸引的人均外资额最高。2000～2004 年，流入斯洛伐克的人均外资是匈牙利和波兰的 3 倍。斯洛伐克如今成为外商投资青睐的地方，这得益于以下几个方面：劳动力的素质高，劳动成本低，税收负担轻，战略位置重要，与世界经济相融合，悠久的工业传统。截至 2004 年 12 月 31 日，斯吸引外资共计 3803 亿斯克朗（合 133.45 亿美元）。其中，3137 亿斯克朗（合 110 亿美元）流向经营领域，666 亿斯克朗（合 23.3 亿美元）流向金融业。从各个生产部门看，38.5% 的外资流向工业生产部门，22.4% 的外资流向金融中介部门，11.4% 的外资流向批发、零售和修理部门；10.7%

的外资流向电、天然气和水的生产以及配送部门；9.9%的外资流向交通、储备和邮电部门。斯最大的外资来源国是荷兰，它在斯投资共计951亿斯克朗；第二大投资国是德国，它在斯投资共705亿斯克朗；第三大投资国是奥地利，投资额为538亿斯克朗。其他重要的投资国有意大利、法国、英国、匈牙利、捷克、美国和塞浦路斯等。斯洛伐克吸引外资存在巨大的地区差异，布拉迪斯拉发州吸引的外资最多，占斯吸引外资总额的69.8%；其次是科希策州，占9.2%；普雷肖夫州最少，仅占1.7%。

表4-10 1993~2004年斯洛伐克吸引外资情况表

	吸引外资额（单位：亿美元）	人均数（单位：美元/人）
1993	1.79	33.6
1994	2.73	51
1995	2.41	45
1996	3.96	73.7
1997	2.31	42.9
1998	7.07	131
1999	4.29	79.4
2000	23.83	442.9
2001	15.84	294
2002	41.27	767
2003	5.94	110
2004	11.07	205.8

资料来源：经济合作与发展组织网 www.oecd.org/。

第九节 旅游业

一 概况

斯洛伐克是一个地形、温度、降雨量、土壤、植被和动物差异性较大的国家。山脉、河流众多，丛林密布，

斯洛伐克

自然风光独特美丽。位于欧洲温带最优越的气候区，既无严寒，又无酷暑。除海洋以外，斯洛伐克可提供给旅游者各种休闲娱乐的去处。丰厚的文化和历史财富、旖旎的自然风光、良好的地理位置、怡人的气候和多姿多彩的民间习俗吸引了来自世界各地的旅游爱好者，为斯旅游业的发展创造了有利条件。

在社会主义时期，斯洛伐克作为捷克斯洛伐克联邦共和国的组成部分是东方阵营中旅游业最发达的地区之一。1993年斯洛伐克独立后，旅游业曾长期陷于很不景气的状态。近几年来，随着经营环境的改善和政府支持力度的加大，服务设施的数量增加，服务质量有所提高，旅游业逐步成为斯洛伐克国民经济中最具发展潜力且发展最快的部门之一。旅游业的发展促进了有旅游发展潜力地区就业率的提高。据估计，斯大约有7.5~9.5万人工作在旅游部门，另有4~5万人工作在与旅游相关的部门。

表4-11 1993~2004年斯旅游业发展情况

年份	旅游收入（亿美元）	占国内生产总值的比例	占出口总额的比例	入境人次（万）	出境人次（万）	住宿设施	居住床位
1993	3.9	3.3%	7.8%				
1994	5.68	4.1%	8.5%	2190	1441	1009	58276
1995	6.2	3.6%	7.2%	2730	1804	1027	64602
1996	6.72	3.6%	7.6%	3310	2290	1194	72763
1997	5.45	2.8%	5.7%	3170	2214	1168	65539
1998	4.88	2.5%	5.1%	3270	2374	1816	99379
1999	4.6	2.4%	3.8%	3080	2192	1898	102741
2000	4.31	2.2%	3.1%	2877	2032	1571	99091
2001	6.38	3.1%	4.2%	2776	1827	2097	111832
2002	7.24	3%	4.2%	2645	1762	2398	118168
2003	8.63	2.6%	4%	2498	1830	2509	121299
2004	9.01	2.2%	3.2%	2641	2038	2519	121932

资料来源：Slovensko 2000, Súhrnná správa o stave spoločnosti, ss. 766~773 和 http://www.economy.gov.sk。

斯的旅游业分为山区旅游、矿泉疗养地旅游、文化和历史古迹旅游、水域旅游和乡村旅游等。

山区旅游 山区旅游主要包括以滑雪为主的冬季体育运动和夏季在山区的休闲活动。近年来，冬季山区旅游是发展最成功的旅游形式，许多体育运动中心得到投资发展。斯9大国家自然公园都位于喀尔巴阡山区，它们是：高塔特拉山（Vysoké Tatry）、低塔特拉山（Nízke Tatry）、斯洛伐克天堂（Slovenský raj）、斯洛伐克喀斯特（Slovenský kras）、大发特拉山（Veľká Fatra）、小发特拉山（Malá Fatra）、皮埃尼尼山（Pieniny）、波罗尼尼山（Poloniny）和木兰平地（Muránska planina）等。斯山区约有3800个天然岩洞，对外开放的有12个，它们中有5个被联合国教科文组织列入《世界自然遗产名录》，它们是位于斯洛伐克喀斯特山区的多米察溶洞（Domica）、贡巴塞克溶洞（Gombasecká jaskyňa）和亚索夫溶洞（Jasovská jaskyňa）以及多布新斯卡冰川岩洞（Dobšinská）和奥赫廷斯卡霰石岩洞（Ochtinská）。

矿泉疗养地旅游 斯洛伐克有丰富的矿泉水资源。全国有1300处矿泉。斯著名的矿泉疗养地有皮耶什贾尼（Piešťany），享有世界声誉，治疗皮肤病和运动器官的疾病；特伦钦斯科杰普利察（Trenčianske Teplice），治疗运动器官和神经系统的疾病；巴尔杰尤夫（Bardejov），治疗消化系统和呼吸系统的疾病；杜津策（Dudince），治疗运动器官和神经系统的疾病；鲁奇科（Lúčky），治疗妇科疾病；斯利阿奇（Sliač），治疗循环系统的疾病。

文化古迹旅游 斯洛伐克境内有着数量众多的文化古迹，如城堡、宫殿、城市古迹保护地和乡村民间建筑保护地等。

斯是欧洲拥有城堡、宫殿和庄园数量最多的国家之一，境内大约有109座城堡和宫殿以及435座庄园。许多城堡建于中世纪，尤其是鞑靼人入侵以后时期。还有一些城堡建造于17世纪

土耳其人侵犯匈牙利时期。在匈牙利贵族反抗哈布斯堡王朝统治而发动战争时期,斯不少城堡被毁,留下遗址,一部分保留至今。斯保留最完好的城堡和宫殿有布拉迪斯拉发城堡、红石城堡、斯莫雷尼采宫殿、波伊尼策宫殿、奥拉瓦城堡、鲁普阡尼城堡、布达丁、尼特拉城堡、克日马尔城堡、兹沃伦宫殿以及在克雷姆尼察、班斯卡·什贾乌尼察和美丽小山的城堡。还有杰温城堡遗址、恰赫吉策城堡遗址、贝茨科夫、利耶塔瓦、利卡瓦、斯皮什城堡遗址、普拉维奇和沙日什城堡遗址等。最美丽的庄园位于托波尔恰尼、贝特利阿日、马尔古肖夫策、莫拉瓦尼、吉维亚科和布德美日策等地。

如今,在斯138座城市中有18座城市的古迹被列入国家保护范围。斯境内约有12000处文化古迹,其中2808处位于城市古迹保护地,25处属国家级文化古迹。

另外,斯还有10处最珍贵的乡村建筑群被列入国家民间建筑保护地,它们是位于布尔赫洛维策的独特的石屋、在齐齐马尼的绘有各种图案的木屋、奥斯土尔涅乡镇、扎霍尔地区普拉维茨科比特拉民居群、位于奥拉瓦波德比耶尔的木制民间建筑群、在斯塔拉霍拉的葡萄酒酿造屋以及酒馆、独一无二的矿业镇什巴涅拉多利那、在大雷瓦洛保留完好的哈班族院落、独特的弗尔科利涅茨山区木屋村落和塔特拉山下别具一格的村寨日贾尔。

值得一提的是,斯洛伐克有4处文化历史古迹被联合国教科文组织列入《世界文化遗产名录》,它们是斯皮什城堡及周边历史建筑,是欧洲最大的中世纪城堡建筑群;班斯卡·什贾乌尼察,代表斯矿业传统的城市古迹保护地;巴尔杰尤夫,东斯洛伐克地区保留有城堡建筑体系的哥特式建筑风格的城市;弗尔科利涅茨,传统的民间建筑群。

水域旅游　斯有大约40个温泉水浴场,著名的有贝谢涅瓦、波伊尼策、雷维策、什图罗沃和特伦钦斯科·杰普利察。有200

多处适合游泳和水上运动的天然和人工水域,著名的有利普托夫斯基·米古拉什附近的利普多夫斯卡马拉、弗拉诺瓦附近的多马夏、米哈洛夫策附近的泽姆普林斯卡什拉瓦、奥拉瓦水库、卢切涅茨附近的鲁日纳、皮耶什贾尼附近的斯尔纳瓦、塞涅茨附近的太阳湖和布拉迪斯拉发附近的金色沙子等。许多水上运动中心周围有群山环抱,那儿既可运动又可消闲,钓鱼活动也越来越受欢迎。

乡村旅游 乡村旅游的内容包括参观村镇、采摘水果、啤酒花和骑马等活动。这一旅游形式主要在小喀尔巴阡山地区和盛产葡萄的托卡伊地区。

在到斯洛伐克旅游的外国游客构成上,从20世纪90年代中期起,来自西欧国家游客数量不断增长的趋势有所改变,取而代之的是来自前社会主义国家的游客越来越多,尤其是来自捷克、波兰、匈牙利和乌克兰这些斯洛伐克邻国的游客和德国(主要是前民主德国的居民),他们的旅游消费相对较低。2004年,在斯旅游设施内住宿的外国游客140万人次,其中捷克游客42万人次,占游客总数的30%;德国游客18.8万人次,占游客总数的13.4%;波兰游客17.9万人次,占游客总数的12.8%;匈牙利游客11.1万人次,占游客总数的9.9%。其他游客主要来自意大利、美国、荷兰、英国、奥地利、比利时、法国、芬兰、俄罗斯和以色列等国。长期以来,外国游客最青睐的旅游地是布拉迪斯拉发、高塔特拉山、瓦赫河流域和多瑙河流域。

斯洛伐克人也喜好在国内或出国旅游。1999年有79.2%的斯洛伐克人在国内旅游,主要目的是探亲访友(占35%)、短期(1~3天)休闲和度假。他们通常到高塔特拉山(占22%)、多瑙河流域(占10%)、瓦赫河流域(占9%)和低塔特拉山(占7%)旅行,游客以收入较高者、接受教育水平较高者、管理阶层人士和经商者居多。斯洛伐克公民出国人数不断增长的势头一

斯洛伐克

直持续到1996年,此后保持在每年大约2000万人次的水平。他们出国的主要目的是购物和度假,海边是他们度假的首选地,最经常去度假的国家有意大利、克罗地亚、捷克、希腊、西班牙、匈牙利、德国、法国、奥地利和突尼斯。

斯洛伐克主管旅游业的部门是经济部旅游局,它成立于1995年,与国际旅游机构开展广泛合作,已加入美国旅游协会、中东欧旅游局、中欧国家旅游协会、欧洲旅游事务委员会,而且在捷克、波兰、荷兰、俄罗斯、奥地利、德国设立了代表处。

二 主要旅游城市和名胜

布拉迪斯拉发（Bratislava）

布拉迪斯拉发是斯洛伐克的首都,位于斯西南边陲,小喀尔巴阡山南麓,多瑙河与摩拉瓦河汇合处。该城市西与奥地利毗邻,南同匈牙利接壤,面积368平方公里,人口约50万,是斯洛伐克最大的城市。属温带气候,年平均气温为10.3℃。

布拉迪斯拉发在古代曾为罗马帝国要塞,有凯尔特和罗马文化的遗迹。公元8世纪,斯拉夫人部落在此定居。公元9世纪,成为大摩拉维亚帝国的重要中心。大摩拉维亚帝国灭亡后它又成为匈牙利王国、奥匈帝国的一部分。16世纪初,随着土耳其人入侵中欧和匈牙利王国依附哈布斯堡王朝后,布拉迪斯拉发成为匈牙利王室进行加冕之地。从1563至1830年,先后有11位匈牙利国王和8位王后在此加冕。这里还是匈牙利贵族集居地、中央机构所在地和匈牙利议会召集会议之地。从18世纪起,布拉迪斯拉发成为民族意识日益强烈的斯洛伐克人的政治和文化生活中心之一。1919年3月,该市正式以布拉迪斯拉发命名。并成为斯洛伐克政治、经济和文化中心。1993年,斯洛伐克共和国独立,布拉迪斯拉发成为其首都。布拉迪斯拉发是斯洛伐克政

第四章 经 济

治、经济、文化、工业中心和交通枢纽。

布拉迪斯拉发由新、老城区组成，尽管老城区的历史中心部分没有完全保留下来，但其独特的建筑风格、历史底蕴、自然和文化魅力吸引了大批的游客。市内有264处文化古迹和7个国家级文化古迹，它们是杰温城堡、布拉迪斯拉发城堡、伊斯特洛波利坦学院、新教中学建筑物、圣马丁教堂、3世纪时罗马—日尔曼庄园鲁斯帝察及斯拉文和罕见的犹太拉比陵墓。著名的参观景点还有：总统府、老市政厅和大主教宫等。

布拉迪斯拉发城堡。耸立于多瑙河北岸的丘陵上，在这四方建筑物的四个角上建有塔楼，形如一张倒置的八仙桌。在新石器时代和大摩拉维亚帝国时期，这里是带有柱廊的教堂。15世纪时被改建成哥特式的要塞。17世纪时，为了防备土耳其人的进攻，增建了四个角楼，今日所见的城堡基本定形于那个时期。18世纪，城堡成为匈牙利国王进行加冕之地。1811年，城堡被烧毁。1953年，城堡开始被重建，恢复了其18世纪末期时的原貌。如今，城堡成为斯洛伐克国家博物馆，展示斯洛伐克的历史、乐器、家具、珍宝、钟表和美术作品等。从城堡的塔楼可俯瞰多瑙河、布拉迪斯拉发城市全景，令人心旷神怡。

大主教宫。不仅是斯洛伐克而且是欧洲古典主义建筑物中顶峰之作。1778～1781年，为匈牙利的红衣主教和大主教约瑟夫·巴达尼而建。宫殿的中央大厅是镜厅，1805年12月奥地利皇帝与拿破仑皇帝的代表在这里签署了所谓的"普雷什波洛克和约"，确认了拿破仑军队在斯拉夫科瓦战役中的胜利。如今，宫殿主要为布拉迪斯拉发市长用做礼仪场所。宫殿的部分陈设品是作为布拉迪斯拉发市美术馆的常设展品而对公众开放的，最令游客感兴趣的是6块17世纪时的英国壁挂，发现于1903年，当时藏匿于壁纸后面。壁挂描绘了一位名叫雷安德拉的年轻人与维纳斯女神庙中的公爵海洛相爱的悲剧性故事。在宫殿庭院内有

17世纪文艺复兴式的喷泉雕塑圣尤拉伊。

圣马丁教堂。位于旧城区和布拉迪斯拉发城堡之间，是布拉迪斯拉发最重要的宗教建筑物。1221年，在该教堂的地址上开始建造罗马式教堂——圣斯帕斯杰尔教堂。后来又改为更流行的哥特式。18世纪，又用巴洛克式改建。1833年火灾发生后又恢复到原来的哥特式。该教堂由4个小礼拜堂构成，3个是哥特式，1个是巴洛克式，名叫圣杨·阿尔姆日尼克小礼拜堂，这里安放着圣杨·阿尔姆日尼克的遗骸，小礼拜堂由杰出的巴洛克式雕塑作品装饰。在教堂的侧堂站立着铅制的圣马丁的骑马雕像。1563~1830年，圣马丁教堂用作匈牙利王室进行加冕典礼的教堂。高达85米的教堂塔顶是镀金的放大的圣史特凡王冠。

科希策（Košice）

科希策是斯洛伐克东部的重要城市，也是斯洛伐克的第二大城市，人口24万。位于霍尔纳得河右岸谷地，平均海拔211米，气候温暖、干燥。

科希策是历史名城，根据考古发现，斯科特人、凯尔特人、达克人、完达尔人和匈奴人都在此居住过。1290年，科希策得到城市特权。1342年被列入匈牙利王国重要中心的行列。1347年成为匈牙利王国第二大自由君主城。1369年成为欧洲最早拥有城徽的城市。直至15世纪初，科希策的发展很顺利，成为重要的手工业和商业中心。16世纪中叶，一场大火烧毁了科希策的许多房屋和主要教堂。修复后的城市风格是文艺复兴式，还建造了异常坚固的堡垒。18~19世纪，逐渐拆除了城墙，城市不断扩大。19世纪初，科希策开始掀起工业革命的浪潮。1860年开通了至布达佩斯的铁路。1870年又连通了到西里西亚的铁路。随后又在位于老城区东部边缘的火车站与市中心之间建起了面积很大的公园。在两次世界大战期间，科希策的建设也没有停止下来。

科希策有500个文物古迹和1个国家级文物古迹,最珍贵的是哥特式风格的圣伊丽莎白教堂,它建造于1378年,后经历过许多变化。该教堂最具艺术价值的作品是北门的浮雕——《最后的审判》,最富丽堂皇的作品是圣伊丽莎白主神坛,创作于15世纪,是欧洲最大的神坛之一。科希策最古老的宗教建筑物是天主教多米尼克教堂,建于13世纪,后多次被改建,如今的新罗马式建筑风格形成于1892年。其他著名的文物古迹有哥特式的圣米哈尔小礼拜堂、中世纪的钟楼、新巴洛克式的国家歌剧院、耶稣会修道院和教堂、晚期哥特式的雷沃奇宫、古典主义风格的茨萨基—德塞夫宫(今斯宪法法院驻地)和东斯洛伐克博物馆等。此外,科希策还拥有许多不同时期不同风格的宫殿和市民住宅,有哥特式、巴洛克式、直线式、文艺复兴式和古典主义等风格。

皮耶什贾尼（Piešt'any）

斯洛伐克著名的矿泉疗养地,在布拉迪斯拉发东北约80公里处,人口约3万人。这里气候温暖,阳光明媚,每年日照时间达2400小时。

一名折断拐杖的男子塑像是皮耶什贾尼矿泉疗养地的标志,从19世纪起皮耶什贾尼就以有特殊疗效的矿泉而闻名世界。许多世界知名人士在此治好了关节炎和运动器官的疾病。目前,皮耶什贾尼的矿泉还对治疗伤后疾病,尤其是车祸后医疗有独特疗效。集治疗、居住和社会活动诸多功能为一体的疗养地位于一小岛上,周围环境优美,独具一格的列柱大桥横跨瓦赫河而将矿泉疗养地和如诗如画的皮耶什贾尼市区连接起来。现代化的治疗中心格兰得、斯普伦迪得、爱斯普拉纳得和独具风格的特尔米亚为前来疗养的人提供高水平的专业服务。现代化的浴疗法主要建立在含硫黄的碳酸盐水和含钙质的高温水（69.5°C）的基础之上。水疗、电疗、恢复性练习、按摩、用含硫黄的泥制成专门的包裹

斯洛伐克

来治疗以及其他疗法运用了科研成果，风湿病治疗研究所就位于皮耶什贾尼。每年有 4.5 万人来皮耶什贾尼进行疗养，其中 1.5 万人来自国外。

皮耶什贾尼及其周边地区还是进行休闲娱乐的好场所，可开展网球、游泳、水上运动、钓鱼等活动，沿着瓦赫河的自行车运动路线和瓦赫河流域伊诺维茨的林中小路是最受欢迎的活动路线。

特尔纳瓦（Trnava）

特尔纳瓦位于斯洛伐克西南部，在西喀尔巴阡山脉西部、特尔纳瓦河畔，是斯最古老和最重要的城市之一，人口约 7 万。

特尔纳瓦建于 7 世纪。1238 年成为斯洛伐克境内第一个获得自由君主城特权的城市。1526 年土耳其人占领匈牙利南部以后，特尔纳瓦的重要性增强。1543 年成为埃斯泰尔戈姆大主教的驻地。17 世纪，成为匈牙利的文化中心和大学所在地。

如今，保留有 139 处历史文物古迹和 1 个国家级文物古迹。城市防御工事建造于 13 世纪。最重要的文物古迹有圣杨·克里斯基杰尔教堂和其他 12 座不同建筑风格的教堂、16 世纪的文艺复兴式原奥拉霍夫神学院、1695 年的群雕"三位一体"、文艺复兴式的市政厅、巴洛克式的大主教宫和城市塔楼等。

特伦钦（Trenčín）

位于斯洛伐克西部，历史名城，是进入瓦赫河中游地区的大门，也是特伦钦州的州府。人口约 6 万。

在旧石器时代，特伦钦就有人类居住。在特伦钦古堡的岩石上有一块石碑记载着公元 179 年罗马帝国军队战胜克瓦德人的事迹。1412 年，特伦钦成为自由君主城市。

特伦钦保留有 112 处文物古迹，最著名的是气势宏伟的特伦钦古堡，11 世纪时作为大摩拉维亚帝国国王的守护城堡而建造于一座石山上。后来成为地方行政公署的城堡，城堡内有 1 座 13 世纪的罗马式塔楼和 3 座哥特式宫殿。1790 年，城堡被大火烧毁。如今在被修复的城堡内展示特伦钦博物馆的部分展品。其他著名的文物古迹有圣母玛丽亚诞生教堂（最初是哥特式，后改建为文艺复兴式，最后变为巴洛克式）、1412 年的城墙和塔楼、巴洛克式的圣安娜小礼拜堂、1657 年的巴洛克式皮亚利斯特教堂、1712 年的霍乱纪念柱、1716 年的特伦钦博物馆和 1794 年建造的古典主义风格的新教教堂等。

高塔特拉山（Vysoké Tatry）

高塔特拉山是斯境内风景最美丽的国家公园（1948 年成为第一个国家公园），包括贝利安塔特拉山和西塔特拉山，占地 73800 公顷。位于斯洛伐克与波兰交界处，长 55 公里，宽约 20 公里。最高山峰格尔拉霍夫峰，海拔 2655 米，为喀尔巴阡山脉最高峰和斯洛伐克境内最高点。高塔特拉山有 2/3 地区被森林覆盖，主要是云杉林和冷杉—云杉林，还有瑞士五针松、落叶松和矮山松、山毛榉和枫树等。高塔特拉山是花岗岩体，西塔特拉山主要是结晶片岩，贝利安塔特拉山则是石灰岩。在冰川锅穴形成了天池，共有 110 个，其中最深的是大赫涅茨天池，深 54 米。在众多的瀑布中，克美基瀑布最大，宽 80 米。在高塔特拉山还有不少喀斯特地貌，唯一向公众开放的溶洞是贝利安溶洞，长 1750 米。共生长 1400 种植物，动物有熊、岩羚羊、旱獭、狼、野猪、猞猁、鹰和黑松鸡等。

高塔特拉山是斯最具旅游价值的地区，拥有最好的技术设施，建有山地索道、滑雪场，还有一些山地温泉，是最受欢迎的冬季体育运动、旅游和休闲中心。最著名的景点是什特尔巴天池、老斯莫科维茨和塔特拉洛姆尼察。

低塔特拉山（Nízke Tatry）

低塔特拉山国家公园位于高塔特拉山南部，东西长约 100 公里，宽约 30 公里，占地 81100 公顷。西部由琼别尔塔特拉山组成，最高峰为琼别尔峰，海拔 2043 米；东部由克拉尔霍拉山组

斯洛伐克

成,最高峰1948米。克拉尔霍拉山是斯洛伐克4大河流的发源地:赫龙河、瓦赫河、霍尔纳得河和赫尼雷茨河。中部和南部是花岗岩和片麻岩,北部是石灰岩和白云岩,还有喀斯特地貌。北部山坡陡峭险峻,山石嶙峋,还有冰川锅穴。目前,在低塔特拉山有5个对公众开放的岩洞,它们是德马诺夫溶洞、德马诺夫冰洞、比斯特里安岩洞、死蝙蝠岩洞和瓦日茨岩洞。最大的是德马诺夫溶洞,洞深100多米,长8897米,是斯洛伐克最大岩洞之一。岩洞及其周围集雄、奇、险、秀、幽为一体,风光极其秀美。最大的天池是位于德马诺夫山谷的弗尔比茨天池。低塔特拉山的大部分地区被森林覆盖,低处是混合林,高处是云杉和矮山松。生长着有趣的植物和动物,灰熊是这一公园的标志。也具备进行冬季滑雪、夏季休闲的良好条件。最著名的旅游景点是亚斯内伊、比斯特里安山谷和切尔多维策。

斯洛伐克天堂山 (Slovenský raj)

位于高塔特拉山东南方向、斯洛伐克矿山的东北部,占地19763公顷,1964年成为国家公园。水流在石灰岩和白云岩上冲蚀出的深邃的峡谷和沟壑是斯洛伐克天堂山的特色,最著名的峡谷有苏哈贝拉峡谷、皮耶茨基峡谷、鹰峡谷和格塞尔峡谷。峡谷中溪流奔腾而下,形成许多瀑布,景色壮观。几乎整个公园都被山毛榉和云杉覆盖,生长着许多珍稀植物,动物有熊、猞猁、鹰、岩雕和黑鹳等。大约有200个岩洞和山洞。从1870年起多布新纳冰洞就对游人开放,该洞长数公里,覆盖的冰层厚达60米,是世界上最大的冰洞之一。洞的周围是自然保护区,各种植物争奇斗艳。1972年又发现了长21公里的斯特拉登岩洞。斯洛伐克天堂山属于斯游览胜地,最吸引人的自然景色是霍尔纳得河的豁口。最著名的旅游景点是杰金科、姆林科和钦科夫。这里可开展自行车运动、水上运动、游泳、钓鱼和滑雪等体育活动。

斯皮什城堡及周边历史建筑（Spišsky hrad s okolím）

斯皮什城堡及周边历史建筑（斯皮什波得赫拉杰城、斯皮什卡比托拉城和日赫拉教堂）位于斯洛伐克东部布拉尼斯科山麓，1993年被联合国教科文组织列入《世界遗产名录》。

公元前5000年左右，斯皮什地区就有人类居住。公元1世纪，这里出现村寨。公元9世纪，这里开始建造要塞。斯皮什城堡建于12世纪，属于中欧面积最大的城堡之一。斯皮什波得赫拉杰城起初是斯皮什城堡下面的村镇，后来成为独立的城市，以生产斯皮什小香肠和开采、加工石灰华石料而闻名。斯皮什卡比托拉城起初是神职人员居住的村庄，后来逐渐发展为城市，城中罗马式的圣马丁教堂建于公元13世纪，是著名的大教堂。斯皮什卡比托拉城是斯皮什主教驻地，有一些珍贵的建筑物用于主教区的宗教和管理活动。

位于日赫拉的圣灵教堂建于14世纪，内部装饰全部是14～15世纪的水彩壁画。

雷沃恰（Levoča）

雷沃恰是斯洛伐克东北部斯皮什地区的一个古老城市，也是斯最美丽的城市之一。雷沃恰城市古迹保护区是一个由城墙包围起来的一个文化历史文物古迹整体，这里有339处文物古迹和2个国家级文物保护地。最珍贵的文物建筑是哥特式的圣雅各布教堂，它建于14世纪，内部装饰精美绝伦，是中世纪宗教艺术博物馆。高达18.6米的主圣坛是世界上最高的圣坛，它是当地的艺术大师帕沃尔在1507～1517年用菩提木雕刻而成，刻有圣母玛丽亚、耶稣像和最后的晚餐故事情节。著名的文物古迹还有1550年的带有弓形拱廊的市政厅，如今作为斯皮什博物馆对外开放；19世纪的古典主义风格的新教教堂；1588年的瓦格豪斯商厦；帕沃尔艺术大师雕刻作坊，也是斯皮什博物馆的一部分；哥特式圣母玛丽亚教堂，从20世纪初起每年7月初在此举办斯洛伐克规模最大的朝圣者聚会。

弗尔科利涅茨传统村落

弗尔科利涅茨传统村落位于大发特拉山的东坡、雷乌策伊山谷的边缘地带，海拔高度为718米。最早关于该村落的书面记载是在1376年，它出现在鲁若姆贝洛克城的历史地界上并且是该城的组成部分。1977年，该村落成为民间建筑古迹保护地，1993年被联合国教科文组织列入《世界遗产名录》。

弗尔科利涅茨传统村落的民居建于16~19世纪，18世纪末期有41幢民居，居民280人，他们从事农业、牧业、饲养牲畜和木材砍伐等生产活动。村落的标志是玫瑰和草场上的针叶树。在1944年的战事中部分民居被毁，至今约有45个民间建筑物保留下来。除了典型的木屋，村落还有1770年的木钟楼。民居是用坚固的石料构筑地基，再搭上圆木。屋顶为山形结构，两侧斜面铺上木板。墙基部分用涂料涂成茶色，木墙被涂成白色，窗户的边缘被涂成浅蓝色。这些木屋都有细长的中庭，从中庭可以进入两侧放置农具或饲养家禽的小屋。弗尔科利涅茨传统村落的民居造型完全一样，生动地展示了斯洛伐克山区居民的居住状况。如今，该村落还生活着约20位居民。

巴尔杰尤夫（Bardejov）

巴尔杰尤夫位于斯洛伐克东北部与波兰交界处，是斯境内保存最完好的中世纪城市之一，2001年被联合国教科文组织列入《世界遗产名录》。

1376年，巴尔杰尤夫获得自由君主城市的特权。15世纪进入经济发展鼎盛时期，市民因生产麻布而富有起来。城市不仅有矿泉疗养地，还有面粉加工厂、啤酒制造厂、砖厂和屠宰场，成为商业和手工业中心。中央广场周围是城市最重要的部分，这里集中了一些著名的文化、历史、艺术性建筑物，如14世纪的哥特式圣埃吉迪尤斯教堂、1511年的旧市政厅、哥特式市民建筑、圣弗兰季什冈教堂、希腊天主教教堂、城市堡垒和一些犹太人陵墓、经济和居住建筑物等。

第十节 国民生活

1989年剧变前,捷克斯洛伐克居民的生活水平在苏联和东欧国家集团中仅次于民主德国,居第2位,人均国民收入约为3780美元。1988年,斯洛伐克居民年平均收入为27854克朗,其中58%的收入来自工资,19%来自医疗保险和社会保障;而居民年平均支出为26613克朗,其中购物消费占67.4%。同年,斯洛伐克职工月平均工资达到3020克朗,是1970年的2.27倍。物价保持相对稳定,1970~1988年,消费品的物价仅上涨25.8%,职工家庭的生活费用增加22.9%,农民家庭的生活费用增加23.2%,退休人员家庭费用增加20%。在斯洛伐克不存在失业人员。在就业人员中,12.6%的人员在农业部门,33.8%在工业部门,10.2%在建筑部门。早在20世纪60年代前后,捷克斯洛伐克居民主要食品的年平均消费量已达到世界先进水平。1987年,主要食品的人均年消费量为:肉87.3公斤,脂肪和油23.7公斤,奶和奶制品250.4公斤,蛋346个,食糖37.5公斤,蔬菜74.8公斤,水果60.4公斤,啤酒133.4公斤。同年,每100户居民中拥有洗衣机147台,电冰箱118台,电视机125台,轿车51辆。在居住条件方面,斯洛伐克居民的人均居住面积为17平方米[1]。

剧变后,斯洛伐克居民的生活水平发生了巨大变化,这主要表现在物价、就业、工资和住房等方面。

---

[1] 参见张文武、赵乃斌、孙祖荫主编《东欧概览》,中国社会科学出版社,1991,第381页。

物价 经济转轨初期，斯洛伐克物价大幅增长，如果以1989年1月的物价为100计算的话，1990年的物价指数为110.6，1991年的为178.3，1992年的为196.1，1993年的为241.6，1994年的为274。1991年，捷克斯洛伐克开始实行价格自由化，政府不再进行价格调整，货币汇率也相应发生变化，通货膨胀急剧增强。独立以来，斯政府采取了多种措施抑制物价上扬，但物价的变化仍对居民生活产生明显的影响。与1989年相比，1999年的消费品价格增长至3.85倍，工业品价格增长至2.99倍，农产品价格增长至1.6倍。近几年来，斯消费品价格增长保持在稳定水平上，斯国家银行预计，2005年通货膨胀控制在3.5%，2007年和2008年有望降到2%。

就业 在斯洛伐克宏观经济各项指标中，失业率长期达到两位数，尽管国家采取了诸多支持就业的政策，但收效不大，根本性地改变现有的就业状况是一项艰巨而长期的任务。1990年，斯年龄在15~64岁之间的就业、失业和不具有经济活动能力者的比例分别为72%、1%和27%，至1998年这些比例发展为56%、12%和32%。目前，斯15~64岁之间有经济活动能力的人口比例达到70%，而斯57%的就业率却比欧盟平均数低7个百分点，在经济合作与发展组织中也属于就业率最低的国家行列。从就业的结构来看，斯工业部门就业的人数最多（占26.5%），其次是批发和零售业（占12.4%）、汽车维修和建筑业（占9%）。同样，工业和建筑业失业现象也最严重。在斯失业人群中，3/5的人是失业超过1年的长期失业者，他们中多数是低学历者，而长期失业者中至少1/3的人是罗姆族人。

工资收入 从1999~2003年，居民平均名义工资增加了2.7倍，平均每年增长10.3%，但由于受到通货膨胀因素的影响，平均实际增长只有1.5%。政府不定期调整居民的工资，但名义工资增长的幅度不大，而至1998年底实际工资还没有达到

第四章 经济

1989年的水平（低8个百分点）。1991年价格自由化实行后，居民的实际工资收入出现倒退，尤其是农民的工资收入。2000年，斯减轻了自然人的税收负担，居民的实际收入开始有所增加。斯洛伐克的居民收入存在明显的地区差异，布拉迪斯拉发、科希策、班斯卡·比斯特里察等大城市居民的收入最高。布拉迪斯拉发居民的年收入为22427克朗，有27%的人计划去国外度假；而普雷肖夫州居民的收入只有13308克朗，只有10%的人计划去国外度假。2002年，斯洛伐克服务和工业部门职工的年平均收入为4980欧元，在欧盟国家中只有拉脱维亚、立陶宛和爱沙尼亚落后于它，远远低于欧盟26850欧元的平均值。斯服务行业中，金融中介部门的职工工资最高，为9950欧元；饭店和餐馆的职工工资最低，为3260欧元。建筑业职工工资为4010欧元，工业部门则为4770欧元。如果考虑到居民的购买力，斯居民平均年收入为11450欧元，略好于匈牙利，但在欧盟25国中，仍居第21位。2001年，斯居民每月平均工资可购买784升牛奶，或67.5公斤无骨猪肉，或438.5公斤苹果，或156公斤鸡肉，或726升啤酒；用20.53个月平均工资可以购买最便宜的新轿车（253900克朗）；用97～145个月的平均工资可以购买住宅。根据欧洲委员会2004年12月的调查结果，欧盟生活相对贫困的居民（家庭收入低于平均工资60%）比例为15%，而斯洛伐克与爱尔兰为最高，达到21%。斯居民贫富悬殊大，1/5最富裕居民的收入比1/5最贫困居民的收入高5.4倍。此外，从1991年起，斯洛伐克开始实行最低工资标准，政府不断对它进行调整。1992年为平均名义工资的50%以上，至1999年下降到30%左右。近几年来，为了调动低收入者的工作积极性，国家机构多次提高最低工资标准，如从2001年初的平均工资的35.6%提高到2002年第4季度的41.2%，以及2003年10月的将近45%。

住房 斯居民中大约50%的居民居住在自己建造的家庭住

斯洛伐克

宅中，34%的居民居住在产权归自己的公寓楼中，9%的居民居住在合作社的公寓楼中，3%的居民生活在国有的或转租的公寓楼中，2%的居民居住在私人出租的房屋中。2002年，斯动工兴建的住宅有14607套，已完成的有14213套，已建成住宅的平均居住面积为76.6平方米。

经济转型和国家独立对斯洛伐克居民的生活造成了很大的影响，总的来说，十几年来，斯洛伐克居民的生活水平有所提高，从1993年斯生活水平为欧盟老成员国（15国）的37.7%，2004年上升到48.6%。1991年，斯家庭拥有洗衣机的比例为34.7%，2002年为61%；1991年，斯家庭拥有冰箱的比例为73.7%，2002年为79.9%；1991年，斯家庭拥有彩色电视机的比例为49.5%，2002年为84.8%；1991年，斯家庭拥有轿车的比例为39.7%，2002年为39.2%；1991年，斯家庭拥有电话的比例为31.2%，2002年为70.3%；1991年有公寓住宅1617828套，2002年有1665536套；1991年有家庭住宅864357幢，2002年有862357幢；1991年人均居住面积为14.6平方米，2002年为17.5平方米；1991年住宅中安装排水设备的比例为55.8%，2002年为60.2%；1991年住宅中煤气管道的安装比例为51.6%，2002年为74.8%；1991年，住宅热水的供给比例为54.5%，2002年为62.2%；1991年住宅中央供暖的比例为74.7%，2002年为76.3%。

2002年，斯居民年平均总收入为94030克朗，其中职业收入69439克朗，经营收入3834克朗，财产收入683克朗，社会收入14214克朗（其中抚恤金9876克朗）；储蓄18109克朗；年平均总支出为91149克朗，其中用于购买食品、非酒精饮料的比例为20.6%，用于居住、水、电、煤气和其他燃料等方面的费用占13.7%。同年，斯居民主要食品的人均年消费量为：肉60.2公斤（猪肉31.6公斤，牛肉6.9公斤，禽肉20.1公斤），鱼4.2公斤，脂肪和油23.1公斤，奶和奶制品164.5公斤，鸡蛋214个，土豆74.9公斤，面包48.5公斤，蔬菜75.6公斤，水果49.9公斤，糖27.6公斤，非酒精饮料152公升，啤酒92.3公升，葡萄酒13.9公升，酒精饮料8.7公升。

根据欧洲改善生活和工作条件基金2004年底的民意调查结果，在欧盟25国和保加利亚、土耳其和罗马尼亚等3个即将加入欧盟的国家中，斯洛伐克居民对本国的社会、抚恤金、医疗和教育体制的评价最消极，只有6.35%的居民对未来持完全乐观态度，35.42%的居民对未来持部分乐观态度，其余的则持消极态度。斯居民对生活的满意度为5.7（最高为10）；19%的斯居民担心在未来6个月内失去工作，而在欧盟其他新成员国中为17%，在欧盟老成员国中为8%。

表4-12　斯洛伐克1993~2003年国民生活水平发展状况表

	1993	1994	1995	1996	1997	1998	1999	2000	2001	2002	2003
失业率(%)	12.7	13.7	13.1	11.3	11.8	12.5	16.2	18.6	19.2	18.5	17.4
通货膨胀(%)	23.2	13.4	9.9	5.8	6.1	6.7	10.6	12	7.1	3.3	8.5
月平均名义工资（克朗）	5379	6294	7195	8154	9226	10003	10728	11430	12365	13511	14365
月平均名义工资（欧元）	149	166	187	212	243	253	243	268	285	316	346
月工资实际增长率(%)	-3.9	3.2	4	7.1	6.6	1.6	-3	-4.9	1	5.8	-2

资料来源：斯洛伐克统计局、财政部、国家银行和劳动局。

第十一节　社会保障

一　改革进程

从20世纪50~60年代起，原捷克斯洛伐克逐渐建立了一套比较完善的社会保障体制，公民除享受公费医

斯洛伐克

疗、免费教育外,还可以根据不同情况领取退休金、养老金、残疾人和鳏寡孤儿抚恤金和生育补贴、多子女家庭补贴和儿童补贴等。广泛的补助体系为公民提供了从出生直至死亡都可以享受的一系列社会保障。

剧变后,捷克斯洛伐克的社会和经济生活发生了根本性的变化,社会保障制度开始进行改革。20世纪90年代初,社会领域转型的基本思想是建立三支柱体系,即社会保险、国家支援和社会救济。

随着1993年1月1日斯洛伐克的独立,斯社会保障改革取得重大进展,进行了社会领域的结构和财政改革。斯洛伐克医疗保险和抚恤金保障的拨款从国家预算中分离出来,而且斯洛伐克社会保障管理局改名为国家保险局,负责管理所有保险基金(包括抚恤金保险基金、健康保险基金和疾病保险基金)。另外,在国际货币基金组织的压力下,从1993年1月起斯洛伐克开始实行儿童补贴的实名制和国家平衡补贴的原则。1994年,国家保险局重组,在原来的斯洛伐克社会保障管理局基础上成立了社会保险局。医疗保险制度也向多元化方向发展。

1996年1月,斯洛伐克国民议会通过了完整的社会领域的转型构想,也称作形成社会保护体制的构想。该体制建立在社会保险、国家社会支援和社会救济等三个基础之上。社会保险包括医疗保险、抚恤金保障、补充性抚恤金保险和工伤、职业病补偿等四个方面。医疗保险包括疾病保险、家庭成员护理救助、产假期间的补助金和怀孕、产假期间的平衡性补贴,其资金来源是雇主、雇员和国家支付给社会保险局的保险金;抚恤金保障包括养老抚恤金、退休金和鳏寡抚恤金,它的资金来源与医疗保险相似;补充性抚恤金保险是抚恤金保障的延续,它由国家调节,在雇主和雇员之间缔结,从补贴中拨款至投保人的个人账户;工伤、职业病补偿包括在雇主有义务到斯洛伐克保险局投的保险

第四章 经 济

中。国家社会支持包括儿童补助、家长补助和婴儿出生补助。1998年5月通过社会救济法，体现了宪法第2章第39条的精神，即每个物质上陷入困境的公民都有权获得能保障其基本生活水平的帮助。同时规定国家的任务只是帮助公民克服艰难的生活状况，公民自己需要积极寻找出路和解决困境的方式。该法律确定了解决公民物质和社会困境的方式，即社会咨询、社会权益保护、社会服务、社会救济款、严重疾病补助金等。1998年还通过了最低生活标准法。在实施1996年转型构想的过程中，一些改革步骤出现了明显的延滞现象甚至一直没有付诸实施。但该构想的最大变化是改变了国家对公民无条件救济的原则，国家只救济那些陷入物质和社会困境的公民个人或在家庭的帮助下无力摆脱困境的公民。

1998年秋议会大选后上任的新政府在政府纲领中强调要推进社会保险制度改革。1999年10月，斯洛伐克政府通过了劳动、社会事务和家庭部提交的新的社会保险改革构想。2000年2月，经过广泛的公众讨论，斯国民议会通过了改革构想。该构想尊重剧变后已经实行的改革步骤，但强调下列基本原则：义务性（全体公民都必须参与）、普遍性（覆盖了最通常的社会生存状况）、统一性（每个公民在履行条件时权利平等）、从事社会保险的机构具有非营利性、执行社会保险业务的公益机构和它的管理具有三重模式、国家保障社会保险义务参与者获得一定的权利、社会保险的运作需得到有效的国家监督。社会保险改革的重点是抚恤金制度改革，2002年斯政府通过了社会保险法并计划从2003年7月1日起开始实施。

由于在改革的抚恤金制度中缺少根本性的体制变化，而且该制度可能引起财政赤字，故2002年秋上台的新政府重新对改革内容做了修订，开始进行更激进的改革尝试。根据新政府的纲领性宣言，抚恤金制度应该建立在三支柱上且适用于所有有经济活

动能力的公民。改革的目的是停止经营中的负债现象并提高公民对领取抚恤金期间生活水平的参与性。2003年4月,斯政府通过抚恤金保障改革构想,它在保留原有的连续提供资金的同时引进了资本化成分,以便可以应对未来10年的社会经济发展。该构想努力建立可持续性的和财政稳定的抚恤金制度、实现抚恤金水平的中等程度、保障最大化的抚恤金安全和为所有收入阶层的公民提供适宜的抚恤金保障。从2004年1月1日起,新的社会保险法生效。同月,新的养老金储蓄法通过,2005年1月1日生效,它规定应交纳数额的9%划入资本化体系,通过社会保险局集中征收。

二 保障体系

从管理层面来看,斯洛伐克的社会保障由劳动、社会事务和家庭部、国家劳动局和社会保险局三个部门负责。劳动、社会事务和家庭部是国家管理劳动权益关系、就业、集体谈判、工资和其他劳动报酬、社会保障、儿童和青年社会权益保护以及家庭关怀的中央机构,负责起草修订权限范围内的法律法规并监督执行情况;国家劳动局负责失业登记和就业安置工作;社会保险局负责收取保险税和发放保险金。

从运作方面来看,斯洛伐克现行的社会保障由社会保险、社会救济和国家社会支援三支柱构成。

社会保险 主要任务是对有经济活动能力的公民在出现怀孕、休产假、伤残、疾病、老迈和供养者逝世等情况时提供保护。社会保险制度的实质是与公民的经济活动能力以及收入紧密联系,突出特点是多投多收,公民领取保险金的数额高低与上缴到保险基金的数额相协调。从2004年1月1日起开始实行的新社会保险制度包括4个独立的部分:医疗保险、抚恤金保障、失业保险和保障保险。

第四章 经 济

社会救济 面向社会最易受伤害阶层的贫困人口,没有工资收入的公民有权利向国家要求贫困救济,但这种救济不是长期的,只是暂时作为劳动收入的补偿。斯劳动局为工龄 30 年以上的失业者发放 1 年的救济金,为工龄 15 年以上的发放 6 个月的救济金。在失业后的前 3 个月可领取到在职工资的 60%,后 9 个月为 50%,但均不得超过最低工资标准的 1.8 倍。大学毕业 6 个月后仍未找到工作且父母无力负担其基本生活费用的人可申请救济,能领取最低工资标准的 50% 直至上岗。从 2005 年 7 月 1 日起,公民最低工资标准从 4580 克朗调整为 4730 克朗。2002 年,平均每月有 618191 人在物质生活上处于困境,占斯人口的 11.5%;平均每月有 320650 人领取社会救济,平均每月每人社会救济金为 2970 克朗。根据 2004 年初通过的关于解决物质贫困的法律,单个人的社会救济金额为每月 1450 克朗,抚养 4 个以下孩子的个人救济金为 2160 克朗,没有孩子的夫妇俩救济金为 2530 克朗,抚养 4 个以下孩子的夫妇俩的救济金为 3210 克朗,抚养 4 个以上孩子的夫妇俩的救济金为 4210 克朗。

国家社会支援 从国家预算中直接拨款,是国家对家庭在解决一些生活状态时(婴儿出生、儿童的营养和教育、家庭成员的去世等)的直接补贴。产假一般为 28 周,如果产妇是独身或生第二胎以上,可以休 37 周。在产假期间,产妇没有工资,但在孩子出生前 6 个星期起可获得保险金(期限为 28 周),数额相当于工资收入的 55%,最多每天 260 克朗。婴儿出生补贴为 4460 克朗(而在已拥有 2 个孩子的家庭为 6690 克朗)。在正常儿童 3 周岁以内和长期身体不健康儿童 6 周岁以内,其家长可以每月领取 4230 克朗的补贴。从婴儿出生之日起,产妇可以休息 3 年,如果孩子长期身体不健康则可延长至 6 年。国家还向需要抚养的孩子提供教育和营养费,每月 540 克朗直至义务教育结束(就读大学全日制的孩子可延长至 25 岁)。另外,需要抚养的孩

斯洛伐克

子家长之一还可以从雇主处每月领取450克朗税收津贴。被寄养的孩子在寄养生活开始和结束时（成年）可一次性领取补助，6岁以下的儿童为5840克朗，6～15岁儿童为7180克朗，15岁以上为7650克朗。在孩子被寄养期间，继父母可以定期领取补助（6岁以下为每月2340克朗，6～15岁为2880克朗，15岁以上为3070克朗）。

此外，斯公民每周最长工作时间不超过43小时，一般为42.5小时，包括每天30分钟的午饭和休息时间。职工加班时间每周不能超过8小时，每年不能超过150小时。超出的工作时间可以用工作时间抵消，也可以付加班费。有些公司实行弹性工作时间制度，在弹性工作时间制下，实际工作时间每天不能少于5个小时。职工每年的休假时间最少为4周，工作年限在15年以上（含15年）的职工可以休5周。2003年12月31日以前，男职工60岁退休，女职工依照生育孩子多少而在53～57岁之间退休。从2004年1月1日起，男女职工退休年龄都规定为62岁，虽然没有立即执行，但退休年龄在逐渐推迟。

第五章

军　事

第一节　概述

一　建军简史

1992年12月16日,斯洛伐克设立最高军事行政机构——国防部,编制为300人,其中文职人员占30%。1993年1月1日斯洛伐克共和国独立后,斯洛伐克军队(以下简称斯军)组建,其使命是保卫斯洛伐克共和国的自由、独立、主权和领土完整以及防止自然灾难和其他较大程度危及公民生命及其财产的事件发生等。原捷克斯洛伐克联邦国家的兵力和武器装备基本按照2:1分配(捷2斯1),斯军共有兵力53037人,坦克995辆,装甲运输车1370辆,大炮1058门,战斗飞机146架,直升机19架。斯军建军初期保留师团建制,并组建机械化师、坦克师和空军基地,实行人员少、装备精的质量建军方针。在建立与国情相适应的防御性军队的同时,斯注重加强与北约、西欧联盟和欧共体的广泛军事合作,向联合国维和部队和其他军事组织派遣使团。1994年2月9日,斯洛伐克与北约签订"和平伙伴关系计划"。

为了与"欧洲常规武装力量条约"规定的军队人数和战斗

斯洛伐克

设备数量（军队人员 46667 人，战斗坦克 478 辆，战斗装甲运输车 683 辆，大炮 383 门，战斗机 115 架，攻击性直升机 25[①]）相一致，斯洛伐克军队从 1993 年起就一直致力于裁减兵力和武器数量。为加强军队建设，从 1994 年起，斯洛伐克制定和通过了《斯洛伐克国防学说》（1994 年 7 月 30 日通过）、《斯洛伐克国防领导体制》（1996 年 9 月 12 日通过）、《斯洛伐克国防战略构想》（1996 年 12 月 16 日通过）、《斯洛伐克军队 2010 年以前长期发展计划》（1996 年 6 月 27 日通过）和《斯洛伐克军队 2000 年以前建设构想》等有关文件，并开始军事转型进程，目的是建设相对小型、现代化、装备精良、训练良好和后勤完善的军队，以抵御敌人的入侵，捍卫国家领土和主权完整。转型按计划分三个阶段进行，2000 年以前结束。至 1995 年底为第一阶段，斯军完成了转型的最重要任务，即按照西方国家模式调整了军队领导体制和部队编制，国防部长改由文职人员担任，国防部只负责对军队实施政治领导和行政保障，不再直接指挥军队；在特伦钦建立军队最高指挥机构——总参谋部，它负责斯洛伐克军队的发展、战斗和动员准备，管辖人事工作、军事教育体制和为各个军事部门准备专家；为陆军、空军和防空军建成各级作战指挥体系；将部队的编制从原华约军队的师团制改为军旅制，传统的重型武器装备逐渐向轻型装备方向发展。削减军队人员数量是这一阶段的重点。1996～1997 年是斯军转型的第二阶段，其目的是开始提高军队的作战准备能力、为开始与经济和军事政治条件相一致的军队职业化做准备，开始更新一些部队的装备和履行"北约和平伙伴关系计划"提出的加强协调性和一致性的要求。

为了尽快加入北约，斯开始进行新的改革尝试。1999 年 10 月 6 日，斯政府通过《为加入北约而进行准备的国家计划》。同

[①] 1998 年 11 月将后两项标准改为战斗飞机 100 架，攻击性直升机 40 架。

第五章 军事

月13日，斯政府通过《2002年以前斯国防主管部门改革构想和2010年以前斯军总体发展计划》。斯军此次改革的目的是削减人员和国防开支，并且逐渐建立职业化军队。改革的主要任务是：恢复军队不断增长的需求与经济和国家其他需求之间的平衡，消除国防部负债现象；国防部军人数量不得超过3万人，这意味着要裁减1.35万名军人，加入北约后还要进一步进行人员调整；淘汰一些不合适的武器装备，如T-55AM2型坦克、OT-90装甲运输车、D-30和2S-1型大炮和苏-22型飞机等，新装备多功能战斗机，裁减飞行基地的数量；从战术使用的角度出发将斯军分为紧急反应部队、快速反应部队和主要防御力量；2000~2002年国防开支每年的增长幅度为当年国内生产总值的0.1%，2003~2010年保持国防开支占国内生产总值的2.35%~2.65%之间。从2000年1月1日起，原驻扎在特伦钦的斯军总参谋部与驻扎在布拉迪斯拉发的斯军国防部开始合并为一个既有政治—防御部分又有军事—专业部分的军事领导机构。国防部管辖有关机构、学校和设施，总参谋部管辖各军兵种、军事设施、军事警察、战术研究机构和职业军人。在战时组织结构中，国防部人员计划为和平时期人员的4倍左右。截至2000年底，斯军撤销了39个单位，新建了18个单位，重组了48个单位，重新安置18个单位到不同的卫戍部队，44个单位被纳入到其他部门。2000年斯军还裁减6000人。2001年，斯国防部长约瑟夫·斯坦尼克提出，斯军建设的三个优先点是加强军事训练、继续深化改革和完成加入北约所需的任务。随着3个邻国捷克、波兰和匈牙利于1999年加入北约后斯安全环境发生变化、斯军长期财政困难以及国家安全和防御领域没有发生质的变化，斯开始重新制定国家安全基本文件。2001年3月，斯议会通过《斯洛伐克安全战略》，它确定了安全挑战和风险的范畴，强调斯加入北约和欧盟的重要性。2001年5月，斯议会通过《斯洛伐克国防战略》，斯

斯洛伐克

主要的国防战略原则是和平解决、国防体系完全实现一体化和文官领导军队。2001年10月，斯议会通过《斯洛伐克军事学说》，它设想斯面临下列安全风险：范围广泛的军事冲突、地区军事冲突、局面难以控制的移民、难民大量涌入、宗教和民族极端主义和制造的风波、国际有组织犯罪、恐怖袭击、非法武器交易和其他一些可以导致军事冲突的犯罪活动。

从2001年下半年起，斯洛伐克国防部开始了第6次改革尝试，其目标是在融入北约集体防御体系的前提下建设一支相对小但质量高、装备适当、训练有素的武装力量，在斯洛伐克国家或同盟国遭受外国直接军事或非军事威胁时，它必须能够单独或与北约其他武装力量合作捍卫斯洛伐克或同盟国的主权完整。"斯洛伐克武装力量——2010模式"为改革的实现和武装力量的职业化提供了理论框架。2001年10月1日，斯国防部与总参谋部开始进行重组，战略水平上的人员裁减了30%（480人），文职人员从45%增加到61%，雇佣1158名不授军衔的职员，职业军人增加150%，超过2000人，制止军事训练质量长期下滑的趋势。2002年7月1日生效的《斯洛伐克武装力量法》取代了1993年制定的《斯洛伐克军事法》。根据上述法律，2002年12月31日以前在斯内务部、国家铁路公司服务的军事力量被取消。从2002年起，除职业军人和不授军衔的职员人数继续增加外，陆军人数不断减少，这一趋势持续至2005年裁减结束。根据改革方案，2002年底斯武装力量人员减少至32848人，其中职业军人13698人，服军役人员8650人，文职人员10500人；2004年底斯武装力量人员减少至22733人，其中职业军人14949人，服军役人员1262人，文职人员6522人。2002年还开始对军事装备进行现代化，首先是领导和指挥体系的装备和新式武器系统等。在2002年11月举行的北约布拉格首脑会议上，斯洛伐克接到加入北约的邀请，这促使斯进行更有效和更快速的军事改革，

第五章 军事

改革不仅在组织和技术层面上进行,还在后勤等其他领域进行。2003年,斯军事转型继续在四个领域进行,即武装力量的结构、人员的管理、教育和训练、武器的现代化。在武装力量的结构改革方面,总参谋部、陆军司令部、空军司令部、训练和支援部队司令部进行了重组,基础设施被削减,军事基地的数量锐减;在人员的管理方面,应军队逐渐实现职业化的要求,军衔较高的人员、国防部的文职人员和基本役军人数量减少,年轻的尉官和军士人员增加。2004年,在新的安全环境和保障斯融入北约、欧盟的新要求基础之上,斯国防部长下令执行至2015年的长期发展计划。军事训练重新搞活起来,主要面向提高部队履行军事和非军事行动任务时的准备能力,还开始对新职业军人进行基础训练。武器装备的现代化也受到高度重视,斯有许多装备使用期限将尽而且不符合与北约协同和相容的要求,只有一些技术设备实现了现代化更新,如口径为155毫米的自行加农榴弹炮苏珊娜、口径98毫米的迫击炮、中等越野车 AKTIS 和装甲越野车 ALIGÁTOR。在教育和训练改革方面,开始实行三级教育体制,即基础和专业训练学校、军士学院和国防学院。至2004年底,斯军人员从2003年初的32800人(职业军人13700人,基本役军人8600人,文职人员10500人)减少至25400人(职业军人21000人,文职人员4400人)。2005年开始根据北约的标准对职业军人进行专门训练,在武器的现代化更新方面,优先更新快速反应部队的装备、指挥和控制系统的装备,长期计划是至2008年以前更新11架米-24V/DU战斗直升机和26个RM-70轻型火箭炮。2006年以前,斯军事改革的重点是加强通讯能力、提高军事训练水平、更新武器装备、保障战略运输和快速反应部队的持续性。

斯武装力量改革的基本目标之一是2006年完全实现职业化,届时斯军人和国防部的文职人员将减少至24000人左右,其中军士和士兵占 67%，准尉级军官占 2%，校、尉级军官和将军占 11%，文职人员占 20%。

表 5-1　1993~2003 年斯洛伐克军事力量变化表

	1993	1994	1995	1996	1997	1998	1999	2002	2003
军队人数	53037	45711	42620	50650	35276	39347	37700	32366	26436
战斗坦克	995	745	644	478	478	478	478	272	271
战斗装甲车	1370	944	749	683	683	683	683	534	524
大　炮	1058	813	632	383	383	382	383	374	374
战斗机	146	122	116	114	113	113	94	79	71
武装直升机	19	19	19	19	19	19	19	19	19

资料来源：Slovensko 2000—Súhrnná správa o stave spoločnosti, Bratislava 2000, s. 424; http://www. mod. gov. sk/rezort/armada/pocty. asp。

二　安全和国防体制

在斯洛伐克，安全和国防体制构成国家管理机构不可分割的组成部分，为国民议会、政府、总统和地方自治机构提供了必须的机制，以便在决定保持和恢复国家和公民的安全时实施权限。为了支持上述机构的活动，在和平时期就形成了管理和咨询机构，以保障安全和国防体制各个部门进行不间断的准备和保持战斗力，尤其涉及下列能力，即分析安全环境的能力，确定消除威胁的步骤和措施的能力，通过决定解决危机形势和冲突的能力，保障必须的资源及其利用的能力和协调人力、资金的能力。

根据宪法和法律的规定，国民议会决定国家安全和国防的基本问题，通过国家安全和国防领域基本的设想、根本的战略文件、发展纲领和计划及它们的财政保障，在斯洛伐克遭受侵袭或者为了履行关于共同防御侵犯的国际条约所规定的义务的情况

第五章 军事

下,对是否宣战做出决定。

总统是武装力量的最高统帅,他可以根据政府的提案宣布戒严状态、战争状态的开始和结束,且下达普遍或者部分动员武装力量的命令。如果斯洛伐克遭受侵袭或者为了履行关于共同防御侵犯的国际条约所规定的义务,在国民议会决定的基础之上宣战和缔结和约。总统军事办公室负责保障总统作为武装力量最高统帅的权限的履行,总统根据国防部长的提议任免总统军事办公室主任。

政府是负责国家安全和防卫的最高执行机构,它通过安全体制和国防体制的设想,集体对关于宣布戒严状态的开始及其结束、宣布紧急状态的开始和结束、宣布战争状态和动员武装力量的提议做出决定。政府还决定派遣武装力量至境外参加人道主义救助、军事演习或者维和观察使团,同意外国武装力量在斯境内进行人道主义救助、军事演习或者参加维和观察使团,同意外国武装力量经过斯境。

安全委员会是政府在安全和外交政策领域主要的咨询机构,在和平时期,安全委员会参与建立安全体制、履行国际安全义务和评估安全形势,为政府准备维持安全、预防危机形势和解决危机形势的提案,协调、监督政府安全和防卫措施的实施情况。在战争时期,如果政府不能运作,安全委员会执行政府的权限直至政府恢复运作。

各部委和其他中央管理机构、州级机关、县级机关和城镇在和平时期负责为战时、戒严状态进行组织准备。

国家危机管理机构主要应对戒严状态、紧急状态下的危机形势或者特殊形势,由政府、各部委、其他中央管理机构、州级机关、县级机关、县和城镇的安全委员会来组成。政府设有中央危机司令部,其他各级部门也设有危机司令部,用来协调参与解决危机形势各部门之间的活动。它们还提议采取何种措施预防危机形势,实施非军事的紧急计划,保障信息,组织准备工作以应对危机形势。

从 2000 年 1 月 1 日起，国防部和总参谋部合并为一体，设在布拉迪斯拉发。国防部下设人力资源总司、军事教育总司、现代化和基础设施总司、国防计划和资源管理总司、国防政策和国际关系总司、安全办公厅和国防部长巡视厅等部门，军事服务机构和军事院校也隶属国防部。总参谋部是最高军事指挥机构，它管辖各军兵种、军事设施、军事警察和在国防部工作的职业军人，下设人力管理司令部、作战和训练司令部、后勤司令部、长期规划司令部、新闻和电子作战司令部、指挥支援司和作战管理中心。

斯洛伐克武装力量的任务是抵御外来武装力量入侵以保障国家的防务与安全，履行相关的国际条约，参与维护公共秩序和国家安全，参与维护主权、领土完整和边境线的不可侵犯性。根据相关国际条约，斯洛伐克的武装力量可以在境外提供人道主义救助和进行军事训练。此外，还履行联合国、欧洲安全与合作组织和欧盟和平观察使团的任务以及国际组织军事使团的任务。武装力量可以使用在下列方面：①保卫斯洛伐克国境线；②保卫斯政府决议中确定的特别重要的建筑物和其他重要的国防设施；③消除特殊状态或者紧急状态造成的后果，解决特殊事件；④反恐斗争；⑤侦察飞行和保护人的生命；⑥保障政府确定的宪法领导人的航空运输；⑦航空医疗运输。

三 国防预算

斯洛伐克 1993 年独立至 1999 年，军费开支占国内生产总值的比例一直保持在 2% 左右，1999 年降低到历史最低点——1.7%，此后斯作为积极要求加入北约的国家许诺每年增加军费开支，增幅为国内生产总值的 0.1%。2002 年斯政府通过第 604/2002 号决议，保证从 2003 年起每年的国防预算最少不低于 2%，但实际上 2003 年和 2004 年的国防预算都未达到这个标准。2003年斯国防预算为216.7亿克朗，占当年国内生产总值的比例为1.87%；2004年国防预算为231.7亿克朗，占国内生产总值的比例为1.82%。

表5-2　斯洛伐克1997~2001年国防预算表

单位：亿斯克朗

	1997	1998	1999	2000	2001
国内生产总值（通常价格）	6861	7508	8153	8872	9663
国内生产总值（不变价格）	6159	6411	6533	6677	6891
国家预算	2178	1970	2315	2411	2178
军费开支	139.01	140.09	135.31	157.18	182
军费开支占国内生产总值的比例	2%	1.9%	1.7%	1.8%	1.9%
军费开支占国家预算的比例	6.4%	7.1%	5.8%	6.5%	8.4%
失业率	13%	13.8%	17.3%	18.3%	19.6%
通货膨胀率	6.1%	6.7%	10.6%	12%	7.6%

资料来源：Slovak army review, spring 2001, s.17; Armada Slovenskej republiky 2000, s.12。

第二节　军种与兵种

武装力量由陆军、空军、训练和支援部队三部分组成。

一　陆军

陆军历来是斯洛伐克军队中最重要的组成部分，它的组织体系处于不断的变化之中，人员也不断减少，它的构成、装备和部署的最终目的是为独立的地面作战行动和与空军的联合行动以及多国军事、人道主义和维和行动做好准备。其任

斯洛伐克

务是：保障斯主权和领土完整；在国家遭受军事和非军事威胁时保障和参与保障政治和经济中心的防卫；保障与保护公民相关的任务；保障消除非常事件的后果；保障救援和搜索活动；保障在斯境外进行的和平和人道主义活动框架内的运作能力。

陆军司令部设在特伦钦。陆军司令由国防部长根据总参谋长的提议来任免，是总参谋长的属下。依照国民议会通过的法律和国家的军事—政治文件，陆军司令负责陆军的战备、动员和建设、现代化以及保卫国家独立和领土完整的准备情况。

2002年，斯陆军有兵力1.98万人，坦克272辆，装甲车534辆，牵引炮75门，迫击炮14门，无坐力炮90门，高炮200门，反坦克导弹538枚，地—空导弹48枚。

陆军目前由紧急反应部队、快速反应部队和主要的防御部队组成，根据斯武装力量的转型计划，2010年前斯陆军应该由陆军司令部、1个机械化旅、1个轻型步兵旅、1个混合炮兵团、1个工兵营、1个通讯兵营、1个侦察兵营、1个放射、化学和生物防护营、1个电子作战营和1个指挥保障营组成。机械化旅和轻型步兵旅将相当于1个有机的战术防空力量。轻型步兵旅的部分将融入与捷克和波兰合作形成的多国旅，多国旅司令部设在斯洛伐克的托波尔恰尼（Topol'čany），2002年5月30日开始运作，斯洛伐克的杨·弗兰茨斯茨大尉迅速反应营（驻扎在马丁）是多国旅的组成部分，多国旅的使命是按照联合国宪章和3国国内法律规定，在北约和（或）欧盟的领导下参与国际维和行动。

斯陆军积极参加北约框架内的军事合作以及与他国的双边军事合作，其中仅2001年就参加了10个国际军事演习。

二　空军

1993年捷克斯洛伐克联邦解体对原联邦的空军人员和装备基本按照捷2斯1的比例分配，只有米格-29

歼击机对等分配，而米格－23 歼击机全部划归捷克。由于大部分主要的空军机构设施和飞机部署在直接与北约为邻的捷克，斯洛伐克在独立后组建新空军的过程中面临了一些问题，如建立新的控制和通讯系统，重新将人员和设备部署到新地方，将现有的空军基地的基础设施升级以与西方的标准相符。1995 年 3 月 1 日，空军完成了新的组织建制，即仿照西方国家用空军中队和空军大队代替原先模仿苏联采用的飞行团建制。从 2002 年 1 月 1 日起，斯洛伐克空军和防空军改名为空军。

斯空军主要由空军司令部、3 个飞行基地、1 个防空导弹旅和 1 个空中作战管理中心、1 个无线电定位研究和预告营、1 个通讯营、1 个指挥保障营和 1 个放射、化学和生物防护营等组成。

空军司令部设在兹沃伦，按照北约的模式形成了新的组织体系，下设人力资源管理部、作战计划司令部、指挥和管理部、空军研究和电子作战部、后勤司令部、财政—经济处、国际合作和标准化处、医疗卫生处等部门。

斯利阿奇飞行基地保障歼击机飞行大队的活动，该飞行大队被纳入防空战备体系，由 2 个歼击机中队组成，1 个是指挥中队，1 个是训练中队。在机场部署有飞机米格－29 支点、米格－21 型、L－39 信天翁、L－410 型和米格－17 型直升机。

古赫涅飞行基地保障歼击轰炸机飞行大队的活动，同时还履行运送斯武装力量的任务。由 3 个飞行中队组成，1 个是歼击机飞行中队，1 个是运输机飞行中队，1 个是战斗机飞行中队。在机场部署有飞机苏－22 型、苏－25 型、L－29 型、安－24 型、安－26 型、L－410 型和米－8 直升机。

普雷肖夫飞行基地保障直升机飞行大队的活动，由 2 个战斗直升机飞行中队和 2 个运输和有特殊任务的飞行中队组成。在机场部署有飞机米－24 型、米－17 型和米－2 型。

尼特拉防空导弹旅成立于1995年，2002年进行了重组。该旅由4个防空导弹小组构成：用2K12 KUB型防空导弹装备的小组（位于尼特拉）、用S300 PMU防空导弹装备的小组（位于尼特拉）、用S125 NEVA型防空导弹装备的小组（位于贝兹诺克）和用2K12 KUB型防空导弹装备的小组（位于罗日涅瓦）。

兹沃伦空中作战管理中心成立于2000年，是空军司令进行指挥的主要地方，配备了飞行视觉信息系统和空中支持作战中心系统（Air Support Operations Centre），后者是多国系统，与邻国乃至北约成员国的类似系统开展合作。

斯空军目前使用的飞机设备比较陈旧且已过时，大部分飞机在2010年以前将结束它们的技术寿命。斯空军计划今后对12架米格-29战斗机进行现代化更新，以与北约标准一致；通过维谢格拉德集团的共同项目对米格-24型飞机进行现代化更新；获得18架多功能战斗机；获得6~10架教练机或者轻型攻击机。

三　训练和支援军

2002年7月1日，训练和支援军司令部在特伦钦成立，通过训练司令部、后勤司令部、通信司令部、布拉迪斯拉发警备司令部和各军兵种的训练基地来管理训练和支援部队。训练和支援军的主要任务是：组织、管理和保障基本和专业训练，包括职业军士的专门训练；组织、管理和保障被派遣去军事使团的观察员和部队的准备工作；组织、管理和保障武装力量的后勤支援；保障通讯、信息和安全系统的运行且采取措施保障它们的安全；保障国防部、总参谋部和布拉迪斯拉发警备部队的活动。

训练司令部设在马丁，其使命是根据斯武装力量的作战要求，训练、供应斯部队一定数量的训练有素的战士和军士，它主要负责指挥和管理训练工作，为基本役士兵和职业士兵提供基本和专业训练、为职业军士提供训练和教育。训练司令部有 700 多名军人，另有大约 450 名文职人员，每年训练 6000 名基本役士兵、600 名职业士兵和 642 名职业军士。下辖布拉迪斯拉发基本役士兵训练基地、克日马洛克基本役士兵训练基地、马丁机械化、坦克和侦察部队以及国土防御部队训练基地、莫克拉得（Mokrd）军士学院和雷什杰（Lešť）军事训练基地。

后勤司令部设在特伦钦，下辖涅姆肖瓦（Nemšová）多功能供应基地、波普拉得多功能供应基地、涅美茨卡（Nemecká）剩余物资和不能使用的材料基地、赫洛霍维茨（Hlohovec）后勤支援基地、马丁第 5 装备基地、切雷那尼（Čereňany）第 5 化学材料基地和修理部、尼特拉第 5 装备基地、瓦赫河畔新城第 5 工兵材料基地和修理部、瓦赫河畔新城第 5 通讯材料基地和修理部、兹沃伦第 51 飞行技术材料供应基地、诺瓦基（Nováky）弹药基地和泽米安斯基科斯多拉尼（Zemianske Kosto L'any）燃料和管道交通基地。根据斯国防部至 2010 年的改革构想，斯建立了新的后勤体系，还要裁减现有的后勤人员以适应北约的标准。

通信司令部于 2002 年 7 月 1 日成立于瓦赫河畔新城，是保障斯军队通讯、安全和信息系统运作的机构。通信司令在指挥方面服从后勤和支援军司令的领导，在专业方面服从总参谋长的领导。通信司令部下设通讯和信息系统以及频率管理司、通讯和信息系统项目管理司、通讯和信息系统安全处和通讯和信息系统分析处。此外，还下辖设在特伦钦的通讯和信息管理中心以及设在瓦赫河畔新城的通信连。在国际合作领域，通信司令部与捷克、波兰、乌克兰和匈牙利的军队保持不间断的协作；为国防部门提供军事通讯和国际通讯服务；为维和使团参与在北约、联合国、安全与合作理事会和欧盟的领导下的反恐斗争及有组织犯罪而提供通讯联系；派遣专家参与北约和欧盟等成员国的国际演习。

训练和支援军司令部还直接管辖一些训练基地，它们是：鲁

若姆贝洛克通信兵训练基地、马丁导弹部队和炮兵训练基地、塞雷得（Sered）工兵训练基地、尼特拉后勤训练基地和波普拉得防空训练基地。

第三节 兵役制度、军衔制度和军事院校

一 兵役制度

从1918年捷克斯洛伐克共和国成立至今，兵役制度经历了许多变化。1920年通过的捷克斯洛伐克国防法规定现役14个月，这一法律实施至1949年9月30日（第二次世界大战期间除外）。1939~1945年，斯洛伐克现役24个月。从1949年10月1日起，捷克斯洛伐克新国防法开始实施，该法有效期至1989年1月，它规定基本役时间为24个月。1990年1月，捷克斯洛伐克政府下达命令调整了基本役的期限，即1988年入伍的军人服役期限缩短为22个月，1989年入伍的则为20个月，而已婚的军人根据健康状况或社会原因可缩短到18个月。从1990年3月14日起，国防法修正案规定基本役期限为18个月。从1993年6月30日起，根据斯洛伐克政府命令基本役期限再次缩短为12个月，15~49岁的男性公民为适龄应征者。各级军官最高服役年限是将官55岁，校官45~50岁，尉官40岁。从1998年1月1日起，新国防法生效，基本役期限依然为12个月。从2001年起，根据国防法修正案基本役缩短为10个月。从2001年1月1日起，斯洛伐克义务兵役期限从12个月减少至9个月。从2002年7月1日起，关于国防义务的新法律开始实施，该法规定9个月的义务兵役期持续到2003年底。2004年1月1日起，斯义务兵役期限减少到6个月。与此同时，在基本役期限不断调整的基础上，文职人员的服役期限也在不断变化。从

1990年7月至1995年10月，文职人员的服役期限比基本役长一半时间，即1993年6月29日前为27个月，1993年6月30日后为18个月。从1995年10月至2000年6月，文职人员的服役期限延长至基本役的两倍，即24个月。2000年斯国民议会通过决议将文职人员的服役期限减少至18个月。根据斯第185/2000号法律，斯公民在国家和城镇的医疗、社会服务、教育、文化等领域的就业机构以及在保护环境卫生和消除自然灾害影响时服役。2005年12月22日，斯最后一批基本役军人（214名）退役，从而在斯洛伐克结束了义务兵役制，斯军从此完全实现职业化。

二 军衔制度

至2002年8月31日，斯军衔分4等21级。将官4级（大将、上将、中将、少将），校、尉官7级（上校、中校、少校、大尉、上尉、中尉、少尉），准尉级军官6级（一级准尉、二级准尉、三级准尉、四级准尉、五级准尉、上士），军士3级（中士、下士、上等兵），士兵1级（列兵）。从2002年9月1日起，斯军衔制度发生了变化，虽然也分为4等21级，但具体情况与以往不同。将官4级（上将、中将、少将、准将），校、尉军官6级（上校、中校、少校、大尉、上尉、中尉），准尉3级（一级准尉、二级准尉、三级准尉），士兵和军士8级（四级准尉、五级准尉、上士、中士、下士、上等兵、列兵等）。

三 军事院校

斯洛伐克的军事院校体系由中等军事学校和高等军事院校构成。根据斯法律，军事院校作为全国教育体系的组成部分既是国立学校，同时又属于国防部的职权范围内。军事院校提供给学生中等和高等教育，为学生在军队中履行职业化服务做准备并且保障学生在服役过程中继续接受教育。

斯洛伐克

中等军事学校 在斯洛伐克,有两所中等军事学校,它们是:利普托夫斯基·米古拉什中等军事学校(Vojenská stredná škola v Liptovskom Mikuláši)和科希策中等军事飞行学校(Vojenská stredná škola letecká v Košiciach)。两所中等军事学校的组织结构大致相同,都是由一个校长、3个副校长组成领导层,3个副校长分别负责学校的营级部队、教学处和后勤处。不同的是学习专业,利普托夫斯基·米古拉什中等军事学校开设军事管理、机械—陆军、电机—陆军、经济和医疗等专业,科希策中等军事飞行学校开设机械—空军和电机—空军专业。

从1999年起,中等军事学校开始实行4年制中等专业知识学习,还开展了2年期属于上层建筑的学习和面向中学毕业生的学习(在利普托夫斯基·米古拉什中等军事学校为1年,在科希策中等军事飞行学校为18个月)。

这两所中等军事学校还为职业军人提供进一步的学习机会,以便他们学成后担任较高级准尉职务。

高等军事院校 在斯洛伐克,有两所高等军事院校,它们是:利普托夫斯基·米古拉什军事学院(Vojenská akadémia v Liptovskom Mikuláši)和科希策米兰·拉斯基斯拉夫·什杰凡尼克将军军事飞行学院(Vojenská akadémia generála Milana Rastislav Štefánika v Košiciach)。

利普托夫斯基·米古拉什军事学院为斯洛伐克的陆军和防空军培养具有高等教育水平的专家,位于利普托夫斯基·米古拉什附近的利普托夫。利普托夫斯基·米古拉有悠久的军事教育传统,早在1949年这里就出现了飞行技术学校,后来成为培养防空专家的技术学校,1973年在这所学校的基础上创办了高等军事技术学校,培养防空和通讯专家。1993年,利普托夫斯基·米古拉什高等军事技术学校和布拉迪斯拉发高等军事教育学校合并,从而成立了利普托夫斯基·米古拉什军事学院,学制5年，毕业生可获得工程师学衔，设有陆军系、防空系、后勤系和指挥保障系，开设军事体系管理、防空体系管理、特殊电子体系、军队经济、陆军武器和技术设备、电子和通讯技术等专业。

科希策米兰·拉斯基斯拉夫·什杰凡尼克将军军事飞行学院的主要使命是根据斯武装力量的需求提供高等教育、提高科学认识和进行科研活动。它不仅向飞行员、飞行技术人员和地面飞行保障人员提供高等教育，还向公民社会提供非军事专业的高等教育，同时向斯空军人员提供终身教育框架内的提高教育和技能培训。该学院下设航空准备教研室、飞行工程学教研室、空军作战运用教研室、武器系统教研室、飞行和地面信息系统教研室、工程、飞行和运作保障教研室、人文科学教研室、数学和物理教研室、机电和信息科学教研室、体育和跳伞训练教研室、语言教育中心和伪装工艺中心。该学院不分系，航空运行管理、航空机械和航空机电等3个专业的学习为期5年，2004/2005学年只面向平民学生。

高等军事院校的毕业生不仅获得高等教育，还履行了较低级军官职业化服务的技能要求。两所高等军事院校还为高级军官和将军开设短期培训班和攻读博士学位的学习班。

高等军事院校学习的种类、形式和期限每年根据国防部长关于开设学习和科学专业以及开设短训班的命令来确定。

第四节 国防工业和武器出口

一 国防工业的发展

在冷战时期，国防工业是捷克斯洛伐克安全和经济的基本支柱。捷克斯洛伐克是中东欧国家中仅次于苏联的

斯洛伐克

第二大军工生产国,而大部分军工生产企业集中在斯洛伐克。1988年,捷克斯洛伐克有36家大型军工生产企业,其中25家位于斯洛伐克。那时,捷克斯洛伐克国防工业部门有73000名就业人员,其中40000多人就业于斯洛伐克军工部门。从20世纪50年代至1989年,斯洛伐克的兵工厂生产了20607辆坦克、21446辆装甲运输车和步兵战车和1737门大炮和火箭炮。

1988年,捷克斯洛伐克的军工生产进入鼎盛时期,占国内生产总值的2%~3%,其中,斯洛伐克的军工生产占60%多的份额,产值达到193亿克朗(以当时的价格计)。军工生产主要面向重型机械和电工技术设备。斯洛伐克国防工业的绝大部分由大型国有企业构成,1988年,这些国有企业平均有12000~14000名就业人员。

1989年政局剧变后,捷克斯洛伐克国防工业也发生了根本性变化,采取了许多裁减人员的措施,而斯洛伐克受到的冲击程度比捷克大得多,斯洛伐克国防工业部门有38000人失业。

1993年1月斯洛伐克共和国独立后,国防工业部门的危机愈益加深。1994年初,大部分军工生产企业濒临倒闭,斯洛伐克3家最大的兵工厂也处于最艰难的时期,从1988~1994年,兵工厂ZTS Martin的就业人员从13000人削减到6000人,兵工厂ZVS Dubnica的就业人员从14000人削减到7000人,兵工厂PS Detva的就业人员从12000人削减到3000人。

1994年9月梅恰尔再次出任斯总理后,斯政府针对国防工业制定了新的发展战略。在斯国防工业"转型"进程中迈出的重要一步是于1995年在特伦钦建立了DMD控股公司,它合并了大约20家公司,这些公司不仅生产其他产品还生产武器。DMD控股公司的宗旨是协调下属公司的研究、开发、生产和出口活动,以及保障成员公司之间的相互交流和实施新的生产工艺。

至1998年9月议会大选,斯国防工业保持相对稳定的发展状态，生产水平和就业程度相当于 1989 年以前鼎盛时期的 10%。2000 年，斯生产了价值 14.47 亿斯克朗（合 2900 万美元）的武器和军事材料，其中，弹药和机械零部件占产量的 35%，技术设备和工兵设施占 30%，重型地面武器占 25%，专用电子设备占 10%。军工生产产量的 53% 以上用于出口。

从 1998 年起，融入欧盟和北约框架在斯国防工业的"转型"进程中起着重要的作用。2000 年 3 月 3 日，斯国防工业联合会成立，它由 40 家国防工业公司组成。该联合会的根本任务是帮助斯国防工业研究、开发、生产和现代化更新活动的开展。2001 年，斯国防工业联合会与斯国防部签署了协议，其主要目的是更有效地协调国防部的国防计划与联合会各成员公司的发展战略。

斯未来国防工业的发展与斯军队改革相连。2001 年 12 月，斯国民议会通过了名为《斯洛伐克武装力量——2010 模式》的文件，该文件的内容是关于斯军队"转型"和现代化的战略以及根据北约的标准，军队的财政保障应考虑到一致性和共同行动性。今后，斯国防工业部门将会更多地接受西欧军工研究、开发和生产工艺。

二　武器出口

89 年东欧剧变后，随着国防工业的衰退，斯武器出口也出现了相应的衰退。1976～1988 年，斯武器年平均销售额达到 70 亿斯克朗，而 1991～1992 年，武器年平均销售额降到 37 亿斯克朗。武器出口额从 1988 年的 18.33 亿美元降到 1992 年的 2.13 亿美元。有鉴于此，斯采取了积极支持武器和军工材料出口的政策，主要的努力方向是在曾经使用"华约"武器的发展中国家寻找有潜力的购买者。

1976～1988 年，斯洛伐克向发展中国家出口了 21% 的军工产品，1999 年，这一比例提高到 77%。1976～1988 年，原苏联

集团国家进口了斯洛伐克57%的军工产品,1991年下降到28.5%,1992年则下降到4%。

2000年,斯武器和军工材料出口额达到22.48亿斯克朗(合4500万美元)。在整个出口产品结构中,军事储备用品占62%,新产品占38%。1993～2001年,斯主要向叙利亚、安卡拉、阿尔及利亚、印度尼西亚、塞拉利昂、捷克、土耳其、保加利亚等国家出口战斗坦克、装甲运输车、步兵战车、大口径炮、战斗飞机、导弹和发射装备等。

第五节 对外军事关系

斯洛伐克于1993年独立后努力发展对外军事关系:积极向北约和西欧联盟靠拢,力求成为它们的全权成员国;重视发展与美国、德国、法国、英国、荷兰和比利时等北约成员国的军事合作;积极参与联合国、经济合作与发展组织和欧盟框架内的维和行动;与邻国开展军事合作;与俄罗斯、罗马尼亚和保加利亚等国家发展双边军事关系。

一 实现了成为北约全权成员国的梦想

从1993年1月1日起,斯洛伐克成为北约合作理事会成员,定期参加部长级、大使级和专家级会议,为斯与北约开展对话创造了条件。1994年2月,斯总理梅恰尔签署"和平伙伴关系计划"框架文件。同年6月,斯与北约签署安全条约。1995年9月,斯通过北约成员国与参与"和平伙伴关系计划"国家间的关于武装力量地位的条约。这年,斯武装人员参加了100多个共同的双边和多边行动,其中有18个行动是由斯方组织的。1996年,北约秘书长索拉纳和斯总统科瓦奇进行了互访,进一步加深了双边关系。同年,斯在本国境内组织了

第五章 军事

22个"单独伙伴关系计划"框架内的活动,重点是通过演习和作战提高与北约成员国的协同能力。斯还作为东道国组织了名为"合作之龙"的旅级多国军事演习,阿尔巴尼亚、捷克、法国、希腊、加拿大、匈牙利、摩尔多瓦、葡萄牙、罗马尼亚、意大利、乌克兰和美国的武装人员参加了这一军事演习。1997年5月,斯洛伐克就加入北约问题进行全民公决,由于参选率低于10%而被宣布无效。在同年7月举行的北约马德里峰会上,斯洛伐克由于民主方面的缺陷而没有接到入约邀请。1998年11月,斯新任总理祖林达两访北约,表达了斯将继续谋求加入北约的愿望。同年12月,斯政府做出决定,派遣150名军人参加在波斯尼亚和黑塞哥维那的"稳定部队",在政治上和军事上支持北约框架内的联合国和欧洲安全与合作组织的维和倡议。

在科索沃战争期间,斯政府不仅支持北约对南斯拉夫的轰炸行动,而且决定向北约的军用飞机开放领空,允许北约部队通过斯铁路运送部队和装备,这一举措进一步巩固了斯作为北约可信赖和稳定伙伴的地位。此外,为了重新返回到最有希望加入北约的申请国行列,斯一方面加强与北约开展政治对话(每年2次与北约合作理事会的16+1形式对话)、专家级对话(每年3次与北约工作组的单独对话)和与北约其他委员会进行16+1形式的会谈,另一方面积极参与北约的维和行动和联合军事演习。在2002年11月北约布拉格首脑会议上,斯洛伐克被邀请加入北约。2004年3月29日,斯洛伐克正式成为北约成员国。同年7月,斯洛伐克国防部对外宣称,斯洛伐克将负责协调北约范围内弹药和爆炸物的清理及销毁工作。这是斯正式加入北约之后首次承担北约的任务。2005年1月,斯政府同意派教官参加北约培训伊拉克安全部队的计划。同年2月,北约在斯洛伐克举行代号为"CMX2005"模拟军事演习,提高北约处理危机的能力。

二 不断加强与北约主要成员国的军事合作

1993年8月,斯洛伐克和奥地利签署一项军事合作协定。根据协定,斯奥两国将在培训军官方面进行合作,并互派观察员参观对方的军事演习,每年互通一次军事情报。

1995年12月,斯洛伐克政府应美国与北约的要求决定向波黑派兵,参加国际维和行动。参加维和行动的斯洛伐克工兵部队计划与比利时和俄罗斯的部队一起行动。1996年2月6日,斯洛伐克特种兵部队与美国特种兵部队在斯举行为期10天的联合军事演习,双方进行了单兵对抗、救助战区居民和对付恐怖行动等方面的演练。2003年1月,斯作为7个被邀入约的国家之一第一个被美国请求在伊拉克问题上提供支持和帮助,美国请求斯洛伐克在必须对伊拉克动武的情况下考虑参加国际反伊联盟,请求使用斯设施并为美国和国际联盟的军队开放领空和机场,请求使用斯洛伐克防护核武器、生物武器和化学武器的力量。斯政府在接到美照会的当天即同意开放领空和机场并决定派遣由75人组成的专门部队。2003年6月19日,斯议会批准向伊拉克派遣85名工兵,以帮助伊拉克清除过去20年战争中遗留的地雷等危险物和修复被战争毁坏的基础设施。

1999年9月,斯洛伐克和英国签署安全领域谅解备忘录,从而使两国军事合作制度化,确立了两国在军事演习、军事知识和人员交流等方面的相互关系。根据谅解备忘录,英国一准将成为斯军总参谋长的顾问,在利普多夫斯基·米古拉什军事学院也有英国军事顾问。两国军事合作的重要组成部分是双边计划,它每年由大约50个活动项目组成,侧重于帮助斯武装力量继续业已开始的改革进程,即从人员较多的实行义务兵役制的军队改变为现代化、职业化的融入北约结构的军队。双边计划的主要内容是英语培训，英国向斯国防部提供英语顾问，向斯各级别的军官和文官提供内容广泛的语言培训内容，斯军事人员还可前往英国大学进行长期语言学习。2003年，在利普多夫斯基·米古拉什军事学院开设面向中低级军官的培训班，其目的是按照北约军事活动的要求训练指挥和参谋水平。利普多夫斯基·米古拉什军事学院的运作费用由英国承当75%（荷兰承担25%）。此外，英国的陆军和空军每年到斯洛伐克与斯军一起参加军事演习。每年在斯洛伐克雷什杰军事演练场，英军一个团的兵力与斯军一个连的兵力一起参加为期两周的军事演习。英国空军与斯空军通过飞行演习交流经验，英国皇家空军还定期派遣飞机支持斯洛伐克飞行日。

2002年9~10月，30名斯洛伐克空军人员前往法国参加代号为"2002年合作钥匙"的国际演习，重点根据北约标准进行营救、运送和医疗救护活动。

三 积极参与联合国、经济合作与发展组织和欧盟框架内的维和行动

斯洛伐克有积极参与维和使团的传统，独立后即开始参与维和行动。1993年5月，斯洛伐克派出工兵营前往克罗地亚参加联合国维持和平部队，这是斯历史上第一次向国外成批地派出自己的部队，但斯总统科瓦奇随即表示，斯洛伐克不会派部队直接参加可能对波黑采取的军事行动。从1993年起，斯洛伐克就向欧盟的"欧洲社会监督使团"派出军人代表，该使团的基本使命是支持和平解决前南地区的冲突，监督人权和国际法的执行情况。从1998年起，斯洛伐克开始向经合组织的观察团派驻代表，主要任务是监督俄罗斯的武装力量从摩尔达瓦境内撤走。1998年，共有54名斯洛伐克军人参与国际组织的6个维持和平和观察使团。2003年，在联合国领导下的维和使团框

架内，斯洛伐克有一个由277名军人组成的机械化营驻扎在塞浦路斯，有一个由197名军人组成的加强连驻扎在埃塞俄比亚，有一个由95名军人组成的机械化连驻扎在格兰高地，有一个由35名成员组成的野战医院活动在东帝汶。此外，斯洛伐克派出40名军人组成的工兵部队前往阿富汗参加名为"持久自由"军事行动。从2003年9月起，斯洛伐克工兵连活动在伊拉克，参加代号为"伊拉克自由"的军事行动。斯洛伐克还派出大量军人参加欧盟、联合国、经合组织的各种观察员使团，如在前南斯拉夫、叙利亚和格鲁吉亚等地。

四 积极开展与邻国的军事合作，尤其是与捷克的军事合作

1993年9月，斯、波、捷、匈四国国防部副部长在波兰克拉科夫举行会晤，表示今后四国将在加强军队的防御体系和实现军队装备现代化方面进行合作。1993年10月，斯洛伐克与匈牙利签署两国军事协定，根据协定，两国将相互通报各自较大规模的军队调动情况，交流裁军经验，在边境地区交换军事观察员和采取协调一致的行动。同月，斯洛伐克与乌克兰签署军事合作协定，根据协定，两国将在国防建设、军队装备供给、科研等方面进行合作，并就军事问题交流经验。1994年1月，斯、波、捷、匈四国军方领导人在华沙会晤，协调4国领导人同美国总统克林顿会晤时的立场。1995年9月，斯洛伐克、捷克、匈牙利、保加利亚、波兰和乌克兰6国共同参加在斯洛伐克举行的代号为"95决策"的联合军事演习，斯洛伐克796名军人和其他5国192名军人参加了这次演习。1999年10月，波兰国防部长访问斯洛伐克，他表示在立法、语言准备和专业军事知识等领域都可以将加入北约的经验传授给斯，两国国防部长还就两国间以及维谢格拉德集团内国防工业合作进行磋商。2002

年 5 月，斯洛伐克、捷克、匈牙利、波兰 4 国国防部长签署了关于共同改进米-24 战斗直升机的协议（波兰计划改进 40 架；匈牙利将根据财政状况确定，大约为 30 架；捷克预计 25 架；斯洛伐克 10 架）。根据协议，上述 4 国按照北约的标准共同改进目前正在 4 国服役的米-24 战斗直升机的性能，延长其服役期限。波兰负责协调具体工作，样机在 18 个月之内完成，批量生产在 2004 年开始。4 国部长还商定，各国将派武器专家讨论合作改进装甲运兵车和中型卡车事宜。另外，斯洛伐克与匈牙利、罗马尼亚、乌克兰联合组建工兵营，从 2002 年起用于在蒂萨河发生自然灾害时提供救援工作。2005 年 3 月 4 日，斯洛伐克、波兰、捷克和匈牙利四国国防部长在华沙会晤，强调要加强维谢格拉德集团国家在军事政治方面的合作，就在欧洲安全政策框架内展开军事政治合作和建立欧盟军团的问题进行了磋商，还交流了四国在阿富汗、伊拉克和巴尔干地区参加多国部队的情况。

斯捷两国的军事合作在一系列协议性文件的基础之上开展，其中主要文件是 1994 年 5 月 2 日两国国防部签订的合作协议。此外，两国国防部之间签署的年度双边合作计划推动了两国在编撰军事法典、实行军事标准化、军事教育和训练等领域的合作继续向前发展，两国军事警察部队、后勤部队、炮兵和防化部队之间也保持专业性对话。两国不仅在军队各个级别建立了有效的磋商机制，还共同举行军事演习，如传统的指挥—参谋演习"蓝色战线"。

此外，两国还共同组建部队。2001 年 10 月 18 日，两国签署协议在科索沃维和部队范围内组建联合机械化营，捷派出 300 名战士，斯派出 100 名成员组成的机械化连。2002 年 3 月 1 日，在科索沃的"共同保卫者"（Joint Guardian）行动框架内捷—斯机械化营开始成功运作。同年 9 月，斯—捷机械化营又参加了"科索沃稳定部队"。为了进一步支持斯洛伐克融入北约，2002

年5月,在北约和欧盟的领导下,在斯洛伐克的托波尔恰尼成立斯洛伐克—捷克—波兰联合旅司令部,每个国家派出一个营,三国联合旅的旅长是斯上校雷古拉,该旅与北约的标准一致,其目的是反恐维和。同年11月,两国签署了一项关于共同防卫领空的协议,内容涉及建立共同的空军中队、一起训练、培训等。随着斯洛伐克于2004年3月加入北约,两国空军进行全面合作的障碍不复存在。2003年2月,斯捷两国国防部长签署关于建立联合防化部队的协议,根据协议,斯洛伐克放射、化学和生物防护连被纳入捷斯派驻危机地区的联合部队,该连在经过专门的战术训练后获得北约签发的证书,并被运往科威特,加入捷斯联合营,从2003年3月6日起开始进入作战状态。2004年10月,捷斯两国空军举行代号为"蓝色国界"的联合军事演习,旨在检验作为北约成员国的两国空军对可能发生的侵犯领空事件的联合反应能力并做好充分准备应付21世纪可能发生的安全危机。两国军事合作的重心还包括:空军和后勤部队的合作、科研活动、教育和训练,军事改革和军队职业化的前景也是两国军事联系中的热点问题。

五 重视发展与俄罗斯的传统军事关系

1993年8月,斯洛伐克和俄罗斯两国国防部长签订《关于在军事和技术装备方面进行合作的协定》,俄向斯提供军事装备零配件和米格21战斗机。1995年12月,俄罗斯向斯洛伐克提供6架米格-29战斗机,以偿还部分欠斯债务。2004年6月,斯洛伐克就现代化12架米格-29战斗机事宜与俄罗斯达成协议,升级项目价值4300万美元。此次飞机升级将分两个阶段,第一阶段内容是机身结构和电子系统升级,第二阶段将安装与北约要求兼容的通信和敌我识别(IFF)设备。计划2005年底完成所有工作。

第六章
教育、科学、文艺、卫生

第一节 教育

一 简史

斯洛伐克早期的教育与教会联系在一起。早在中世纪，斯境内最古老的学校出现在主教的府邸、牧师会和修道院。14世纪时，创办了城市学校和少数乡村学校。在宗教改革时期和反宗教改革时期，城市学校网和乡村学校网得到扩展，教育成为社会关注的重点。教育的主要内容是掌握拉丁语和基督教学说的基础，所谓的三学科是语法、逻辑和修辞，还教授算术、几何、天文和音乐。城市学校还提供其他教育，如关于自然和社会的课程。学生们接受更高的教育需要到国外去，主要去布拉格查理大学和波兰的克拉科夫、维也纳的大学。直至1467年，斯洛伐克才拥有了第一所大学——伊斯特洛波利达纳学院（Academia Istropolitana），设有哲学、神学、法学和医学系，只是它前后只存在了20年左右。从16世纪起，既有初级的民间学校，还有中等和高等学校，创办人是天主教徒和新教徒。耶稣会教士分别于1635年和1657年创办了特尔纳瓦大学和科希策大学。由于朝廷的反对，新教徒没能兴办高等院校。1667年在普

斯洛伐克

雷肖夫开设的10年制高级中学原来属福音派新教，后来因政治斗争于17、18世纪之交易手。1763年，在班斯卡·什贾乌尼察创办了矿业学院，这是世界上第一所技术高等院校。同期在塞尼察开办了专业经济学校。

在玛丽亚·特利莎和约瑟夫二世执政时期，实施开明专制制度，努力将教育国有化且将教育服从朝廷的利益。1777年，玛丽亚·特利莎进行了教育改革，实行从小学至大学统一的教育体制，制度包括学习、纪律章程以及体育、智力和道德教育的标准，学校分为民间和拉丁语学校两种。教育改革涉及各级学校，特尔纳瓦大学也迁移出斯洛伐克，在布拉迪斯拉发和科希策留下两所学院，它们类似中学，只提供哲学、法学和神学基础教育。在19世纪下半期，又进行了其他教育改革，出现了7年制的古典中学和理科中学。1868年通过的《6年制义务教育法》使民间学校得到发展，市民学校也作为较高级别的学校出现。19世纪末20世纪初不断升级的"匈牙利化"政策阻碍了斯洛伐克广大民众的教育。1907年6月2日匈牙利政府通过教育法，"匈牙利化"渗透到斯民办学校最低年级的教育。1912年在布拉迪斯拉发建立的阿尔日贝塔大学只教授匈牙利语。从1874年匈牙利政府下令关闭斯洛伐克中学后直至1918年捷克斯洛伐克共和国成立，斯洛伐克没有自己民族的中学教育。

1918年以后，斯教育取得很大发展。不仅实行了8年制义务教育，还兴办了各种类型和级别的学校。1919年6月27日，在布拉迪斯拉发创办了考门斯基大学，设有医学院、法学院和哲学院。至20世纪30年代，在斯洛伐克已有56所用斯语授课的中学，学生人数明显增加。1937年6月25日，斯洛伐克高等技术学校创建。1918~1939年间斯教育的发展依然满足不了民众的需求，在考门斯基大学和中学有许多捷克教育工作者在授课，斯语的教学质量受到一定程度的影响。

第六章　教育、科学、文艺、卫生

在 1939~1945 年斯洛伐克独立期间，教育继续得到发展。1940 年 7 月斯议会通过关于斯洛伐克大学（即考门斯基大学）的法律。该大学设有天主教神学系、福音派新教神学系、法学系、哲学系、医学系和自然科学系。1940 年 10 月创办了贸易大学。

1945 年捷克斯洛伐克国家恢复后，教育逐渐实行国有化。1946 年在科希策成立农业和林业工程大学（从 1952 年起移至尼特拉）。1948 年 2 月共产党全面执掌政权后，实行统一的教育体制，取消了古典中学，学生接受共产主义教育，苏联的教育体制成为样板，俄语是必修课程，其他语言的教授受到限制。这一时期出现了不少新的大学，如造型艺术大学和音乐艺术大学（1949）、兽医大学（1949）、交通和通讯大学（1960）等。在 50~80 年代，兴建了许多学校教学楼和学生宿舍楼。

1989 年剧变后，教学开始实行民主化，教育的重点是教授语言以及知识与真实世界的比照，成立了一些新的大学，如特尔纳瓦大学、马提亚·贝尔大学、康斯坦丁哲学家大学、圣西里尔和美多德大学、特伦钦大学和普雷肖夫大学等。

二　教育原则

斯 1992 年 9 月颁布的宪法明确规定："每个公民有接受教育的权利。上学是公民应履行的义务；公民有权接受初级、中级免费教育，并且根据公民的能力和社会的潜力还可免费进入高等学校学习；在国立学校以外的学校接受教育可以支付学费；公民在学习中有权获得国家的帮助。"斯洛伐克公民从 6 岁至 15 岁接受 10 年义务制教育，绝大多数学生上国立学校，也有一些学生上私立和教会学校，残疾儿童在专门的学校接受教育。国立和教会学校免收学费，私立学校收取的学费很高。

三 教育体制

洛伐克的教育体制发展较好,尤其在20世纪取得显著发展。在20世纪初,斯洛伐克居民文盲的比例达到31%,中学网络不发达,主要是教会创办学校。后来,斯洛伐克教育经历了3次大规模发展的浪潮。第一次发生在1918年捷克斯洛伐克共和国成立至1938年,这一时期实行8年义务制教育,建立了中学和中等专业学校网,1919年在布拉迪斯拉发成立了考门斯基大学。第二次发生在50~60年代,各级学校网和知识的灵活性逐渐达到捷克的水平。1970年,斯洛伐克受过高等教育的人口比例达到3%(捷克为3.4%)。1989年以后,斯教育迎来了发展的第3个时期。

目前,斯洛伐克的教育体制可以分为学前教育、初等教育、中等教育和高等教育。

学前教育 提供给2~6岁的儿童,其中3岁以下的儿童上托儿所,3~6岁的儿童上幼儿园。上托儿所的儿童不是很多,但上幼儿园的很多,父母只需交纳少量的费用,一些地区则全部免费。大部分幼儿园是全日制,每班平均有20名儿童。2002年全国有3235所幼儿园,上幼儿园的儿童达到151250人,幼儿园老师有15115名,平均每10个儿童有1名老师。此外,斯还有17所教会幼儿园和12所私立幼儿园。

初等教育 面向6~15岁的少年儿童。小学分9个年级,1~5年级为第一阶段,6~9年级为第二阶段。学生经过小学第一阶段的学习后可以申请8年制的中学学习或者继续小学另外4年的学习。小学提供给学生基础知识,课程有语言、数学、物理、历史、地理、生物、音乐、生理教育、艺术和手工艺等。1989年剧变后,斯小学网络保持相对稳定,至2002年斯有国立小学2396所(学生602360人,教师38798人),教会小学100

第六章 教育、科学、文艺、卫生

所（学生25470人），私立小学10所（学生385人）。学校和年级的规模略呈下降趋势（1999年除外），每个班级的学生人数从1990年的平均25.4人减少到2002年的平均21.6人。

中等教育 由中学、中专、技校、实践教学中心、专门学校和基础艺术学校组成，教育经费主要依靠国家预算拨款。

8年制中学学习。学生的年龄为10~18岁，他们在完成5年制初等教育第一阶段的学习后可以申请进入8年制中学学习，毕业后可以申请进入高等院校深造。

4年制中学学习。学生的年龄为15~19岁，他们在顺利完成小学两个阶段的学习后可以申请这类学习，毕业后可以申请进入高等院校深造，这在斯较为普遍。

中等技术、工业或者艺术学校学习。学生年龄为15~19岁。小学成绩不太好的学生通常选择这类学校，毕业后可以直接进入劳动力市场，但学校不提供高中毕业文凭。

在2002年，斯共有1270所中等学校，其中，中学220所，学生91661人，教师6924人；中专306所，学生92138人，教师8851人（工业类92所，学生34117人，教师3305人；经济类102所，学生31890人，教师2700人；医疗卫生类31所，学生8785人，教师805人；农业类28所，学生6686人，教师747人；林业类3所，学生857人，教师71人；师范类8所，学生2698人，教师230人；图书馆类1所，学生406人，教师30人；音乐类8所，学生1649人，教师465人；女子专业类33所，学生5050人，教师498人）；技校299所，学生89137人，教师4681人；专门学校445所，学生32494人，教师4625人。

高等教育 通过中学毕业考试的学生可按自己的意愿申请进入大学和大专院校学习，但在被录取前必须通过所申请的高等院校规定的入学考试，包括笔试和面试。斯目前的大学网由21所国立大学和2所非国立大学构成，21所国立大学中有18所民用

斯洛伐克

大学，2所军事学院和1所警察学院，每一个州的州府都至少有一所大学。2000年9月，在特伦钦创办了第一所非国立大学——管理大学，创办方是美国贝利弗城市大学。在同一时期，第一所教会学校——鲁若姆贝尔克天主教大学也开始投入教学活动。在高等教育领域，国家一方面作为大学创办人，另一方面作为大学资金的主要提供者占有主导地位。尽管目前斯高等院校面临着越来越大的自筹资金的压力，但绝大部分资金来自国家预算。

鉴于大学毕业生的失业率相对于中学毕业生低、大学毕业生的工资收入比较高和受过大学教育的人社会地位相对高等原因，在20世纪90年代大学生的人数成倍增长，兼职学习的学生数量则增长得更快，达到1990年的3~4倍。

另一个明显的变化是大学生对选择的学习专业从技术类转向人文类和社会科学类，法律、经济和医学是热门专业，制药、兽医和农业等专业的需求比较稳定。

表6-1 1999~2002年度斯洛伐克大学数目、学生和教师人数表[1]

	1999	2000	2001	2002
大　学	18	20	20	20
系	86	89	89	94
全日制学生	89608	92823	94684	99994
斯籍学生：	88192	91263	93159	98461
其中自然科学类	5126	5550	5757	5990
技术学科	29910	30124	30253	30934
农业-林业和兽医学科	6878	7543	7678	7705
医学、药理学科	4703	4687	4688	5663
社会学科：	39366	41061	42008	44797
其中神学	1295	1147	1118	1023
文化和艺术类	2141	2298	2775	1533
外籍学生	1416	1560	1525	3032

续表 6-1

	1999	2000	2001	2002
一年级新生	22866	24648	24618	27185
毕业生	13827	14241	16100	16356
博士学习生	6778	7379	7854	8424
教授和副教授	3287	3272	3402	3435
其他教育工作者	5762	5775	6015	6296
兼职学生	29240	33073	38980	39042

资料来源：Štatistická ročenka Slovenskej republiky 2003，s. 479，s. 487。
①军事、警察院校除外。

表 6-2　2004 年度斯洛伐克大学名称及其网址

公共大学：	
考门斯基大学(布拉迪斯拉发)	http://www.uniba.sk/
P. J. 夏发利克大学(科希策)	http://www.upjs.sk/
普雷肖夫大学(普雷肖夫)	http://www.unipo.sk/
圣西里尔和美多德大学(特尔纳瓦)	http://www.ucm.sk/
天主教大学(鲁若姆贝洛克)	http://www.ku.sk/
J. 塞尔耶大学(科马尔诺)	http://www.selye.sk/
兽医大学(科希策)	http://www.uvm.sk/
哲学家康斯坦丁大学(尼特拉)	http://www.ukf.sk/
马提亚·贝尔大学(班斯卡·比斯特里察)	http://www.umb.sk/
特尔纳瓦大学(特尔纳瓦)	http://www.truni.sk/
斯洛伐克技术大学(布拉迪斯拉夫)	http://www.stuba.sk/
科希策技术大学(科希策)	http://www.tuke.sk/
日利纳大学(日利纳)	http://www.utc.sk/
特伦钦大学(特伦钦)	http://www.tnuni.sk/
经济大学(布拉迪斯拉发)	http://www.euba.sk/
斯洛伐克农业大学(尼特拉)	http://www.uniag.sk/
兹沃伦技术大学(兹沃伦)	http://www.tuzvo.sk/
音乐大学(布拉迪斯拉夫)	http://www.vsmu.sk/
美术艺术大学(布拉迪斯拉夫)	http://www.afad.sk/
艺术学院(班斯卡·比斯特里察)	http://www.aku.sk/

斯洛伐克

续表 6-2

国立大学：	
米兰·拉斯基斯拉夫·什杰凡尼克将军军事飞行学院（科希策）	http://www.vlake.sk/
利普托夫斯基·米古拉什军事学院（利普托夫斯基·米古拉什）	http://www.valm.sk/
警察学院（布拉迪斯拉夫）	http://www.minv.sk/apz/
斯洛伐克卫生大学（布拉迪斯拉夫）	http://www.szu.sk/
私立大学：	
管理大学（特伦钦）	http://www.vsm.sk/
圣阿尔日贝塔卫生和社会劳动大学（布拉迪斯拉夫）	http://www.vssvalzbety.sk/
经济和公共管理大学（布拉迪斯拉夫）	http://www.cogitatio.sk/

资料来源：www.education.gov.sk。

  斯著名的大学有考门斯基大学和斯洛伐克技术大学。考门斯基大学（在布拉迪斯拉发）现有17个院系（其中1个在马丁），大的院系有教育学院、法学院、哲学院、自然科学院、医学院和管理学院，2002/2003学年共有学生23125人，其中全日制学生17898人，在职学生5277人，外国留学生522人。斯洛伐克技术大学（在布拉迪斯拉发）有建筑系、机械系、电机和信息技术系、化学和食品工艺学系、建筑艺术系和材料工艺学系等6个系，2002/2003学年共有学生15451人，其中全日制学生13733人，在职学生1718人，外国留学生123人。

  斯洛伐克高等教育的学制一般为4~6年（大学4~6年，大专院校4年），学生可选择学习3年期课程以获得学士学位，或者4~5年期课程以获得硕士学位，学医的则通常是6年。在学习期满前，学生要参加国家考试和论文答辩，顺利通过后在毕业典礼上获得毕业证书。再经过三年的学习可获得博士学位。

第六章 教育、科学、文艺、卫生

四 教育水平和国际交流

剧变后,斯教育经费出现不足的问题,且近年来呈逐年下降的趋势,1990 年政府对教育的投入占国内生产总值的 5.1%,2000 年下降到 4.1%,而经济合作与发展组织成员国 2002 年的平均教育投入占国内生产总值的 6%。教育经费不足导致一些高水平的教师流失,从而影响教育水平。教师每周授课时间为 21~35 小时,工资却低于其他行业,每月平均为 12000 斯克朗(约 3000 元人民币)。

斯教育领域的国际交流与合作由教育部下属的外事联络局(Dom pre zahraničné styky)来负责,其主要职能是派遣斯洛伐克学生、博士生、小学和中学教师、大学教育工作者和科研人员以及其他专家到国外考察、参加语言学习班、出席国际会议、座谈会和进修;通过与教育部的合作在发展帮助框架内和国际协议性文件的基础上接受外国大学生、教育工作者和其他专家到斯洛伐克学习;派遣斯洛伐克语言和文化教师到国外大学任教,派遣普通教育课程的教师到国外教授斯族小学生和中学生。此外,外事联络局还参与组织下列国际交流活动:面向国外学斯语的学生和教斯语的教师的斯洛伐克语言和文化暑期培训班;面向国外斯洛伐克人的斯洛伐克语言和文化暑期培训班;面向国外斯族教师的专业教学培训班;面向国外斯族儿童的为期两周的"在大自然中的课堂"。

2003 年,共有 546 名斯洛伐克公民在国外学习;有 24 个斯洛伐克语教研室在国外大学开设,分别在保加利亚、埃及、中国、法国、克罗地亚、匈牙利、德国、波兰、奥地利、罗马尼亚、俄罗斯、斯洛文尼亚、意大利、乌克兰和塞黑;斯向匈牙利、罗马尼亚和乌克兰派出 12 名教师,以帮助斯族社区的小学和中学教育;接受来自比利时、法国、白俄罗斯、丹麦、印度、

以色列、古巴、卢森堡、挪威、葡萄牙、西班牙、瑞士和瑞典等12个国家的119名领取奖学金的留学生；来自25个国家的109名学生、教师参加了斯洛伐克语言和文化暑期学习班。

1993年12月，"中欧大学学习交换计划"（CEEPUS）通过签署政府间协议产生，斯洛伐克是成员国之一。该计划的主要内容是中欧大学间建立联系、开设短期学习班和语言培训班、组织学生进行参观游览、为学生和老师创造奖学金学习机会。

此外，斯洛伐克在教育领域还参与经合组织、欧洲理事会、联合国教科文组织、中欧倡议组织、北约和"说法语国家国际组织"框架内的多边合作。

第二节 科学技术

一 著名科学家和科研成就

在斯洛伐克历史上出现过不少世界一流的科学家和发明家，他们为斯洛伐克科学技术的发展作出了贡献。早在15世纪，约翰尼斯·姆勒尔·雷基蒙达奴斯（Johanes Müller Regiomontanus, 1436～1476）就进行了飞行机械的尝试，1467年，在布拉迪斯拉发成功演示了飞行机制。他后来成为伊斯特洛波利达纳学院的教授，参与了日历的改革，编制了行星运动表，致力于制作天文学仪器。

出生于杜尔恰尼的杨·叶森斯基（Jan Jesenský, 1566～1621）在医学和解剖学领域取得成功，1600年在布拉格进行了欧洲第一例公开的尸体解剖。

马丁·斯瓦多杨斯基（Martin Svätojánsky, 1633～1705）编著了斯第一本百科全书，于1689～1705年出版，内容包括历史、自然科学、地理、医学、技术和经济。

第六章 教育、科学、文艺、卫生

马提亚·贝尔（Matej Bel，1684~1749）完成了斯最著名和内容最丰富的历史—地理作品——《诺基茨亚》（Notícia），他是当时的学术权威，被誉为"匈牙利的伟大点缀"。

萨姆俄尔·米科维尼（Samuel Mikovíni，1686~1750）为马提亚·贝尔的作品《诺基茨亚》制作了斯最早的详细地图，他还参与设计和建造了许多重要的矿业和水利工程，被认为是斯最早的工程师和"绘图之父"。

杨·安德列·塞格内尔（Ján Andrej Segner，1704~1777）是享有世界声誉的水利发明家，他最重要的发明称作"塞格内尔轮子"，是根据反作用力的原理而发明的，成为后来推进式汽轮机和导弹的初始阶段。他还从事天文学、光存在定理和血压调节的研究。

马克斯米利安·赫尔（Maximilián Hell，1720~1792）是著名的天文学家，也是第一个跨越极圈的斯洛伐克人（1760年）。他负责建造了斯境内第一所天文馆，用太阳光盘观测金星从某地经过，异常精确地计算出太阳视差。

沃尔夫甘戈·克姆贝伦（Wolfgang Kempelen，1734~1804）是最著名的自动化装置发明家，最闻名的是象棋自动机，在欧洲全境进行了演示。他还用风箱、风笛和模仿人类说话的部件组装了"会说话的自动装置"，获得专家的赞誉。

帕沃尔·约瑟夫·夏发利克（Pavol Jozef Šafárik，1795~1861）是19世纪上半叶斯最著名的历史学家、语言学家、民族学家，他最著名的作品是《斯拉夫古董》（Slovanské starožitnosti，1837年）和《斯拉夫民族志》（Slovanský národopis），获得欧洲学术界的高度评价。他还为斯拉夫民族相互性、捷克—斯洛伐克相互关系的思想作出贡献。

什杰凡·阿尼安·耶德利克（Štefan Anián Jedlík，1807~1891）有几十种科技发明，最著名的是管状采雷器、新式电容

斯洛伐克

器和单极直流发电机。尽管他早于 W·西门子 7 年就发明了直流发电机,但他没有申请专利,因而没有西门子出名。

约瑟夫·马克斯米利安·贝茨瓦尔（Jozef Maximilián Pecval, 1807~1891）是照相领域最伟大的发明家。1840 年,他计算出肖像和景物镜头的参数。在此基础上奥地利光学仪器制造者生产出肖像镜头,极大地缩短了曝光时间,从 30 分钟缩短到 30 秒。景物镜头也发生了类似的转折,光圈提高了 3 倍。

迪尤尼兹·什图尔（Dionýz Štúr, 1827~1893）是斯历史上最著名的地质学家。在担任奥地利地质研究所所长期间,他被授权对奥地利王朝的全境进行地质研究且绘制全国地图。最著名的作品之一是用斯文创作的《斯洛伐克地质—地理大纲》,他关于地质学、植物学和化石学的专业著作获得欧洲科研机构的广泛好评。

杨·巴赫尔（Ján Bahýľ, 1859~1942）是直升机的首位发明者。1895 年,他公开了自己的直升机发明,该机重 50 公斤,由汽油发动机来驱动。在第一次演示时,直升机能飞 1.5 米高,两年后飞到 4 米高。他的直升机发明比文献记载的其他发明家的直升机发明早 4 年。1895~1897 年,他参与设计了斯第一辆带有汽油发动机和蓄电池的汽车。

什杰凡·巴尼奇（Štefan Banič, 1870~1941）是世界上首位现代降落伞的发明者。他在侨居美国期间发明了降落伞,1914 年 8 月获得该项发明的专利许可证,美国军队很快将他的发明装备到空军。

阿乌雷尔·斯托多拉（Aurel Stodola, 1859~1942）在蒸汽和燃气汽轮机的发展方面取得卓越的成绩,为苏黎世技术大学创建的机械实验室在欧洲享有盛名。他还致力于矫形术研究,且设计了能移动的人工手。

约瑟夫·姆尔卡什（Jozef Murgaš, 1864~1929）为无线电

第六章 教育、科学、文艺、卫生

报的发展做出了卓越的贡献,完善了当时使用的无线电报系统,引起全世界的关注,他的发明创造促进了信息无线传播事业更快、更精确地向前发展。

出生于布拉迪斯拉发的菲利普·爱德华·安东·翁·雷纳尔德(Philipp Edvard Anton von Lenard)于 1905 年因发现了阴极射线而获得诺贝尔物理奖。他在欧洲许多大学工作过,主要从事阴极射线、光电效应和发(冷、磷、荧)光现象的研究。为物体的动力学理论的形成和量子论的形成尽了力。

柳德米拉·巴依杜莎科娃(L'udmila Pajdušáková,1916～1979)发现了 5 颗彗星,是斯第一位女天文学家。她主要观测太阳和太阳活动的周期性变化,专业论文在国内外杂志上发表,获得许多科学奖项。

弗兰季谢克·凯勒(František Kele,1936～)是斯当代最伟大的旅行家,他周游了世界各大洲,到达了地球上最偏僻的地方。1984 年,他率领科学—登山探险队到达珠穆朗玛峰。他还率领过斯洛伐克第一个去北极的科学考察团。他将自己的旅行经历写下来,并公开发表,被认为是斯旅游学的奠基人。

伊万·贝拉(Ivan Bella,1964～)是斯洛伐克独立后第一位宇航员。1999 年 2 月 20 日,从哈萨克斯坦的拜科努尔宇航中心发射了载有俄罗斯—法国—斯洛伐克人员(共 3 人)的 Sojuz TM-29 导弹,伊万·贝拉是作为科研人员而参加宇宙飞行的,他致力于解决斯洛伐克科学院赋予的研究任务,这次飞行主要是观测人和鹌鹑在长期飞行中的生存状态以及研究外部压力对身体机能的影响。8 天后,该导弹成功返回地面。

二　科技体系的发展

1942 年,独立的斯洛伐克共和国成立了斯洛伐克科学和艺术学院(Slovenská akadémia vied a umení),是斯洛伐克最高文化和科学机构。该学院分为精神科学、自然科学和艺术学3个总司，精神科学总司又分为神学—哲学、祖国常识和法学3个司，自然科学总司分为技术和医学2个司，艺术学总司分为文学、音乐—戏剧和造型艺术3个司。在斯洛伐克科学和艺术框架内出现了一些科学研究所，如语言学所、文学所、历史所、音乐所和地理所等。至1944年底，该学院有30个工作人员，其中科学工作者有10~12人。只要在科学和艺术创造方面取得杰出成就的人都可以成为该学院成员，该学院存在至1946年。

1953年，斯洛伐克科学院（Slovenská akadémia vied）成立，是斯境内最高的科研机构，隶属于设在布拉格的捷克斯洛伐克科学院。斯洛伐克科学院在基础研究的发展和科研人员的培养方面发挥了重要作用。成立之初，它有584名工作人员，其中科研人员161名。至1960年，工作人员增加至1613人，其中科研人员222名。至20世纪80年代初，工作人员增加至4700人，其中科研人员1189名。科技和自然科学领域的研究所发展最快，遗传学、分子生物学、电子学和自动化学等现代科学学科占有重要的地位。1953~1982年，斯洛伐克科学院诞生了1500多项发明，1885名工作人员被授予科学副博士学位，159名人员被授予博士学位。

1993年斯洛伐克独立后，斯洛伐克科学院成为从事基础和战略应用研究的科研机构，首要任务是获取关于自然、社会和技术的新知识，以保障斯洛伐克科学、教育和社会的全面发展。科学院的活动主要有以下几个方面：根据国家的科技政策从事自然、技术和社会科学中重点学科的基础研究；参与基础研究成果的利用和普及；参与制定和实施国家的科技政策；参加高等院校的教育活动；参与国际科技合作；与高等院校、地方的研究和教育机构、从事生产和服务业的法人进行研究和教育合作；发行刊

第六章 教育、科学、文艺、卫生

物;与中央管理机构进行科技领域的合作。

科学院下设58个科研单位(分为无生物界科学、生物学和化学以及人文和社会科学三个研究领域)和13个保障单位;每年发行44种学术和专业杂志、8种年鉴,发表100~120篇专题论文;联合了41个学术团体。它有3个自治机构:议会、学术委员会和主席团。议会是最高自治机构,由科学院科研机构和学术界选出的成员组成;学术委员会是解决学术和构想的自治机构,由科学院院长、主席团其他成员、高等院校代表和研究、发展部门的经营代表组成;主席团是管理和执行机构,由科学院院长、副院长、学术秘书和其他由科学院议长根据选举结果任命的其他成员。科学院院长是科学院的最高领导,由斯洛伐克总统任免。

科学院的资金来自国家财政预算、研究活动的收益、国内外法人和自然人的捐赠以及国际研究和发展项目经费。1993~2004年,斯洛伐克用于科技领域的开支分别占国内生产总值的1.45%、0.96%、0.98%、0.97%、1.13%、0.82%、0.68%、0.65%、0.64%、0.58%、0.59%和0.53%[1]。2002年春,欧洲理事会在巴塞罗那举行了会议,通过提高欧盟科研经费的方针,即在2010年前提高到占国内生产总值的3%。

1999年12月7日,经过改组后的斯洛伐克政府科学和技术理事会开始运作,它是政府准备和执行国家科技政策的咨询机构,主要职能是为政府在科学和技术发展领域进行决策而研讨、审定观念性材料和战略意图;向政府提交对中央各管理部门提交的关于科技发展组织、资金、立法修改和国际科技合作等方面基本观念材料的观点和建议;帮助政府对科技发展采取必要的理性

---

[1] Slovensko 2003-Súhrnná správa o stave spoločnosti, s.633; http//: www.statistics.sk。

准备和一系列的实际步骤。该理事会共有成员31名，其中，主席由教育部部长担任，副主席由经济部负责科技发展司的司长担任，14名成员来自国家中央管理部门，13名成员来自科研机构，4名成员来自经济生产领域（其发展战略建立在有效运用科研成果的基础之上）。

斯洛伐克教育部科技总司是进行科技管理的国家中央机构，它保障科技领域的专业和行政事务，包括国际科技合作协议以及国际科研和发展计划的执行。下设国家科技政策司和国际科技合作司，还管辖下列机构：发展、科学和技术中心、斯洛伐克科技信息中心和支持科技发展局等。发展、科学和技术中心成立于1992年，宗旨是支持斯洛伐克研究机构参与欧洲科技和研究发展项目、支持斯洛伐克的技术转让。支持科技发展局成立于2001年，它支持高等院校、国家机构和经营机构提出的科研任务，性质可以是基础研究、应用研究，还可以是试验性的开发项目。2002～2003年，该局支持了大约140个科研项目，资助额高达1.4亿斯克朗。1996年1月11日，在斯教育部与科学院协议的基础上成立了科技保障局，教育部与科学院每年向该局拨款，用于资助高等院校教师和教育部门、科学院的科研人员从事基础研究。

据统计，2004年斯洛伐克从事研究和开发工作的人员共达21025人，其中科研工作者15385人，技术人员3792人，科研辅助人员1848人；有大学和大学以上学历人员16233人，其中教授和副教授7461人。

三 科技方针和政策

2002年，斯洛伐克国民议会通过了斯独立后的首部《科学和技术法》，同年，《斯洛伐克科学院法》和《大学法》也获得通过。此前，斯洛伐克的科技在立法、国际合作和资金获取方面都落后于周边国家。《大学法》规定，大学也是重要的科研机构。

当前，斯洛伐克的科技方针可以分为综合性和主题性两部分，综合性的科技方针是：（1）建设信息社会；（2）提高生活质量，重点是抑制传染疾病、确定森林的生态、社会和经济重要性、提高食品加工工业的健康水平、研究建筑材料对健康和环境的影响和提高年青一代对生物技术加以利用的知识水平；（3）研发新技术以提高经济效益，包括生物技术、开发新材料的技术、不同工业部门的尖端工艺和新技术；（4）在开发和保护国内原材料、资源保持平衡的前提下加以使用；（5）采用先进的能源生产和转型政策；（6）使社会科学促进社会发展，重点是经济现代化、文明的开发和文化进步、地区发展、与斯融入欧盟有关的法律事务、国家和少数民族的关系、政治制度、公民社会在民主发展中的作用等。主题性的科技方针是：（1）培养科研部门35岁以下年轻人才，改善他们的工作和生活条件，鼓励他们尽早独立开展研究工作；（2）提高科技基础设施的利用率；（3）规划和预测中长期科技发展。

斯洛伐克现政府将科技视作提高国家经济竞争力、改善公民社会水平和发展知识基础的基本源泉和工具，采取各种直接和间接支持科技发展的措施，以便使斯洛伐克在科技领域接近欧盟国家的水平，从而完全融入欧洲和跨大西洋研究结构。

四 国际合作

近年来，在双边合作领域，斯洛伐克与捷克、匈牙利、希腊、德国、意大利、法国、斯洛文尼亚、中国、印度、塞黑和美国进行着科技合作。在多边合作领域，斯洛伐克积极参与下列框架的合作项目：

欧盟和北约 1999~2002年斯洛伐克314个实体（包括国

有机构、高等院校、经营机构和非营利机构)参与了欧盟第5框架项目中的245个研究项目。目前,斯洛伐克正参与欧盟第6框架项目的研究。2000年,斯参与北约框架内的15个合作项目。

欧洲核研究中心(CERN) 自1993年起,斯洛伐克是该中心的成员国。1999~2000年,来自考门斯基大学数学—物理系、帕沃尔·约瑟夫·夏发利克大学的自然科学系、斯洛伐克科学院的物理研究所和实验物理研究所的81名科研人员参与了一些合作项目。

"欧洲科技合作计划"(COST) 2000年,斯参与该合作计划中的70个国际科技合作项目。

尤利卡倡议 2001年6月被吸纳为该倡议的成员。

此外,斯洛伐克还参与中欧倡议组织、国际遗传工程学和生物工艺学中心、维谢格拉德集团+斯洛文尼亚、独联体国家的科学家合作联合会(INTAS)、经济合作与发展组织、核研究人员联合研究所(SÚJV)和联合国框架内的多边科技合作。

第三节 文学艺术

一 文学

斯洛伐克文学作品包括用捷克语、拉丁语、德语和匈牙利语写成的关于斯洛伐克题材的作品,除了书面文学,还包括丰富的口头民间文学。

历史上最早在斯洛伐克境内创作文学作品的人是罗马皇帝马库斯·奥里留斯,公元172年,他出征讨伐克瓦德人,在赫龙河畔写下了哲学作品《关于自己》(Hovory o sebe)。

斯洛伐克书面文学起源于9世纪大摩拉维亚帝国时期,圣西

第六章 教育、科学、文艺、卫生

里尔（也叫康斯坦丁）和美多德兄弟俩及他们的学生不仅将经书和法规翻译成古斯拉夫语，还用古斯拉夫语写作，康斯坦丁创作了斯洛伐克第一首诗——《马太福音的前言》（Proglas），圣戈拉兹德（Gorazd）为自己的老师美多德创作了传记体作品——《圣美多德的生活》（Život sv. Metoda）。

在中世纪，修道院成为学术中心，这里集中了许多书籍并且在这里进行抄写。10~15世纪，主要用拉丁语创作传说和编年史，如《关于圣斯沃拉德和本尼迪克特的传说》（Legenda o sv. Svoradovi a Benediktovi），还出现了关于城市介绍的书籍，如《日利纳城市书》（Žilinská městská kniha），这些关于城市的书籍是继最初用拉丁语和德语撰写之后用捷克语创作的，夹杂了一些斯洛伐克方言。1479年，出现了用斯皮什地区方言创作的祈祷文。16世纪，在斯洛伐克出现了诗歌和戏剧作品，文学体裁也有所发展，历史歌曲创作兴盛。1544年，出生于克雷姆尼察的帕沃尔·鲁比卡尔出版了第一篇诗体游记《君士坦丁堡游记》（Opis cesty do Konstanínopola）。

随着耶稣会于1635年在特尔纳瓦创办了大学，巴洛克文学得到发展。不仅创作宗教歌曲、教导—反思的诗歌，还出现了集市上唱的歌曲和学校戏剧，传记体文学作品也很丰富。

斯洛伐克人用斯洛伐克语创作的文学作品直至18世纪下半叶才第一次出现。1783年，约瑟夫·伊格纳茨·巴伊扎（Jozef Ignác Bajza）发表了斯洛伐克语的长篇小说《雷内遭遇年轻人的经验》（René mládenca príhodi a skúsenosťi）。牧师胡戈林·尕夫洛维奇（Hugolín Gavlovič）于1787年发表的《牧羊人学校》（Valaská škola）具有很高的艺术价值，它是用西斯洛伐克方言创作的诗体作品。

文学艺术的发展很长一段时间与语言的规范交织在一起。18世纪末期，安东尼·贝尔诺拉克率先对规范书面语进行了尝试，

斯洛伐克

他将西斯洛伐克方言提升为书面语,虽然没有被普遍接受,却在诗人杨·霍利(Ján Hollý)的作品中达到很高的艺术水平。同一时期活跃在斯文坛上的杨·科拉尔(Ján Kollár)和帕沃尔·约瑟夫·夏发里克(Pavol Jozef Šafárik)宣扬捷克—斯洛伐克的相互性,坚持在创作中优先使用捷克语,他们的作品有别于当时的民族古典主义风格,倾向于浪漫主义。

19世纪世纪40年代,民族复兴运动得到发展,新教中学成为运动中心,尤其是在布拉迪斯拉发,卢多维特·什图尔是运动的重要人物,他于1843年将中斯洛伐克语规范为书面语。创作了著名史诗《斯瓦托布鲁克》(Svätopluk)的杨·霍利起初捍卫贝尔诺拉克规范的书面语,后来又支持什图尔规范的书面语。在什图尔的周围形成了一个革命浪漫主义诗歌和散文的创作群体,他们中的代表人物是J.科拉尔、S.哈鲁佩卡、J.波多和A.斯拉德科维奇。1844年,用什图尔规范的书面语出版发行了第一本文集《尼特拉》。这一时期,P.多布新斯基致力于斯洛伐克民间故事传说的收集整理。

1848年革命失败后,文化和社会生活陷入衰退状态。直至19世纪60年代,才出现复苏迹象。1863年成立的"斯洛伐克协会"在斯文化生活中起着重要的作用。19世纪70年代开始发展现实主义文学,代表人物是斯最伟大的诗人帕沃尔·奥尔斯扎格·赫维兹多斯拉夫(Pavol Országh-Hviezdoslav,1849~1921)和散文家S.胡尔班·瓦杨斯基(S. Hurban-Vajanský)、M.古古钦(M. Kukučín)以及斯洛伐克文学界3位女作家B.斯拉奇科娃·迪姆拉娃(B. Slačíkova-Timrava)、E.马洛西·肖尔特索娃(E. Maróthy Šoltésová)和T.万索娃(T. Vansová)。

1918年捷克斯洛伐克共和国成立后,斯文学界出现了许多流派和思潮,如新象征主义(代表人物是E.B.卢卡奇)、活力论(代表人物是J.斯姆勒克)和诗歌主义等(代表人物是V.贝

第六章 教育、科学、文艺、卫生

尼阿克)。在20世纪30年代,诗歌创作出现了超现实主义(代表人物是R.发布利)、现代派(代表人物是R.迪龙戈),散文创作风格呈现表现主义(代表人物是J.赫鲁肖夫斯基)、社会主义长篇小说(代表人物是P.伊勒姆尼茨基)和自然主义(代表人物是M.费古利),即回归自然和描写普通的生活。

1945年第二次世界大战结束以后,一些老作家重新投入到文学创作中,斯洛伐克民族起义成为文学创作的基本题材,代表作家是彼得·伊勒姆尼茨基、A.普拉夫卡和弗拉基米尔·米纳奇。

1948年二月革命后,体现在集体主义和无产阶级国际主义之中的人性化思想逐渐被共产党人接受。1949年,第一届捷克—斯洛伐克作家大会在布拉格召开,它确定了捷克斯洛伐克文学的优先发展方向,即在作品主题和组织结构领域体现绝对的意识形态特点,集体化、建设题材和阶级斗争是首要的现实题材,社会主义现实主义创作风格兴起。这一时期,许多文学杂志被取消,如《创作》(Tvorba)、《热忱》(Elán)和《动词》(Verbum)等。私人和宗教性质的出版社被收归国有,只有那些适应社会新形势的作家的作品才能得以出版。小说创作的代表作是F.赫奇科的长篇小说《木屋村庄》(Drevená dedina),诗歌创作的代表作是米兰·拉伊奇亚克的《我的祖国同志》(Súdružka moja zem)和雷伊塞尔的《没有主人的世界》(Svet bez pánov)。从1954年起开始出现抗议现行文学模式的声音,在《文化生活》周刊就讽刺文学和正面人物展开了讨论。

1956年召开的第二届捷克斯洛伐克作家大会之后,文学创作出现了缓慢的变化。同年,文学杂志《青年创作》开始出版发行,它为年轻作家提供了文学想象的空间。阿尔冯斯·贝得纳尔(Alfonz Bednár)用独特的角度看待战争和起义,且努力分析人物的内心世界,代表作是长篇小说《玻璃山》(Sklený vrch)和短篇小说《小时和分钟》(Hodiny a minúty)。多米尼克·达达

尔卡（Domnik Tatarka）是第一个敢于在讽刺短篇小说《赞同魔鬼》（Démon súhlasu）中批评时代道德观的作家。在诗歌创作领域也出现了一些变化，诗人们恢复了自我表达方式。代表作有米兰·鲁弗斯的《直到我们成熟》、维利阿姆·杜尔恰尼的《平原春小麦》和米洛斯拉夫·瓦列克的《接触》。

20世纪60年代，斯文学创作的显著特点是诗体和作家对现实生活态度的多元化，涌现了具鲜明节拍的诗歌、存在主义、超现实主义和反常规的长篇小说创作形式。老一代作家，如弗拉基米尔·米纳奇、阿尔冯斯·贝得纳尔、拉基斯拉夫·姆纳奇科和沃伊杰赫·米哈里克坚持社会主义文学创作，他们努力在作品中表现社会的问题不在于制度而在于个人。也有一些作品不是从社会力量运作角度来追踪事件，而是竭力以不同的方式分析人们在生活中的位置，多米尼克·达达尔卡和杨·约翰尼德斯多次运用存在主义哲学启示，拉基斯拉夫·贾什基的长篇小说《阿门玛丽亚》和《充满狼的啤酒馆》是风格独特的作品。在诗歌创作领域，诗人米洛斯拉夫·瓦列克的创作备受关注，不仅作品形式具有现代气息，而且剖析人情感世界的方式也很现代。许多年轻的诗人拒绝诗歌创作中意识形态的确定性，卢博米尔·费尔得克、约瑟夫·米哈尔科维奇、杨·斯达霍和杨·翁得鲁什等组成所谓的"特尔纳瓦帮"，他们试图通过不同方式突出感知真实的感性一面。60年代末，由伊万·什特尔普卡、伊万·劳乌奇克和彼得·勒普卡组成的"孤独奔跑者帮"将"特尔纳瓦帮"的创作意图继续下去。也有一些年轻的诗人顽强地寻找自己的创作道路，形成了自己的创作风格，如什杰凡·莫拉夫奇克、什杰凡·斯特拉日伊和杨·布扎斯等。

1969年实行"正常化"以后，斯文学创作形势明显地发生了变化，经过短时间的文学和社会自由后重新回到文学监管时期。1969年6月11日，成立了新的斯洛伐克作家联盟，只有政

第六章 教育、科学、文艺、卫生

治审查合格的作家才能进入。文学创作要求坚持分析和心理现实主义以及联系实际的原则,作家的首要职责是表现社会主义公民的积极参与性。从此,新的自由一些的社会主义现实主义创作风格得到发展。一些优秀文学创作者与当时的集权制度发生冲突,不能在斯自由创作,只能在国外出版自己的作品或者秘密印制、散发自己的作品,他们中一些人或选择流亡到国外,如亚罗斯拉夫·布拉什科娃,或采取各种方式的自我隔离,如多米尼克·达达尔卡、彼得·卡尔瓦什、帕沃尔·赫鲁兹、帕沃尔·维利科夫斯基和汗娜·波尼茨卡等。在创作题材方面,一些作家转向战争题材(如 P. 伊勒姆尼茨基、V. 米纳奇和 L. 姆纳奇科),一些作家转向历史题材和乡村生活(如 L. 祖贝克、V. 西古拉和 K. 拉扎洛娃)。面向青少年的文学创作也得到成功发展,如 K. 亚伦科娃、R. 莫里茨和 H. 波尼茨卡的作品。20 世纪 70 年代上半期,小说、散文创作以短篇为主,下半期则以长篇小说创作为主,出现了大批不同创作倾向的长篇小说,著名的有 P. 亚洛什的《千年蜜蜂》 (Tisícročná včela)、V. 希古拉的《大师》(Majstri)、《豆蔻》(Muškát) 和《维尔玛》(Vilma) 以及 L. 巴勒克的《助手》(Pomocník)。

至 20 世纪 80 年代上半期,70 年代流行的文学集体主义模式消亡,取而代之的是作者的美学和思想差异显著,诗体风格迥异。丹尼尔·赫维尔(Daniel Hevier) 的诗集《不要停止》(Nonstop, 1981) 和《电子管小丑》(Elektrónkový klaun, 1983) 深刻反映了年轻反抗一代的感受,为斯文学创作带来新的内容。鲁道夫·斯洛博达(Rudolf Sloboda) 的短篇小说《第二个人》(Druhý človek, 1981) 和长篇小说《理智》 (Rozum, 1982)、《失去的天堂, 1983》(Stratený raj) 更强烈地表达了人们生活在不能充分展露自己才能的社会中的感受。杜桑·杜谢克(Dušan Dušek) 的短篇散文《心脏附近的位置》 (Poloha pri srdci,

斯洛伐克

1982)和《日历》(Kalendár, 1983)刻画了孤独者的独特感受。80年代下半期,斯文学乃至整个文化生活出现了新的活力。1987年出现了杂志《文学周刊》,它从一开始就对斯文化氛围的形成起了积极的作用,1988年体现年轻新生代作家创作活动的杂志《接触》开始出版发行,代表斯洛伐克古典文学创作倾向的杂志《斯洛伐克视角》也发生了实质性变化,不仅将一些新的启示带入文学领域,还带入社会和政治生活。一些出于各种原因长期沉寂或很少发表作品的作家回到文学圈子里,如拉基斯拉夫·贾什基、彼得·卡尔瓦什、伊万·什特尔普卡和帕沃尔·赫鲁兹等。文学评论家米兰·哈马达也重返文学圈。文学生活中的大事是出版了帕沃尔·维利科夫斯基(Pavol Vilikovský)的讽刺作品《永远是绿色》(Večne je zelený, 1989)和哲学短篇小说《楼梯上的马,弗拉贝尔家的盲人》(Kôň na poschodí, slepec vo Vrabeloch)。

1989年剧变后,斯洛伐克的文学创作形势又发生了很大的变化。首先是出版状况改变,创办了许多私人出版机构,出现了一些新的文学杂志,如《片断》、《巨蟹座》和《文学》,取消了任何形式的审查。有解放倾向的女作家(杨娜·俞拉诺娃、杨娜·茨维科娃等)集中在杂志《方面》的周围。总之,只要资金许可,任何一个人都可以出版他希望发表的作品。不仅一些长期不能出版作品的作家回到文学中来,一些已辞世作家的作品也纷纷面世。无论是从世代还是美学的角度来看,文学创作者的阵容扩大了。

在小说、散文领域,中年作家的作品质量最高,如1996年去世的鲁道夫·斯洛博达的长篇小说《血》(Krv)、《秋天》(Jeseň)、《回忆》(Pamäti)和短篇小说集《女演员们》(Herečky);文岑特·希古拉(Vincent Šikula)的长篇小说《装饰》(Ornament)和《风向图》(Veterná ružica);杨·约翰尼德

第六章 教育、科学、文艺、卫生

斯(Ján Johanides)的《公猫和冬天里的人》 (Kocúr a zimý človek)、《受到惩罚的罪行》(Trestajúci zločin)。此外杜桑·米达纳(Dušan Mitana)的《斯洛伐克扑克》(Slovenský poker)和杜桑·杜谢克(Dušan Dušek)的《装载梦想的箱子》(kufor na sny)、《仁慈的时间》(Milosrdný čas)和《体温计》(Teplomer)也具有较高的文学水平。

斯洛伐克当前最受人们关注的作家是帕沃尔·维利科夫斯基(Pavol ViLikovský),他以作品《残酷的伴侣》吸引了读者和文学评论家,他的作品还在国外出版。最年轻的一代的文学创作者也在逐渐成长,其中彼得·比什贾涅克(Peter Pišťanek)的长篇小说《巴比龙河流》(Rivers of Babylon)很受关注。

在诗歌创作领域,米兰·鲁夫斯(Milan Rúfus)的创作保持了高水准。长期被忽略的宗教题材受到重视,罗伯特·比耶利克、米哈尔·胡达等诗人越来越致力于沉思、宗教倾向的题材创作。

二 戏剧电影

戏剧 斯洛伐克戏剧文化的发展从一开始就与其他中欧国家相似。最初的戏剧成分表现在有魔力和宗教仪式的场景中以及基督教到来之前的习俗中。在中世纪,戏剧既走世俗戏剧的路线,又走宗教戏剧的路线,即在布拉迪斯拉发和巴尔杰尤夫等地进行圣诞节和复活节的戏剧演出。在人文主义和宗教改革时期,学校成为戏剧文化发展的中心,学校的戏剧演出作为教育活动的补充内容而得到开展。起初用拉丁语进行演出,后来用德语演出(第一场著名的演出是在巴尔杰尤夫举行的)。主要的戏剧演出中心有克雷姆尼察、班斯卡·什贾乌尼察、普雷肖夫和科希策,耶稣会戏剧演出中心是特尔纳瓦。

从17世纪起,在斯洛伐克境内偶尔出现国外流动戏剧演出

斯洛伐克

团体，主要来自意大利和德国。随着这些国外戏剧团体数量的增多，从18世纪起开始建造固定的剧院（1776年在布拉迪斯拉发、1789年在科希策、1831年在特尔纳瓦）。

19世纪中叶，用斯洛伐克语表演的业余戏剧团体得到发展，尤其是在斯洛伐克族人居多的地区，如利普托夫斯基·米古拉什和图尔阡斯基·圣马丁等地。

直到1918年捷克斯洛伐克共和国成立后，斯洛伐克戏剧才取得真正发展，涌现了一批剧院。1920年，在布拉迪斯拉发兴建了斯洛伐克民族剧院。1921~1922年，在斯洛伐克农村活动着斯洛伐克民族剧院的宣传性话剧团。1924年，东斯洛伐克民族剧院在科希策对外开放。随后，在布拉迪斯拉发还出现了"新舞台"剧院，在普雷肖夫、尼特拉、特尔纳瓦、马丁、班斯卡·比斯特里察和兹沃伦也兴建了剧院。戏剧表演和导演的技能也逐渐得到提高，最早出现的专业性戏剧演员有J. 波洛达奇、A. 巴尕尔、J. 亚姆尼茨基和H. 梅利奇科娃。杰出的戏剧演员有L. 胡迪克、M. 胡巴、V. 扎波尔斯基、J. 布得斯基、J. 克罗内尔、F. 迪巴尔波拉、K. 马哈达、Š. 克维迪克、I. 米斯特里克、M. 拉布达和J. 古古拉等。不仅古典戏剧得到成功的发展，小型的和非传统型的戏剧形式也有所发展。

1945年以后，斯洛伐克戏剧出现新的繁荣景象，在全国各大城市出现了专业剧院网（在布拉迪斯拉发、尼特拉、日利纳、科希策、普雷肖夫、班斯卡·比斯特里察和斯皮什新村）。在话剧和音乐舞台的基础上还增添了专门面向儿童和青年人的舞台（在特尔纳瓦）。在布拉迪斯拉发的音乐艺术大学也对戏剧的发展作出了贡献。

1962年创建的"长廊剧院"（Divadlo v Korze）取得非同寻常的成功，它的主要演员是M. 拉斯察和J. 萨丁斯基，他们至今仍然属于斯洛伐克一流的表演艺术家。由于剧院与当时的社会

第六章 教育、科学、文艺、卫生

制度发生冲突，故于 1971 年被禁止演出。今日的布拉迪斯拉发阿斯托尔卡剧院（Astorka）继承了"长廊剧院"的传统。拉多新斯基的天真剧非常受欢迎，在布拉迪斯拉发有固定舞台。

在业余剧院中，"新人剧院"（Divadlo zo Zelenča）发展成功，这得益于优秀的戏剧导演 J. 贝得纳利克。

斯洛伐克的哑剧也享有一定的声誉，M. 斯拉得克是世界闻名的哑剧表演艺术家，1989 年剧变后，他从国外返回到斯洛伐克，在布拉迪斯拉发创建了自己的剧院"露天剧院"（Aréna）。

斯洛伐克戏剧保留节目中有斯洛伐克剧作家的创作，如著名喜剧《公猫村》（Kocúrkovo）的剧作者 J. 哈鲁普卡、P. O. 赫维兹多斯拉夫、J. 扎波尔斯基、Š. 克拉利克、I. 斯多多拉、I. 布科夫阿尼和 R. 斯洛博达等。在年青一代的戏剧家中，天才的 V. 克利马契克脱颖而出，他在布拉迪斯拉发创办了半专业的先锋剧院古纳格（GUNAG）。

电影 1896 年 12 月 25 日，在布拉迪斯拉发举行了斯历史上最早的两场公开演出，但直至 1905 年才在布拉迪斯拉发有了固定影院。1907~1910 年，爱德华·斯赫勒伊贝尔（Eduard Schreiber）进行了最初的电影尝试。1908 年，第一家名为"乌拉尼亚"（Uránia）电影艺术公司在布拉迪斯拉发成立。

20 世纪 20 年代初，影院开始在斯洛伐克得到发展，起初是流动影院，后来是固定影院。1921 年，美国和斯洛伐克电影公司合作拍摄了斯第一部大型无声影片——《杨诺希克》，导演是生活在芝加哥的美籍斯洛伐克人亚罗斯拉夫·斯亚戈尔（Jaroslav Siakel'）。关于民族侠盗杨诺希克的题材深深吸引了观众，后来又重拍了两次，帕洛·比耶利克（Pal'o Bielik）在 1936 年第一次重拍中饰演杨诺希克，在 1963 年第二次重拍时担任导演。

在两次世界大战期间，捷克籍民俗学者、摄影师和电影工作

斯洛伐克

者卡雷尔·普利茨卡（Karel Plicka）对斯洛伐克电影业的发展做出了卓越的贡献。他于1927~1933年在斯洛伐克农村拍摄了一些民族学纪录片，其中富有诗意的影片《地球在歌唱》（Zem spieva, 1933）获得一系列国际奖项。

20世纪30年代有声电影时代来临后，斯洛伐克的电影创作限制在纪念性影片和短片上。在斯洛伐克拍摄了一些电影的外景，如《狂喜》（Extase）等。

在第二次世界大战期间，电影成为教权法西斯国家的主要宣传工具之一。1939年，成立了名为"前进"（Nástup）的电影有限公司，它有绝对的电影制作、进口、出口和发行的权力。1944年，一群电影工作者在斯洛伐克民族起义期间拍摄了关于游击队战争的文献片。

1945年斯洛伐克解放后不久即成立了斯洛伐克电影工作者联盟和斯洛伐克电影公司（Slofis）。第二次世界大战结束后的电影创作以反法西斯斗争题材和建设者题材为主，涌现了一些优秀影片，同时纪录片、科普片和动画片也得到发展。

1953年，在斯建成电影拍摄外景地且投入运作。50年代的影片主要根据文学名著改编，多数题材反映当代生活。由于当局对电影编剧和导演的创作自由进行干预，电影的艺术价值有所下降，一些电影艺术家离开了电影业，还有的离开斯洛伐克进行电影创作，即使如此，在斯洛伐克也出现了值得关注的影片，如帕洛·比耶利克的《蜂眼》（Vlčie diery）和《四十四》（Štyridsat'štyri）、V. 巴赫纳的《不可耕地》（Pole neorané）和 Š. 乌赫尔、A. 雷特里赫、P. 索拉尼等导演的影片。

60年代，斯电影的公式化被打乱，一批年轻的导演，如 J. 亚古比斯科、P. 索拉尼、Š. 乌赫尔、S. 巴拉巴什、E. 格雷奇内尔、E. 哈维达和 D. 哈纳克等在电影中注重画面的象征意义、超现实主义的主题和隐喻的表现方式。Š. 乌赫尔的影片《网中

第六章 教育、科学、文艺、卫生

的太阳》（Slnko v sieti, 1962）标志着捷克斯洛伐克电影新浪潮的来临。J. 卡达尔导演的影片《长廊上的交易》（Obchod na korze）于 1965 年获得奥斯卡奖，男主角由约瑟夫·克罗内尔担纲主演。

70 年代，许多电影创作者受到强烈压制，电影的内容没有重要意义。至 80 年代，斯电影创作逐渐开始出现变化，打开僵化、沉寂局面的电影作品是 Š. 乌赫尔导演的《割除亚斯特拉巴牧场的草》（Kosenie Jastrabej luky）、《她在混凝土上牧马》（Pásla kone na betóne）《第六句》（Šiesta veta）、D. 哈纳克导演的《我爱，你爱》（Ja milujem, ty miluješ）、《平静的快乐》（Tichá radosť)、J. 亚古比斯科导演的《千年蜜蜂》（Tisícročná včela）、《羽毛巫婆》（Perinbaba）、《我坐在树枝上感觉很好》（Sedím na konári a je mi dobre）、D. 特兰奇克导演的《另一种爱情》（Iná láska）、《我坐过一次》（Sedem jednou ranou）、M. 霍利导演的《夜骑者》（Noční jazdci）、V. 巴雷茨导演的《视角》（Uhol pohľadu）、《三个人的斗牛士进行曲》（Pasodoble pre troch）、M. 鲁赫尔的《忘却莫扎特》（Zabudnite na Mozarta）、S. 巴尔尼茨基导演的《南部邮局》（Južná pošta）、J. 泽曼导演的《达莎的情感教育》（Citová výchova jednej Dáše）、《魔鬼的微笑》（Úsmev diabla）、D. 拉波什导演的《苏珊娜的喷泉》（Fontána pre Zuzanu）、《我们逃吧，他来了!》（Utekajme, už ide!）。

值得一提的是，1945 年以后，斯动画片、纪录片和科普片也得到较大发展。动画片的成功首先要归功于造型艺术家和导演维克多尔·古巴尔（Viktor Kubal），他是斯动画片创作的先驱和奠基者。在纪录片中，在国内和国外获得最大成功的影片是 D. 哈纳克导演的影片《旧世界的画面》（Obrazy starého sveta）和《纸做的头》（Papierové hlavy）。目前，在纪录片创作者中导演帕沃尔·巴拉巴什（Pavol Barabáš）表现突出，他在创作中致力

于登山等极限运动。

1980年和1982年是斯历史上电影创作最丰的年度（11部电影）。自1993年斯洛伐克独立后，电影创作在新的经济条件下发展，每年制作的大型影片数量在2~3部，个人和私人公司进行电影创作，名为"为了斯洛伐克"的国家文化基金也给予一定的帮助。

在90年代，斯洛伐克大部分电影是与捷克合作拍摄的，尤其是与捷克电视台合作。1999年，斯洛伐克电影和电视学院举行民意测验，34名院士从1990~1999年拍摄的48部影片中选出了10部最具价值的影片，它们是：马丁·舒利克（Martin Šulík）导演的《花园》（Záhrada, 1995）；杜桑·哈纳克（Dušan Hanák）导演的《纸做的头》（1995）；马丁·舒利克导演的《我喜欢的一切》（Všetko čo mám rád, 1992）；米洛斯拉夫·鲁赫尔（Miloslav Luther）导演的《仁慈的天使》（Anjel milosrdenstva, 1993）；马丁·舒利克导演的《柔情》（Neha, 1991）；弗拉基米尔·巴尔措（Vladimír Balco）导演的影片《巴比伦河流》（Rivers of Babylon, 1998）；尤拉伊·亚古比斯科（Juraj Jakubisko）导演的《朋友们，地狱里再见》（Do videnia v pekle, Priatelia, 1990）；马丁·舒利克导演的（Orbus pictus, 1997）；杜桑·哈纳克导演的《私人生活》（Súkromný život, 1990）和亚罗·利哈克（Jaro Rihák）导演的《阿尔贝特，阿尔贝特》（Albert, Albert, 1996，电视剧）。其中，马丁·舒利克导演的影片还在国际上引起轰动。

三 音乐舞蹈

音乐 在斯洛伐克的传统文化中，音乐有着极其重要的地位，它是宗教仪式、娱乐、休闲以及人们思维、感觉世界不可忽略的组成部分。

斯拉夫宗教仪式歌曲是最初创作的音乐形式。中世纪时期，

第六章 教育、科学、文艺、卫生

音乐只在教堂和修道院里有所发展。9世纪时,拉丁语的赞美诗歌与基督教一起进入斯境内。11世纪时,通过在尼特拉、布拉迪斯拉发、赫龙贝那迪克和斯皮什等地的修道院和牧师会,拉丁语的赞美诗歌已占主导地位,在本笃会修道院里已有修士合唱团在活动。在文艺复兴时期,多声部演唱进入斯,音乐走入世俗生活,人们还用民族语言来演唱,布拉迪斯拉发、科希策、斯洛伐克中部的矿业城市和斯皮什地区的城市成为音乐生活的中心。在宗教改革运动的影响下,宗教歌曲呈现繁荣景象。17世纪,涌现了一批世俗音乐的创作者,主要创作诗琴乐曲和舞蹈组曲。18世纪时,教会音乐占主导地位,但在贵族府邸演奏起高雅的巴洛克式音乐,贵族拥有自己的乐队或者邀请当时优秀的演奏家来表演。18世纪下半叶,意大利歌剧传入斯洛伐克。18世纪末,古典主义音乐进入斯洛伐克,莫扎特(1762年)、海顿(1767年和1772年)、贝多芬(1796年)和舒伯特(1818年)等世界一流的音乐家先后在布拉迪斯拉发进行演出。当时斯国内著名的作曲家有安东尼·兹美尔曼(Anton Zimmermann)、弗兰季谢克·帕沃尔·利格勒尔(František Pavol Riger)、荷英里赫·克雷尼(Heinrich Klein)和弗兰季谢克·佐姆巴(František Zomb)。

19世纪,对斯洛伐克民歌的兴趣有所增长。1820年,音乐家李斯特从普雷什波洛克(即后来的布拉迪斯拉发)开始了自己的音乐生涯,后来定期回到这里。在同一座城市,1778年诞生了欧洲著名的作曲家约翰·涅波姆克·胡美尔(Johann Nepomuk Hummel)。1870年,在科马尔诺诞生了著名的轻歌剧创作者弗朗斯·勒哈尔(Franz Lehár)。贝拉·巴尔多克(Béla Bartók)走遍了斯洛伐克农村,收集了大量的民间歌曲(1906～1918年)。

直至20世纪初才开始了有斯洛伐克特色的音乐。第一位比较著名的真正斯洛伐克作曲家是杨·雷沃斯拉夫·贝拉(Ján

斯洛伐克

Levoslav Bella，1843~1936），他出生于利普托夫斯基·米古拉什，他创作的歌剧《铁匠维耶兰德》（Kováč Wieland）于1926年成为斯洛伐克民族剧院的保留节目，也是该剧院成立6年后保留节目中第一个由斯洛伐克人创作的作品。

1918年捷克斯洛伐克共和国成立后，斯洛伐克形成了音乐教育体系，创建了音乐机构，如斯洛伐克民族剧院、音乐和戏剧学院、电台乐队。

斯洛伐克培养了顶级的歌剧表演艺术家，他们活跃在世界各地，如彼得·德沃尔斯基（Peter Dvorský）、艾迪达·格鲁贝洛娃（Edita Grúberová）和露茨娅·波波娃（Lucia Poppová）。

世界闻名的斯洛伐克严肃音乐作曲家有米古拉什·斯赫内德尔·特尔纳夫斯基（Mikuláš Schneider Trnavský，1881~1958）、杨·茨克尔（Ján Cikker，1911~1989）和厄乌根·苏霍尼（Eugen Suchoň，1908~1993），后者的作品《旋涡》（Krútňava）成为民族歌剧。

斯洛伐克流行音乐的先驱是格依扎·杜斯克（Gejza Dusík，1907~1988）和弗兰季谢克·克里什多夫·维瑟利（František Krištof Veselý，1903~1977），前者创作了斯洛伐克探戈舞曲，后者是探戈舞曲的杰出演奏者。

第二次世界大战后，斯洛伐克音乐生活的机构性基础建设得到发展，成立了斯洛伐克交响乐团（从1949年起设在布拉迪斯拉发），它拥有交响乐队和合唱团，是斯洛伐克顶级的音乐团体。1960年，斯洛伐克室内乐队从斯洛伐克交响乐团分离出去，该乐队的奠基人和长期的艺术指导是高超的小提琴演奏家波格丹·瓦尔哈尔（Bogdan Warchal，1930~2001）。此外，斯还创办了音乐艺术大学。

斯洛伐克最重要的音乐盛会是秋季举行的"布拉迪斯拉发音乐节"，秋季举行的"布拉迪斯拉发爵士音乐节"也属于欧洲

第六章 教育、科学、文艺、卫生

最著名的爵士乐活动,最主要的流行音乐盛会是从1966年起就举办的"布拉迪斯拉发里拉"(Bratislavská lýra)。

斯洛伐克民族是一个爱好音乐的民族,各个地区的民间音乐有着自己的特点,尤其表现在各个乐队的乐器组成上。弦乐是流传最广的音乐形式,最常用的乐器是洋琴、哨子和其他吹奏乐器。独特的乐声是牧笛、号、风笛、奥卡利那笛和笛子等发出的声音。这里分别介绍一下斯洛伐克一些独具民族特色的乐器。

牧笛(Fujara):一种形体较大、略弯的笛子,有时长达1.8米,通常用根部的木头制成,吹奏出的声音忧郁、悲伤,是世界上独一无二的乐器。它起源于斯洛伐克中部地区,是牧人特有的乐器,笛身有装饰图案,偶尔用人物造型装饰。

特罗姆比达牧笛(Fujara trombita):长6米,是斯最长的乐器,用于牧场上牧人之间互相发出信号和传递消息,发出的声音浑厚、响亮,用云杉制成,纵向劈开、掏空后再用环箍紧。

风笛(Gajdy):单簧管乐器,起源于14世纪,是斯最古老和最万能的乐器之一。牧人舞蹈、谢肉节游行活动和圣诞节挨家唱颂歌时常会伴有风笛演奏。风笛的演奏复杂且要求高,发出的声音使人想起羊咩咩叫,吸引了许多听众,至今仍是许多乐师喜爱的乐器。如今,每年在诺瓦巴涅附近的小勒霍达举办风笛演奏节。

利夫笛(Rífová píšťala):一肘长,出现于斯洛伐克西部、北部和中部,通常用榛木制成,偶尔也用植物杆或柳树皮制成。利夫笛没有洞眼,只用轻柔的吹气技术来演奏。

最常见的乐队类型是弦乐队,通常是三重奏、四重奏和五重奏等,主要使用小提琴、中提琴、低音提琴,有时还使用大提琴。特尔霍夫和科拉尔地区的弦乐最具特点。

西斯洛伐克地区最受欢迎的乐队是管乐队,这一地区几乎一半村庄有自己的管乐队,乐队的人员6~25人不等,乐器以单簧

斯洛伐克

管、小号、短号、弯管号角、长号、大号和黑里康大号等为主，通常演奏波尔卡和华尔兹舞曲。特伦钦周围的管乐队最独特且结合斯传统音乐最好。

歌曲在斯传统文化中地区差异最大，每个地区有自己典型的歌曲体裁和类型。根据演唱的时机或歌曲的内容可分为催眠歌、情歌、仪式（婚礼、洗礼）歌曲、劳动歌曲（割草歌、牧歌、牧羊歌、矿工之歌、手工艺者之歌）、侠盗之歌、军歌、应征兵役之歌和乞讨歌等。圣诞节时唱的颂歌很独特。1880~1926年首次出版了《斯洛伐克歌曲集》(Slovenské spevy)，记录了大约2000首民歌的曲调和歌词。后来，歌曲数目增加到5000首，1971~1983年以6部集出版。目前，在斯洛伐克科学院音乐研究所大约有4万首民歌记录在册，加上录音大约共有10万首民歌。

舞蹈 斯洛伐克人生性热情活泼，能歌善舞。过去，主要是农民、牧人和手工艺者喜爱舞蹈，双人转圈舞蹈受到各个地区的欢迎，节奏有快有慢。斯别具一格的舞蹈是维尔本克舞和奥得泽莫克舞等男性舞蹈，它们起源于中世纪的军人舞蹈。卡里奇卡环圈舞是东斯洛伐克地区典型的女性舞蹈。一些外来的舞蹈也逐渐丰富了斯舞蹈种类，如19世纪初进入斯的马祖卡舞、华尔兹舞和恰尔达什舞，19世纪还开始跳起了波尔卡舞。20世纪上半叶从西欧传入现代舞蹈，从海外传入交际舞。民间舞蹈通过民间团体、民俗舞蹈团和民俗节保留至今。斯一些舞蹈民族特点鲜明。

环圈舞（Kolesové tance）：是举行仪式时跳的舞蹈，尤其与春天举行的仪式和婚礼习俗联系在一起，也是斯最古老的舞蹈。由姑娘和年轻的妇女一起跳，男子只是偶尔才跳。舞蹈的内容丰富多样，边唱边跳。

转圈舞（Krútivé tance）：是流传最广的双人舞蹈，尤其在农村最受欢迎。它开始于18、19世纪之交，后来与恰尔达什舞混

第六章 教育、科学、文艺、卫生

杂在一起。转圈舞以歌唱和独舞开始，随后还是邀请舞伴并且两舞伴相拥转圈，有时也有个人即兴表演。

奥得泽莫克舞（Odzemok）：它还称作哈依杜克舞、哈依杜赫舞、哥萨克舞、牧羊舞、侠盗舞和杨诺希克舞等，与古老的军人舞蹈和牧人舞蹈有关联，是斯洛伐克中部和北部流传最广的舞蹈，也是斯最典型的男性舞蹈。舞蹈时的特有动作是半蹲和下蹲，通常是独舞，经常使用长柄斧子或者棒槌，舞者通过他们展示自己的机灵。

雷迪克舞（Redik）：用膝盖跳的舞蹈，且强烈旋转腿，反映搬动牧人小屋的情景。

绵羊断气舞（Ovčí zdych）：是宗教仪式舞蹈，舞者通过摇晃胳膊和腿模仿绵羊断气前抽搐和身体逐渐下降的动作，在舞蹈的最后绵羊又复活了。该舞蹈在世界上独一无二，唯一类似的舞蹈是南美印第安人表现兀鹰死亡的舞蹈。

三百寡妇舞（Tanec tristo vdov）：起源于17世纪，用来纪念在一次矿井悲剧事件中300名矿工被埋在井下。这是女性舞蹈，舞者在悲伤的华尔兹曲调下起舞，一般在矿区举办娱乐活动时才跳。

四 美术

造型艺术 斯洛伐克的造型艺术史可以追溯到远古时期，考古发现的"摩拉维安维纳斯"——雕刻在猛犸象头骨上的妇女塑像，距今有22000年历史。最古老的造型艺术家为后代留下了美丽的陶瓷、铜制和铁制器皿，凯尔特人留下了最早的钱币，而最早的基督教题材的作品来自罗马时期，大摩拉维亚帝国时期的文物发现中有绝妙的首饰和纽扣。

中世纪的造型艺术作品形式是教堂的壁画、哥特式木质神龛画和书籍、文书中精美的彩画。这一时期的顶峰作品是天才的艺

斯洛伐克

术大师巴维尔·雷沃奇（Pavol z Levoče，大约1470~1540）创作的哥特式木质神龛画"圣亚古贝"。

文艺复兴式作品扩展到世俗题材，出现在街道和广场上，代表作是1572年创作的布拉迪斯拉发主广场上的"马克斯米里安喷泉"（Maximiliánova fontána）。

在巴洛克时期，在斯活跃着许多杰出的艺术家，其中最伟大的是雕刻家格奥尔哥·拉发厄尔·多内尔（Georg Raffael Donner，1693~1741），他创作了美妙绝伦的圣马丁骑马雕像。出生在捷克移民家庭的扬·古贝茨基（Ján Kupecký，1667~1740年）成为欧洲最著名的巴洛克式肖像画家之一。

在19世纪诞生了第一代表明自己属于斯洛伐克民族的造型艺术家，他们中最著名的是肖像画家和风景画家彼得·米哈尔·波胡恩（Peter Michal Bohúň，1822~1879）。

斯洛伐克现代派造型艺术诞生于两次世界大战期间，融入了欧洲现代派。最杰出的艺术家是米古拉什·卡兰达（Mikuláš Galanda，1895~1938），他创作的油画"母亲"属于世界现代造型艺术金色基金会。

斯洛伐克杰出的画家有马丁·本卡（Martin Benka）、卢多维特·弗拉（Ludovít Fulla）、杨科·阿雷克斯（Janko Alexy）、亚历山大·巴佐夫斯基（Alexander Bazovský）和科罗曼·索科尔（Koloman Sokol），他们的作品都展览在斯洛伐克国家美术馆。

在一些地区性美术馆和博物馆以及一些城堡中，如波伊尼策城堡、红石城堡、圣安东尼城堡和美丽小山城堡等也陈列着有价值的艺术收藏品。

每两年（奇数年）在布拉迪斯拉发举办一次世界上规模最大之一的儿童书籍插图展览。

建筑艺术 斯洛伐克建筑艺术的发展具有连续性，在新的建筑风格出现后，旧建筑物通常不会拆除，而是改建或扩大规模，

第六章 教育、科学、文艺、卫生

故在一个建筑物上看到3种乃至4种建筑风格是寻常之事,布拉迪斯拉发的旧市政厅就是结合了多种建筑风格的典型例证。

在斯保留至今最古老的建筑物是位于特日贝奇山下科斯多兰(在尼特拉县)的前罗马式圣尤拉伊教堂。

罗马式是斯12~13世纪的建筑风格,主要是宗教性质的建筑物,在斯卡利察、比尼和比亚措夫策的罗马式圆顶教堂是代表作,更宏伟的罗马式建筑物是在斯皮什卡比杜拉的圣马丁大教堂和在赫龙贝那迪克、迪亚科夫策的长方形且有柱列的教堂。在日特尼岛也有精美的罗马式教堂,世俗的罗马式建筑主要是斯皮什城堡和特伦钦城堡的主塔。

哥特式是斯13世纪末至16世纪初的建筑风格,体现在许多建筑物上,首先是斯洛伐克东部雄伟的宗教建筑,如科希策圣阿尔日贝塔宫(Dom sv. Alžbety)、巴尔杰尤夫圣阿格迪奥教堂(Kostol sv. Egídia)和普雷肖夫的圣米古拉什教堂(Kostol sv. Mikuláša),一些小型的宗教建筑也是哥特式艺术精品,如斯皮什城堡下热赫拉的圣十字教堂和巴尔杰尤夫附近赫尔瓦多瓦的斯最古老木制教堂。其他的哥特式建筑是送葬的小礼拜堂,在布拉迪斯拉发有圣杨殡葬小礼拜堂。布拉迪斯拉发主要的教堂——圣马丁宫(Dom sv. Martina)在火灾后重新用哥特式来修建,现在仍然可以找到原先哥特式的面貌。哥特式市民建筑大部分保存在布拉迪斯拉发、克雷姆尼察、斯皮什索博达和科希策等城市。哥特式风格还体现在许多城市的城堡上。

16世纪上半叶至17世纪下半叶,斯洛伐克盛行文艺复兴式,这一建筑风格在斯皮什得到最完善的发展,最具代表性的建筑物是文艺复兴式的钟楼,配以五彩拉毛粉饰。别致的钟楼还在克日马洛克、波普拉得、斯皮什贝拉、波多利涅茨、鲁比察和弗尔波瓦等地保留下来。文艺复兴式建筑的精品是雷沃奇、巴尔杰尤夫和拉耶茨的市政厅。文艺复兴式的市民建筑物成为斯大部分

斯洛伐克

城市历史中心地带建筑的组成部分,只是常常被后来的巴洛克式或古典主义的正面所遮盖,而雷沃奇和巴尔杰尤夫历史中心建筑物的核心是由文艺复兴式作为一个整体组成的。斯文艺复兴式的城堡注重防御功能,红石城堡、布达津城堡、美丽小山城堡、兹沃伦城堡和班斯卡·比斯特里察的诺维扎姆基就具有雄伟的堡垒形态,在季维阿克、比特奇、利普托夫斯基·什贾夫尼察和奥斯特卢卡也有加固的城堡。贝特拉诺夫策城堡的独特之处在于它已接近巴洛克风格。在斯洛伐克南部,当时为了抵御土耳其人的进攻,建筑了气势宏伟的文艺复兴式军事堡垒。在科马尔诺和雷奥波尔多瓦的堡垒迄今变化不大,待成功完成文艺复兴式修建后,布拉迪斯拉发城堡也会与最初的原貌相差不多。

巴洛克式在斯洛伐克存于17世纪末至18世纪上半叶,它主要体现在贵族住所和浮华的教堂上,最富丽堂皇的建筑在布拉迪斯拉发和特尔纳瓦。在布拉迪斯拉发,巴洛克式的代表作是城堡、三位一体教堂、圣杨·阿尔姆日尼克礼拜堂(Kaplnka sv. Jána Almužníka)和一些城市、花园宫殿。在特尔纳瓦,巴洛克式充分体现在圣杨施洗礼者教堂(Bazilika sv. Jána Krstiteľa)和特尔纳瓦大学建筑物上。其他的巴洛克式教堂在尼特拉、圣尤拉、沙什津纳、斯卡利察、特伦钦、日利纳、雷沃奇、波多利涅茨、普里维扎和罗日纳瓦。值得关注的是亚索夫修道院(Jasovský kláštor),它有着绝妙的巴洛克式花园。奢华的巴洛克式贵族宅第位于马尔古肖夫策(Markušovce)、大比耶尔(Veľký Biel)、贝尔诺拉科瓦(Bernolákova)和哈利奇(Halič)。

在18世纪,斯洛伐克还建造了一些小型的巴洛克式建筑物,如耶稣钉于十字架纪念地、瘟疫流行时建立的求神保护的纪念柱、三位一体纪念柱和圣母玛丽亚纪念柱以及独立的雕像和群雕。最美的巴洛克式耶稣钉于十字架纪念地在班斯卡·什贾夫尼察和普雷肖夫,有艺术价值的是在瘟疫流行时建立的求神保护

第六章 教育、科学、文艺、卫生

的纪念柱和一些城市的圣母玛丽亚纪念柱。

在 18 世纪下半叶，斯洛伐克盛行洛可可式，这种艺术主要反映在布拉迪斯拉发的宫殿上，所以又称作"布拉迪斯拉发洛可可"。米尔巴赫宫殿（Mirbachov palác）、古特斯赫尔费尔德宫殿（Kutscherfeldov palác）、阿波尼宫殿（Apponyiho palác）和格拉萨尔科维赫宫殿（Grassalkovichov palác）成为布拉迪斯拉发的点缀。

18 世纪末至 19 世纪上半叶，古典主义在斯得到发展。布拉迪斯拉发的大主教宫（Primaciálny palác）是古典主义达到完美程度的代表作。在多尔尼克鲁巴和托波尔恰尼也有古典主义大教堂。

在 19 世纪，浪漫主义风靡一时，主要表现在采用多种新建筑风格和艺术。富裕的贵族从中世纪的建筑风格（法国罗亚尔河畔的城堡、英国都铎王室哥特式、东方的建筑风格）中得到灵感，他们把几种建筑风格集中在富丽堂皇的浪漫主义城堡、大教堂和宫殿上，如波伊尼策城堡、斯莫雷尼采城堡、布得美里策教堂、贝特里阿尔教堂、鲁索夫策教堂和科希策的亚卡伯宫殿。在建造一些新教堂时使用了新罗马式和新哥特式，如布拉迪斯拉发的布鲁门塔尔教堂（Blumentálský kostol）和摩得拉的圣史特凡大公教堂（Kostol sv. Štefana Kráľa），受到东方建筑艺术影响的建筑物是克日马洛克的新福音教教堂、特伦钦杰普利策的哈曼矿泉疗养院以及在马拉茨基、弗尔波瓦、鲁切涅茨和特伦钦的犹太教堂。

在斯洛伐克还有不少有趣的直线式建筑，直线式起源于 20 世纪初。在布拉迪斯拉发不仅有直线式的市民建筑，还有精美绝伦的蓝色教堂（Modrý kostolík）。在鲁切涅茨附近穆拉镇也有值得关注的直线式宗教建筑物。

在两次世界大战期间，斯洛伐克新一代建筑家带来了现代建筑风格,他们是 D. 尤尔科维奇、E. 贝鲁什、M. M. 哈尔米涅茨和 V. 卡尔费克。

五 文化设施

据统计,2002 年斯洛伐克全国共有 56 家剧院,演出 6451 场,其中话剧 3652 场,歌剧 314 场,轻歌剧 95 场,芭蕾舞 178 场,观众达 137.2 万人次;有音乐团体 8 家,音乐会演出 464 场,其中乐队演出 109 场,乐团演出 62 场,独奏、独唱 15 场,室内乐团演出 65 场;有 276 家电影院(2001 年数据);有 2690 家公共图书馆,226 家公共图书馆分馆,藏书 1857.4 万册;有 12 家中央科学图书馆,藏书 1586.2 万册;有 626 家大学图书馆,藏书 479.9 万册;有 81 家博物馆,60 家分馆,举办展览 1027 场,参观人次 388.2 万;22 家美术馆,举办展览 329 场,参观人次 43.2 万;有 25 家天文馆,参观人次 24.9 万;有 4 家动物园,参观人次 69 万①。

斯洛伐克主要有以下文化设施。

斯洛伐克民族剧院 位于首都布拉迪斯拉发,由歌剧团、话剧团和芭蕾舞团组成。1920 年作为斯第一个专业舞台而建立,首场演出了斯美塔纳的歌剧《吻》。目前主要在斯洛伐克民族剧院的舞台上演出歌剧和芭蕾舞。

斯洛伐克国家档案馆 1983 年 8 月 30 日,斯中央档案馆新馆(从 1992 年起改为斯国家档案馆)在布拉迪斯拉发马赫纳奇隆重开放。它是斯最大、最重要的对外开放的档案馆,同时也是斯档案学专业主要的科研和培训中心,国际杂志《档案》从专业、技术和建筑学角度将它列入 12 个最好的档案馆行列。这里的档案材料涉及国家权力、管理和自治机构、司法、军队和安全、金融、经

---

① Štatistická ročenka Slovenskej republiky 2003, s. 533, s. 536.

第六章 教育、科学、文艺、卫生

济、合作化、政党和政治团体、科学、文化和启蒙、教育、医疗和社会保障、宗教团体、氏族和领地、家庭和个人、行会和利益团体以及收藏品等诸多领域，最古老的档案来自12世纪。

斯洛伐克国家画廊 是斯洛伐克最高的艺术历史、收藏、科学和文化教育机构，它致力于展示各种造型艺术类别的文化遗产，尤其是绘画、雕塑、雕刻和版画。有5个办公地点，分别在布拉迪斯拉发、兹沃伦城堡、斯皮什贝拉的斯特拉什基宫殿、鲁若姆贝洛克的卢多维特·福拉画廊和贝兹诺克的自然艺术画廊。藏品分为18类：斯洛伐克史前时期和古代的艺术，哥特式艺术，巴洛克艺术，16~18世纪的圣像，古代欧洲艺术，古老的版画和雕刻，斯洛伐克19世纪的绘画和雕刻，斯洛伐克19~20世纪的雕塑，斯洛伐克1900~1950年的绘画，斯洛伐克20世纪的版画，斯洛伐克1950年以后的美术，斯洛伐克20世纪的雕刻和插图画，19~20世纪欧洲绘画，19~20世纪欧洲版画，珠宝、服装、纺织品、玻璃、金属、手工艺品，舞台和戏装造型、陶瓷、木头、玩具、实用书画刻印艺术，照片，建筑艺术。

斯洛伐克国家博物馆 1908年，在马丁出现了斯第一个室内常设展品的博物馆，收藏物面向考古、民族学、历史、古钱学、艺术史、造型艺术和自然科学等领域。1924年，斯洛伐克方志学博物馆成立，同年又增加了农业博物馆。1940年，方志学博物馆和农业博物馆合并为斯洛伐克博物馆，驻地在布拉迪斯拉发。1961年，在马丁的斯洛伐克民族博物馆与在布拉迪斯拉发的斯洛伐克博物馆联合，拥有了共同的名称——斯洛伐克民族博物馆，驻地在布拉迪斯拉发。如今，斯洛伐克民族博物馆是全国在博物馆事业领域最高的国家级收藏、科研和文化教育机构，它的使命是在调查和科研的基础上收集、保护、科学鉴定、专业处理、对外开放藏品，以展示斯洛伐克自然和社会、斯洛伐克民

族以及民族团体的发展。同时，斯洛伐克民族博物馆还是斯境内博物馆事业领域的协调、教学法、专业咨询、统计、教育和信息中心。目前，斯洛伐克民族博物馆有收藏品3379536件，大约占斯全部博物馆收藏品总数的40%。设有1个总部和16个专业化的博物馆，它们是自然博物馆、考古博物馆、历史博物馆、民族学博物馆、安德雷·克梅基博物馆、音乐博物馆、红石博物馆、贝特利阿尔博物馆、波伊尼策博物馆、雷沃恰的斯皮什博物馆、木偶文化和玩具博物馆、犹太文化博物馆、斯境内匈牙利人文化博物馆、喀尔巴阡德意志族人文化博物馆、乌克兰—罗塞尼亚文化博物馆、斯洛伐克民族议会博物馆等，这些博物馆专业性强，馆藏丰富，分布在全国各地。

第四节 医药卫生

一 公民的健康状况

近些年，由于婴儿出生率的持续下降和公民死亡率的缓慢减少导致斯洛伐克人口持续出现负增长，2001年斯人口自然增长率为-0.2‰，专家估计，这一趋势还将持续下去。除外部因素（包括受伤、中毒、谋杀和自杀等）外，心血管疾病、恶性肿瘤、呼吸道疾病和消化道疾病是导致斯公民死亡的最常见的疾病，上述4种疾病加外部因素致死的人数占总死亡人数的95%，其中3/4以上的人死于心血管疾病和恶性肿瘤。

1989年剧变后，斯公民的健康状况明显得到改善，但心血管和肿瘤的死亡率依然比较高。除了基因、自然和社会环境以及福利等因素影响人的健康外，生活方式也是一个重要因素。根据2000年的一项调查，在班斯卡·比斯特里察地区15~64

第六章 教育、科学、文艺、卫生

岁公民中，32%的男性和20%的女性吸烟；1999年斯人均消费酒精饮料7.9升。斯公民习惯消费高动物脂肪和高糖食物，水果和蔬菜的摄入量少。肥胖、高血压和高胆固醇在斯公民中较为常见。

二　医疗保健制度

医疗保健制度在斯洛伐克有着悠久的传统。早在20世纪20年代，斯洛伐克的雇员就享受医疗保险待遇。1948年2月捷共全面执掌政权后，医疗保健机构实行国有化。1952年，推出新的全国统一的医疗保健制度。1966年，以税收为基础的全民免费医疗保健制度代替了以医疗保险为基础的制度。剧变后，斯对医疗保健制度进行了改革，旨在达到以下目的：取消国家的垄断地位、取得私人和公共医疗保健机构的均衡；在医疗保健机构和病人之间建立经济关系；提高医疗保健机构的收益；消除依赖一种资金来源的现象；提高治疗和预防疾病的质量和医疗保健的物质、技术基础；恢复公民对自己健康状况的积极态度；公民自由选择就医的医疗保健机构；提高医疗保健工作人员的社会地位以增强他们的工作责任感。1990年开始的改革逐渐取得一些重要的变化，如在筹集资金方面，从普遍的纳税转向义务性的社会医疗保险；医疗保健机构也逐渐实行私有化。从1992年起，3个并列的州级医疗保健行政管理机构被取消，所有国有的医疗保健机构成为自治的单位，大批管理人员被削减。

国家在医疗保健制度中仍然起着重要的作用，如在医疗保健制度的管理方面和医疗保险制度的保障方面。1994年，国有保险公司的资金从国家预算中分离，保险公司从此独立。1995年1月颁布了关于医疗保险多元化的法令，保险公司的成立变得更为简单。从1995~1999年，斯先后存在了17家医疗保险公司，但

斯洛伐克

最终只有5家公司生存下来,其他保险公司则因为经费困难、经营不善、国家立法不完善和中央公共管理部门官僚现象严重等原因而相继倒闭。

斯法律明确规定,每个公民有权保护自己的健康,有资格参加公共健康保险以获得免费医疗和保健帮助。斯医疗保险制度规定,除了丧失经济能力的公民(如失业者、退休者、学生、儿童、军人和残疾人)的医疗保险金由国家支付以外,其他人必须交纳一定数量的医疗保险金。医疗保险全部或部分用于医疗服务,包括牙科服务费用、住院病人的看护费用、在疗养院的费用、药费和医疗救助费用以及一些旅行和运送费用,而消毒、针灸等费用不包括在内。

表6-3 1995~2002年斯洛伐克医疗卫生部门的经营状况

单位:亿斯克朗

	1995	1996	1997	1998	1999	2000	2001	2002
医疗保险金收入	187	237	268	287	295	321	348	372
医疗保险公司的总资源	263	354	384	414	430	453	496	550
医疗保险制度的总资源	331	436	483	515	541	567	619	680
医院的开支	253	214	240	256	250	260	281	295
卫生部的开支	41	46	49	47	44	45	49	48
总开支	336	438	525	571	585	646	705	737
赤字	5	2	42	56	44	79	86	57
医疗卫生部门收入占GDP的比重(%)	6.1	7.2	7.0	6.9	6.4	6.4	6.4	6.4
医疗卫生部门开支占GDP的比重(%)	6.2	7.2	7.6	7.6	6.9	7.3	7.3	7.0
总债务	5	7	49	105	149	193	245	266

资料来源:Slovensko 2003, Súhrnná správa o stave spoločnosti, s. 565。

第六章 教育、科学、文艺、卫生

三 医疗保健水平

19 19年在布拉迪斯拉发成立斯洛伐克的第一所大学——考门斯基大学，它设有医学院。由于那时斯洛伐克的医生数量非常有限，许多捷克医学专家来到斯洛伐克帮助建设医疗卫生事业。由捷克医学教授培养的新一代斯洛伐克医务工作者积极开展活动，促进了医疗保健水平的提高。1922年，在斯洛伐克发行第一份医学杂志——《布拉迪斯拉发医学刊物》。随着医学的发展，斯公民的健康状况也有所改善，平均寿命从35岁提高到55岁，婴儿的死亡率也从20世纪初的273‰下降到1937年的70‰，贫困居民的传染病例也有所减少。在社会主义建设时期，斯公民享受免费的医疗保健服务，医院和门诊部数量增多，医生的数量从1937年的1700名增加到20世纪70年代的18000名。一些严重的疾病，如小儿麻痹症也已绝迹。1948年在科希策创办了第二所医学院，1969年在马丁出现了第三所医学院。斯洛伐克医学发展不仅赶上了捷克的水平，还赶上了世界水平，斯许多医生赢得国际好评。

1989年剧变后，斯药品市场发生很大变化，国内生产的药品占居民所消费药品的比例从原先的80%左右下降到90年代中期的20%~30%。全国250家医药批发商和1000家药房给医疗保健机构和居民提供种类齐全的药品。2002年斯药品消费量为1.6亿包，价值215亿斯克朗。

斯现有5所大学培养医生和护理人员，医疗保健水平较高。2002年斯洛伐克共有113734人工作在医疗卫生部门，医疗保健人员有81251人，其中医生19205人（平均每10000人有359名医生），药剂师2556人，护士37265人，助产士1087人，化验员6165人，助手11685人，技师1624人。在医疗单位的病床总数为54434张，其中在私人诊所的病床为12996

张,在医院的病床为 35043 张(平均每 10000 人有 67 张病床),在专业治疗机构的病床为 6725 张,在天然矿泉疗养院的病床为 12466 张。

第五节 体育

一 体育制度

89 年剧变前,斯洛伐克的体育制度是中央管理的、全国统一的、义务的、免费的。剧变后,开始了体育组织和结构的民主化进程,其结果是体育管理的行政权从中央分散到地方。从 2002 年起,在全民体育活动、体育设施、学校体育活动等领域的职能已转向地方自治政府,在州和县的政府机构里有专人负责体育活动的开展。根据 1990 年通过的第 173 号法律,斯出现了非政府性质的体育组织。

负责体育的中央行政管理部门是教育部的体育总司,它主要的职责范围是:制定和执行国家的体育政策,支持国家队的活动和国际性的体育合作,负责与非政府组织之间的合作和全民参与的体育活动,向体育协会提供从国家预算中划拨的补助款项。

2001 年,在教育部的直接支持下,斯洛伐克国家体育学院成立,它的任务是在体育科学、医疗保健、协调体育教育、提供教练、裁判和体育官员以及提供最新信息方面为国家队创造良好条件。

教育部还支持成立了学术体育中心,它负责支持一流运动员的训练。在内务部和国防部内存在着同样的结构,其他国家部委也参与支持体育活动,劳动、社会事务和家庭部支持残疾人员的体育活动,卫生部为运动员提供医疗保健服务。

学校体育 体育是小学和中学的必修科目,每星期有 2~3 节体育课(小学 2 节,中学 3 节,中专 2 节),游泳课是体育教

第六章 教育、科学、文艺、卫生

育的基本组成部分。学生在课外还参加非义务性的体育课程、兴趣小组和培养有体育天赋学生的体育活动。

体育在大学里不是必修课程，但大部分大学的学生可以选择体育作为选修科目，体育活动的种类繁多。

非政府性的体育协会中参与学校体育教育的有斯洛伐克学校体育联合会和斯洛伐克大学体育联合会，它们是国际学校体育联盟和国际大学体育联盟的成员，通过与学校和体育联盟的合作，推动年轻人参与到体育活动和与体育有关的活动中来。

全民体育 全民体育是斯洛伐克体育制度的重要组成部分，得到各级国家机构、地方自治机构、公民联盟、医疗保险机构和学校等一系列部门的重视，重点是为全民体育活动创造条件，如开放体育场馆、更新体育设施、修建操场和旅游线路等，还支持残疾人的体育活动。目前，斯洛伐克有7000多个地方性的体育俱乐部和联合会，它们为开展全民体育活动提供良好的服务。

1997年通过的关于体育文化的第288号法律还规定，从1998年起国家预算的0.5%用于发展体育。具体体育资金的提供根据国际比赛成绩和对公众的重要性，目前，供政府支配的体育基金主要来自国家预算和体育彩票基金，教育部体育总司根据体育团体的申请分配补助款。2002年具体的体育资金分为以下几个类别：全民体育活动34.1万欧元，国家队500万欧元，年轻体育人才项目175万欧元，对非政府体育组织的援助431.9万欧元，协作和国际合作项目13.7万欧元。

二 体育组织和机构

89年以后，斯洛伐克出现了许多在自发的原则基础上形成的体育组织和机构。

斯洛伐克体育联合会（Slovenské združenie telesnej výchovy） 1990年作为原捷克斯洛伐克体育联合会的继承组织

斯洛伐克

而成立，至1998年，它已联合了4个体育联合会：体育协会联合会（Asociácia športových zväzov）、体育团体和俱乐部联合会（Asociácia telovýchovných jednôt a klubov）、全民体育联合会（Asociácia športu pre všetkých）和斯洛伐克足球协会（Slovenský futbalový zväz），有成员40万名左右（大约是斯有组织运动员总数的75%），斯洛伐克体育联合会的主要任务是为联合团体创造活动条件、经营和管理共同财产以及为自己的成员提供服务。

斯洛伐克技术和体育活动联合会（Združenie technických a športových a činností SR） 1990年成立，至1998年已发展成为第二大公民联合会，拥有18个全国性的体育组织，有将近60000名成员和2000个基层组织和俱乐部。有中央级、州级和县级组织结构，主要任务是为成员协会提供良好的活动条件和协调它们的工作。

斯洛伐克雄鹰组织（Sokol na Slovensku） 1992年11月7日作为原捷克斯洛伐克雄鹰村的继承组织而成立，它的基本原则是全面性，旨在提高从基本直至尖端水平的体育技能。雄鹰组织开展现代体操、柔道、健美、排球、田径、乒乓球和旅游等项目，活动的大部分内容是准备和参加公共体育表演，尤其是在国内和国外（在布拉格、多伦多、布尔诺、柏林、芝加哥、维也纳和巴黎等地）举行的雄鹰团体操运动大会。1995年，该组织有82个单位，大约20000个成员，其中70%是年轻人。1997年有成员16469人。

斯洛伐克童子军组织（Slovenský skauting） 1990年5月采用现名，是世界童子军运动组织的成员。1997年有成员6175名（59%为男孩，41%为女孩，11岁以下成员占21%，11~14岁占37%，15~22岁占26%，23岁以上占16%）。

斯洛伐克奥林匹克委员会（Slovenský olympijský výbor） 1992年12月19日作为体育协会代表、斯洛伐克参加奥运会的

第六章 教育、科学、文艺、卫生

运动员和支持奥林匹克运动的重要人物的公民联合会而成立，1993年9月24日成为国际奥委会成员。它通过14个委员会和俱乐部帮助发展一流水平的体育项目、扩大天才运动员的数量以及全民体育的发展。该委员会还保障斯最优秀的运动员参加奥运会和年轻的体育人才参加夏季和冬季"欧洲年轻人奥林匹克日"活动，支持所有的奥林匹克运动和与奥林匹克运动有关的文化和艺术。

在斯洛伐克大型体育组织逐渐向地方分散行政职能的同时也出现了体育组织和机构在互利和协调与政府当局步骤的基础上而进一步融合的迹象。2001年，斯洛伐克体育委员会成立，它由斯洛伐克技术和体育活动联合会、斯洛伐克体育联盟大会、斯洛伐克足球协会、斯洛伐克冰球协会、斯洛伐克奥林匹克委员会、斯洛伐克残疾人奥林匹克委员会和斯洛伐克体育文化联合会等一些重要的体育组织和机构组成。

在斯洛伐克，还有一些与体育有关的联合会，如斯洛伐克反兴奋剂委员会、斯洛伐克体育教育和运动学会、斯洛伐克体育和奥林匹克集邮学会、斯洛伐克体育医学学会、斯洛伐克体育记者联合会和斯洛伐克体育心理学会等。

残疾运动员也有许多全国性的体育联合会，如斯洛伐克盲人和弱视运动员联合会、斯洛伐克聋哑运动员联合会、斯洛伐克智障者体育联合会和斯洛伐克残疾人体育联合会等。斯洛伐克残疾人奥林匹克委员会组织残疾运动员参加残疾人奥林匹克运动。

三 体育水平和国际交流

斯洛伐克有着良好的体育传统，人们全年从事各种体育活动和休闲活动。最受欢迎的夏季体育活动是足球、网球、排球、游泳、摩托车露营和徒步旅行，在冬季体育运动项目中，冰球和滑雪最为重要，花样溜冰和单板滑雪也很受欢迎。

斯洛伐克

足球、排球、篮球和网球是发展最快的体育运动,近年来,一些非传统的体育项目也开始在年轻人中流行起来。

足球在斯洛伐克最受欢迎。1969年5月3日,斯最热门的足球队——"斯拉夫布拉迪斯拉发"(Slovan Bratislava)在瑞士举行的"胜利者杯"(PVP)决赛中一举夺冠,取得斯足球史上的最好成绩。在共同的捷克斯洛伐克足球队内,斯洛伐克足球运动员参加了一些重要的国际性比赛且取得优异成绩,如1962年在智利举行的"世界杯"比赛中获得亚军,在1976年于南斯拉夫举行的"欧洲杯"比赛中获得冠军,斯洛伐克运动员占了球队的大多数。

斯洛伐克冰球运动员属于世界最好的运动员行列,2002年首次夺得世界杯季军。

在团体比赛项目中,女排成绩也很突出,球队"SCP Ružomberok"长期以来一直是欧洲最好的球队之一。

在个人比赛项目中,水上运动项目成绩最好,在顶级比赛项目中获得的奖牌数量最多的主要是障碍划船、快速皮划艇和游泳。其他的一些体育项目也获得世界好评,如射击、滑雪射击、网上足球、空手道、健美运动、滑雪和网球。

1994年,斯洛伐克在独立后第二年首次派出42名运动员参加在挪威利勒哈默尔举行的第17届冬奥会,获得冰球和滑雪射击两项第6名,成绩在67个参赛国中位列第27位。1996年,71名斯洛伐克运动员参加在亚特兰大举行的第26届奥运会,获得1枚金牌(障碍划船)、1枚银牌(快速皮划艇)和1枚铜牌(射击),成绩在197个参赛国中名列第41位。1998年,39名斯洛伐克运动员参加在日本长崎举行的第18届冬奥会,冰球获得第7名。同年,在世界杯比赛中,斯运动员获得2枚金牌、2枚银牌和2枚铜牌。在2000年第27届悉尼奥运会上,斯洛伐克运动员获得障碍划船项目1金1银1铜的好成绩,在游泳项目上获

第六章 教育、科学、文艺、卫生

得2枚银牌。此外,在快速皮划艇、射击、自行车比赛和女篮等项目上成绩也比较出色。2004年,65名运动员参加在雅典举办的第28届奥运会,取得2金2银2铜的历史最好成绩,排名第29位。

斯洛伐克拥有一批世界一流的运动员,如游泳运动员有马丁娜·莫拉夫措娃(Martina Moravcová),获得1998年欧洲锦标赛3枚金牌和1枚银牌,同时创造1项世界纪录和2项欧洲纪录,且在2000年悉尼奥运会上获得2块银牌;彼得·霍赫斯霍尔内尔和帕沃尔·霍赫斯霍尔内尔兄弟俩(Peter Hochschorner a Pavol Hochschorner)在2000年悉尼奥运会和2004年雅典奥运会上皮划艇激流回旋男子双人划艇比赛项目中获得金牌;射击运动员约瑟夫·冈茨(Jozef Gönci),在1996年亚特兰大奥运会上获得1枚铜牌,在1998年欧洲锦标赛上获得1金1银,在2004年雅典奥运会上获得1枚铜牌;米哈尔·马尔蒂坎(Michal Martikán)在1996年亚特兰大奥运会皮划艇激流回旋男子单人划艇项目中获得1枚金牌,在2004年雅典奥运会同一项目中夺得银牌;竞走运动员约瑟夫·普利比利涅茨(Jozef Pribilinec),在1988年汉城奥运会上夺得20公里竞走冠军;网球运动员米洛斯拉夫·梅奇希(Miloslav Mečíř),在1988年汉城奥运会上获得单打冠军和双打季军;自行车运动员安东尼·特卡奇(Anton Tkáč),在1976年蒙特利尔奥运会上获得1枚金牌;花样滑冰运动员安德列·涅贝拉(Ondrej Nepela),在1972年慕尼黑奥运会上获得冠军。

在体育国际合作领域,斯洛伐克的国家机构和公民体育联合会保持伙伴关系。教育部体育总司通过政府间的协议提供国际体育合作,包括交换体育专家和信息。个人体育项目的国际合作由国家体育联盟来负责。目前双边合作领域的优先方面是恢复、建立新的协议基础和开展合作,主要是和邻国——维谢格拉德集团、欧盟成员国和争取加入欧盟的国家。为了更好地开展国际合作，国际体育合作协调委员会成立，它是教育部部长的顾问机构，与斯外交部、内务部、城镇联合会和体育机构互相配合。

四 体育设施

从培养体育人才和组织大型国际比赛的目的出发，斯重视体育设施的建设，一些现代化的场馆已处于建设之中，如国家网球中心（在布拉迪斯拉发）、国家足球中心（在塞涅茨）、国家水球运动中心（在诺瓦基）和皮划艇、划船运动中心（在布拉迪斯拉发—亚洛夫策）。斯洛伐克还利用欧盟的结构基金和入盟准备基金建设了一些用于体育、文化和休闲娱乐的多功能场所。为了进一步发展群众最欢迎的体育活动，斯计划对现有的冬季体育进行改造，且通过人工种草使足球成为全年可以开展的运动。

2002年，斯洛伐克有13所体育学校，有学生2523名，他们的专业分别是：田径运动、自行车运动、足球、手球、柔道、划船运动、篮球、滑雪、冰球、游泳、体操、射击、网球、排球、举重和拳击等。全国有7个大学院系从事体育专业人才的培养，它们开设教练、体能教育、体育管理、体育新闻以及面向残疾运动员的体育专业。

第六节 新闻出版

一 通讯社

斯洛伐克有两家通讯社，一家是国家支持的通讯社——斯洛伐克共和国通讯社（Tisková agentura Slovenskej Republiky，简称TASR），另一家是私人通讯社——斯洛伐克信息和通讯社（Slovenská informačná a tisková agentura，简称SITA）。

第六章 教育、科学、文艺、卫生

斯洛伐克共和国通讯社（以下简称斯通社）成立于1992年，设在首都布拉迪斯拉发，是商业性通讯社，社长对通讯社的活动负责，由政府任免。通讯社的主要活动内容是：在协议的基础上通过播报、图片和音响等方式向国内外电子媒体、期刊和非媒体机构提供所获取的国内外政治、经济、文化、社会生活、体育和其他方面的新闻；保存新闻且分类归置到数据库，在文献服务的框架内进一步向媒体和其他感兴趣者提供；用斯语和英语出版新闻快报。斯通社的部分新闻是有偿新闻，需要付费。斯通社下设国内编辑部、国际编辑部、经济编辑部、体育编辑部、文献数据库和媒体追踪编辑部、图片编辑部和出口编辑部，国内编辑部负责每天制作关于斯洛伐克政治、文化和社会生活各个领域的新闻，既包括全国范围内重要和有趣的信息，又包括总统、议会、政府和国家、社会、文化、教会、公民组织的活动；国际编辑部不间断地编辑和发行国外新闻，分析和处理15个外国通讯社的新闻，还发行来自社会和文化生活、科学和技术领域的新闻、趣事（有偿新闻）；经济编辑部负责加工和发行斯洛伐克国内外最新的经济新闻，它关注国民经济的各个部门，在工作日每天发布最新汇率、关于国际主要金融市场的信息和斯资本市场的贸易情况；体育编辑部每天制作来自国内外体育界的最新成绩、访谈、评论和趣事等，新闻覆盖了斯各种大型赛事、重要的国际比赛，如欧洲杯、世界杯和奥运会，国外新闻从世界著名通讯社的服务中获取；文献数据库和媒体追踪编辑部负责数据库的工作，为大事件、周年纪念日和节日准备专题文献资料，准备国内外重要人物的简介和编年体，工作日发行斯洛伐克报刊的跟踪材料，每月一次整理法律汇编；图片编辑部每天保障国内外的图片新闻，国内图片新闻由政治事件、专题报道和来自科学、研究、文化和体育等领域的完整图片材料组成。它从欧洲新闻图片通讯社和联通社获取图片，同时也向这两个世界通讯社提供图片；出口编辑部负责向国外出口用英文编辑的斯洛伐克新闻,每天发行关于斯重大事件的新闻,这些新闻通过伙伴通讯社到达全世界使用者手中。

斯洛伐克信息和通讯社成立于1997年1月,它提供国内外新闻、经济新闻、体育新闻和趣事等,既有斯语新闻,也有英语新闻,大部分新闻是有偿新闻。

二 广播、电视

1992年,斯洛伐克电台、电视台播放委员会作为政府在广播电视领域的独立管理机构而成立。2000年10月,该委员会通过法律改名为广播和转播委员会,其使命是贯彻公众在履行信息权、言论自由权和文化教育权时的利益,发挥国家在广播和转播领域的调节作用。广播和转播委员会注重保持依法进行播送的单位在新闻报道中的信息多元化,其主要职能是:①决定广播许可证的发放;②决定转播的注册和停止;③监督广播和转播单位履行法律规定的情况;④决定对广播和转播单位的制裁;⑤与国家电信管理机构合作制定广播使用频率范围的计划;⑥监督关于跨边境电视播放的欧洲协议的执行情况,且在欧洲理事会跨边境电视播放常务委员会中代表斯洛伐克;⑦参与有关广播和转播事业的法律和规定的制定;⑧对有关广播事业国际条约的草案和执行情况发表意见。该委员会有9个成员,由国民议会选举产生,任期6年。1996年,该委员会成为欧洲管理机构平台的成员。

广播 长期调查结果显示,斯洛伐克14岁以上公民中85%~88%的人收听电台广播,广播是仅次于电视的第二种最受欢迎的传媒。

斯洛伐克国家广播电台(Slovenský rozhlas)是具有公共服务性质的媒体,它有7个节目频道,每个频道都有自己的专门特

第六章 教育、科学、文艺、卫生

点:斯洛伐克电台(Rádio Slovensko)以新闻和评论为主(占节目内容的 60% 左右),覆盖全国,其收听率长期居首位,听众人数达 100 多万;地区电台(Rádio Regina)有 3 个地区播音室,分别在布拉迪斯拉发、班斯卡·比斯特里察和科希策,它以地区新闻为主,如市政政策、地区自治、地区经济、地区文化和体育,同时面向各年龄段、从事不同职业和兴趣爱好不同的听众,音乐节目也占有较大的比重;杰温台(Rádio Devín)以严肃音乐为主,覆盖全国 60% 地区。从 2000 年 1 月 1 日起,通过卫星可以在全欧洲收听该台的节目;摇滚乐 FM 电台(Rádio Rock FM)面向年轻听众,节目以流行音乐和摇滚音乐为主,节目风格生动活泼;帕特里亚电台(Rádio Patria)是面向斯 7 个少数民族的电台,节目内容针对不同年龄和社会阶层的人们。2002 年共广播 3302 小时,其中 3/4 用匈牙利语广播,2003 年 3 月匈族听众人数达 13.2 万人。除了用匈牙利语,还用罗塞尼亚语、乌克兰语、罗姆语、德语、波兰语和捷克语进行广播;斯洛伐克国际广播电台(Radio Slovakia International)每天用 5 种语言——英语、法语、俄语、德语和斯洛伐克语对外广播半小时;因特电台(Rádio INRT)通过因特网进行广播。

2002 年,斯洛伐克国家广播电台对内广播 48627 小时,其中新闻节目 16221 小时,教育节目 944 小时,文化节目 407 小时,宗教节目 422 小时,广告 661 小时,娱乐节目 29587 小时,其他节目 385 小时。

至 2002 年底,斯有私人广播电台 22 家,分为跨地区电台、地区电台和当地电台 3 种。斯 30%～80% 的人口收听跨地区电台,节目内容以新闻、评论、音乐和信息为主。30% 以下的居民收听地区电台,节目内容以音乐和娱乐节目为主。7 个当地电台的广播通常只限于某一个城镇和地区,听众数量有限,节目内容以当地新闻、当地居民共同关心的话题和音乐为主,目的是加深

斯洛伐克

当地社会的内部联系,保持与社会同一的感觉。

2002年,斯私人电台共广播169836小时,其中新闻节目11445小时,教育节目346小时,文化节目1170小时,宗教节目1248小时,广告节目8924小时,娱乐节目142540小时,其他节目4163小时。

根据2003年3月的调查结果,斯洛伐克电台最受听众欢迎,收听率达46.8%。其他收听率较高的电台是快速电台(16.5%)、摇滚乐FM电台(14.2%)、斯洛伐克国家电台地区台(12.5%)、OKEY电台(11.4%)、娱乐电台(9.6%)和旋转电台(8.7%)。据统计,斯有10%以上的居民不收听任何电台,2003年3月有43.6万人从匈牙利收听斯洛伐克的电台广播。

电视 斯洛伐克国家电视台(Slovenská televízia)有两个节目频道,即斯洛伐克电视1台(STV 1)和斯洛伐克电视2台(STV 2)。1台的播放覆盖了斯洛伐克国土面积的97.3%和人口的95.8%,2台的播放则覆盖了斯国土面积的89.4%和人口的88.7%。2002年,斯洛伐克国家电视台播放节目10762小时(1台播放6518小时,2台播放4244小时),新闻节目占28%,评论性节目占31.3%,教育节目占4.4%,记录性节目占19.4%,宗教节目占3.6%。戏剧节目在1台所占的比重最大,达到37%,而体育节目在2台拥有重要的地位,占25.4%。斯洛伐克国家电视台还对少数民族播放节目90小时,其中用匈牙利语播放55小时,用德语4小时,用罗姆语15小时,用乌克兰和罗塞尼亚语6小时。

斯洛伐克还有一些私人电视台,主要有马尔克扎电视台(TV MARKÍZA)、尤伊电视台(TV JOJ)和TA3电视台等。

马尔克扎电视台从1996年8月开始播放节目,它的大部分股份由中欧媒体公司(实际上是1家美国公司)拥有。该台向

第六章 教育、科学、文艺、卫生

全国85%的地区播放节目，同时也可以通过数字卫星接收来收看，它的收视率（2003年达到75%）和在斯电视市场的占有率（2003年11月达到46.8%）几年来一直保持最高水平。马尔克扎电视台的节目内容独具特色，既保留最古老的节目形式，又引进新的节目。2002年播放节目7230小时，其中戏剧节目的份额最大，达到59%，评论节目占15%，娱乐节目占11.8%。

尤伊电视台从2002年3月开始播放节目，它是由斯洛伐克和捷克的公司共同拥有的。至2003年下半年，尤伊电视台的信号已覆盖全国85%的地区。2002年，该台播放节目8760小时，戏剧节目占53%，评论性节目占25%，新闻节目占7.5%，娱乐—音乐节目占10%，体育节目占1.5%。至2003年底，该台的收视率已突破30%，在斯电视市场的占有率达到13.5%。

TA3电视台从2001年9月开始播放节目，是斯第一个专门播放新闻的电视台。仅仅通过有线网络播放，但借助于卫星发射，在全欧洲可以收看该台节目，它还是欧洲第一家设有宽带的电视台。TA3电视台每天播放国内外最新政治、经济、文化、体育、财政、科技和天气新闻，与其他电视台相比，它的新闻报道时效性更强，内容更详细。TA3电视台每星期播放115小时，工作日为17小时，周末15小时。2003年，该台的收视率为15%，市场占有率为1.1%。

斯洛伐克还有一些跨地区的电视台，如音乐台（Musicbox）和UPC信息频道（Informačný kanál UPC）。音乐台每天24小时播放国内外音乐作品，有1小时是面向科希策市的地方播放，侧重于科希策市的最新事件。UPC信息频道从事自己的宣传活动，如服务通知、招工启事等。

此外，在斯洛伐克有77个拥有地区和当地电视播放许可证的持有者，其中10个播放录像，12个在民族混居区用双语——斯语和匈语播放，1个从事电视购物节目。地区和当地电视台的节目贴近最新地区新闻、文化和社会生活事件、体育信息和交通新闻等。有 37 家地区和当地电视台联合在当地电视台联合会（LOToS）的旗下，该组织为自己的成员提供咨询和培训服务，还在交换和播放共同节目过程中起协调作用。从 1998 年起，该组织每年举办一次研讨会，展播当地电视台的作品。在 2002 年的研讨会上，29 个电视台带来了 99 件作品，如自由创作、纪录片、评论、新闻和广告等。另一个当地和地区电视台的利益联合体是"当地和城市电视台联盟"（Altev），设在科希策。

三 报纸和图书期刊

报纸 斯报刊实行私有化，2002 年有 478 种报纸，发行量达 2.87 亿份，其中日报（每星期至少发行 4 次）有 16 种，发行量为 1.9 亿份。全国性的日报有 11 种，即《经济日报》（Hospodársky denník）、《经济报》（Hospodárske noviny）、《新时代》（Nový čas）、《体育报》（Šport）、《真理报》（Pravda）、《我们是》（Sme）、《民族复兴报》（Národná obroda）、《新的一天》（Nový den）、《农民报》（Rolnícke noviny）、《通知报》（Avízo）和匈牙利文报纸《新话语》（Új Szó）。从 2003 年 6 月起，《农民报》由日报改为周报。从 2003 年 11 月起，《经济日报》由于预订者数量少而停止印刷出版，但继续在因特网上发行。民意调查结果显示，斯 61% 的 14 岁以上公民每天阅读 1 种日报。

剧变后，只有《真理报》、《体育报》、《农民报》和《新话语》沿用了原名，《经济报》则由原来的周报改变为日报，它由外国公司所有，2002 年底的发行量为 22133 份。《民族复兴报》是 20 世纪 90 年代初在政府的支持下创办的，是带有自由主义倾向的报纸，以评论性文章为特色。2003 年 3 月的发行量为 18852 份；《真理报》是左翼报纸，被斯民众认为是最可信赖的日报

第六章 教育、科学、文艺、卫生

(信赖程度为43.2%),2003年3月的发行量为78000份;《我们是》是比较右翼的报纸;《新一天》是党报,明显支持民粹主义的政党——争取民主斯洛伐克运动,在意识形态上继承了如今已不存在的《斯洛伐克共和国报》;《通知报》是广告性质的报纸,它无偿发行广告,却将报纸出售给公众;《新话语》由德国公司所有,其读者是斯境内的匈族居民,2003年的发行量为26943份。

2003年,最受欢迎的日报是《新时代》,它由德国贝塔斯曼集团所有,2003年3月的发行量达到147719份,有35.9%的居民阅读它,随后依次是:《真理报》(15.9%)、《我们是》(12.6%)、《体育报》(6.5%)、《民族复兴报》(4.6%)、《新的一天》(3.4%)和《经济报》(2.5%)。

除了日报,斯还有3种晚报,即《晚报》(Večerník)、《普雷肖夫晚报》(Prešovský Večerník)和《科希策晚报》(Košický večer);有1种独立的地方报纸,即《东斯洛伐克报》(Východoslovenské noviny/Korzár),2003年3月的发行量达30016份;还有地方报纸网络,即《科希策日报》(Košický denník)、《普雷肖夫日报》(Prešovský denník)、《格美尔日报》(Germerský denník)、《斯皮什日报》(Spišský denník)、《塔特拉日报》(Tatranský denník)和《泽姆普林日报》(Zemplínsky denník)。

斯洛伐克的周报主要有《声望报》(Formát)、《多米诺论坛报》(Domino fórum)和《电视报》(TV komplet)。

期刊 据统计,2002年斯洛伐克有定期出版的杂志1108种,发行量达1.9亿份。2003年2月,最受欢迎的周刊有:《加7日》(Plus 7 dní),销售量达220584份;《欧洲电视》(Eurotelevízia),销售量达144138份;《生活》(Život),销售量为140805份;《斯洛伐克妇女》(Slovenka)。同期,最受欢迎的

月刊有：《园丁》（Záhradkár），销售量为 105745 份；《爱玛》（Emma），销售量为 92917 份；《健康》（Zdravie），销售量为 87400 份。

瑞士的 Ringier A. G. 公司拥有周刊《生活》和《电视》（Televízia）、半周刊《你的家庭》（Tvoja rodina，销售量达 5 万多份）、月刊《艾娃》（Eva，2003 年 2 月销售量达 8 万多份）和增刊《电视杂志》（Telemagazín，销售量为 6 万多份）。

图书 剧变后，斯洛伐克出版的图书数量有所增加，不仅出版国内外的经典名著和最新作品，还出版剧变前被查禁的书籍。1990 年，斯出版图书 2734 种，1993 年为 3210 种，1994 年为 3808 种，1995 年为 3024 种，1996 年为 3943 种，1997 年为 4365 种，1998 年为 4433 种，1999 年为 4380 种，2000 年为 4340 种，2001 年为 3794 种。2001 年，登记的图书出版社有 2647 家，平均每 2032 名公民中有一个出版社。

新闻组织 斯洛伐克新闻工作者组织有：斯洛伐克新闻记者辛迪加（Slovensky syndikát novinárov），成立于 1990 年 1 月，是非营利的独立于政治和意识形态之外的新闻记者的工会组织，大约有 2500 名成员，在每个州府都有分机构，其职责是维护言论自由、捍卫自己成员的职业利益、支持记者完善职业水平和在有工作纠纷的情形下提供法律保护。斯洛伐克新闻记者联合会（Slovenská asociacia novinárov），大约有 500 名成员。斯洛伐克退休记者联盟，大约有 300 名成员。

主要的新闻职业组织有：独立电台和电视台联盟、期刊出版社联盟和有线电视发送者联盟。

第七章 外 交

第一节 外交政策

斯洛伐克的外交政策在不同的历史时期（从1918年捷克斯洛伐克共和国成立至今）有不同的表现，大致可分为五个时期：捷克斯洛伐克共和国独立至第二次世界大战爆发、第二次世界大战期间、第二次世界大战结束后至1989年政局剧变、政局剧变后至捷克斯洛伐克联邦共和国解体、斯洛伐克共和国独立至今。其中，第一、第三和第四个时期与捷克共同构成一个国家，这几个时期的外交政策在列国志《捷克》卷已有介绍，故这里只重点介绍第二次世界大战期间和1993年独立后这两个时期斯洛伐克的外交政策。

一 第二次世界大战期间斯洛伐克的外交政策

第一次世界大战后，奥匈帝国解体，斯洛伐克与捷克共同组成为一个国家，当时外交政策的主旨是维护国家独立和领土完整。为此，积极构筑防止和对抗匈牙利扩张的军事防卫体系，加强与法国的同盟关系，同时发展与苏联的同盟关系。但是随着希特勒军事扩张政策的加强、捷克斯洛伐克外交陷

斯洛伐克

入困境，斯洛伐克在二战爆发前独立成为德国的卫星国。

1939～1945年，从捷克斯洛伐克共和国独立出来的斯洛伐克被德国拉进战争并与其共同作战。1939年3月，斯洛伐克与德国签订"保护条约"，它使斯洛伐克外交军事完全听命于德国。1940年秋，斯洛伐克加入了"柏林—罗马—东京轴心"。斯洛伐克不仅参加了德国对波兰的征伐，还参加了德国进攻苏联的战争。1941年12月，斯洛伐克对英国和美国宣战。虽然，斯洛伐克的外交政策具备外部特征，如建立了外交部，在国外设立外交代表机构，接纳那些承认它的国家的外交使节（二战爆发以前，斯洛伐克就赢得至少27个国家的承认，在当时的列强中，只有美国没有承认斯洛伐克。第二次世界大战爆发后，英国和法国中断了与斯洛伐克的关系）但却没有自己的外交构想，斯洛伐克只是德国外交政策的执行者和德国的御用工具。

此间，为了维护独立国家的存在，斯洛伐克在内政和外交上都竭力迎合纳粹德国，以至于在战争的最后阶段，斯洛伐克领导人仍不愿意断绝与德国的联系。同时，斯洛伐克和捷克的一些流亡国外，并倾向于恢复捷克斯洛伐克国家的政治领导人共同组建了捷克斯洛伐克流亡政府。该流亡政府先后得到英国、法国和苏联的承认。流亡政府外交政策的主旨是：赢得国际支持和援助，废除《慕尼黑协定》，结束德国的武装占领，恢复领土和主权完整。为此，流亡政府重点发展与英国和苏联的关系，努力与波兰结盟，同时加强与法国和美国的接触。通过外交斡旋，斯洛伐克的外交孤立局面逐渐被打破，重新赢得了西方反法西斯联盟国家和苏联的支持，为战后捷克斯洛伐克国家的恢复创造了条件。

第二次世界大战结束后，斯洛伐克又与捷克统一为一个国家，但自1948年以后，捷克斯洛伐克事实上成为苏联的一个卫星国，没有完全独立的外交。同时，国家的政治、经济和军事也逐渐融入苏联集团。1989年政局剧变后，捷克斯洛伐克的外交重点是：减少对苏联的依附性，努力融入欧洲。1993年斯洛伐克与捷克分离后，斯洛伐克重又开始了独立的外交实践。

二 独立后斯洛伐克共和国的外交政策

1993年1月1日，斯洛伐克共和国成为独立的主权国家，继承了原捷克斯洛伐克联邦主要的双边和多边条约文件。独立之初，斯洛伐克在制定新的外交政策时面临三大挑战：赢得国际外交承认、建立保障外交政策实施的机构和制定对外政策纲领。斯洛伐克独立后迅速获得国际社会的承认，主要基于如下努力：1992年与捷克的和平分离；宣称斯洛伐克是捷克斯洛伐克联邦而不是1939～1945年间存在的斯洛伐克共和国的继承国；斯洛伐克国民议会明确表示接受所有当今规范国际关系的准则；为裁军进程作出贡献；加强民主政治制度，以及维护人权和少数民族权利。在1993年1月1日独立当日，斯洛伐克便在53个国家设立了外交代表机构。至1993年5月1日，99个国家承认斯洛伐克为主权国家。斯洛伐克还顺利地成为许多国际组织的成员国，如欧洲安全与合作组织、国际货币基金和世界银行等。1993年1月19日，斯洛伐克被联合国接纳为第180名成员国。1993年6月30日，斯洛伐克成为欧洲理事会成员国。

斯洛伐克是一个小国，地处中欧，战略地位极其重要，故其对外政策的基本出发点是地缘政治；对外政策的根本目的是维护国家的利益，奉行不对抗政策、避免冲突、发展联系与合作，努力在国际法、国家主权、政治独立、领土完整和互惠互利的基础上开展与邻国、欧盟国家、西方七国集团、俄罗斯以及国际社会的其他成员国的对外关系；对外政策的优先方面是解决业已存在的地区问题和尽早成为欧洲和跨大西洋经济、政治和安全结构的全权成员国。斯洛伐克独立后的外交政策的发展大致可分为三个阶段：1993～1998年秋议会大选、1998年秋议会大选后至2004

斯洛伐克

年成为北约与欧盟成员国、2004年5月1日至今。

第一阶段（1993~1998年秋议会大选） 独立之初，斯洛伐克与北约和欧盟进行了积极和广泛的政治对话，且重视发展与北约和欧盟重要成员国的关系，谋求早日加入这两个组织。1993年10月4日，斯洛伐克与欧洲共同体签订"联系国协议"（1995年1月1日生效）。1994年2月9日，斯洛伐克与北约签订"和平伙伴关系计划"。1995年6月27日，斯洛伐克向欧盟递交入盟申请，承诺在入盟前自觉调整外交和安全政策，以便与欧盟保持一致。随着斯国内政治局势的恶化、与匈牙利之间存在的问题和摩擦增多、同俄罗斯发展特殊关系，斯与欧盟、北约的关系愈益疏远。1994年11月以后，西方国家在与斯对话中经常表示出对斯民主实质的担忧。从1994年底至1995年底，斯洛伐克先后三次收到西方国家的外交警告（两次来自欧盟，一次来自美国政府）。面对西方的责难，斯洛伐克政府一方面坚决予以拒绝，另一方面仍表示加盟入约的既定外交目标不变。1997年，北约和欧盟做出了东扩的重要决定，但斯洛伐克没有像邻国捷克、匈牙利和波兰那样收到入约的邀请，也没有被列入首批进行入盟谈判国家的行列。

这期间，斯洛伐克梅恰尔政府从地缘政治和地缘经济的角度出发，将斯设想为连接俄罗斯和西方国家的桥梁，从而将发展和加强与俄罗斯的关系视作其融入西方社会以外的另一种选择。梅恰尔称："如果西方不要我们，我们就将转向东方。"随着来自欧美政治压力的日益加剧，且加盟入约进程迟缓，梅恰尔政府进一步加强了与俄罗斯的政治和经济关系。

发展同邻国的政治和经济关系也是斯洛伐克对外政策的中心之一，但由于一些双边问题长期得不到解决而没有取得大的进展。因财产分割、贸易摩擦、双重国籍和边境检查等一系列问题，斯与捷克的关系从保持特殊的友好关系而走向疏远；因多瑙

第七章 外　交

河水利工程和斯境内匈族人地位问题与匈牙利摩擦不断；因斯莫霍夫尼策电站建设的安全问题一直得不到解决，斯与奥地利关系停滞不前；因经济纠纷一直未获解决，斯与乌克兰的政治、经济关系平淡；与波兰虽不存在任何可引起争议的问题，但因斯梅恰尔政府的执政方式而使两国关系难以得到加强。

　　第二阶段（1998年秋议会大选后至2004年先后成为北约与欧盟成员国）　祖林达组阁后，通过积极的外交政策努力修复与欧盟和北约的关系，消除梅恰尔政府外交政策产生的消极影响，重新树立斯在国际上的形象。在1998年11月斯总理祖林达第一次正式访问欧洲委员会期间，就与欧盟委员商定建立欧洲委员会—斯洛伐克高级工作小组，帮助斯为加入欧盟作准备；斯政府还与欧盟成员国政府进行频繁的双边接触，祖林达出任总理后的1年内，对欧洲国家进行了35次双边访问和多次多边访问。1999年斯国内政治向民主方向的变化也促进了欧盟与斯洛伐克关系的改善，在欧盟赫尔辛基峰会上，斯洛伐克被邀开始与欧盟进行谈判。2000年3月，斯入盟谈判正式开始。一年多后，斯实现了所谓的"赶上"原则，赶上了其他于1998年就开始入盟谈判的申请国。2002年12月，在欧盟哥本哈根首脑会议上斯收到加入欧盟的邀请。在2003年5月斯举行的有关入盟问题的全民公决中，92.46%的投票者（投票率为52.15%）赞同斯入盟。2004年5月1日，斯洛伐克成为欧盟全权成员国。

　　祖林达政府的外交行动也赢得了北约成员国，尤其是美国的好感和信任：在1999年科索沃危机期间，积极支持北约采取的军事行动；在俄罗斯反导系统问题上不顾前政府已与俄方签约而拒绝购买。斯还通过外交努力赢得先期加入北约的邻国的大力支持。此外，斯积极承担北约体系内保障欧洲安全的职责，努力完成作为北约申请国应尽的政治、经济、军事和立法任务，加强与北约主要成员国的政治对话并开展军事合作，参加多个维和使团

的工作,国际地位获得提升。"9·11"事件发生后,斯洛伐克坚决支持美国的反恐行动,与美国的关系不断加强,被列入北约主要申请国之一。在2002年11月北约布拉格峰会上,斯被邀入约。2004年3月29日,斯洛伐克正式成为北约成员国。

在加强与邻国的关系方面,斯侧重维谢格拉德集团内部的合作。1999年5月,斯洛伐克、捷克、匈牙利和波兰4国总理在维谢格拉德集团合作中断5年(自1994年以来)后首次会晤,恢复了合作机制。在双边关系领域,斯洛伐克与捷克一起解决了联邦解体后遗留下来的财产问题,在融入欧洲和大西洋结构过程中斯、捷两国保持超常关系;斯洛伐克与波兰致力于共同开发基础设施项目及加强跨边境合作,波兰大力支持斯加入北约;斯洛伐克和匈牙利双方以积极的态度对待历史遗留问题和现实问题,双边关系获得明显改善。

斯新政府在一段时间内对俄罗斯采取冷淡、疏远的态度后逐渐转变为灵活、务实的外交政策,重视发展与俄罗斯的经贸合作。

第三阶段(2004年5月1日至今) 入盟后,斯洛伐克积极参与欧盟所有领域的决策。加入北约后,斯洛伐克积极参与该组织的活动,向军事使团派出战士和专家,在拆除未爆炸物方面赢得过"领头国家"的地位。

在这一阶段,发展与邻国的友好关系依然是斯洛伐克的对外政策优先之一。斯致力于推动维谢格拉德集团的合作,巩固和发展与捷克、匈牙利、波兰、奥地利和乌克兰的睦邻关系。此外,斯洛伐克希望发展与独联体国家的关系,注重保持与俄罗斯的平稳关系。

斯洛伐克采取明显的亲美政策。斯总理祖林达宣称,美国对于斯洛伐克来说是最重要的战略伙伴,其重要性甚至超过欧盟国家。

第二节 同美国的关系

一 政治关系

1919年,捷克斯洛伐克同美国建立公使级外交关系,从1943年起提升为大使级外交关系。1993年1月1日,斯洛伐克在独立当天即同美国建立大使级外交关系。

在多边合作领域,斯洛伐克在国际组织中积极开展外交活动,力求获得2006~2007年联合国安理会非常任理事国席位。鉴于斯洛伐克积极参与巴尔干地区事务,联合国秘书长任命斯外交部长库坎为自己在巴尔干地区的代言人之一。

在斯洛伐克独立之初,斯美两国在政治、经济和军事等领域保持友好合作关系。1994年5月,斯国防部长卡尼斯访美,寻求美国对斯加入欧洲大西洋体系的支持,双方签署了国防和军事合作备忘录。同月,由美国17家企业代表组成的美国海外私人投资团访斯,同斯企业界进行广泛接触,计划向斯提供1亿美元贷款。1995年2月,美国助理国务卿访斯,与斯政府领导人就中欧安全和斯加入北约问题进行会谈,表示支持斯加入北约。

由于斯国内政治发展走向不符合西方国家利益,并与俄罗斯的关系越走越近,美国政府开始公开批评斯政府的政策,与斯的官方联系降低到最低水平,并转向同斯议会反对党以及非政府组织进行合作。面对美国的责难,梅恰尔政府在各种场合予以反击,斯反美情绪愈演愈烈。1995年10月,美总统克林顿对赴美参加联合国50周年庆典的斯总统科瓦奇表示,他对斯未能走上民主道路感到不安。同月,美驻斯大使转交美国政府给斯政府的抗议性照会,表示对斯政治发展情况感到不安,希望斯政府采取措施恢复国家宪政机构领导人之间的合作。斯总理梅恰尔随即批

斯洛伐克

评美国政府长期缺乏与斯领导人进行平等对话的诚意。

早在20世纪90年代初,斯洛伐克社会中即已存在反美倾向,但只停留在政治范畴的边缘,出现在民族主义和新共产主义的期刊中。1997年北约马德里峰会后,反美主义成为梅恰尔政府政策的组成部分。同年7月,美驻斯大使指出,美批评斯洛伐克的主要原因是,斯在民主发展方面存在不足,斯政府在就斯加入北约和直接选举总统而举行全民公决期间采取了不适当举措。而梅恰尔则批评美驻斯大使的作为如同1968年苏联驻捷克斯洛伐克大使所作所为,干涉斯内政。梅恰尔的言论获得斯政府的一致支持。1998年1月,斯总统科瓦奇访美,他向美方保证,斯的外交不存在任何转向东方的力量。但美方依然认为,斯政府对加入北约缺乏诚意,并对斯国内非民主发展态势感到不安。至1998年秋斯议会大选前,斯美两国政府关系已进入对立状态。反美言论已从斯政治生活的边缘走向中心,而美国积极支持斯国内反政府的政治力量。

1998年秋斯议会大选结果公布后,美国政府表示欢迎,并对新政府的组成做出积极反应,高度评价斯新政府准备实行广泛的经济和民主改革的计划,以及斯融入欧洲和跨大西洋结构的努力。美国表示,愿意帮助斯政府克服改革进程中遇到的困难。祖林达组阁后,斯美关系发生了根本性变化,两国在各个层次的官方接触不断加强,双边关系从原先的政治对抗转变为政治和经济领域中的建设性合作。由于斯祖林达政府的各项政策符合美国对斯的期望,斯不仅赢得美国对其加入北约的有力支持,还逐渐发展成为美国的战略盟友。

1999年,斯对美外交侧重于双边关系的正常化和建立互信。是年1月,美国国会众议院外事委员会主席率团访问斯洛伐克,受到斯总理、副总理和外长的接见。美对斯在履行北约成员国标准方面取得的进步进行了积极评价,表示支持斯加入北约。同

第七章 外 交

月，斯外长库坎访美，美国务卿奥尔布赖特认为，斯已进入可信赖和民主国家俱乐部。她允诺美国将继续支持斯融入欧洲—大西洋结构。4月，斯政府支持以美国为首的北约发动的科索沃战争，决定将斯铁路、公路和水路交通向北约全面开放，并允许北约的军用飞机在斯境内起降。9月和11月，斯总理祖林达利用赴美参加国际会议之机与美国总统克林顿举行了两次会谈，克林顿表示，斯洛伐克拥有成为北约下一个成员国的最好机遇。11月，美国务卿奥尔布赖特对斯进行正式访问，支持斯洛伐克加入北约。

2000年，斯在与美交往中竭力展示自己作为国际伙伴的可靠性、在政治和经济领域改革的坚定性和进行专家对话的能力。这一年，斯副总理、外长和国防部长先后访美。两国非政府层面的合作也促进了双边关系的发展。11月，在美国战略和国际研究中心、斯洛伐克对外政策协会的共同倡议下，美斯行动委员会成立，从而为两国经营实体、政府和非政府机构进行对话提供了平台，其宗旨是支持斯加入北约。此外，为了在美国更好地宣传斯洛伐克，首任美驻斯大使创办了名为"斯洛伐克的朋友们"的非政府机构。

2001年，斯继续加强与美国的联系，尤其是在"9·11"事件发生以后，斯坚定地站在美国一边，成为美反恐行动中最坚定的盟友之一，赢得美国的信任和赞赏。是年2月和6月，斯总理祖林达两访美国。在第一次访美期间，祖林达与美国政界、商界和新闻界高层人物进行了广泛接触，增进了相互了解。在第二次访美期间，他会见了美国总统、副总统国务卿和国会议员等，还成为布什是年出访欧洲前会见的最后一位欧洲国家领导人。在历次会晤中，两国领导人就斯美关系、巴尔干和乌克兰的政治形势、欧洲独立的安全政策以及欧盟与北约的关系进行了磋商，斯强调美国在欧洲施加影响的重要性和加强美欧联系的必要性。在

斯洛伐克

美国遭受"9.11"恐怖袭击后,斯领导人迅速、明确地谴责针对美国的恐怖行径,同时表示,斯已做好准备支持美国打击国际恐怖主义。9月21日,斯政府收到美国政府发出的一份关于请求斯向美国和北约飞机开放领空和机场的照会,斯政府即日给予批准,并要求斯外交、国防、内务、运输、邮政等部门在美军使用领空和机场时提供一切便利。在美国发动针对阿富汗塔利班运动的军事行动的次日,斯总统、总理和议长签署一份共同声明,支持美国采取的这一行动。

2002年,斯美关系进入斯1993年独立以来的最好时期。是年6月,斯总统舒斯特正式访美,这是斯独立后总统对美国的首次正式访问。此次访问增强了斯在美国和其他西方国家心目中的地位,增添了斯获得入约邀请的机会。同月,斯国防部长斯坦尼克正式访美,就扩大和加深两国军事合作与美方进行了会谈。11月,在北约布拉格峰会上美国支持邀请斯洛伐克入约。在此次峰会上,包括斯洛伐克在内的"维尔纽斯十国集团"通过一项关于支持美彻底解除伊拉克武装的声明,并表示将参加在伊拉克的军事行动,这引起法国和德国等欧洲国家的不满。对此,斯总理祖林达声称:"美国是民主世界的领导者,这也是我们希望成为美国强有力盟友的原因。"北约布拉格峰会刚一结束,美国防部长拉姆斯菲尔德即对斯洛伐克进行访问,允诺美在随后两年中会顺利审议通过斯入约文件,双方还就斯军队改革和北约扩大后的职能进行磋商。

2003年,斯美关系的重心是伊拉克危机和北约扩大的审议程序,斯致力于进一步加强和巩固与美国的友好关系。是年1月,斯作为7个被邀入约的国家之一第一个被美国请求在伊拉克问题上提供支持和帮助,即在必须对伊拉克动武的情况下考虑参加国际反伊联盟,为美国和国际联盟的军队开放领空和机场,提供防护核武器、生物武器和化学武器的军事力量和一些设施。斯政府在接到美照会的当天旋即同意开放领空和机场并决定派遣由75人组成的专门部队。3月，在斯洛伐克2002～2004年外交政策成果与前景展望研讨会上，斯总理祖林达表示，希望斯洛伐克成为美国在欧洲坚定和可信的伙伴国。4月，斯总统舒斯特和经济部长涅姆奇茨对美国进行工作访问，两国总统就伊拉克危机后引起的欧洲分裂和跨大西洋关系恶化等问题进行会谈。5月，美国参议院正式同意斯洛伐克与其他6个被邀入约的国家成为北约成员国。8月，斯政府决定从是年10月1日起单方面取消对美国公民实施的签证制度，其目的是加强与美国的文化、贸易联系和促进旅游业的发展。

2004年3月29日斯洛伐克成为北约成员国和同年5月1日成为欧盟成员国后，其外交活动倾向于确立在上述两个国际组织中的地位，同时斯美双边关系保持高水平。是年3月，斯总理祖林达赴美参加入约仪式，受到美国总统布什的接见。6月，斯总统舒斯特赴美参加美国前总统里根的葬礼。9月，斯美同盟对话机制建立，在此框架内，两国共同签证工作组开始活动，以解决与签证制度有关的问题。尽管斯洛伐克已在纽约和洛杉矶开设了总领事馆，它还计划在美国建立名誉领事馆网络。

2005年2月，美国总统布什对斯洛伐克进行访问，这是自斯1993年独立以来美国总统首次访斯。布什与斯总统卡什帕罗维奇和斯总理祖林达举行会晤，并在布拉迪斯拉发老城区的赫维兹多斯拉夫广场发表演讲。6月，美驻斯大使馆称，美国政府将向斯洛伐克提供价值600万美元的军事援助，以感谢斯在伊拉克和阿富汗战争中对美国的支持。

长期以来，斯洛伐克与美国印第安纳州、密歇根州的合作不断加强。1994年，斯洛伐克与印第安纳州签订伙伴计划。2000年以前，斯洛伐克与印第安纳州的合作几乎仅限于军事层面。2000年以后，双方合作扩展到政治层面，议会之间建立起联系。

2002年5月,密歇根州州长访问斯洛伐克,双方签署关于在经济、文化和教育领域合作的理解备忘录。2004年4月和9月,美国密歇根州的议会代表团和斯洛伐克议会代表团进行了互访。

二 经济关系

1993~1998年,由于斯采取亲俄的经济政策,限制了包括美国在内的西方资本进入斯市场,两国的贸易往来也低于美国与其他中欧国家的经贸水平。1998年斯祖林达政府上台后采取了积极的对美贸易政策,并吸引了更多的美国投资。1999年,美国成为斯最重要的贸易伙伴之一,与1998年相比,斯贸易逆差下降40%。同年,美成为斯第5大投资国,美对斯投资额达2.25亿美元。2000年3月斯政府与美国钢铁公司签订理解备忘录,斯政府在东斯洛伐克钢铁公司吸引外资问题上对美国钢铁公司采取优先于其他外国公司(如印度伊斯帕特公司)的政策。为了推动两国经济合作,从1999年起开始定期举行斯美两国经济专家圆桌会议,探讨美如何支持斯加入经济合作与发展组织和欧盟,以及如何改善斯吸引外资状况等问题。至2002年9月30日,斯共吸引美投资3.4亿美元,占斯吸引外资总额的5.9%,美是斯第6大投资国。美在斯主要投资项目有位于科希策的美国钢铁公司子公司、位于皮耶什贾尼的安森美半导体工厂、科希策附近的莫仕公司和位于马拉茨基的百事可乐工厂等。

目前,斯美经济关系已完全正常化,两国政府、企业和非政府机构之间的经济合作不断加强。美支持斯继续进行经济改革,认为斯具备发挥作用的市场经济,且已融入欧洲和世界经济空间。在斯参与国际金融机构(如世界银行、国际货币基金组织)的项目过程中,美给予了支持与帮助。美支持斯经济融入欧盟,但在两国修订以往签订的双边经济协定问题上,美希望斯保留美国利益，为美国机构和公司保留对等条件。

近两年来，斯美贸易取得显著发展，尤其是斯对美出口大幅增加，改变了以往斯存在贸易逆差的现象。2002年斯对美出口额占斯出口总额的1.5%，2003年这一比重已上升到6.48%。斯对美出口产品中，附加值高的产品明显增加，如轿车、机器和运输设备，略有增加的产品有家具、电器、钢铁产品和塑料制品等，而传统出口产品，如玻璃和玻璃制品、轮胎、工作鞋和服装等则有所减少。

第三节 同欧洲国家的关系

一 同德国的关系

政治关系 斯洛伐克与德国拥有传统的友好关系，早在1939~1945年第一个独立的斯洛伐克国家存在期间，当时的斯总统约瑟夫·蒂索就将斯置于希特勒的"保护"之下，以至于斯洛伐克在第二次世界大战中没有受到重创。1993年1月1日斯洛伐克共和国宣布独立的当天，德国即承认斯为主权国家并与其建立了外交关系。斯作为原捷克斯洛伐克联邦共和国的继承国之一承认了1992年2月27日德国与捷斯联邦签署的"睦邻友好与合作条约"，两国双边关系以此为基础得到继续发展。

1993~1998年，德国科尔政府一方面积极支持欧盟和北约东扩，另一方面由于对斯梅恰尔政府的执政方式持异议而从1997年起开始与斯政府保持距离。此间，两国政治往来稀少，高层互访不多。重要的访问仅有：1995年2月，斯外交部长申克访问德国，希望与德发展政治经济合作并期望德国支持斯加盟入约；1998年1月，德国总统赫尔佐格赴斯参加中欧国家总统会晤。

斯洛伐克

1998年祖林达组阁后将德国视作斯加盟入约进程中的重要伙伴国，德国确实也给予斯大力支持。随着高层互访增多，政治对话加强，经济合作深化，两国关系得到广泛和深入发展。1999年，斯洛伐克总统舒斯特、总理祖林达、国民议会议长米卡什、外长库坎分别访问德国。同年9月，德国总统约翰·劳访问斯洛伐克。2000年10月，德国总理施罗德访斯，这是斯独立后德国总理首次正式来访，为斯德关系的发展带来可喜的变化。施罗德表示，如果斯洛伐克继续加快改革的步伐，就有机会赶上维谢格拉德集团其他成员国，而且斯洛伐克在加盟入约进程中可以依靠德国的支持。同时，两国总理希望进一步加强两国的经贸关系。2001年10月，斯总统舒斯特对德国进行正式的国事访问，两国元首就经济合作、斯加盟入约、"9·11"事件以后的全球形势和美国在阿富汗采取的行动等问题进行了讨论。同年，斯议长米卡什、外长库坎分别访问德国。2002年，斯总统舒斯特和总理祖林达对德国进行了多次工作访问。

从2003年起，斯德关系受到以下三个因素的影响，即北约和欧盟的扩大、欧盟内部的改革和美国发动的伊拉克战争。两国在上述问题上经常观点相左，只是由于斯德不互为邻国，斯洛伐克没有像捷克和波兰那样与德国的关系陷入紧张状态。2003年2月，由波罗的海三国、斯洛文尼亚、克罗地亚、保加利亚、阿尔巴尼亚、马其顿、罗马尼亚和斯洛伐克组成的"维尔纽斯十国集团"的外长们签署了支持美国对伊拉克发动战争的公开信。中东欧国家的举动激起德国和法国的不满，有别于法国采取的强硬态度，德国一直避免与中东欧国家发生对峙，以较温和的态度表达自己的意见。2003年3月，德国外长费舍尔对中欧国家逐一进行工作访问以避免中断与这些国家的政治对话。他在访斯期间宣称，对伊拉克危机的不同观点不会削弱良好的斯德关系。在欧盟建设问题上，斯洛伐克反对德国总理施罗德提出的建立欧洲

第七章 外 交

防务联盟的倡议,认为它有悖于共同外交和安全政策,而且会削弱北约的作用。斯德两国的分歧还表现在关于欧洲未来的宪法条约上,德国主张实行联邦模式,斯洛伐克则提倡加强政府之间的合作,支持保留半年一任的轮值国和"一个国家,一个委员"的原则。

尽管两国在一些问题上存在一定的分歧,但相互联系、交流和互访数量众多,不仅存在于国家间,还存在于地区间。在斯境内的喀尔巴阡德意志人和1968年以后定居德国的大约3万名斯洛伐克移民和避难者成为斯德关系的桥梁。两国关系的发展还建立在一系列政府间和部委间双边条约和协定之上,两国政府间双边条约和协定有关于继续加强经济、工业和技术合作的协定、关于处理涉及核安全和防止核辐射共同利益问题的协定、关于雇佣斯境内经营体工作人员的协定、关于从原苏联输送天然气经捷克和斯洛伐克境内至德国的协定(斯洛伐克继承了原捷斯联邦的协定)、关于贸易和航运的条约。此外,还有关于社会保障(2003年10月17日签署)和公路交通(2002年6月14日签署)的双边协议。两国部委间双边协议有两国国防部在国防科技领域进行合作的协议、斯经济部与德国萨克森—安哈特州经济部合作的协议。

经济关系 斯洛伐克是德国在中东欧地区的第5大贸易伙伴国,从1998年起,德国成为斯最大的贸易伙伴国。从1993年斯独立至今,斯德双边贸易额增长了6倍多。从2002年起,斯洛伐克在斯德双边贸易中开始存在顺差。2004年,斯德双边贸易额同比增长5%,斯向德出口同比增长3.7%,达到25679亿斯洛伐克克朗,占斯出口总额的28.69%;斯从德进口同比增长6.5%,达到22440亿斯洛伐克克朗,占斯进口总额的23.82%。斯主要向德国出口汽车(大众汽车的出口占斯出口总额的20%)、车体、车座、机床、驱动器、变速箱、生橡胶制品、传输设备和生产电能、电机和电子设备和钢铁产品等。斯向德国出口的最大出口商是跨国公司和外国投资者。

1998~2003年,德国一直是斯洛伐克最大的外资来源国。截至2004年12月31日,德国在斯洛伐克的投资额达705亿斯洛伐克克朗,占斯洛伐克吸收外资总额的18.5%,成为斯第二大外资来源国。德国对斯投资主要流向汽车制造、机电工业和能源、金融部门。在斯洛伐克境内约有300家德国独资或合资公司在运作。含有德国资本的斯洛伐克公司计有16家,涉及汽车制造、机械制造、机电、天然气、通讯技术等领域。

文化关系 斯洛伐克和德国在斯德文化合作协议(1997年5月1日签署)基础上保持紧密的文化关系。两国不少大学建立了伙伴关系(其中14所由德国学术交流服务中心赞助),同样由德国学术交流服务中心赞助的奖学金计划每年向斯学生提供130份奖学金。1991年在布拉迪斯拉发成立的歌德研究所一直运作至今,它与德国驻斯洛伐克大使馆每年在科希策联合组织"德斯文化日",深受欢迎。德国加强与斯洛伐克文化联系的重点是提升德语作为斯外语的地位和强化德语教学。目前,在斯洛伐克大约有4000名德籍教师在斯洛伐克学校教授德语,将近35万名斯学生在学习德语。15所斯洛伐克中学提供德语文凭以便在德国大学就读时不需进行进一步的测试。德语已与英语一起成为斯最热门的外语。

二 同法国的关系

政治关系 在斯洛伐克外交政策中,法国是优先发展双边关系的主要国家之一。斯洛伐克独立后不久,法国就希望与其建立非常紧密的关系。1993年1月,法国外长迪马访问斯洛伐克,他是斯独立后接待的首位重要外国来宾。1994年,斯洛伐克总理莫拉夫奇克访问法国。1995~1996年,斯洛伐克政府为了争取更多国家对其加盟入约进程的支持而决定与法国建立战略伙伴关系。1996年3月,斯总理梅恰尔访问法国,受到最高级别的接待,斯开始试图与法建立战略伙伴关系。虽然在梅恰尔执政期间,斯方领导人频繁出访法国,以期拉近与法国的关系,但在1997年北约马德里峰会上,法国没有坚持接纳斯洛伐克入约。

1998年秋斯政府更替给斯法关系的发展带来某些不利影响。由于斯竭力与美国建立超水平的战略关系,在一定程度上抑制了斯法政治关系的深化。法国是纯粹欧洲利益的主要倡导者,而斯祖林达政府努力提升跨大西洋关系。在对于法国非常重要的欧洲安全和防务政策问题上,斯洛伐克采取了非常不热心和形式上的支持态度。2000年6月,法国阻止斯加入经济合作与发展组织。祖林达政府还改变了对外贸易和投资政策,不再像梅恰尔政府那样特别维护法国的经济和商业利益。斯总理祖林达1999年访法和斯总统舒斯特2000年访法时分别用"优先发展的伙伴关系"和"强大的伙伴关系"等表述代替原先的"战略伙伴关系"。

在伊拉克战争和欧洲宪法条约问题上,斯法观点存在分歧,两国关系受到一定程度的影响。2003年1月,法国总统希拉克坚决拒绝英国、西班牙、葡萄牙、意大利、波兰、捷克、匈牙利和丹麦等八国领导人(后斯总理祖林达加入)提出的欧洲国家与美国在伊拉克问题上共同行动的要求。在欧盟特别峰会上,他又严厉批评申请入盟国家的亲美宣言(2003年2月,"维尔纽斯十国集团"的外长们签署了支持美国对伊拉克发动战争的公开信),指责中东欧国家"失去了保持沉默的好机会"。希拉克的言论遭到斯总统和总理的反驳。尽管两国存在高级别的政治对话和各个领域的广泛合作,双边关系中不存在任何悬而未决的问题,但斯法两国的政治接触逐渐只限于工作水平。

经济关系 斯法间经贸领域的合作充满生机。2002年法国

斯洛伐克

成为斯洛伐克第二大外资来源国（财政部门除外）。目前，法国是斯洛伐克第5大外资来源国，截至2004年6月30日，法国在斯洛伐克的投资总额达到8.18亿美元，占斯所吸引的外资总额的7.3%。而2004年上半年法国对斯投资9130万美元，占斯同期所吸引外资的15.1%。法国对斯投资的90%流向经营领域，其余流向金融部门。除了战略性投资，斯洛伐克还欢迎法国对其中小型企业进行投资。截至2004年4月1日，在斯洛伐克注册、登记的法国公司达到200家（大部分分布在布拉迪斯拉发州），就业人员达2.5万名。法国标致—雪铁龙汽车公司在特尔纳瓦市附近投资7亿欧元兴建生产汽车的工厂，这一项目是斯历史上吸引的最重要外国投资之一，它为斯创造了3500~4000个直接就业岗位和6000个间接就业岗位。从2006年起，该厂将开始每年生产30万辆轿车，届时出口至全欧洲。转包商工业园区就建在该厂附近，占地55公顷，2003年秋开始建造，从2004年11月起，第一批投资者和转包商落户工业园。在斯有多家法国投资公司，涉及领域广泛，其中服务业—银行、旅游和广告，占19%；生活环境，占16%；能源、化工，占16%；机械工业—汽车工业，占12%；农业—工业，占10%；电机材料，占9%；时装、纺织和化妆品，占5%；通讯电子，占4%；居住、休闲，占3%；印刷、包装和木材砍伐，占2%；交通、后勤，占2%。

1993~1998年，在斯法双边贸易中，斯一直存在逆差。1999~2000年，斯对法出口显著增长，斯存在贸易顺差。从2001年起，斯进口又大于出口，斯存在贸易逆差的趋势延续下来。与2002年相比，斯对法出口增长31.06%，斯从法进口增长27.76%。2003年，斯洛伐克主要向法国出口机器和运输设备（占出口额的49.49%，主要是大众汽车）、市场产品（占出口额的28.6%，主要是科希策美国钢铁厂生产的轧制钢铁产品）和工业产品（占出口额的15.92%）。同年，斯主要从法国进口机器和运输设备（占进口额的52.31%）、化学药品（占进口额的18.68%）和市场产品（占进口额的18.4%）。近几年来，斯法进出口产品构成和比例没有大的变化。在斯出口产品中，化工、制药、木材加工和消费工业的产品也有所增长。

此外，法国对环境保护领域的贸易—投资合作表现出持久的兴趣。在地区合作层面上，商业活动富有特色。斯洛伐克为法国合作伙伴和投资者提供了广阔的空间，如在工业园区、饮用水处理、污水清洁、市政垃圾处理和地热资源利用等方面。两国城市、乡镇间在使用欧盟结构基金方面也开展合作。

三 同英国的关系

政治关系 1993年1月1日斯洛伐克独立当天，英国与斯洛伐克建立外交关系。对斯洛伐克希望融入欧洲大西洋框架的构想，英国在一段时期内采取比较审慎的态度，但最终大力支持斯洛伐克加入经合组织、北约和欧盟。

1993~1998年，斯洛伐克同英国的关系没有得到系统的发展，且受到斯国内政治发展的影响。这一时期，重要的访问活动不多，有1994年6月斯总统科瓦奇赴英参加庆祝盟军在诺曼底登陆50周年纪念活动；1995年5月科瓦奇赴英参加庆祝二战在欧洲胜利50周年纪念活动；1993年3月斯总理梅恰尔对英国进行工作访问；1995年4月英国外长赫德对斯洛伐克进行工作访问；1995年10月斯外长申克访问英国。上述访问质量均不高。1997年，斯洛伐克被暂时排挤出加盟入约的进程，而英国是这两个国际组织的重要成员国。

1998年秋斯议会大选后，两国关系得到加强。1999年1月，斯外长库坎对英国进行正式访问，其主要目的是改善斯英关系。同年3月，斯国防部长卡尼斯和负责经济事务的副总理米克洛什分别访英。两国各部委领导人也进行了密集互访，进一步推动了

斯洛伐克

双边关系的发展。1999年11月,斯洛伐克国际问题研究所和斯洛伐克外交政策协会组织了第一次斯英圆桌会议,它为两国专家交换意见和进行接触提供了机会。2000年11月英国王子查尔斯对斯洛伐克的访问是斯独立以来英王室领导人的首次正式来访。从2000年9月1日起,英国驻斯洛伐克大使馆成为北约与斯洛伐克的联系地。近几年来,两国保持频繁的高层互访。2002年,英国欧洲事务部长和外交部长分别访问斯洛伐克。同年,斯总理祖林达正式访问英国。2003年,斯外交部长、国防部长、司法部长先后访问英国,斯总理祖林达与英国首相布莱尔进行了会谈。2004年,斯议长赫鲁肖夫斯基正式访问英国。这期间,英国支持斯洛伐克加盟入约,在欧盟和北约的发展问题上,两国在不少领域观点相似,如在税收、社会政策和国防等领域。在结构改革方面,斯洛伐克支持英国提出的关于设立欧盟对外政策领导人职务以及欧盟总统只起协调作用而无大权限的建议。由于两国领导人都支持在欧盟内部建立安全支柱,且将北约视作安全的基础,希望与美国保持"特殊关系",赞同美国对伊拉克发动战争,斯洛伐克和英国的关系逐渐发展到比同法国和德国更接近。

在斯英政治关系不断得到改善的同时,两国相互关系中也出现了一个问题,如从1998年10月8日起英国单方面停止关于对斯公民实行免签制度的协定而对入境的斯公民提出签证要求(原因是斯洛伐克罗姆族人前往英国要求政治避难的人数激增,仅1998年9月就达250人)。1999年11月,英国议会通过了新的移民和避难法,但对斯公民的签证要求一直没有取消。直至2004年5月1日斯加入欧盟后,英方的这一措施才中止。

经贸合作 根据斯洛伐克国家银行的统计数据,截至2003年12月31日,英国对斯洛伐克投资总额达239.62亿斯洛伐克克朗（折合7.279亿美元），占斯吸引外资总额的7.1%，继德国、荷兰、奥地利和意大利之后成为斯第5大外资来源国。英国在斯洛伐克的最大投资公司有特易购连锁店有限公司，帝国烟草公司（投资到斯洛伐克国际烟草公司），康特奈特产品有限公司（投资到斯洛伐克皮耶什贾尼矿泉疗养地），壳牌公司和花旗银行等。此外，一些英国公司常驻斯洛伐克，如英国航空公司、葛兰素史克公司、英国电信公司、高士集团和一些咨询公司和法律公司。

与欧洲其他国家相比，斯洛伐克与英国的贸易额较低，2003年斯对英出口额占斯出口总额的2.4%，斯从英进口占斯进口总额的2.5%，英国成为斯洛伐克第10大贸易伙伴国。2003年3月英国驻斯洛伐克大使馆和英国工业联合会联合主办了名为"统一欧洲市场内的挑战和机遇"的大会，旨在斯入盟后加强两国经贸合作，电机和汽车工业是双方加强合作的潜力领域。为了让英国企业家更多地了解斯洛伐克，增强他们对斯投资的兴趣，斯有关机构不断加强宣传力度。

四 同荷兰的关系

斯洛伐克重视发展同荷兰的关系。在国际贸易中，荷兰是重要的贸易伙伴；在国际安全和经济结构中，尤其是在欧盟和北约中，荷兰也拥有相对有利的地位。

政治关系 在斯洛伐克加盟入约的进程中，荷兰积极支持并提供帮助。在两国谅解备忘录（2000年11月1日签订）的基础上，荷兰对斯提供援助的计划PSO和MATRA得以实施。PSO计划的中心是运用荷兰传统部门的技术和工艺，如农业、工业、交通、能源、生活环境和地区发展等部门。MATRA计划是关于社会转型的计划，侧重于社会和政治领域、民主的加强和公民社会的建设等。

斯洛伐克

近几年来，两国政治往来不断。2001 年 11 月，荷兰国防大臣德赫拉弗访问斯洛伐克，分别会见了斯总统舒斯特、国民议会副议长赫鲁肖夫斯基、国防部长斯坦尼克等。2002 年 1 月，荷兰农业、自然管理和渔业大臣布林克霍斯特访问斯洛伐克，签署 2002 年两国农业合作工作计划，合作的基础是两国伙伴关系备忘录。同年 2 月，荷兰经济事务大臣率企业家代表团访斯，签署环境保护合作谅解备忘录。2003 年 4 月，荷兰外交大臣对斯进行工作访问。

斯荷双边关系建立在良好的法律条约基础之上，1997 年结束了所有双边法律条约的修改。一些旧的条约，如 1923 年原捷克斯洛伐克共和国与荷兰签署的贸易条约和 1975 年原捷克斯洛伐克联邦共和国与荷兰签署的经济、工业和技术合作协定，已经被斯荷签署的新条约所替代。

经贸合作 荷兰是斯洛伐克重要的经贸合作伙伴。从 1993 年斯独立以来，斯荷双边贸易呈现增长趋势。2003 年两国双边贸易额增长 7%（2002 年增长 19%），斯方存在贸易顺差，比 2002 年增加 20%。斯主要向荷兰出口轿车和其他机动车辆以及汽车零部件（占斯向荷出口额的 27%）、自动处理资料的机器（占 16%）、中央供暖锅炉、钢铁轧延产品、纸、硬纸板、鞋、服装、家具和矿物燃料等。斯主要从荷兰进口豆油饼（占斯从荷进口额的 9%）、拖拉机、拖车、泵、压缩机、电子管、药品、电动机器和设备、电线和电缆、鲜花和其他植物等。2004 年上半年，斯向荷出口加速增长，同比增长 14.8%。斯从荷进口同比增长 8.8%，双边贸易总额同比增长将近 25%。荷兰成为斯第 9 大出口国和第 15 大进口国。

目前，荷兰是斯洛伐克第一大投资国，截至 2004 年 12 月 31 日，荷兰对斯洛伐克投资已达 951 亿斯洛伐克克朗，占斯洛伐克吸收外资总额的 25%。荷兰对斯投资的 99% 流向经营领域，1%流向金融部门。双方都愿意继续增加荷对斯投资，同时斯方希望荷兰有更多的中小企业到布拉迪斯拉发州以外的地区投资。荷兰在斯的投资涉及啤酒生产、电机、食品加工、石油提炼、保险、通讯、机械、商品零售和旅游业等诸多领域。

五 同意大利的关系

自1993年1月1日斯洛伐克与意大利建立外交关系以来，两国关系的发展水平很高，政治、经济、文化和科技交流日益加强，最高级别领导人的会晤频繁。

政治关系 意大利积极支持斯洛伐克加盟入约，在未来的欧洲宪法问题上，斯意两国都强调欧洲的基督教根源，赞同保留民族国家的主要作用。近年来，斯意两国政治往来频繁，重要的高层访问有：2002年4月，意大利内政部长克劳迪奥·斯卡约拉访问斯洛伐克，与斯洛伐克内政部长希姆科签署双方在反对有组织犯罪、恐怖活动和毒品交易的斗争中进行合作的协议。同年7月意大利总统钱皮对斯洛伐克进行正式访问。同年10月，斯洛伐克总统鲁道夫·舒斯特访问意大利弗留利—威尼斯—朱利亚大区，促进了两国经贸关系的加强。2003年3月，斯洛伐克国民议会议长帕沃尔·赫鲁肖夫斯基赴意参会，会见了"意大利小型企业联盟"的领导人，表示赞同在斯洛伐克组织双方小型企业负责人的会晤。同年4月，意大利负责基础设施和交通的部长访斯。同年5月，两国副总理就欧盟扩大事宜进行了磋商。同年7月，意大利参议院议长皮埃尔·费尔迪南多·卡西尼访问斯洛伐克。同年9月，斯洛伐克副总理帕尔·茨萨基访意。2004年4月，斯洛伐克副总理、外交部国务秘书和经济部长等访问意大利。同年11月，意大利总理西尔维奥·贝卢斯科尼正式访问斯洛伐克，与斯总理祖林达和议长赫鲁肖

斯洛伐克

夫斯基进行了会晤。

经济关系 斯意经济关系得到顺利、有建设性的发展，双方都致力于改善经济关系并在共同感兴趣的领域加强合作，促进经济增长。近几年来，斯意双边关系的发展侧重于经济合作，两国高层领导人的会晤多以此为中心议题。

自斯洛伐克独立以来，意大利逐渐成为斯5大经济伙伴国之一，它目前是斯第3大商品出口对象国、第4大商品进口来源国和第4大外资来源国。意大利继捷克和德国之后成为斯洛伐克第三大外贸伙伴国，斯意两国的贸易斯贸易顺差大，双边贸易总额年增长率高和斯向意出口占斯出口总额的比例高。斯洛伐克主要向意大利出口轿车、服装、钢材和机动车零配件等，主要从意大利进口轧钢机、鞣制革和机动车零配件等。

至2003年，意向斯投资238亿斯洛伐克朗，占斯吸引外资总额的10.4%，投资主要流向银行体系，中小型投资也逐渐流向斯失业率高的地区的生产部门。2000年5月，意大利联合信贷银行成为布拉迪斯拉发农业银行多数股份持有者；2001年6月，意大利联合商业银行拥有斯通用信贷银行的多数股份。此外，2003年10月，威尼斯工业家联合会在斯城市沙莫林建立意大利中小型企业工业园区，占地面积为38万平方米，主要从事机械和机电生产。第一阶段建设有14家意大利公司参与，初始投资金额为1300万欧元，预计年利润为5000万欧元，将创造500个就业岗位。

文化交流 从1991年起，在布拉迪斯拉发一所中学设有斯洛伐克语—意大利语双语教学部。2000年1月1日，斯洛伐克驻意大利大使馆成立斯洛伐克研究中心，它负责发起和组织促进两国文化交流的活动。2002年9月30日，双方签订隶属两国政府间文化协议的执行计划。目前，斯洛伐克在意大利有3个名誉领事馆，分别设在佛罗伦萨、巴勒莫和的里雅斯特。

第四节 同邻国的关系

一 同捷克的关系

1918年10月28日,在奥匈帝国的废墟上斯洛伐克和捷克这两个民族携手建立了共同的国家——捷克斯洛伐克共和国,直至1992年12月31日捷克斯洛伐克联邦共和国和平解体,两个民族共同生活了将近70年(1939~1945年斯洛伐克一度独立出去),其间,分歧和摩擦不断,但共同生活的历史为后来两个国家间形成的"超常"友好关系奠定了基础。

斯洛伐克和捷克的政治家们在联邦解体时就许诺,两国间将保持"超常"的友好关系,捷克斯洛伐克联邦共和国的最后一任政府总理杨·斯特拉斯基甚至公开宣称,分家不会使公民的生活受到影响。1992年10月29日,斯洛伐克和捷克两个共和国的总理签署了16个关于解体后进行合作的协议。解体后,斯洛伐克和捷克继承了原联邦的一切协定和义务,两国均视对方为重要的外交伙伴,定期就国家安全问题进行磋商,在国际组织内尽可能采取一致立场。但两国在共同边界和财产继承等一系列问题上产生了愈来愈多的摩擦,两国关系一度走下坡路。

共同边界问题。在解体前,捷克总理克劳斯曾表示,在两国的共同边界上将不设立海关。但从1993年1月2日起,捷克占据了捷斯共同边界上的关卡,并从1月4日起,开始了公路海关检查。2月初,斯洛伐克开始实施类似的措施。1993年3月30日,两国签署关于在共同边界上设立海关通道的条约。在斯洛伐克拒绝了捷克提出的共同巡逻边境的要求后,捷克开始了单方面的措施。从1993年中期起,捷克外事警察机构开始在公路,后来又在铁路上进行正常的护照检查。一年后,斯洛伐克也实行护

斯洛伐克

照检查制度。另一方面，两国公民在过境时出示身份证依然有效。

货币联盟问题。解体后，两国的货币联盟只维持了几个星期，1993年2月8日，两国各自发行了新货币——斯洛伐克克朗和捷克克朗。

关税联盟。根据1992年10月签订的协议，解体后两国建立关税联盟，以便两国均可继承原联邦的双边和多边贸易协定和条约（如中欧自由贸易协定），但这个关税联盟缺少针对第三国的共同贸易政策。同时，由于斯洛伐克实施贸易许可证制度，甚至对一些产品实行数量配额制，关税联盟很快出现裂痕。

财产分割问题。按照事先达成的协议，原联邦共和国财产按2:1的比例在两国间进行分割（捷2，斯1），但双方在银行欠款、斯洛伐克存放在布拉格的黄金等问题上出现严重分歧。

双重国籍问题。根据捷法律，从1993年1月1日起，大约有6万名生活在斯的捷公民由于选择了斯国籍而失去了捷国籍。捷克拒绝提供给原捷克斯洛伐克联邦共和国的公民双重国籍。

1994年秋梅恰尔在斯洛伐克组阁后，斯捷在加盟入约的进程中显现出差异，两国关系逐渐走向相互疏远。1998年1~7月，原捷克国家银行行长托肖夫斯基担任捷政府总理，引起以梅恰尔为首的斯方领导人的反感，两国关系进入"冰冻期"。两国领导人互相攻击、指责，两国部长级官员和专家的会晤限制在最低水平，两国外长的会谈也被取消。

1998年10月斯祖林达政府上台后，两国关系明显得到改善。当年，斯国防部长卡尼斯对捷进行了正式访问，分别与捷总统哈韦尔、总理泽曼和国防部长维特希进行了会谈。双方表示要重视捷斯传统，加强两国关系。11月7日，捷总统哈韦尔应斯四个非政府组织邀请，对斯进行了非正式访问。访问期间，他与斯总理祖林达举行了会晤，表示要恢复维谢格拉德集团合作，并称捷政府将以最积极的态度解决影响两国双边关系的一些有争议的问题。11月23日，捷总理泽曼正式访斯，两国总理商定，在12个月内解决财产分配问题，维持目前对两国边境的松散检查，支持关税联盟的存在并要继续深化合作，加强交通基础设施的建设，以便利两国人员、商品的流动。此外，捷克修正了关于公民国籍的法律，那些在1992年12月31日前是捷克斯洛伐克公民、在1993年12月31日前因选择了斯洛伐克国籍而失去捷克国籍的人将被恢复捷克国籍，允诺凡在1992年12月31日前是捷克斯洛伐克公民的捷克公民今后不会再因为得到斯洛伐克国籍而失去捷克国籍。这些政治变化为解决两国间的问题，发展两国关系创造了有利条件。2000年5月，斯捷两国总理在布拉格就搁置了7年之久的财产分配问题达成协议。斯方用其在捷商业银行中的股份换取捷在斯信贷银行中的股份，捷则同意免除斯所欠高达258亿捷克克朗的债务，并归还斯4.1吨黄金。于是，斯捷两国在各个领域、各个层次的联系与合作日益得到加强，逐渐建立起"超常"的关系。

在政治领域，两国总统、总理和政府间的接触、交流不断，签订了一系列旨在改善两国关系的条约和协议。2003年1月，捷克总统哈韦尔在结束总统任期前访问斯洛伐克。哈韦尔在捷斯联邦解体10周年之际发表谈话认为，捷斯两国已经克服了联邦解体的创伤，解体的弊端开始被收益所代替。2003年3月，克劳斯就任捷克新总统后首访斯洛伐克，希望进一步发展捷斯关系，支持斯洛伐克早日加入北约。2004年5月，斯洛伐克总统舒斯特在结束总统任期前对捷克进行正式访问。2004年7月，斯新总统卡什帕罗维奇就任后首访捷克，两国总统高度评价斯捷间超常的双边关系，表示要进一步加深两国关系。卡什帕罗维奇认为，世界上几乎没有任何其他两个民族像斯、捷这样拥有如此相近的语言、文化和历史，进一步发展双边友好关系十分自然，

斯洛伐克

在欧盟框架内，两国也应互相帮助。两国总统还就维谢格拉德四国集团的未来发展、斯捷两国军队在国外共同行动等问题进行了讨论，一致同意两国共同参与训练伊拉克军人和军事警察的事务。

两国对外政策立场在许多方面相似，甚至完全一致，为两国在维谢格拉德四国集团、中欧自由贸易协定和中欧倡议等地区合作组织内解决问题时互相协调立场创造了前提条件，两国还在重大国际问题上相互支持。例如，在伊拉克战争期间，两国向科威特派遣联合防化营，在对欧洲政策的最重要问题上两国立场接近。由于捷先于斯开始入盟谈判，捷将一些谈判经验和准备法律条文的经验传授给斯，两国还协调步骤争取一起入盟。在斯加入北约问题上，捷全力支持斯在2002年北约布拉格峰会上被邀入约。2004年5月1日斯捷两国加入欧盟后，两国一致希望尊重欧盟成员国特性，同时力求保持两国在教育、语言相通性和翻译欧盟标准等方面的合作，加强议会间合作和维谢格拉德集团内部的合作。根据两国签署的条约和协议，斯捷公民在对方国家医院可享受一些免费的医疗服务（从2001年4月1日起协议生效），在对方国家就业时不需办理工作许可证并可领取抚恤金，在对方国家学习的学生享有与所在国学生一样的待遇，相互承认对方学历等。

在经济领域，两国贸易条件不断改善，相互贸易额和直接投资额不断上升，且还有发展的潜力。2001年1月1日，斯方取消了自1997年开始实施的进口附加税，但保留了进口商品的数量限制；捷方也采取了对等措施，双方还对部分进口商品互相实行配额。2002年12月，在欧盟宣布接纳捷、斯两国入盟的同时，两国签署自由贸易协议，消除了所有余留的贸易障碍。从2003年1月起，两国实行与欧盟一致的贸易规则。斯捷入盟后，两国签署的关税联盟条约失效，两国总理随即签署政治备忘录，

第七章 外交

为加强和扩展合作奠定了新的基础。为了继续两国的经济合作，2004年4月，斯洛伐克经济部与捷克商业和工业部还签署了合作协定。

目前，捷克是斯洛伐克的第二大贸易伙伴国。2004年，斯捷贸易额达到2439亿斯洛伐克克朗，占斯贸易总额的13.27%，同比增长9.8%；斯从捷进口额达1246亿斯洛伐克克朗，占斯进口总额的13.2%，同比增长5.3%；斯向捷出口额达1193亿斯洛伐克克朗，占斯出口总额的14%，同比增长15.1%。斯洛伐克主要从捷克进口轿车、机动车零部件、铁制品、发动机、自动处理数据的机器、电能、煤和烟草制品等；斯洛伐克主要向捷克出口机动车零部件、金属和金属制品、钢材、机器、矿物油、燃料、润滑油和化学药品等。

在投资领域，两国加大了对对方的直接投资力度。捷银行和公司纷纷到斯建立分支机构，斯在私有化进程和经济发展方面稍落后于捷，捷一些高层管理人员将在国内取得的经验推荐给斯，收效很好。如今，斯最畅销的报纸、第二大银行、最大的购物和娱乐中心、两大移动通讯公司之一的负责人都是捷克人。斯一些大公司鉴于与捷语言交流的便利和以往合作的经验，在捷建立合资企业。2004年，捷克向斯洛伐克投资44亿斯洛伐克克朗，占斯吸引投资总额的16.4%，主要流向化工企业。截至2004年12月31日，捷克对斯投资额共达198亿斯洛伐克克朗，占斯吸引外资总额的5.2%。

在文化、教育和体育领域，两国互相支持发展、扩大合作、进一步融合。两国的文化交流分别在三个层面开展：官方互换活动、双方艺术机构组织的商业性质的演出活动和非赢利性质的交流活动。每年在斯科希策举办"捷克日"活动，有利于在斯东部地区宣传捷文化和加强斯境内捷克人同乡会之间的联系。2001年，在布拉格举办了"捷克和斯洛伐克文化相融月"活动，两

斯洛伐克

国相互举行著名艺术家的作品展览、戏剧团体演出、电影周、音乐演出。斯举办"捷克戏剧节",捷文化部拨款支持《捷克-斯洛伐克桥梁周刊》的出版和其他赴斯文化活动。两国每两年签订一次政府间文化和教育合作协定,1995~1998年间,根据两国教育部间的协议规定,每年可互换80名学生,1998年以后,两国政府决定取消相互留学限制,规定两国学生可自由在对方学习并享受与本国学生一样的待遇。2000/2001学年,3542名斯学生在捷大学学习,264名捷学生在斯大学学习;2001/2002学年,2300名斯学生在捷大学登记入学,在捷学习的斯学生人数接近5800名,而在斯大学新入学的捷学生为90名。

捷斯间特殊的国家关系还表现为:两国公民在对方国家办理移动电话手续、在银行开户、在饭店付款均能享受特别待遇。在斯洛伐克,对外国人和本国人一直实行不同的服务价格标准,但将捷克人列入"本国人"的范畴或者最多是"半个外国人"。在斯任何一个大城市现在都可以购买到捷绝大多数的日报,捷电视台互相竞争,争取斯观众的收视率,在斯商店可购买到捷大部分食品,捷克的政治事件直至体育新闻都会被斯新闻媒体详细追踪和分析,在斯书店出售的图书中1/4为捷语书,在捷生活、工作和学习的斯人数约为40万。但与此成鲜明对照的是,相当多的捷克人对斯洛伐克不感兴趣,在捷很难买到斯日报和图书,在斯学习的捷学生也人数有限,捷年轻的一代逐渐不熟悉斯语。

二 同匈牙利的关系

政治关系 斯洛伐克和匈牙利两个民族在多瑙河沿岸的谷地混居了一千多年,他们拥有共同的历史背景和相互融合的文化,但由于历史遗留问题和现实问题不断出现,斯匈关系较为复杂。

从11世纪起直至20世纪初,斯洛伐克一直是匈牙利的一个组成部分，斯洛伐克族人曾受到匈牙利统治阶层的残酷压制。1918年奥匈帝国解体，斯洛伐克与捷克一起组建了独立国家。1920年6月4日签订的《特里阿农条约》按照民族划定边界，将原属匈牙利的部分领土割让给了罗马尼亚、南斯拉夫、捷克斯洛伐克和奥地利等国家（匈牙利因此丧失了71%的领土和2/3的人口）。两次世界大战期间，领土收复主义成为匈牙利政治生活和对外政策的基本内容之一。匈希望修改令其深恶痛绝的《特里阿农条约》的愿望通过两次"维也纳仲裁"（1938年11月和1940年8月）部分地得到满足，其中，1938年11月2日的"维也纳仲裁"使斯洛伐克丧失土地10390平方公里和公民854217人（其中斯族人超过25万）。1939年3月，匈牙利军队占领了斯洛伐克东部地区，斯又丧失土地1697平方公里及人口69639人。第二次世界大战战期间，斯1/4的居民生活在匈占区，匈对其施行民族压迫和同化政策，斯族人的社会地位极其低下。第二次世界大战结束后，两国边界基本恢复到《特里阿农条约》所规定的范围，互相交换了人员，大约73000斯族人从匈牙利迁回到斯洛伐克，大约74000人从斯洛伐克迁到匈牙利。此后斯当局对40多万滞留在斯的匈族人采取了激进的同化政策，44000名匈族人被强制流放到被清除出捷克的德意志族人居住过的捷克边境地区。1948年以后，在斯匈族人的生存环境才逐步得到改善。

1993年斯洛伐克独立后，斯匈关系增添了新内容。斯洛伐克与匈牙利接壤的边界最长，也是斯历史上变动次数最多的一段边界。其他影响两国关系的因素是少数民族问题和多瑙河水利工程问题。斯匈双方都为缓和紧张关系做出了一定的努力，高层领导进行了互访和对话，签订了一些协定和友好条约。1993年1月，两国签订关于支持和互相保护投资的协定。同年2月，匈总理安托尔致信斯总理梅恰尔，希望解决两国争端，以便为开展广

斯洛伐克

泛合作开辟道路。同年3月,两国签订互相贸易和支付协定。1994年8月,两国总理签署了关于避免双重征税、互免签证和遣返非法移民等协定。1995年1月,斯总理梅恰尔访匈,在一定程度上缓和了紧张关系。同年3月,斯匈两国签署《斯匈睦邻和友好合作条约》,条约重申双方相互无领土要求,并将欧洲委员会关于少数民族权利问题的第1201号建议纳入条约。1996年6月,斯总统科瓦奇在匈议会发表演讲,呼吁两国尽快实现和解。尽管如此,影响双边关系的问题没有得到妥善解决,两国关系不时出现紧张态势。至1998年,两国在经济、生活环境和反对有组织犯罪等领域的合作陷入停滞状态,只在国防领域保持了友好合作。1998年2月,两国国防部长签署关于建立信任和安全措施的协定以及关于在飞行和防空领域合作的协定。总之,1993~1998年,匈牙利成为斯洛伐克与所有邻国关系中问题最多和最麻烦的国家,也成为20世纪90年代中期维谢格拉德集团停止合作的主要原因之一和引起中欧地区不稳定的隐患。

多瑙河水利工程问题 1978年,捷克斯洛伐克与匈牙利签订了关于联合兴建多瑙河水利工程(位于匈牙利与斯洛伐克交界处)的协定。但从80年代后半期起,双方在该工程问题上摩擦不断。1992年,匈方单方面取消了协定,这引起斯方的强烈不满,双方矛盾随之加剧,后双方同意将此问题提交海牙国际法庭进行仲裁。1997年,海牙国际法庭宣布了对斯洛伐克和匈牙利在修建多瑙河水利工程问题上发生纠纷的裁决结果,认定匈方1989年停建纳吉毛罗什水电站违法、1992年单方面宣布废除两国协定违法,斯方修改原设计方案也违法,要求双方相互赔偿因自己的过错给对方造成的损失。1998年2月,斯匈两国签署了关于执行海牙国际法庭裁决的框架协议,但由于匈国内个别党派反对协议中匈妥协性的做法,此问题没有取得进展。

少数民族问题 在斯约生活着60万匈族人,占斯总人口的

第七章 外 交

10%左右，而在匈生活着约 10 万名斯族人。1994 年 1 月，斯洛伐克的匈牙利族人代表举行集会，要求建立匈族自治区。而根据斯政府行政区划改组计划，匈族居民聚居地将被划分到 5 个行政区，在每个区中他们都将成为少数居民。匈当局支持斯境内匈少数民族的自治要求。尽管斯匈两国 1995 年签署的基本条约确定了少数民族的权利，但斯议会在一年后才批准该条约，且双方均不认真执行条约。在梅恰尔政府执政时期，不允许匈族政党代表参与到政府负责少数民族事务的机构中去。1995 年 11 月，匈谴责斯通过的《语言法》限制了斯境内约 60 万匈族人的权利。而在匈国会中至今也没有包括斯族在内的少数民族代表的席位，斯方一直就此问题与匈交涉。

1998 年秋，斯洛伐克举行议会选举，匈族联盟党进入了斯政府联盟，斯境内匈族人的地位得到提高。另外，由于两国政府都将加盟入约作为优先的对外政策，两国在欧洲一体化和地区合作等问题上加强了协商。总统、政府和议会领导人的会晤繁密，各个层次的交流与合作不断得到推进，一些长期搁置的问题也逐步得到解决。1998 年 11 月，匈外长访斯，双方签署了关于推动履行两国基本条约的议定书，在此基础上形成保障有效合作的机制。1999 年 9 月，两国总理签署关于重新修建横跨多瑙河连接两国边境的玛丽亚·瓦莱利亚大桥的政府间协议（这座大桥在第二次世界大战中被毁坏后没有重建，此前一直是斯匈两国不能进行沟通的标志）。斯总理祖林达将玛丽亚·瓦莱利亚大桥喻为"斯匈间互相理解的桥梁"。1999 年 12 月，斯外长库坎访匈，双方一致同意建立 12 个推动地区发展和跨边境合作的混合委员会。2000 年 3 月，斯总统舒斯特对匈牙利进行正式访问。他在匈议会发表演讲时呼吁斯匈和解，在匈引起强烈反响。访问期间，两国签署互相承认学历的协定。1999～2000 年，两国总理多次进行政治对话。匈方不仅口头支持斯加入北约，还通过两国专家磋

斯洛伐克

商将匈入盟进程和战略以及在公共舆论工作方面的技巧传授给斯方。2001年，长期困扰斯匈关系的多瑙河水利工程问题在双方的努力下成功地从政治问题转变为专业技术问题。斯议会通过了《欧洲地区少数民族语言宪章》，匈方盛赞斯为双边关系的发展作出了贡献。此外，斯匈两国不仅在维谢格拉德集团内紧密合作，还致力于其他地区合作和跨边境合作，签署了关于建立多瑙河—伊佩尔河—瓦赫河合作区的协定并倡议发展布拉迪斯拉发—维也纳—杰尔跨边境合作。继匈牙利于2000年8月在科希策设立总领事馆后，斯洛伐克也于2001年1月在匈境内斯族人聚居地贝科什斯卡·恰巴开设了办事处，有待发展为领事馆。

2001年6月19日，匈牙利议会通过了《邻国匈牙利族人地位法》（以下简称《地位法》），2002年1月1日，《地位法》开始生效。该法规定，匈牙利政府将向其6个周边国家（罗马尼亚、斯洛伐克、南斯拉夫联盟、斯洛文尼亚、克罗地亚和乌克兰）境内的匈族人提供文化、教育及社会福利保障等多种优惠待遇和经济补贴。但从《地位法》诞生之日起（甚至在其草拟过程中），它就遭到斯洛伐克的强烈不满和非议，在随后的几年间，斯匈围绕该法各持己见，双方立场难以协调，从而使不断升温的斯匈关系受到严重影响，既影响到两国在一些领域的合作和政治接触，也一度影响到维谢格拉德集团的合作。2002年4月由迈杰希领导的自由党与社会党联合组成的新政府上台后，面对斯的反对态度、欧盟的意见、邻国匈族人的要求，以及国内反对党的压力，对《地位法》进行了修改，但修改后的《地位法》依然被斯方拒绝，双方在此问题上的矛盾依旧。尽管如此，匈牙利继续支持斯洛伐克加入北约，两国的跨边境合作和欧盟资助的地区合作都取得显著发展，两国在一些国际问题上也采取了一致立场，如在伊拉克战争问题上。两国还签署了一系列加强合作的协定和条约，如科技合作协定（2002年9月）、文化、教育和科学合作协定（2003年1月）、互相支援少数民族的协定（2003年12月）和关于公路、铁路和水路交通过境事务办理的协定。2003年10月，斯总统舒斯特访问匈牙利，与匈总统马德尔商定要修复两国关系，希望在两国加入欧盟前成功解决有争议的问题。

2004年5月1日，斯匈一起成为欧盟正式成员国，在欧盟框架内两国政治、经济和文化等领域的合作得到全面发展，政府和议会领导人经常进行对话，地区合作开展得有声有色，良好的斯匈关系成为中欧地区稳定的重要因素。

经贸合作 从1993年斯洛伐克独立后，斯匈双边贸易额和经济关系不断发展。两国密切的经济联系不仅表现为产品互换和服务等方面，还表现为在工业、农业、科学和文化等领域的各种形式的经济合作。互为邻国、边境线较长、基础设施（公路、铁路、水路、航空和能源体系）相连、文化和习俗互相了解以及边境地区居民语言相通为两国的经贸合作创造了前提条件。

在两国共同边境地区都设有促进两国经贸合作的机构，在边境地区活跃着700多家斯匈联合企业。两国跨边境合作和地区合作集中在斯方的从布拉迪斯拉发到科马尔诺地区和匈方的从杰尔到诺维扎姆基、卢切涅茨、格美尔地区。

斯独立后的十几年来，两国的贸易往来取得长足的发展。1993年，斯匈贸易额为3.3亿美元，2004年达到24.3亿美元，增长了7倍。长期以来，斯方在双边贸易中一直保持顺差，2004年达到4.55亿美元。2004年，斯匈贸易额同比增长16.1%，斯出口同比增长18.9%，斯进口同比增长12.2%；斯向匈出口占斯出口总额的5.2%，匈成为斯第6大出口国；斯从匈进口占斯进口总额的3.4%，匈成为斯第8大进口国。斯洛伐克主要向匈牙利出口矿物燃料、矿物油、铁、钢材、核反应堆、锅炉、车辆、木材及其制品、电能和纺织品等。斯主要从匈进口核反应堆、锅炉、电器、录音设备、矿物燃料、矿物油、车辆、塑料及其制品、发动机和药品等。

在投资领域，截至2004年12月31日，匈牙利在斯洛伐克的资产和重新投资的利润达到248.55亿斯洛伐克克朗，成为斯第6大外资来源国。主要的投资项目有匈牙利油气公司投资斯洛伐克石油工业公司，匈牙利国家储蓄银行购买了斯洛伐克投资和发展银行。一些加拿大和美国资本通过匈牙利的咨询和开发公司进入斯洛伐克。相比之下，斯洛伐克对匈牙利的投资规模较小，2004年投资额为9.6亿斯洛伐克克朗。

三 同波兰的关系

政治关系 在斯洛伐克与所有邻国关系中，斯波关系受到现实和历史—心理问题困扰最少。两国关系中不存在任何悬而未决的问题，波兰在中欧地区发挥的地区大国作用也有力促进了斯波关系向高水平发展。从斯洛伐克独立起，波兰就坚定地支持它加入欧盟和北约。

1994~1998年斯梅恰尔政府执政期间，波兰对斯采取"双轨"的外交战略，即在波兰领导人不回避批评斯国内政治发展状况的同时一直表示希望斯洛伐克成为中欧地区稳定的组成部分，不希望斯被国际社会所孤立。波一方面与斯领导人保持官方联系，另一方面支持斯政治反对派。1998年3月，斯国防部长访波，双方签署关于两国军用飞机可在对方领空飞行的协定。同年4月，两国交通部长签署关于政国际公路交通的协定。在此之前，两国就签署了一系列政府间协定和条约。6月，斯反对党"斯洛伐克民主联盟"领导人访问波兰，波总统在会见时表示，波支持斯民主力量且将愿意继续成为斯融入欧洲经济和跨大西洋安全结构的"辩护人"。此外，波兰利用自己作为"欧洲安全与合作组织"轮值主席国的身份倡议并坚持向斯洛伐克派出保障议会大选透明性和不被操纵的观察员，以期改变斯政治发展进程。

1998年秋斯议会大选后民主力量上台执政推动斯波关系取得实质性发展。1998年11月，斯总理祖林达在上任后首先对波兰进行正式访问，他表示，波兰是斯洛伐克的战略同盟国。两国总理不仅讨论了欧洲一体化和地区合作，还谈到欧盟资助的边境地区合作、两国南北向高速公路走廊和能源多样化等问题。此次访问将斯波关系带入到新的发展阶段。波兰作为地区大国致力于恢复一度中断的维谢格拉德集团合作以及使斯洛伐克重新加入到地区合作中去。在斯洛伐克加入经济合作与发展组织前的谈判过程中，波兰给予了有力支持。斯波两国总统之间密切的私人关系也增进了两国关系，两国高层互访不断，政治对话频繁，各领域合作取得积极成效。1999年6月，波兰总统克瓦希涅夫斯基赴斯参加斯新总统舒斯特的就职典礼。8月，舒斯特对波兰进行正式访问。波方表示将一如既往地支持斯加盟入约，不仅可以给予政治支持和传授相关经验，还可以在国际上为斯做正面宣传。10月，波国防部长访斯，表示在立法、语言培训和专业军事知识等领域都可以将入约经验传授给斯，两国国防部长还就两国间以及维谢格拉德集团内国防工业合作进行了磋商。2000年3月，波兰外长对斯进行正式访问，双方就加盟入约的战略问题和石油、天然气进口多样化进行探讨。5月，波兰总理布泽克对斯洛伐克进行首次正式访问。布泽克表示，波兰希望与斯洛伐克发展超水平的关系。双方就加盟入约、跨边境合作、两国边境地区铁路现代化、贯通两国高速公路和设立新的边境通道等问题进行会谈。2001年5月，斯外长库坎访问波兰，两国的战略同盟关系再次被确认。11月，斯总统舒斯特赴波参加国际反恐大会，称波兰为中欧一体化发动机。2002年1月，斯议长米卡什访波，双方希望在入盟的最后阶段加强合作，且就跨边境合作项目和亚马尔

斯洛伐克

天然气管道走向等问题进行磋商。4月,波总统克瓦希涅夫斯基访斯,他希望斯洛伐克与波兰一起为改善与东部邻国乌克兰的关系作出贡献。5月,波总理米莱尔对斯进行首次正式访问,双方希望加强经济合作、青少年合作、跨边境合作以及在反对有组织犯罪、教育、文化和少数民族等领域共同努力。7月,斯波两国内务部长会晤,签署关于互相保护秘密情报的协定和关于简化公路和铁路交通过境手续的协定。11月,斯总理祖林达在连任后首次对波进行正式访问,双方就两国加入欧洲一体化的前景、在入盟谈判进程中彼此协调步伐进行会谈,都同意旨在旅游、文化交流方面加强合作和在基础设施和贸易领域增加投资的共同项目。12月,斯洛伐克在波兰克拉科夫开设总领事馆。2003年1月,波兰在斯洛伐克利普托夫斯基·米古拉什开设了第一个名誉领事馆,其使命是关注生活在利普托夫、奥拉瓦和斯皮什地区的波族人,这些地区也是多数波兰旅游者喜欢光顾的地方。2月,斯议会通过斯波互换边境领土的条约,双方以同等面积的领土进行交换,总面积为2969平方米。斯波两国成为欧盟新成员后,继续视对方为重要的伙伴国,政治联系和跨边境合作依然是双方关注的重心。

经济关系 波兰是斯洛伐克传统的和重要的贸易伙伴,而且在中欧自由贸易区范围内,斯波贸易往来发展最显著。在1993~2004年,斯波双边贸易额增长8倍以上。2004年,斯波贸易额达26.6亿美元,同比增长44.9%;波兰是斯洛伐克第5大出口国,斯对波出口占斯出口总额的5.49%;波兰是斯洛伐克第6大进口国,斯从波进口占斯进口总额的3.89%。在斯波双边贸易中,斯长期存在贸易顺差。斯主要向波出口钢铁轧延制品、石油和其他矿物油、洗衣机、机动车辆及其零部件等,斯主要从波进口烟煤、钢铁制品、石油和其他矿物油、焦炭、化学药品和家具等。

在相互投资领域，两国存在很大的发展空间。截至2002年底斯对波投资约为1000万美元，而波兰对斯投资只有100万美元。

四　同奥地利的关系

政治关系　在1993年1月1日斯洛伐克成为独立主权国家的当天，奥地利就与其建立了外交关系。但在1993～1998年期间，斯奥关系中存在一定的不平衡性。奥地利将斯洛伐克视作一个地位并不重要的邻国，但又担心斯拥有核能源和能否控制核安全。斯则希望加强同奥地利的经济合作，奥是其邻国中唯一的欧盟成员国，希望奥可以帮助其融入欧洲一体化进程。由于奥方在斯奥边境严格海关检查，又不愿意通过加快边境检查和建成从斯边境到施威夏特机场和首都维也纳的交通干线来提高共同边境的通行能力，在较长时间内斯奥关系冷淡，双方政治往来稀少。1995年3月，斯总理梅恰尔对奥地利进行访问，两国总理就莫霍夫尼策核电站建设问题进行会谈，奥方从安全角度出发反对斯建设核电站，表示愿意资助斯开发替代能源。直至1998年，两国在此问题上也没有达成一致。另一个一度影响两国关系的事件是斯总统科瓦奇之子被绑架事件。1995年8月，斯总统科瓦奇之子被绑架到奥地利，由于他涉嫌卷入诈骗案，慕尼黑检察院向他发出国际逮捕令。维也纳法院经过半年的侦查，于1996年3月做出释放小科瓦奇的决定，拒绝将其交给慕尼黑检察院，还指责斯洛伐克当局参与了这起绑架案。维也纳法院的裁决在斯国内引起很大震动，斯外交部照会奥地利当局，对维也纳法院的指责提出强烈抗议。但奥方一直坚持维也纳法院的裁决。

从1998年秋斯祖林达政府上台后，斯奥关系有所改善，两国从总统至专家各个层次的接触和联系得到加强。1999年2月，奥地利议长菲舍尔率议会代表团访斯。4月，斯总理祖林达在维

也纳发表演讲。5月,奥总统克雷斯蒂尔和外长许塞尔赴斯参加斯新总统舒斯特的就职典礼。7月,斯总统舒斯特对奥地利进行正式访问。1999年夏,两国开设了新的边境通道和新的铁路过境站,双方还签署了关于调整铁路过境制度协定的补充文件和关于减少过境费的协定。

1999年奥地利人民党和自由党联合组阁,由于自由党主席海德尔多次发表声明否认欧盟成立的思想基础,欧盟其他14个成员国从2000年1月起开始对奥地利实施制裁并号召欧洲其他国家对奥地利实行"道德隔离"。对此,斯洛伐克采取了实用主义和审慎的态度,没有像捷克那样参与对奥制裁,也没有对奥内政进行严厉批评。2000年11月,奥地利总统克雷斯蒂尔访问斯洛伐克,进一步推动了两国关系的发展。两国总统都认为,斯奥关系很好。斯总统舒斯特还希望奥投资者到斯东部地区投资,而不仅仅在布拉迪斯拉发及其周边地区。在斯核能源问题上,奥方赞赏斯方采取的公开、透明的处理方法以及斯方愿意在高级专家层次上进行对话的态度。奥方欢迎斯政府在能源方面的两个决定:在2006~2008年关闭亚斯洛夫·博胡尼策电站;不向莫霍夫尼策核电站建设提供国家贷款。此外,奥地利、斯洛伐克和匈牙利三国政府领导人定期就地区合作问题进行会晤,致力于将布拉迪斯拉发—维也纳—杰尔建成受欧盟资助的跨边境合作地区。

斯方对奥方提出的在中欧地区建立战略伙伴关系的设想反应积极。2001年6月,应奥地利外长的邀请,捷克、斯洛文尼亚、匈牙利、斯洛伐克和波兰外长赴奥参加首次中欧地区会议,议题是地区合作和欧盟未来发展,包括欧盟扩大进程。同年11月,在布拉迪斯拉发召开第二次中欧地区会议,中心议题是在反恐、欧洲一体化进程、地区发展等方面加强合作。2001年9月,斯总理祖林达正式访奥,双方就加强两国交通联系和"9·11"事件后的全球形势进行沟通。次月,斯总统舒斯特正式访问奥地利，两国总统就加强地区合作和两国间基础设施建设进行磋商。11月，斯奥签署关于在2002～2007年继续合作议定书，它允许互换学生并支持继续开展科研合作项目。截至2001年底，在奥地利大学中有714名斯洛伐克学生免费进行学习。同年12月，斯奥签署社会保障协定和边境地区人口就业、职业和语言培训协定。此间，斯奥关系的发展也受到一些问题的影响。第一，奥地利执政联盟部分成员对欧盟扩大持消极态度；第二，奥要求修改贝奈斯法令（该法令使原捷克斯洛伐克境内的奥地利人失去公民权和财产）；第三，在中东欧入盟谈判过程中，奥提出向欧盟未来新成员国开放劳动力市场需设立7年的过渡期。所幸双方就这些问题采取了积极沟通的态度，在这些问题上的争论没有进一步发展。

近几年来，斯奥两国政治合作继续得到加强，跨边境合作成效显著。2003年4月，下奥地利州政府做出决定从欧盟发展基金中拨款21.3万欧元用于支持与斯洛伐克的合作项目，涉及生活环境和跨边境发展政策等领域。5月，奥地利总理许塞尔和国民议会议长科尔相继在斯举行入盟全民公决的前夕访斯。访问期间，两国总理一起参加了关于斯奥跨边境合作的大会，还一起赴科希策进行入盟公决前的宣传活动。同年夏，在两国边境建立了加强警务合作的工作站。9月，在下奥地利、布尔根兰和维也纳三州的倡议下签署建立名为"中欧地区"的欧盟资助的合作区的政治宣言，该合作区包括奥地利、匈牙利、斯洛伐克和南摩拉维亚。10月，两国外长签署关于两国自治机构间开展跨边境合作的框架条约。

改善和建设连接两国的基础设施是发展斯奥关系的一个重要方面，斯政府和国家领导人都给予了高度重视，为加快解决有关问题，2001年初成立斯奥工作组，每年会晤一次。从2004年起，这方面的工作取得大的进展。是年3月，斯奥专家委员会成

斯洛伐克

立,以协调双方在公路、铁路、航空和水路基础设施建设方面的问题。同年11月,连接维也纳和布拉迪斯拉发的高速公路开始动工,计划于2007年底投入使用。2005年7月,横跨斯奥界河——摩拉瓦河的桥梁建成。连接维也纳和布拉迪斯拉发的铁路线建设也已列入计划,在今后几年中奥方计划投资6.15亿欧元,斯方计划投资4.05亿欧元。在航空运输方面,奥方对布拉迪斯拉发机场私有化改造表现出极大兴趣。

经贸合作 从1993年斯洛伐克独立至今,斯奥双边贸易关系仅在1998年和1999年出现停滞,其他年份均保持良好发展势头。从1997年起,斯一直保持贸易顺差。1993年,斯奥双边贸易额为206亿斯克朗,斯贸易逆差39.5亿斯克朗。2004年,斯奥双边贸易额达1105亿斯克朗,同比增长15.2%,其中斯出口增长17.6%,斯进口增长11.2%,斯贸易顺差300亿斯克朗。奥地利是斯洛伐克第5大贸易伙伴国,是斯第3大出口国(占斯出口总额的7.3%)和第5大进口国(占斯进口总额的4.4%)。斯主要向奥出口机器、运输设备、矿物燃料、润滑油、化学药品、原材料(木材等)、钢铁制品和食品等。斯主要从奥进口机器、机动车、半成品、化学药品、塑料制品和消费品等。斯洛伐克已成为奥地利第11大进口来源国和第14大出口对象国。

斯拥有廉价高素质的劳动力,成为欧盟成员国,实行统一的19%的所得税率使奥公司对到斯投资开设分公司和子公司的兴趣不断增加。截至2004年底,奥对斯投资总额达16.4亿美元,成为斯第3大外资来源国,在斯洛伐克大约有1700家以奥资本为主体的公司。奥对斯投资流向汽车工业、信息技术、食品工业、建筑业、机械制造业、冶金工业和造纸业等部门。尤其是,奥地利公司在斯服务业表现最为出色,占据斯金融市场70%的份额。

第七章 外　交

五　同乌克兰的关系

政治关系　斯洛伐克与乌克兰都是新独立国家，属国际舞台上的新成员。斯洛伐克于1993年1月1日成为主权国家当日，乌克兰即承认斯洛伐克的主权，两国建立外交关系。无论是人口数量还是国土面积，乌克兰都是斯洛伐克最大的邻国。同时，从地缘政治因素方面考虑，乌克兰是斯洛伐克重要的邻国，它对于东西欧关系影响较大，在对跨大西洋安全结构、欧盟和俄罗斯的关系问题上有着特殊的地位。

斯乌两国关系在起伏中发展。虽然两国之间不存在任何问题，但1993～1994年间双边关系平淡，政治往来稀少。1993年夏，两国总统在基辅签署《斯乌睦邻友好与合作基础条约》。1994年2月，乌克兰外长兹连科对斯洛伐克进行首次正式访问。在乌方的提议下，两国成立了政府间少数民族问题委员会，在外喀尔巴阡罗斯人问题上采取了协调与合作的态度，以阻止罗斯人的分裂倾向。1995～1998年，斯乌关系服从斯俄关系的发展。1995年6月，斯总理梅恰尔率政府代表团访问乌克兰，两国进行首次政府会谈。1996年1月，乌克兰总理马尔丘克率政府代表团赴斯进行第二次会谈。1997年3月，第三次政府间会谈在两国边境举行。虽然高层会晤不断，但签署的双边条约数量有限。从1997年起，两国关系中的一些不和谐也逐渐显露出来。不和谐主要反映在两方面：（1）1997年，斯洛伐克和乌克兰为争取联合国全体大会第52次会议主席的位置而展开外交战。1998年，两国为获得联合国安理会非常任理事国席位而继续竞争；（2）在过境运输俄罗斯原料至西欧问题上发生利益冲突，这一冲突最初与从俄罗斯经白俄罗斯、波兰至德国的亚马尔输气管道的建设有关，后又在过境输送费用的定价方面存在分歧。1998年1月，乌克兰总统库奇马赴斯洛伐克参加中欧12国总统

会晤,这也是他1994年担任乌总统职务以来首次前往斯洛伐克。1999~2000年斯乌关系由于签证制度、输气管道亚马尔2号线和乌克里沃罗格冶金联合企业等一些问题的困扰依然没有取得实质性进展。

签证制度问题 为了与欧盟和捷克的签证制度相协调,斯洛伐克政府于2000年3月决定从2001年1月1日起对俄罗斯、乌克兰和古巴公民实行签证制度。随即,乌克兰政府决定从2000年6月28日起对斯洛伐克公民实行签证制度。而且,2000年10月乌方决定废除与斯洛伐克1994年签署的关于遣返移民的条约,这意味着在共同保卫边境和在控制从乌非法移民至斯问题上的明显倒退。

输气管道亚马尔2号线问题 2000年3月,俄罗斯天然气公司倡议建设新的输气管道,它从俄罗斯经白俄罗斯、波兰至斯洛伐克,绕过乌克兰,斯方在没有同乌方商讨的情况下支持俄方的建议。因此伤害了乌克兰的利益,乌对斯表示不满。

克里沃罗格冶金联合企业问题 乌境内的克里沃罗格冶金联合企业的建设问题长期困扰斯乌两国经济关系。该企业的建设是由原经互会成员国发起的,捷克斯洛伐克联邦投资3.6亿美元。1991年经互会结束活动,该企业的建设随之停止下来,捷斯联邦向苏联提出赔偿要求。1991年底乌克兰独立后继承了处理该企业善后事务的职责。1992年12月29日,斯洛伐克参与建设的领头企业之一——科希策钢铁厂购买了捷克斯洛伐克的索赔资格,从此负责完成该企业的建设工作。从此,科希策钢铁厂与乌政府就企业建设问题开始谈判,科希策钢铁厂提出继续参与建设的条件是收到乌方赔付的3.6亿美元,部分欠款可以进口乌铁矿的方式代替,乌方拒绝接受这一条件,理由是条约是政府间签署的,而不是政府与私人企业间(科希策钢铁厂于1994年实现私有化)签署的。由于数年的谈判毫无进展,2000年4月,斯政府要求乌方支付3.6亿美元从而结束涉及克里沃罗格冶金联合企业建设的合同关系,乌方没有同意。

2001年以后至今两国关系明显好转,两国高层互访和政治对话明显增多。2000年末乌克兰总理尤先科对斯洛伐克的访问取得丰硕的成果,双方会谈的中心议题是签证制度对双边关系的影响、乌克兰取消遣返条约的危险性、在俄罗斯提议建设亚马尔2号输气管道问题上双方的地位、斯洛伐克参与建设克里沃罗格冶金联合企业和斯乌在过境输送石油至欧洲市场方面进行合作等。2001年2月斯乌双方决定改变签证制度,放宽了限制。会谈的另一个积极成果是斯乌双方签署一项过境输送石油的协定。2001年4月,乌外长兹连科访问斯洛伐克。5月,乌总统库奇马对斯洛伐克进行正式访问,这是斯独立后乌总统的首次访问,推动了两国关系的发展。此后,斯乌高层领导人会晤频繁,2001年10月,斯军总参谋长访问乌克兰,11月,两国外长在联合国全体大会期间会晤;2002年2月,斯洛伐克国防部长正式访问乌克兰,4月,乌国防部副部长访斯。两国军方领导人的会晤推动了军事合作的加强,乌方支持斯加入北约,斯方有兴趣使用乌方的军事训练设施来训练斯军,斯向乌提供在斯培训乌军官的机会,双方还同意交换小型军事单位和成立斯洛伐克—乌克兰—匈牙利—罗马尼亚营以帮助解决灾害。

从2002年底开始,两国元首频繁会晤,一年间,会晤次数高达7次。2002年11月北约布拉格峰会前,西方许多国家的领导人怀疑乌总统库奇马私下同意将"铠甲"式防空雷达提供给伊拉克,因而视他为不受欢迎的人。库奇马在未受到邀请的情况下前往布拉格参加北约峰会,与会者与库奇马保持距离,只有斯洛伐克总统舒斯特和波兰总统克瓦希涅夫斯基公开维护他。2002年12月初,在北约布拉格峰会结束后不久,斯总统舒斯特正式访乌,受到乌元首、政府和议会领导人非同一般的欢迎。访问期

间，两国签署了政府间科技合作协定和 2003～2006 年斯乌文化合作计划。斯总统表示，斯全力支持乌加入欧盟并做好准备与乌分享入盟经验。2003 年 7 月底 8 月初，应库奇马的邀请，舒斯特与家人到乌度假。其间，两国总统会面 4 次，就斯乌关系和国际问题进行了讨论。

目前，斯乌保持睦邻友好关系。随着乌克兰在地区经济合作和欧洲融合进程中的战略和经济意义的加强，斯乌关系的发展成为斯洛伐克对外政治和经济关系的优先点之一。斯支持乌为融入欧洲结构所付出的努力，支持乌克兰建设成为政治、经济发展稳定、市场经济繁荣和民主发达的国家，支持乌加入中欧自由贸易协定和世界贸易组织，乌也将斯视作战略性伙伴。两国除了重视建设性对话外还希望加强跨边境合作。斯乌两国间签署的双边条约增加至 70 多个，有力保障了两国双边关系的发展。

经贸合作 1999 年以前，由于斯乌两国政治关系的影响，两国经贸合作停滞不前。1993～1998 年，斯乌双边贸易额分别为 89.9 亿斯洛伐克克朗、75.4 亿斯洛伐克克朗、93.2 亿斯洛伐克克朗、125.5 亿斯洛伐克克朗、173.2 亿斯洛伐克克朗和 153 亿斯洛伐克克朗。1997 年，乌克兰为斯洛伐克第 8 大出口国，对乌出口额占斯出口总额的 2.9%；乌克兰为斯洛伐克第 9 大进口国，从乌进口额占斯进口总额的 2.5%。至 1997 年底，乌克兰有 182 家斯资企业，其中 133 家为乌斯合资企业，斯对乌投资总额达 1839 万美元；斯洛伐克有 153 家斯乌合资企业，乌对斯投资约为 50～70 万美元。1999 年以后，经贸合作成为两国关系发展的重心。斯洛伐克成功地参加乌克兰的一些私有化项目，且在过境输送能源方面进行合作。在经贸合作方面，两国政府签署了许多重要协定，如关于经贸和科技合作的协定、关于支持和保护投资的协定、关于运输合作的协定、关于在海关问题上合作和互相帮助的协定和关于限制双重征税和避免逃税的协定。根据两国政府间和部委间协定，经济合作在广泛的领域开展，包括农业、交通和建筑等。为了推动两国经贸合作的发展，斯乌政府间经贸和科技合作委员会定期展开会议。

2004年，斯乌双边贸易额229亿斯洛伐克克朗，达到两国建交以来的最高值，同比增长36.8%。斯主要从乌进口原材料、市场产品、矿物燃料和润滑油，斯主要向乌出口市场和工业产品、机械设备和食品等。

第五节 同亚洲国家的关系

一 同日本的关系

自1993年1月独立以来，斯洛伐克重视发展同日本的关系。近十多年来，斯日两国关系发展良好。斯方领导人对日本进行了多次访问。1993年斯洛伐克外交部长约瑟夫·莫拉夫奇克对日本进行了正式访问。1994年斯洛伐克国民议会议长伊万·卡什帕罗维奇利用在日本参加国际议会联盟会议的机会与日本领导人举行了旨在推动斯日两国关系的会谈。1997年斯洛伐克总理弗拉基米尔·梅恰尔率政府代表团对日本进行工作访问，斯金融和企业界代表陪同访问。1998年冬季奥运会在日本长野举行期间，斯洛伐克总统米哈尔·科瓦奇、议长伊万·卡什帕罗维奇和副总理约瑟夫·卡尔曼等国家领导人访问日本并进行了工作会晤。2000年3月斯洛伐克外长爱德华·库坎正式访问日本，会见了日本政界和企业界有关领导人，会谈的中心是加强斯日两国的经济合作。同年12月，斯洛伐克议长约瑟夫·米卡什正式访问日本。相比之下，日方领导人对斯洛伐克进行访问的级别要低，且次数少。1997年和2000年，日本副外务大臣先后访斯。2000年，日本纪宫公主正式访斯。2001年日本众议

院议长绵贯民辅率代表团访斯。此外，斯外交部和日外务省领导人定期进行政治对话，在一些部门，尤其是农业部门还存在直接合作关系。

斯日两国相距遥远和日本成品市场的高要求在一定程度上影响了两国经贸合作的发展。在斯日双边贸易关系中，斯方一直逆差较大。为了支持斯方出口商进入日本市场，从1993年4月1日起，日本对斯洛伐克实行了普遍关税优惠制度。斯洛伐克向日本主要出口有机化学制品、玻璃制品和钢铁等，日方对斯方的一些农产品和食品也比较感兴趣，如大麦芽、啤酒、葡萄酒、矿泉水和烤制食品等。斯洛伐克从日本主要进口汽车、机电产品、机器设备、摄影仪器和有机化学制品等。

1993年成立了由斯日两国最著名的企业组成的斯日经济委员会，它每两年举行一次会议，旨在交换经贸信息和建立直接的经济合作关系。斯洛伐克贸易和工业促进会也积极支持两国经贸关系的发展。目前，一些知名的日本公司在斯洛伐克从事生产和经销，如矢崎、松下、索尼和亚乐克等。1996年，日本索尼公司作为全球第一家电子集团公司到斯洛伐克投资，目前，该公司在特尔纳瓦、特伦钦设有工厂，在布拉迪斯拉发设有贸易公司。1997年，日本松下电器在斯洛伐克投资兴建分公司，主要生产电视机和录像机的调谐器和遥控器。2000年10月，松下斯洛伐克视听设备公司在格洛姆马赫成立。

二　同韩国关系

1990年3月22日，捷克斯洛伐克联邦共和国与韩国实现关系正常化。1993年1月1日，斯洛伐克成为主权国家的当日即与韩国建立大使级外交关系。1995年，斯在韩国第二大城市釜山开设名誉领事馆。1997年1月，韩国在斯首都布拉迪斯拉发设立名誉领事馆。

第七章　外　交

斯洛伐克独立后，韩国希望继续发展与斯洛伐克的政治关系，两国高层互访愈益密切，斯方更为积极主动。1993年，时值世界博览会在韩国举办之际，斯洛伐克外交部长和文化部长先后访问韩国。1995年6月，韩国总统特使和外交部副部长对斯洛伐克进行正式访问，希望斯政府支持韩国竞选联合国安理会非常任理事国席位。1997年4月，斯洛伐克国民议会议长伊万·卡什帕罗维奇率团访韩，两国议长进行了会谈，斯代表团还会见了韩国大宇公司领导人并参观了生产汽车的工厂。1999年6月，斯洛伐克负责立法的副总理弗卡什携教育部部长、文化部长率庞大代表团访问韩国，与韩国政治和经济界领导人广泛接触。同年11月在布拉迪斯拉发举行了斯韩两国外交部之间的第一轮磋商。2000年11月，斯洛伐克议长约瑟夫·米卡什率议会代表团正式访韩，与韩国国会议长李万燮进行会谈，会见了韩国总理李汉东，参观了三星电子公司。2001年1月，韩国议会代表团访问斯洛伐克。同年8月，斯洛伐克外长爱德华·库坎正式访问韩国，与韩国外交通商部长官韩升洙进行了正式会晤，双方签署了关于避免双重征税和防止偷漏税的协定和斯外交部与韩国外交通商部之间的合作纪要，库坎还受到韩国总统金大中的接见。2002年5月，韩国外交通商部长官崔成泓正式访问斯洛伐克，分别受到斯总统舒斯特、副总理米克洛什和外长库坎的接见，会谈的议题是国际政治发展和两国在经济合作、贸易和投资等领域深化关系。同年11月，韩国议长朴宽用率议会代表团正式访问斯洛伐克。同月，韩国现代公司董事长朴正仁作为总统特使率代表团对斯洛伐克进行工作访问，分别与斯总统舒斯特、经济部长和贸易促进委员会成员举行会谈。2003年5月，斯副总理兼司法部长利普希茨率代表团对韩国进行工作访问。

经贸合作　韩国是斯洛伐克在亚洲的重要经济伙伴国之一，不仅在贸易方面，而且在建立合资企业和开发共同的科研项目方面，韩国对于斯洛伐克来说都具有吸引力。斯洛伐克吸引韩国投资的潜在领域是汽车、造纸、化学、电机、机械、石化、造船、旅游和建筑材料等。现代起亚汽车公司从长期发展战略的角度出发计划在欧洲建立生产基地，2004年已决定在日利纳投资建厂生产汽车，投资额达7亿欧元。在两国双边贸易中，主要商品是化学药品、机床、电动摩托、小轿车、计算机、空调设备、照相机、家庭消费品和钢材制品等。

斯韩间良好的经贸合作关系建立在一系列国际条约基础之上。1993年5月，通过外交换文，原捷克斯洛伐克联邦政府与韩国政府签署的贸易和经济合作协定继续对斯、韩有效。1996年12月，两国签署关于互相保护和支持投资的协定。2001年，两国签署关于避免双重征税和防止偷漏税的协定。另外，两国还存在一系列旨在推动经贸合作的非政府间的条约文件，如两国贸易和工业促进会于1994年5月签署的关于合作的框架协议；两国支持中小企业发展局于1998年9月签署的合作协议；两国进出口银行于2001年签署的合作协议；2002年9月斯洛伐克投资及贸易发展局和韩国国际贸易协会签署的合作协议。

第六节　同中国的关系

虽然中国不是斯洛伐克利益的优先地区，但作为一个国力不断增强的亚洲大国，它对于斯洛伐克来说也是一个重要国家，尤其是中国潜力巨大的市场对斯洛伐克公司意义重大。斯中两国都将经贸合作确定为双边关系发展的主要方面。

1949年10月6日，捷克斯洛伐克与中国建交。1993年1月1日斯洛伐克共和国独立后，中国及时予以承认并与其建立大使级外交关系，中国同捷克斯洛伐克联邦共和国签署的条约和协定对斯继续有效。斯中双方还商定，保留1949年月10月6日为两

第七章 外交

国建交日期。同年1月15日,中国同丹麦等国共同向联合国秘书处提出关于联合国接纳斯洛伐克为其成员国的提案。斯中建交以来,建立在传统友谊和和平共处五项原则基础之上的友好合作关系取得长足发展,双方高层互访不断,政治互信加深,经贸合作不断扩大,在国际事务中相互配合①。

一 政治往来

1994年2月,斯政府总理梅恰尔访华,受到中国国家主席江泽民的接见,并与中国国务院总理李鹏举行会谈。双方签署了两国政府经济和贸易协定、两国文化部1994~1995年文化合作计划。8月,中国全国政协副主席叶选平访斯。1995年4月,中国国务院副总理兼外长钱其琛访斯。9月,斯国民议会议长卡什帕罗维奇访华,全国政协主席李瑞环与其举行会谈。1996年4月,斯总统科瓦奇对中国进行国事访问,中国国家主席江泽民与科瓦奇举行会谈。1997年5月,斯外长哈姆日克访华。6月,中斯两国政府就1997年7月1日后斯在香港特区保留名誉领事馆问题达成协议并换文。1999年10月,斯国民议会议长米卡什率领议会代表团对中国进行正式访问,中国全国人大常委会委员长李鹏与米卡什进行会谈,双方就发展双边关系和共同关心的国际问题交换了意见,还强调要进一步加强两国经贸关系及其他领域的合作。2000年6月,中国全国人大常委会委员长李鹏对斯进行正式友好访问,与斯议长米卡什举行了会谈,双方表示要推动两国友好关系长期、稳定、健康地发展。2002年1月,斯国民议会副主席赫鲁肖夫斯基访华,双方表示要积极开展两国议会领导人、各专门委员会和友好小组之间多层

---

① 本节内容参见中国外交部网站 http://www.fmprc.gov.cn 和《中华人民共和国与斯洛伐克共和国双边关系重要政治文件汇编》。

次、多渠道的交往。11月，中国国务院副总理李岚清访斯，同斯副总理兼经济部长涅姆齐茨举行会谈。2003年1月，斯总统舒斯特对中国进行国事访问，就进一步加强在政治、经济等领域的友好合作与中方领导人会谈并达成共识。两国元首共同签署了《中华人民共和国与斯洛伐克共和国联合声明》，相互尊重对方人民根据本国国情自主选择的发展道路，相互赞赏对方在经济和社会发展中取得的成就，希望在双边和多边领域扩大和加深合作，愿意继续保持两国、两国政府、议会和其他国家机构的代表的定期接触和互访，就经济、金融、文化、教育、法律等领域的改革和发展交流经验，致力于扩大两国之间的经贸合作，支持两国司法、公安、内务等部门的互利合作，重视发展科技研究、文化、教育和体育等领域的合作。2004年5月，斯副总理兼经济部长鲁斯科访华。8月，斯洛伐克在上海开设总领事馆，以期推动斯中经贸往来。2005年12月，中国国务院总理温家宝访问斯洛伐克，两国总理举行了会谈，表示要不断加强两国政治交往、经贸合作和文化、旅游等领域的交流。

在台湾问题上，斯坚持一个中国、不同台湾进行官方接触的政策，在西藏和人权问题上亦理解和尊重中方立场。2003年7月，台湾在斯洛伐克首都布拉迪斯拉发设立贸易代表处，但斯政府明确表示将恪守两国建交公报和联合声明中所确立的一个中国原则，台驻斯机构仅为非官方的民间机构，斯不会与台进行任何具有官方性质的往来。

二 经贸关系

斯中两国的经贸关系有着较长的历史。1993年以前，斯中经贸往来在当时的捷克斯洛伐克联邦和中国间进行。1993年1月斯洛伐克共和国成立，斯中两国的经贸关系进入新的发展阶段。自1994年10月斯中经济贸易合作委员会第一次会议召开后,每两年举行一次会议,互相交流经贸信息并鼓励两国企业间建立直接经贸合作关系。

斯中两国的经贸合作有着良好的法律基础。根据斯中两国签署的外交换文,斯承认中国与捷斯联邦签署的避免双重征税和防止偷漏税的协定、民用航空运输协定、投资保护协定、海关事务合作协定继续有效。1994年斯总理梅恰尔访华时,双方签署两国政府经济贸易协定。2001年中国国务委员吴仪访斯期间,两国签署了林业合作及动、植物检疫协定。此外,两国还签有技术标准化、计量和质量控制合作协议等。2005年12月中国总理温家宝访斯时,两国签署了关于促进和相互保护投资协定的附加议定书和信息通讯合作协定。

自1993年以来,斯中两国的贸易时有起伏,但总的趋势是贸易额不断增长。近年来,两国贸易取得了较大发展,但还存在较大的发展空间。与1998年相比,2003年斯洛伐克对中国的出口额增长了12倍,但斯方逆差一直呈增长趋势,对此,斯方表示关注。由于转口贸易等原因,两国海关统计的数字出入较大。据斯海关统计,斯中两国的进出口贸易总额1993年为6960万美元,1997年为1.3亿美元,2000年为1.86亿美元,2004年为8.5亿美元,其中,斯进口7.7亿美元,出口8000万美元。据中国海关统计,中斯贸易额1993年为4985万美元,1997年为3371万美元,2000年为5599万美元,2001年为7428万美元,2002年为1.3亿美元,2003年为2.59亿美元,2004年为2.88亿美元(同比增长11.3%),其中中国出口1.6亿美元,增长16.6%,进口1.28亿美元,增长5.3%。斯洛伐克向中国出口的商品主要有轿车、电动机和发电机、家用和工业用洗衣机、钢材、轴承、化工产品、锅炉、机械产品、木材等,从中国进口的商品主要有数据处理设备、无线电话、广播接收设备、家用电器、镁及其制品、冻鱼片、鸡肉和其他食品、机器和零件、化工

原料、玩具、体育用品、鞋、纺织品等。

斯中相互投资起点较低，但有所发展。中国在斯洛伐克的国营公司为数不多，私营企业占绝大多数，主要是中餐馆和从事轻纺产品、食品贸易的公司，还有一些从事房地产的公司。斯洛伐克在中国投资主要面向小型农用柴油机、糖果和啤酒生产领域。主要合作项目有：1997年5月在山东威海成立的罗克斯糖果有限公司，以及1997年5月在山西长治成立的春泉泰力斯啤酒有限责任公司。1998年，斯洛伐克通用信贷银行在上海建立了代表处，旨在发展银行业务和为斯企业在中国开展业务以及在华投资提供资金支持，但几年后，该代表处撤销。2003年1月，斯洛伐克总统舒斯特访华期间，斯中双方签署了关于斯洛伐克公司Deltaline在北京周边植树造林的条约，计划每年植树造林30万公顷，价值2亿美元。2005年5月，Deltaline公司负责人与中方有关部门正式签订了《关于在宁夏实施"绿色中国"项目协议书》，内容包括植树造林、种子生产和林木的维护等。2003年1月，斯洛伐克诺瓦杜布尼察机电研究和设计公司在上海设立了分公司，它为销往欧盟等地的中国机电工业产品签发证书。目前，斯洛伐克与中国的最大经济合作项目是建设山西神头发电厂，该项目由捷克公司和斯洛伐克特尔马奇能源机械公司联合完成，斯方为电厂供应流质锅炉和相关技术，价值约为45亿斯洛伐克朗。截至2004年9月，斯对华投资项目32个，实际投资为2831万美元。此外，2003年，斯洛伐克布拉迪斯拉发州与中国上海市领导实现了互访，签署了《上海市与布拉迪斯拉发州合作协议》。

三 双边文化、科技与教育等领域的交往与合作

斯中两国建交后文化交流不断扩大，团组互换频繁。1994年斯总理梅恰尔访华时，双方签署了1994～1995年度文化合作计划。1994年1月，中国在斯洛伐克国家博

第七章 外 交

物馆举办了"西藏艺术展",斯文化部长斯洛博得尼克出席开幕式,斯总统科瓦奇参观展览。1996年9月,中国文化部副部长艾青春访斯,双方签署两国文化部1996~1998年文化交流计划。1997年11月,斯国家电视台台长库比什访华,签署斯中两国电视台合作协定。1998年6月,斯文化周在中国北京举行。2000年5月,斯文化部长克涅什科访华,双方签署两国文化部关于延长合作计划有效期的议定书,期间还举办了"斯洛伐克文化日"。2001年9~10月,西藏自治区阿里地区象雄艺术团和甘肃省敦煌艺术剧院联合组成"中国民族艺术团"赴斯访演。2002年,在斯首都布拉迪斯拉发举办了《世界文化遗产在中国》图片展。10月,斯中首次发行联合邮票首发式在斯举行。2003年1月,斯总统访华期间,两国文化部长签署了《中华人民共和国文化部和斯洛伐克共和国文化部2003~2005年文化合作计划》。2004年9月,中央人民广播电台同斯洛伐克国家广播电台签署合作谅解备忘录。11月,为庆祝中斯建交55周年,"中国电影周"在斯首都布拉迪斯拉发的塔特拉影院开幕。在文学译著方面,《斯洛伐克民间故事精选》和斯洛伐克前总统鲁道夫·舒斯特的著作《最后通牒》先后于2001年和2003年被译成中文出版;中国名著《红楼梦》和《孔子论语》等也被译成斯文出版,且很受斯读者喜爱。

两国科技合作有着良好的基础,特别是在高新技术领域合作前景广阔。1997年2月,斯教育和科技部部长斯拉夫科夫斯卡率科技代表团访华,双方签署了两国政府科技合作协定。1998年4月,中国科技部副部长李学勇和斯教育部国务秘书涅姆乔克分别代表本国政府在京签署中斯科学技术合作联合委员会第一届会议议定书。2002年3月,中斯第二届科技联合委员会会议在斯召开,确定了14个合作项目。2003年1月,斯总统访华期间,两国签署了《中华人民共和国国家林业局和斯洛伐克共和国农业部关于在造林领域合作的议定书》。

两国重视发展教育交流与合作,鼓励两国高校建立和发展直接联系。1994年7月,两国签署1994~1997年教育合作计划。1998年5月,斯教育和科技部部长斯拉夫科夫斯卡来华签署两国1998~2001年教育合作计划。2001年12月,中斯签署两国教育部2001~2004年教育合作计划。2004年,中国有2名教师在斯任教;斯在华留学人员8名。从2003年9月起,北京外国语大学设立了斯洛伐克语教研室,现有1名斯洛伐克藉教师。

两国在体育领域的合作不断深入。1998年5月19日,中斯联合登山队成功登上珠穆朗玛峰。1999年10月,两国签署《中国国家体育总局和斯洛伐克共和国教育部1999~2001年体育活动计划》。2002年9月,两国签署2002~2003年体育交流计划。

此外,两国还保持在军事领域的交流,互派友好参观团。

第七节 同俄罗斯的关系

自1993年斯洛伐克独立以来,斯梅恰尔政府和祖林达政府在加入欧洲—大西洋结构的大背景下,对俄采取了截然不同的外交政策。

1993年斯独立至1998年议会大选前,梅恰尔政府从地缘政治角度出发将斯设想为连接俄罗斯和西方国家的桥梁,从而将发展和加强与俄罗斯的关系视为与其融入欧洲大西洋结构政策相平行的另一种选择。梅恰尔曾宣称:"如果西方不要我们,我们就将转向东方。"而在欧盟和美国借口斯在民主建设方面的不足对斯政府提出批评并施加政治压力时,俄罗斯从未对斯的内政公开发表任何批评性意见,并在与西方讨论斯洛伐克的民主问题时为梅恰尔政府进行辩护,对斯洛伐克公共事务的管理方式表示理解。这期间,斯俄关系活跃和密切。

第七章 外 交

1989年政局剧变后，与其他中东欧国家疏远俄罗斯的做法不同，梅恰尔政府奉行"亲俄"政策。1991年3月，梅恰尔作为捷斯联邦构成国斯洛伐克共和国的总理访问俄罗斯，与俄部长会议主席西拉耶夫探讨在新的国际形势下加强经贸合作的可行性，以便使"经互会"的解散对斯方产生的消极影响降到最小。斯与俄在军工、能源等部门有着传统的合作关系，斯经济生产能力的30%多曾面向苏联市场。1993年8月，俄罗斯总统叶利钦对斯洛伐克进行工作访问，两国元首签署《俄罗斯联邦和斯洛伐克共和国友好合作条约》，规定两国在双边关系的各个方面进行密切的合作，在国际舞台上相互配合。两国国防部长签订了《关于在军事和技术装备方面进行合作的协定》，俄向斯提供军事装备零配件和出售米格-21战斗机。同年8月，梅恰尔再访俄罗斯，与俄签署了一系列经贸合作的协议，为恢复和进一步发展两国间的经贸合作关系创造了条件。1993~1996年，斯俄两国签订了70多个经济合作条约，从而限制了西方国家的公司进入斯。由于斯、俄贸易结构所致，仅1996年1~10月份，斯的外贸赤字便达到420亿斯克朗，其中77%源于进口俄天然气和石油。为解决与俄罗斯贸易中的赤字问题，尽管斯与欧盟间签有联系国协议、与捷克有关税联盟协议的约束，以及身为"中欧自由贸易协定"和世界贸易组织的成员国，但它依然希望与俄磋商建立自由贸易区的事宜。虽然斯与俄最终未能建立起"特殊"的经济关系，但梅恰尔政府继续发展同俄的政治关系，并寻求俄对斯的政治支持。

在1997年7月北约马德里峰会上，斯洛伐克没有和捷克、匈牙利以及波兰一起被邀进行入约谈判。俄罗斯就此表示，如果斯洛伐克（以及东南欧国家）保持中立，俄将提供单方面的安全保障。1997年4月，俄总理切尔诺梅尔金访斯，双方签署十多个重要条约，但关于保守秘密的条约和军事技术合作条约等为

斯洛伐克

西方不悦,并一度成为斯融入欧洲大西洋结构的障碍。

鉴于来自欧美的政治压力日益加剧、加盟入约进程迟缓和斯在国际上被孤立的程度加深,梅恰尔政府进一步强化了与俄的政治、经济关系。1998年5月,在斯议会大选前3个月,梅恰尔再度访俄,以寻求俄的政治支持,俄总统叶利钦公开表示俄的支持立场。访问期间,两国总理就关于俄长期供应斯石油至2014年的协定达成一致。双方签署了两国政府间旅游合作协定和4个部委间协定,它们是斯国防部和俄宇航局签署的关于斯宇航员飞抵太空的协定、两国教育部签署的1998~2000年教育合作协定、两国经济部签署的合作议定书和两国农业部签署的1998~1999年农产品加工领域经济和科技合作计划等。同时,双方还就从波兰经斯洛伐克的亚马尔输气管线问题、斯俄双边贸易中斯方逆差问题、俄通过帮助斯宇航员飞抵太空抵消部分欠斯债务问题、在核能源领域进行合作,以及斯洛伐克参与生产雅克–130型飞机发动机问题进行了磋商。

1998年议会大选后至2000年底,祖林达政府将发展对俄关系置于斯加盟入约的框架内,完全按照入盟的标准来调整对俄政策,斯、俄在安全领域的合作也由俄与北约间的关系来决定。斯俄关系进入了冷淡期,官方联系减少,政治互动大大减弱。

祖林达上任后即决定对梅恰尔政府的对俄外交政策进行调整,以消除其对斯加盟入约进程造成的不利影响。一方面,斯欲与俄建立正常、均衡、伙伴式和互惠的外交关系;另一方面,强调俄依然是斯重要的经济伙伴国,俄罗斯的战略原材料对斯有特别意义。1999年3月,祖林达政府决定取消梅恰尔政府同俄签订的俄以向斯出口S–300导弹系统作为偿还俄欠斯部分债务的协定。同年4月,在科索沃危机期间,斯同意向北约开放领空和领地,让北约部队和装备过境,但在6月份,斯政府却拒绝了俄方类似的要求,从而使斯显现出完全站在北约一边。2000年3

第七章 外 交

月,祖林达政府决定从 2001 年 1 月开始对俄公民实行签证制度,以便与欧盟保持一致(1995 年 2 月,斯俄曾签署《互免签证协定》)。对此,俄方采取克制态度,但对祖林达政府的态度远不如对梅恰尔政府。

2001 年初至今,斯俄建立起务实、透明、友好、互利和平稳的关系,官方联系增强,经济合作是斯俄关系中的重心。

2001 年 1 月,俄外长伊万诺夫访斯,这也是自 1998 年斯议会大选后第一位俄高层领导人访斯。伊万诺夫向斯政治精英和民众表示,俄放弃 1994~1998 年间对斯采取的政策,尊重斯政府目前采取的面向西方的政策以及加入北约的决定。从此,斯俄关系进入了新的发展阶段,一度冷淡的双边关系逐渐得到修复。2001 年 11 月,斯总统舒斯特访俄(这是自 1993 年斯独立以来斯总统首次访俄),他向俄方表示,斯加入北约不会成为斯俄关系发展的障碍。舒斯特的此次访俄不仅促进了斯俄政治关系的加强,还推动了两国间的经贸合作。

2003 年 2 月,斯国民议会议长赫鲁肖夫斯基访俄,双方就两国最高立法机构进行合作的事宜进行了磋商,斯方还支持俄方提出的关于在欧盟设立有俄议会代表参加的议会间协商机构的建议。双方还欢迎 2004 年在莫斯科组织"斯洛伐克日"活动和在布拉迪斯拉发组织"俄罗斯日"的活动。2003 年 4 月,斯总理祖林达在 1998 年议会大选后首次对俄罗斯进行正式访问,斯交通部长、经济部、外交部和财政部国务秘书以及 20 多位企业家陪同前往。双方会谈的主题是军事技术合作、能源和交通领域的合作、提升双边贸易水平、斯加入欧盟后可能对斯俄经贸合作的影响以及伊拉克危机等。访问期间,斯总理不仅向俄总统发出访问斯洛伐克的正式邀请,还表示希望与俄公司合作更新武器系统(米格-29 歼击机、米-24 直升机和雅克-130 教练机等)。访问期间,双方还就在莫斯科中心购买土地用于建造"斯洛伐克

宫"达成一致,该建筑将成为斯在俄首都的主要文化、信息和贸易中心。此外,两国交通部签署了关于国际汽车运输的协定。2003年7月,俄外长伊万诺夫访斯,双方就解决近东和巴尔干危机问题和斯入盟导致修改两国相关条约问题进行磋商。

2005年2月,俄总统普京对斯洛伐克进行正式访问,这是俄总统首次正式访斯。普京表示,俄赞赏斯加盟入约后在全球重大事件和欧洲问题上奉行的平衡政策,强调斯过去和现在都是俄的重要伙伴,希望两国不但要积极开展在能源和工业等传统领域的合作,还要大力加强文化和科研等方面的交流与合作,承诺俄将确保对斯的石油供应。斯总统卡什帕罗维奇在与普京的会谈中表示,斯赞赏俄在国际舞台上发挥的作用,欢迎俄企业家在斯投资创业,以推动两国的经贸发展。普京访问期间,双方还签署了新的政府间经济和科技合作协定,并根据欧盟的有关规定调整了政府间经济和科技合作委员会的机制。同年4月,俄国家杜马主席格雷兹洛夫访斯。

双边经贸关系中长期存在的四个方面的问题(斯对俄贸易中的逆差、俄欠斯债务、俄能源输送、斯俄公司通过斯私有化进程进入对方市场),也逐渐得到解决或缓解。

斯贸易逆差问题:斯对俄贸易逆差主要是因斯严重依赖俄的能源供应,在斯从俄的进口中,原油和天然气占90%。虽然斯对俄贸易逆差问题难以在短时间内迅速解决(俄进口关税高、俄不是世贸成员国,故斯不可与其开展自由化贸易、俄贸易环境差,以及斯公司资金短缺),但从2001年起,斯对俄贸易逆差开始逐渐下降,从2001年的991亿斯克朗降至2004年的777亿斯克朗。

俄欠斯债务问题:俄继承了苏联欠斯的大约16亿美元债务,俄通过提供军事技术和设备来偿还这些债务。由于祖林达政府1999年取消从俄进口S-300导弹系统的合约而使两国间的债务

第七章 外 交

问题一度陷入僵局。直至 2001 年 6 月，在双方采取妥协态度的情况下这一问题才得以解冻。2003 年 7 月，斯政府决定将剩余的俄欠款通过获取俄产品来抵消：斯国防部获得 1.432 亿美元债款用于军用飞机的维修和更新（尤其是米格-29）；标准化局获得 2500 万美元债款用于在布拉迪斯拉发建成回旋加速器中心；内务部获得相当于 2400 万美元的警用技术装备；斯洛伐克科学院获得价值 610 万美元的专业文献。

俄能源输送问题：在 2000～2002 年间，从波兰经斯洛伐克的亚马尔输气管线南线建设问题是斯俄经贸合作领域的一件大事，斯在未与波兰和乌克兰磋商的情形下支持俄提出的将管线绕道乌克兰，从波兰和斯洛伐克境内通过的倡议。斯俄双方高层领导人多次就此问题进行会谈，并形成一致立场。但在 2002 年俄乌就供应俄天然气问题达成协议后，俄方对此管道建设问题不再感兴趣，斯却因此损害了与乌克兰和波兰的关系。2002 年 12 月，白俄罗斯、俄罗斯、乌克兰、匈牙利、斯洛伐克和克罗地亚政府签署关于就"友谊"输油管道和"亚得里亚海"输油管道连通项目进行合作的协定，该合作项目将使斯境内输油管道的容量有所增加，从而为斯带来更多收益。

斯俄公司互相进入对方市场问题：2001 年 2 月，俄石油巨头尤科斯公司以 7400 万美元的价格购买了斯洛伐克石油公司 49％的股份。2002 年 7 月，由俄天然气工业公司与法、德天然气公司联合组成的国际财团购买了斯天然气工业公司 49％的股份。近年来，斯经济部也采取措施帮助斯公司进入俄市场。斯俄两国地区合作范围和力度都有所增强，既为了推动贸易往来，也为了扩大经济合作和生产协作。

附 录

一 政府管理机构

总统办公厅，通讯地址：Hodžovo nám. 1，P. O. Box 128，810 00 Bratislava 1 电话：(421) 2 59333319 传真：(421) 2 57888357 网址：http://www.prezident.sk/。

国民议会，通讯地址：Nám. A. Dubčeka 1，812 80 Bratislava 电话：(421) 2 59721111，传真：(421) 2 54419529 网址：http://www.nrsr.sk/。

政府办公厅，通讯地址：Nám. slobody 1，813 70 Bratislava 电话：(421) 2 5729 5111，传真：(421) 2 52497595 网址：http://www.vlada.gov.sk/。

国家财产基金会，通讯地址：Drieňová 27，821 01 Bratislava 电话：(421) 2 4827 1111 网址：http://www.natfund.gov.sk。

总检察院，通讯地址：Štúrova 2，812 85 Bratislava 电话：(421) 2 5953 2505 网址：http://www.genpro.gov.sk/。

法律社会保护者办公室，通讯地址：Nevädzová 5，P. O. BOX 1，820 04 Bratislava 24 电话：(421) 2 4828 7401 传真：(421) 2 4828 7401 网址：http://www.vop.gov.sk/。

交通、邮电和电信部，通讯地址：Nám. slobody 6，810 05 Bratislava 电话：(421) 2 59494111 传真：(421) 2 5249 4794 网址 http://www.telecom.gov.sk/。

财政部,通讯地址:Štefanovičova 5,817 82 Bratislava 15 电话:(421) 2 59581111 传真:(421) 2 52493048 网址:http://www. finance. gov. sk/。

经济部,通讯地址:Mierová 19,827 15 Bratislava 212 电话:(421) 2 48541111,传真:(421) 2 43337827 网址:http://www. economy. gov. sk/。

文化部,通讯地址:Nám. SNP č. 33,813 31 Bratislava 电话:(421) 2 59391155 传真:(421) 2 5939 1174 网址:http://www. culture. gov. sk/。

国防部,通讯地址:Kutuzovova 8,832 47 Bratislava 电话:(421) 2 4425 0320 传真:(421) 2 44253242 网址:http://www. mosr. sk/。

农业部,通讯地址:Dobrovičova 12,812 66 Bratislava 电话:(421) 2 5926 6111 网址:http://www. mpsr. sk/。

劳动、社会事务和家庭部,通讯地址:Špitálska 4-6,816 43 Bratislava 电话:(421) 2 59751111 网址:http://www. employment. gov. sk/。

司法部,通讯地址:Župné nám. 13,813 11 Bratislava 电话:(421) 2 59353111 传真:(421) 2 54415952 网址 http://www. justice. gov. sk/。

教育部,通讯地址:Stromová 1,813 30 Bratislava 电话:(421) 2 59374111 网址:http://www. minedu. sk/。

内务部,通讯地址:Pribinova 2,812 72 Bratislava 电话:(421) 9610 44559,44508 传真:(421) 9610 44397 网址:http://www. minv. sk/。

建设和地区发展部,通讯地址:Prievozská 2/B,82525 Bratislava 26 电话:(421) 2 58317111 网址:http://www. build. gov. sk/。

外交部,通讯地址:Hlboká cesta 2,833 36 Bratislava 37 电

话（421）2 59781111 传真：（421）2 59782213 网址：http：//www.mzv.sk/。

卫生部，通讯地址：Limbova 2，P. O. Box 52，837 52 Bratislava 37 电话：（421）2 59373111 传真：（421）2 54777983 网址：http：//www.health.gov.sk/。

生活环境部，通讯地址：Nám. L'. Štúra 1，812 35 Bratislava 电话：（421）2 5956 1111 传真：（421）2 59562222 网址：http：//www.envivo.gov.sk/。

最高监察院，通讯地址：Priemyselná 2，824 73 Bratislava 26 电话：（421）2 5542 3069，（421）2 5542 4628 传真：（421）2 55423005 网址：http：//www.nku.gov.sk/。

最高法院，通讯地址：Župné nám. č. 13，814 90 Bratislava 1 电话：（421）2 5935 3111 传真：（421）2 54411535 网址：http：//www.nssr.gov.sk/。

国家银行，通讯地址：Imricha Karvaša 1，813 25 Bratislava 1 电话：（421）2 5787 1111，传真：（421）2 5787 1100 网址：http：//www.nbs.sk/。

国家安全局，通讯地址：Budatínska 30，P. O. Box 16，850 07 Bratislava 57 电话：（421）2 6869 2114 传真：（421）2 68691701 网址：http：//www.ep.nbusr.sk/。

国家劳动检查局，通讯地址：Masarykova 10，04001 Košice 电话：（421）55 7979902 传真：（421）55 7979904 网址：http：//www.safework.gov.sk/。

邮政局，通讯地址 Ulica 1. mája č.16，010 01 Žilina 1 电话：（421）2 7235257 传真：（421）2 7234043 网址：http：//www.posturad.sk/。

斯洛伐克反垄断局，通讯地址：Drieňová 24，826 03 Bratislava 电话：（421）2 48297111 传真：（421）2 43333572 网址：http：//www.antimon.gov.sk/。

附 录 **Slovakia**

文献和信息社会保护中心，通讯地址：Župné nám. 5 - 6, 812 41 Bratislava 电话：（421）2 59330222 传真：（421）2 52330250 网址：http://disso.vupsvr.gov.sk/。

斯洛伐克计量研究所，通讯地址：Karloveská 63, 842 55 Bratislava 电话：（421）2 60294111 传真：（421）2 6542 9592 网址：http://www.smu.gov.sk/。

斯洛伐克技术标准化研究所，通讯地址：Karloveská 63, P.O. BOX 246, 840 00 Bratislava 电话：（421）2 6029 4474 传真：（421）2 6541 1888 网址：http://www.sutn.gov.sk/。

斯洛伐克国家物资储备管理局，通讯地址：Pražská 29, 812 63 Bratislava 1 电话（421）2 5727 8111, 5249 2351 - 7 传真：（421）5249 6926 网址：http://www.reserves.gov.sk。

劳动和家庭研究所，通讯地址：Župné nám. č. 5 - 6, 812 41 Bratislava 电话：（421）2 59330201 传真：（421）2 59330250 网址：http://www.sspr.gov.sk/。

斯洛伐克统计局，通讯地址：Miletičova 3, 824 67 Bratislava 26 电话：（421）2 5023 6111 网址：http://www.statistics.sk/。

斯洛伐克电信局，通讯地址：Továrenská 7, P. O. BOX 18, 810 06 Bratislava 16 电话：（421）2 5788 1111 传真：（421）2 529 32096 网址：http://www.teleoff.gov.sk/。

税务审查局，通讯地址：Lazovná 61, 975 04 Banská Bystrica 电话：（421）48 4363000, 传真：（421）48 4153271 网址：http://www.tatran.s - n. sk/。

斯洛伐克测地、制图和地籍局，通讯地址：Chlumeckého 2, P. O. BOX 57, 820 12 Bratislava 212 电话：（421）2 20816002 传真：（421）2 43428130 网址：http://www.geodesy.gov.sk/。

斯洛伐克核监督局，通讯地址：Bajkalská 27, P. O. BOX 24, 820 07 Bratislava; Okružná 5, 91864 Trnava 电话：（421）2 58221111 传真：（421）2 58221166 网址：http://www.ujd.gov.sk/main.html。

斯洛伐克

斯洛伐克个人资料保护局，通讯地址：Odborárske námestie č. 3，817 60 Bratislava 15 电话： (421) 2 50239418 传真：(421) 2 50239441 网址：http://www.dataprotection.gov.sk/。

金融市场管理局，通讯地址：Vazovova 2，813 18 Bratislava 电话：(421) 2 5726 8100 传真：(421) 2 57268200 网址：http://www.uft.sk。

斯洛伐克标准化、计量和测试局，通讯地址：Štefanovičova 3，P. O. Box 76，810 05 Bratislava 15 电话：(421) 2 5249 6847，(421) 2 5249 8030 传真：(421) 2 52491050 网址：http://www.unms.sk/。

网络部门管理局，通讯地址：Bajkalská 27，P. O. BOX 12，82 007 Bratislava 电话：(421) 2 5810 0411 传真：(421) 2 5810 0479 网址：http://www.urso.gov.sk/。

国家支援局，通讯地址：Radlinského 37，811 07 Bratislava 电话：(421) 2 5720 2613 传真：(421) 2 5720 2615 网址：http://www.supernavigator.sk/。

社会安置局，通讯地址：Dunajská 68，P. O. BOX 58，820 04 Bratislava 24 电话：(421) 2 52966161 传真：(421) 2 52966162 网址：http://www.uvo.gov.sk/。

有选择的税收主体服务局（Daňovy úrad pre vybrané daňové subjekty），通讯地址：Radlinského 15，81773 Bratislava 网址：http://www.edb.sk/。

斯洛伐克工业所有制局（úrad pre priemyselného vlastníctva SR），通讯地址：Jána Švermu 43，974 04 Banská Bystrica 4 电话：(421) 48 4300 111 传真：(421) 48 4132 563 网址：http://www.indprop.gov.sk/。

宪法法院，通讯地址：Hlavná 110，042 65 Košice 电话：(421) 55 7207211，(421) 55 6227533 传真：(421) 55 6227639 网址：http://www.concourt.sk/。

海关总署,通讯地址:Miletičova 42, 82 549 Bratislava 26 电话:(421) 2 5026 3111,(421) 2 55569693 传真:(421) 2 55423130,网址:http://www.colnica.sk/。

二 新闻媒体

斯洛伐克电视台,通讯地址:Mlynská dolina 28, 845 45 Bratislava 41 电话:(421) 2 6542 3001,网址:http://www.stv.sk/。

斯洛伐克电台,通讯地址:Mýtna 1, P. O. Box 55, 817 55 Bratislava 15 电话:(421) 2 5727 3111,网址:http://www.slovakradio.sk/。

斯洛伐克通讯社,通讯地址:Pribinova 23, 819 28 Bratislava 111 电话:(421) 2 5921 0111,网址:http://www.tasr.sk/。

斯洛伐克信息和通讯社网址:http://www.sita.sk/。

马尔克扎电视台网址:http://www.markiza.sk/。

尤伊电视台网址:http://www.joj.sk/。

TA3电视台的网址:http://www.ta3.com/。

《真理报》网址:http://www.pravda.sk/。

《我们是报》网址:http://www.sme.sk/。

《经济报》网址:http//www.hnx.sk/。

《民族复兴报》网址:http//www.narodnaobroda.sk/。

另外,从网站http://www.extrend.sk/和网站http://www.dofo.sk/可以阅读一些杂志;供知识阶层人士进行讨论的网站是http://www.changenet.sk/;有娱乐和文化倾向的网站是http://www.inzine.sk/。斯洛伐克还有一些网站通过检索可以联系到其他网站,如http://www.zoznam.sk/和http://www.azet.sk/。

主要参考文献

中文参考书目

王晓民主编《世界各国议会全书》,世界知识出版社,2001。
于洪军主编《万国博览·欧洲卷》,新华出版社,1998。
姜士林等主编《世界宪法全书》,青岛出版社,1997。
钟清清主编《世界政党大全》,贵州教育出版社,1994。
吴明新主编《中东欧12国贸易投资指南》,经济科学出版社,2002。
张文武、赵乃斌、孙祖荫主编《东欧概览》,中国社会科学出版社,1991。
张文武主编《简明东欧百科全书》,中国社会科学出版社,2002。
徐葵、张文武主编《东欧国家政治经济体制研究》,中国社会科学院东欧中亚研究所,1998。
王爱珠编著《苏联东欧经济改革概论》,复旦大学出版社,1989。
张德修:《东欧经济概论》,北京大学出版社,1986。
朱晓中主编《十年巨变·中东欧卷》,中共党史出版社,2004。
地球の步き方编辑室:《捷克·波兰·斯洛伐克》,中国旅游出版社,2001。

刘国平、蒋宝恩主编《世界各国经济概况》,经济科学出版社,2001。

朱伟华、周美如:《斯洛伐克语读本》,外语教学与研究出版社,2001。

邵滨鸿、曲胜辉、赵闯主编《东欧·中亚经济贸易实务》,中国社会出版社,1993。

王义祥:《中东欧经济转轨》,华东师范大学出版社,2003。

徐葵、黄曰炤主编《俄罗斯和东欧中亚国家年鉴(1992~1993)》,中国社会科学院东欧中亚研究所编印。

徐葵、黄曰炤主编《俄罗斯和东欧中亚国家年鉴(1994)》,中国社会科学院东欧中亚研究所编印。

徐葵、黄曰炤主编《俄罗斯和东欧中亚国家年鉴(1995)》,中国社会科学院东欧中亚研究所编印。

徐葵主编《俄罗斯和东欧中亚国家年鉴(1996)》,当代世界出版社,1998。

张森主编《俄罗斯和东欧中亚国家年鉴(1997)》,当代世界出版社,1999。

张森主编《俄罗斯和东欧中亚国家年鉴(1998)》,当代世界出版社,2000。

张森主编《俄罗斯和东欧中亚国家年鉴(1999)》,当代世界出版社,2001。

张森主编《俄罗斯和东欧中亚国家年鉴(2000)》,当代世界出版社,2002。

张森主编《俄罗斯和东欧中亚国家年鉴(2001)》,当代世界出版社,2003。

张森主编《俄罗斯和东欧中亚国家年鉴(2002)》,当代世界出版社,2004。

陈广嗣、姜琍:《捷克》,社会科学文献出版社,2005。

高德平:《波兰》,社会科学文献出版社,2005。

徐世澄:《古巴》,社会科学文献出版社,2003。

刘庚岑、徐小云:《吉尔吉斯斯坦》,社会科学文献出版社,2005。

〔捷〕亚罗米尔·德麦克、米罗斯拉夫·斯特日达:《捷克斯洛伐克地理》,吉林人民出版社,1978。

外文参考书目

Ján Lacika: Slovensko-turistický sprievodca, Vydavateľstvo Príroda, s. r. o. , Bratislava 2002.

Jaroslav Mazúrek, Geografia Slovenska, Fakulta politických vied a medzinárodných vzťahov, Univerzita Mateja Bela, Banskaá Bystrica 1998.

J. Molnár: Slovenské Reálie (I. diel & II. diel), Ústav jazykovej a odbornej prípravy zahraničných študentov, Bratislava 1996.

Katarzyna Pelczyńska-Nalecz, Alexander Duleba, László Póti & Vladimír Votápek (eds.): Eastern policy of the Enlarged European Union-A Visegred Perspective, Center for eastern studies, Warsaw-Slovak foreign policy association, Bratislava-Friedrich Ebert Stiftung-International Visegred Fund, Róbert Vico-vydavateľstvo, Prešov, Slovak Foreign Policy Association, Bratislava 2003.

Kliment Ondrejka: Malý lexikón kultúry Slovenska, Mapa Slovakia Bratislava, s. r. o. , 1. vydanie, 2003.

Štatistická ročenka Slovenskej Republiky 2003, Štatistický úrad Slovenskej republiky-VEDA, vydavateľstvo SAV, Bratislava 2003.

Štatistická ročenka Slovenskej Republiky 1995, Štatistický úrad Slovenskej republiky -VEDA, vydavateľstvo SAV 1995.

Dušan Kováč a kol,: Kronika Slovenska 2-Slovensko v dvadsiatom storočí, Fortuna Print Praha, spol. s. r. o., Bratislava 1999.

Kliment Ondrejka: Rekordy Slovenska, Mapa Slovakia s. r. o., Bratislava, 1. vydanie, 1997.

Slovakia and the Slovaks, Encyclopedical Institute of the SAS, Goldpress publishers, Bratislava 1994.

Alexander Duleba-Pavol Lukáč-Miroslav Wlachovský: Zahraničná politika Slovenskej republiky. Východiská, stav a perspektivy, Výzkumné centrum Slovenskej spoločnosti pre zahraničnú politiku-Friedrich Ebert Stiftung, Bratislava 1998.

Anton Marcinčin-Miroslav Beblavý: Hospodárska politika na Slovensku 1990 ~ 1999, Slovak Foreign Policy Association-Centrum pre spoločenskú a mediálnu analýzu-Inštitút pre ekonomické a sociálne reformy, Vzdanie 1., 2000.

Anton Marcinčin: Hospodárska politika na Slovensku 2000 ~ 2001, Slovenská spoločnosť pre zahraničnú politiku, 2002.

Ekonomické prehľady OECD 2004-Slovenská republika, OECD, 2004.

Martin Bútora: Slovensko 1996-Súhrnná správa o stave spoločnosti a trendoch na rok 1997, Inštitút pre verejné otázky, Bratislava 1997.

Martin Bútora Michal Ivantyšyn: Slovensko 1997-Súhrnná správa o stave spoločnosti a trendoch na rok 1998, Inštitút pre verejné otázky, Bratislava 1998.

Grigorij Mesežnikov-Michal Ivantyšyn: Slovensko 1998 ~ 1999-Súhrnná správa o stave spoločnosti, Inštitút pre verejné otázky, Bratislava 1999.

Miroslav Kollár-Grigorij Mesežnikov: Slovensko 2000-Súhrnná správa o stave spoločnosti, Inštitút pre verejné otázky, Bratislava 2000.

Grigorij Mesežnikov-Miroslav Kollár-Tom Nicholsom: Slovensko 2001-Súhrnná správa o stave spoločnosti, Inštitút pre verejné otázky, Bratislava 2001.

Grigorij Mesežnikov-Miroslav Kollár-Tom Nicholsom: Slovensko 2002-Súhrnná správa o stave spoločnosti, Inštitút pre verejné otázky, Bratislava 2002.

Miroslav Kollár-Grigorij Mesežnikov: Slovensko 2003-Súhrnná správa o stave spoločnosti, Inštitút pre verejné otázky, Bratislava 2003.

Miroslav Kollár-Grigorij Mesežnikov: Slovensko 2004-Súhrnná správa o stave spoločnosti, Inštitút pre verejné otázky, Bratislava 2004.

Dušan Čaplovič-Viliam Čičaj-Dušan Kováč-Ľubomír Lipták-Ján Lukačka: Dejiny Slovenska, Academic Electronic Press, Bratislava 2000.

Michaela Moravčíková-Marián Cipár: Religiozita na Slovensku II, Ústav pre vzťahy štátu a cirkví, Bratislava 2003.

Michaela Moravčíková: Nová religiozita, Ústav pre vzťahy štátu a cirkví, Bratislava 2002.

Oľga Gyárfášová-Vladimír Krivý-Marián Velšic et al. : Krajina v pohybe-Správa o politických názoroch a hodnotách ľudí na Slovensku, Inštitút pre verejné otázky, Bratislava 2001.

Vyvoj Ekonomiky Slovenska a porovnanie s krajinami CEFTA, Bratislava, 5. marca 1997.

Pavol Petruf: Slovensko v rokoch 1989 ~ 1998, Metodické centrum Prešov, 2000.

Kolektív autorov: Rekordy Slovenska -Človek a spoločnosť', vydavateľstvo Mapa Slovakia, Bratislava 2000.

Regióny Slovenska, Štatisticky úrad Slovenskej republiky - VEDA, vydavateľstvo Slovenskej akádemie vied, Bratislava 2004.

主要参考文献

Roman Réh: Katalóg členských spoločností zväzu spracovateľov dreva Slovenskej republiky, EM DESIGN, 2000.

Dušan Škvarna-Július Bartl-Viliam Čičaj-Mária Kohútová-Róbert Letz-Vladimír Segeš: Lexikón slovenských dejín, Slovenské pedagogické nakladateľstvo, doplnené vydanie 1999.

Matúš Korba: Nezávislá správa o exporte zbraní zo Slovenska, Slovenská spoločnosť pre zahraničnú politiku.

Armáda Slovenskej republiky 1995, Ministerstvo obrany Slovenskej republiky, 1996.

Armáda Slovenskej republiky 1996, Ministerstvo obrany Slovenskej republiky, Bratislava, 1997.

Armáda Slovenskej republiky 1999, Ministerstvo obrany Slovenskej republiky, Bratislava, 2000.

Armáda Slovenskej republiky 2000, Ministerstvo obrany Slovenskej republiky, Bratislava, 2001.

Jindřich Dejmek: Československo jeho sousedé a velmoci ve XX století, Centrum pro Ekonomiku a Politiku, Praha, 2002.

História-Revue o dejinách spoločnosti 1/2001, VEDA-vydavateľstvo SAV.

International student's guide to the Slovak Republic, Fulbright Commission in the Slovak Republic-Slovak Academic Association for international Cooperation-Service Center for the third sector-Slovak rectors'conference, Bratislava 2003.

Spectacular Slovakia travel guide 2001, The Slovak Spectator.

相关网址

http://www.geographyig.com/countries/lo/slovakia.

http: //www. meadev. nic. in.
http: //sk. mofcom. gov. cn/.
http: //www. usis. sk/cis/sk050. html.
http: //www. britemb. sk/.
http: //www. slovakia. org.
http: //www. slovak. org.
http: //www. fao. org/ag/AGP/AGPC/doc/Counprof/slovakia. htm.
http: //www. slovakiatourism. sk/index_ sk. php.
http: //www. die-bank. de/.
http: //strategis. ic. gc. ca/epic/internet/.
http: //home3. americanexpress. com/.
http: //geography. about. com/library/cia/blcslovakia. htm.
http: //www. nationaldefensemagazine. org/.
http: //www. bartleby. com/65/sl/Slovakia. html.
http: //www. inogate. org/html/countries/slovakia. htm.
http: //www. faqs. org/docs/factbook/print/lo. html.
http: //www. slovakembassy-cd-london. co. uk/index/.
http: //encyclopedia. thefreedictionary. com/Ivan%20Gasparovic.
http: //www. dfat. gov. au/geo/slovakia/slovakia_ brief. html.
http: //www. slovakemb-aust. org/.
http: //www. sportslovakia. sk/.
http: //www. slovaklinks. com/.
http: //www. referáty. sk/.
http: //www. olympic. sk/.
http: //www. sng. sk/.
http: //www. snm. sk/.
http: //www. foreign. gov. sk.
http: //www. uips. sk/vs/index. html.

主要参考文献

http://www.uniba.sk/webuk/sucasti_uk/UJOP/index.htm.

http://www.minv.sk.

http://www.health.gov.sk.

http://www.dzsms.sk.

http://www.gszs.sk.

http://www.dzs.sk.

http://www.education.gov.sk.

http://www.ssn.sk.

http://www.ejc.nl.

http://www.rada-rtv.sk.

http://www.sav.sk.

http://www.snd.sk/.

http://www.slovart-records.sk.

http://www.bl.sk/oradiu.php.

http://www.mod.gov.sk.

http://mil.qianlong.com/.

http://www.united_states.asinah.net.

http://www.finportal.sk/.

http://www.nbs.sk/.

http://www.finance.gov.sk/.

http://lnweb18.worldbank.org/eca/eca.nsf/.

http://www.ifc.org/ifcext/eca.nsf/Content/Slovakia_Home.

http://www.heritage.org/research/features/index/country.cfm?id=SlovakRepublic.

http://www.uft.sk/.

http://wikipedia.org.

http://www.google.com.

http://www.baidu.com.

斯洛伐克

http://www.xinhua.org.cn.
http://www.statistics.sk.
http://www.government.gov.sk.
http://www.prezident.sk/.
http://www.nrsr.sk/.
http://www.economy.gov.sk/.
http://www.employment.gov.sk/.
http://www.controll.gov.sk/.
http://www.nssr.gov.sk/.
http://www.concourt.sk/.
http://www.sme.sk/.
http://www.economy.gov.cz/.
http://www.fmprc.gov.cn/.
http://www.mofcom.gov.cn/.
http://www.zsr.sk/.
http://www.army.sk/Armada/army.htm.
http://www.ssc.sk/.
http://www.slovak-airports.net/.
http://www.spap.sk/.
http://www.sario.sk/.
http://www.oecd.org/.
http://www.slovensko.com/.

《列国志》已出书书目

2003 年度

吴国庆编著《法国》
张健雄编著《荷兰》
孙士海、葛维钧主编《印度》
杨鲁萍、林庆春编著《突尼斯》
王振华编著《英国》
黄振编著《阿拉伯联合酋长国》
沈永兴、张秋生、高国荣编著《澳大利亚》
李兴汉编著《波罗的海三国》
徐世澄编著《古巴》
马贵友主编《乌克兰》
卢国学编著《国际刑警组织》

2004 年度

顾志红编著《摩尔多瓦》

斯洛伐克

赵常庆编著《哈萨克斯坦》
张林初、于平安、王瑞华编著《科特迪瓦》
鲁虎编著《新加坡》
王宏纬主编《尼泊尔》
王兰编著《斯里兰卡》
孙壮志、苏畅、吴宏伟编著《乌兹别克斯坦》
徐宝华编著《哥伦比亚》
高晋元编著《肯尼亚》
王晓燕编著《智利》
王景祺编著《科威特》
吕银春、周俊南编著《巴西》
张宏明编著《贝宁》
杨会军编著《美国》
王德迅、张金杰编著《国际货币基金组织》
何曼青、马仁真编著《世界银行集团》
马细谱、郑恩波编著《阿尔巴尼亚》
朱在明主编《马尔代夫》
马树洪、方芸编著《老挝》
马胜利编著《比利时》
朱在明、唐明超、宋旭如编著《不丹》
李智彪编著《刚果民主共和国》
杨翠柏、刘成琼编著《巴基斯坦》
施玉宇编著《土库曼斯坦》
陈广嗣、姜琍编著《捷克》

《列国志》已出书书目

2005 年度

田禾、周方冶编著《泰国》
高德平编著《波兰》
刘军编著《加拿大》
张象、车效梅编著《刚果》
徐绍丽、利国、张训常编著《越南》
刘庚岑、徐小云编著《吉尔吉斯斯坦》
刘新生、潘正秀编著《文莱》
孙壮志、赵会荣、包毅、靳芳编著《阿塞拜疆》
孙叔林、韩铁英主编《日本》
吴清和编著《几内亚》
李允华、农雪梅编著《白俄罗斯》
潘德礼主编《俄罗斯》
郑羽主编《独联体（1991~2002）》
安春英编著《加蓬》
苏畅主编《格鲁吉亚》
曾昭耀编著《玻利维亚》
杨建民编著《巴拉圭》
贺双荣编著《乌拉圭》
李晨阳、瞿健文、卢光盛、韦德星编著《柬埔寨》
焦震衡编著《委内瑞拉》
彭姝祎编著《卢森堡》
宋晓平编著《阿根廷》

斯洛伐克

张铁伟编著《伊朗》
贺圣达、李晨阳编著《缅甸》
施玉宇、高歌、王鸣野编著《亚美尼亚》
董向荣编著《韩国》

2006 年度

章永勇编著《塞尔维亚和黑山》
李东燕编著《联合国》
杨灏城、许林根编著《埃及》
李文刚编著《利比里亚》
李秀环编著《罗马尼亚》
任丁秋、杨解朴等编著《瑞士》
王受业、梁敏和、刘新生编著《印度尼西亚》
李靖堃编著《葡萄牙》
钟伟云编著《埃塞俄比亚　厄立特里亚》
赵慧杰编著《阿尔及利亚》
王章辉编著《新西兰》
张颖编著《保加利亚》
刘启芸编著《塔吉克斯坦》
陈晓红编著《莱索托　斯威士兰》
汪丽敏编著《斯洛文尼亚》
张健雄编著《欧洲联盟》

图书在版编目（CIP）数据

斯洛伐克/姜琍编著．－北京：社会科学文献出版社，
2006.10
 （列国志）
 ISBN 7 - 80230 - 269 - 2

I. 斯… Ⅱ. 姜… Ⅲ. 斯洛伐克－概况 Ⅳ. K952.5

中国版本图书馆 CIP 数据核字（2006）第 113182 号

斯洛伐克（Slovakia） ·列国志·

编 著 者 /	姜　琍
审 定 人 /	张　森　朱晓中　孔田平
出 版 人 /	谢寿光
出 版 者 /	社会科学文献出版社
地　　址 /	北京市东城区先晓胡同 10 号　（邮政编码：100005）
网　　址 /	http：//www.ssap.com.cn
网站支持 /	（010）65269967
责任部门 /	《列国志》工作室　（010）65232637
电子信箱 /	bianjibu@ssap.cn
项目经理 /	宋月华
责任编辑 /	章绍武
责任校对 /	枣　栗
责任印制 /	盖永东
总 经 销 /	社会科学文献出版社发行部 （010）65139961　65139963
经　　销 /	各地书店
读者服务 /	市场部　（010）65285539
法律顾问 /	北京建元律师事务所
排　　版 /	北京中文天地文化艺术有限公司
印　　刷 /	北京智力达印刷有限公司
开　　本 /	880×1230 毫米　1/32 开
印　　张 /	14
字　　数 /	337 千字
版　　次 /	2006 年 10 月第 1 版　2006 年 10 月第 1 次印刷
书　　号 /	ISBN 7 - 80230 - 269 - 2/K · 032
定　　价 /	30.00 元

本书如有破损、缺页、装订错误，
请与本社市场部联系更换

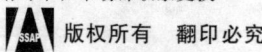
版权所有　翻印必究

《列国志》主要编辑出版发行人

出 版 人	谢寿光
总 编 辑	邹东涛
项目负责人	杨　群
发 行 人	王　菲
编辑主任	宋月华
编　　辑	（按姓名笔画为序）
	朱希淦　杨　群　宋月华
	陈文桂　李正乐　周志宽
	范明礼　章绍武
封面设计	孙元明
内文设计	熠　菲
责任印制	盖永东
编　　务	李　敏
编辑中心	电话：65232637
	网址：ssdphzh_cn@sohu.com